Auxiliando a humanidade a encontrar a Verdade

A Vida Humana e o Espírito Imortal

Ramatís

# A Vida Humana e o Espírito Imortal

Obra mediunica
ditada pelo espírito
Ramatís ao médium
Hercílio Maes

© 1970 – Hercílio Maes

## A Vida Humana e o Espírito Imortal
Ramatís (obra psicografada por Hercílio Maes)

Todos os direitos desta edição
reservados à
CONHECIMENTO EDITORIAL LTDA.
Limeira - SP
Fone: 19 3451-5440
*www.edconhecimento.com.br*
*conhecimento@edconhecimento.com.br*

Nos termos da lei que resguarda os direitos autorais, é proibida a reprodução total ou parcial, de qualquer forma ou por qualquer meio — eletrônico ou mecânico, inclusive por processos xerográficos, de fotocópia e de gravação — sem permissão, por escrito, do editor.

Colaboraram nesta edição:
Mariléa de Castro
Paulo Gontijo de Almeida
Sebastião de Carvalho
Projeto Gráfico: Sérgio Carvalho
Ilustração da Capa: Cláudio Gianfardoni

ISBN 978-85-7618-083-8 — 11ª EDIÇÃO - 2006

• Impresso no Brasil • *Presita en Brazilo*

Produzido no departamento gráfica da
CONHECIMENTO EDITORIAL LTDA
*grafica@edconhecimento.com.br*

Impresso na

A gráfica digital da
EDITORA DO CONHECIMENTO

---

Dados Internacionais de Catalogação na Publicação (CIP)
(Câmara Brasileira do Livro, SP, Brasil)

---

Ramatís (Espírito)
　A Vida Humana e o Espírito Imortal / Ramatís; obra mediúnica ditada pelo espírito Ramatís ao médium Hercílio Maes. — 11ª ed. rev. por José Fuzeira. — Limeira, SP : Editora do Conhecimento, 2006.

322 p.
ISBN 978-85-7618-083-8

1. Espiritismo 2. Obras psicografadas I. Maes, Hercílio, 1913-1993. II. Fuzeira, José III. Título.

06-　　　　　　　　　　　CDD — 133.93

Índice para catálogo sistemático:
1. Mensagens psicografadas : Espiritismo 133.93

Ramatís

# A Vida Humana e o Espírito Imortal

Obra mediúnica
ditada pelo espírito
Ramatís ao médium
Hercílio Maes
Revista por
José Fuzeira

11ª edição — 2006

Obras de Ramatís editadas pela **EDITORA DO CONHECIMENTO**

**HERCÍLIO MAES**
- A Vida no Planeta Marte e os Discos Voadores – 1955
- Mensagens do Astral – 1956
- A Vida Além da Sepultura – 1957
- A Sobrevivência do Espírito – 1958
- Fisiologia da Alma – 1959
- Mediunismo – 1960
- Mediunidade de Cura – 1963
- O Sublime Peregrino – 1964
- Elucidações do Além – 1964
- Semeando e Colhendo – 1965
- A Missão do Espiritismo – 1967
- Magia de Redenção – 1967
- A Vida Humana e o Espírito Imortal – 1970
- O Evangelho à Luz do Cosmo – 1974
- Sob a Luz do Espiritismo (Obra póstuma) – 1999

**SÁVIO MENDONÇA**
- O Vale dos Espíritos – 2015
- Missão Planetária – 2016
- A Derradeira Chamada – 2017
- O Sentido da Vida – 2019
- Amor: Encontros, desencontros e Reencontros – 2020
- Mediunidade sem Preconceito – 2021
- Por que Reencarnar? – 2022

**MARIA MARGARIDA LIGUORI**
- Jornada de Luz
- O Homem e o Planeta Terra
- O Despertar da Consciência
- Em Busca da Luz Interior

**AMÉRICA PAOLIELLO MARQUES**
- Mensagens do Grande Coração
- Transmutando Sentimentos

**OBRAS COLETÂNEAS:**
- Ramatís uma Proposta de Luz
- Face a Face com Ramatís
- Um Jesus que Nunca Existiu
- Simplesmente Hercílio
- A Missão do Esperanto
- A Origem Oculta das Doenças
- O Objetivo Cósmico da Umbanda
- Do Átomo ao Arcanjo
- O Apocalipse
- Marte: O futuro da Terra
- O Além – Um guia de viagem
- Geografia do Mundo Astral
- O Homem Astral e Mental
- O Carma
- O Menino Jesus
- Homeopatia – A cura energética

**Coletâneas de textos organizadas por SIDNEI CARVALHO:**
- A Ascensão do Espírito de A a Z – Aprendendo com Ramatís
- Ciência Oculta de A a Z – O véu de Ísis
- Evangelho de A a Z – A caminho da angelitude
- Jesus de Nazaré – O avatar do amor
- Mecanismos Cósmicos de A a Z – O amor do Pai
- Mediunidade de A a Z – O portal da Luz
- Saúde e Alimentação de A a Z – O amor pelos animais
- Transição Planetária de A a Z – A chegada da Luz
- Universalismo de A a Z – Um só rebanho

Obs: A data após o título se refere à primeira edição.

Aos amigos Amaro e Jizela Luz Ferreira

Minha gratidão pelos momentos prazenteiros de entretenimento espiritual, quando os nossos espíritos desprendem-se dos liames carnais e identificam a suprema beleza da vida real.

Hercílio Maes

## Sumário

Palavras do médium ............... 11
Prefácio ............... 12
1. Problemas da infância ............... 17
2. Problemas da família ............... 44
3. O problema da limitação de filhos ............... 67
4. Problemas da alimentação ............... 102
5. Problemas do trabalho ............... 137
6. Problema dos idiomas ............... 154
7. Problemas dos governos ............... 171
8. Problemas do vício de fumar ............... 205
9. O problema do vício de beber ............... 229
10. Problemas de religião ............... 255
11. Problemas futuros do Brasil ............... 295

## Palavras do médium

Estimados leitores:
A presente obra, transmitida por Ramatís através de minha mediunidade, é um trabalho psicográfico que, além de novos temas explícitos, vem reavivar alguns assuntos já expostos em mensagens anteriores. Ramatís sempre insiste em abordar, sob novos ângulos, assuntos já ventilados anteriormente, advertindo que o homem tem a "memória fraca"; e, por isso, deve reviver os seus conhecimentos. Alguns assuntos já explanados, como o "vício de fumar" e o "vício de beber", foram reajustados de modo a retificar e esclarecer melhor os conceitos anteriores. Os "canecos vivos" e as "piteiras vivas" ficam advertidos e alertados do perigo da submissão incondicional aos espíritos viciados das sombras, que perambulam sem corpo físico sobre a face do orbe, como vampiros, explorando o vício dos imprudentes encarnados!

Quanto aos demais temas, Ramatís analisa de modo a esclarecer o homem sobre a melhor conduta para a sua mais breve felicidade. Finalmente, num breve capítulo, ele tece considerações sobre o nosso querido Brasil, abordando alguns problemas mais atualizados, inclusive quanto à natureza de futuro presidente, que além de excelente administrador, será um verdadeiro instrutor espiritual.

Ao término destas palavras, insisto em recordar aos amigos leitores que, no seu ecletismo e generosidade, Ramatís explica e comove, esclarece e evangeliza! Toda a sua obra converge incondicionalmente para a terapêutica do Evangelho do Cristo, que ele considera a única solução para aliviar o sofrimento e a desventura humanos!

Curitiba, 2 de fevereiro de 1970
*Hercílio Maes*

## Prefácio

Leitores e Amigos:

Quer-me parecer que a "bebedeira" das letras também embriaga o espírito, mesmo depois de ele ter abandonado a superfície terráquea! Quando ergui-me do túmulo, surpreendi-me vivo, mas sem me apavorar pela inesperada promoção a bisonho fantasma! E, logo que me apercebi de coisas salutares, jurei mudar de jeito. Eram imensuráveis as diferenças entre o definitivo e o transitório, a simplicidade e a vaidade, a humildade e o orgulho, a sabedoria e a ignorância, a paz de espírito e a conturbação da posse mundana! Acabrunhou-me até a presunção de consertar o mundo! E, então, jurei não mais escrever, mesmo com o direito de mover alguma caneta viva mediúnica, para a remessa semanal de notícias à minha velha moradia. Quando vivia fisicamente, não me satisfez o talento nas letras; defunto, então me seria pior! Esfriou-me o entusiasmo ante a perspectiva de repórter desincorporado, a transmitir acontecimentos vividos nos charcos abismais, onde confrades imprudentes situam-se na mais completa falência espiritual. Eram cenas tão trágicas e atrozes, que o respeitável conselheiro Acácio teria dito: "mereciam a pena de um Dante para serem descritas!" Aqui neste entrevero, mão no queixo e tentação no bestunto, sabendo-me defunto tão verde quanto as letras e os fardões das gralhas do Petit Trianon, eis que recebo inusitado papiro de fosforescente amanuense sideral no seguinte teor:

"Ao espírito de J. T. Cumpra-se.
Prefaciar a obra *A Vida Humana e o Espírito Imortal*, de Ramatís.
Revogam-se as disposições ao contrário." Imortal descredenciado para tomar decisões próprias, soldado raso sob convocação compulsória, então só me resta rabiscar pela mão do Hercílio, neste singelo prefácio, assuntos oportunos e inoportunos, problemas dos outros e problemas meus.

Deste modo, revejo os meus próprios problemas catalisados sob os problemas evocados por Ramatís. Problemas da Infância? Eu os tive, desde o meu reinado de cueiros, até a investida quixotesca de ameaçar o mundo com a lança da pena aguçada e o reforço das "farpas" de Ortigão![1] Problemas da Família? Sonhos que rolam pelas "cascatas da desilusão"; sonhos desfeitos, dores atrozes ante o "jamais" estampado na máscara fria do ente querido, que é formalmente despachado para o almoxarifado gélido do cemitério![2] Problemas do Trabalho? Equação simples, mas onerosa; o assalariado sempre em concordata, o patrão negaceando a falência! Imobilização de bens no páreo cronometrado do *time is money*; depois, o desespero para livrar alguns "salvados de incêndio"![3] Problemas dos governos? Conselho de um desencarnado; nunca passem a mão contra o pelo dos impolutos defensores da pátria... alheia! Que o diga um judeu errante! Problemas de religião? Afinal, o que somos? Passageiros do comboio católico sob a infalibilidade papal? Peregrinos do "trem dos profetas", conduzido por hábil pastor protestante? Ah! Havia, também, a doutrina espírita, que mexia-me com a Lei do Carma e preocupava-me com aquela lógica da reencarnação!

Vacilava nas minhas decisões e abalei-me com o melodramático "mi confesso" espírita de C. N., e logo a mancada de ele voltar ao antigo desvio! H. C., na sua trincheira de sacos de água quente, lamuriava "à sombra dos que sofrem", comovido e abalado com uma receita acertada dos "desencarnados"; faltava-lhe

---

[1] José Duarte Ramalho Ortigão foi escritor e crítico português (1836-1915). Juntamente com Eça de Queiroz, dirigiu a revista *Farpas*, sendo notável estilista e temido ironista.
[2] Tenho a impressão de que o autor evoca algo daquela cadência mórbida e implacável, do conto *O Corvo*, de Edgard Allan Poe. (Nota do Médium)
[3] Provavelmente, quem conhece a vida do autor compreende o que se refere na frase "judeu errante" e nesses "salvados de incêndio".

só um tiquinho para "espiritizar-se", quando ruíram as trincheiras e o seu espírito escapuliu-se para o Além! Nesta época, M. A. fazia mediunismo disfarçado de hipnose e sugestão. A. C., em 1939, sem ironia e sumamente sério, expôs, em entrevistas aos jornais, ter reconhecido os estilos de H. C. e A. A., conforme explica: "O médium Francisco Xavier escreveu isto do meu lado, celeremente, em papel rubricado por mim. Mas o certo é que, como crítico literário, não pude deixar de impressionar-me com o que realmente existe dos pensamentos e da forma daqueles dois autores patrícios, nos versos de um, e na prosa de outro".

Parti da Terra sem trágicos melodramas; na véspera, avisei gentil convidado de que a sua visita prometida para o dia seguinte deveria ser com um buquê de flores, pois me encontraria cadáver, conforme aconteceu. A "Parca" chegou de madrugada; não queria escândalo, apenas aguardava o espasmo vascular para romper as proverbiais ligações carnais! Mas não houve um hiato tão abismal entre mim, que dirigia o trambolho de carne na superfície terráquea, e mim, depois fantasmagórico e invisível aos mais argutos videntes. Surpreso, verifiquei que a morte é simples mudança de apartamento; desvestimento do "sobretudo" suarento e opressivo, por um terno tropical de *nylon* de inusitada transparência. Convencido de que no pano de fundo de minha consciência também vibrava Deus em sua plenitude cósmica, senti-me um tanto aliviado das burrices perpetradas na vida física, convicto de que o Criador também havia compartilhado daquelas minhas precariedades!...

Na Terra, estranhava as metamorfoses de Deus progredindo em conformidade com o progresso e o conhecimento humano; Tupã, irascível e vingativo, evoluíra para Jeová, racista e odiento; de Jeová, surgiu o velhinho tranquilo e bondoso, de barbas níveas e sorridente, gerenciando o Paraíso Celeste a distribuir graças aos seus devotos em "graças", mas a punir nos braseiros e velhos tachos ferventes os gazeadores de missas e relapsos à dietética de hóstias e água-benta! Finalmente, surgem os espíritas divulgando novo transformismo; Deus, redimido e realizado de suas vivências anteriores, era a Inteligência Suprema, atuando mais a distância e deixando o homem com algumas iniciativas pessoais!

A Vida Humana e o Espírito Imortal 15

Desisti da obstinação dos "vivos" provarem os "mortos"; achei impossível ver o "invisível"; e, sumariamente, compreender o que é "incompreensível"! Se eu conseguisse provar Deus, certamente eu seria outro Deus, aguardando a vez de também ser provado! Então lembrei-me de buscar dentro de mim o que não acharia por fora — o Espírito! E se eu mesmo não tinha certeza de que "existia", como queria que outros o provassem?

J. T.[4]

---

[4] Certa noite de desdobramento, lembro-me de termos combinado com J. T., apesar de sua relutância, de ele prefaciar a presente obra de um modo mais pessoal e tão-somente numa espécie de treino para o futuro. Sinto-me bastante afinado com J. T., de quem li algumas obras e cujo espírito admiro pela sua extraordinária sinceridade, coragem e capacidade, que sempre demonstrou em sua vida terrena. Malgrado alguns leitores terem suspeitado da identidade real de J. T., cumpre-me conservá-lo no anonimato, para evitarmos complicações com a parentela humana! (Nota do Médium)

## 1. Problemas da infância

**PERGUNTA:** — *Que nos dizeis sobre o período da infância do espírito encarnado na Terra?*

**RAMATÍS:** — O espírito, realmente, encarna-se; não nasce, não cresce, não envelhece e não morre propriamente na carne. É centelha cósmica da Chama Criadora, que é Deus; portanto, não renasce nem é destruído. O ego espiritual desce vibratoriamente ao mundo carnal, a fim de desenvolver a consciência e ter noção de si mesmo, passando a existir como entidade emancipada, porém subordinada às leis do próprio Criador, pois, embora o espírito seja eterno e disponha do seu livre-arbítrio, jamais se isola do Todo. E o seu autoconhecimento, ele o adquire mediante as deduções do seu mundo interior, que resultam do seu contato com o mundo exterior.

Assim, o espírito do homem não vive propriamente os períodos de infância, juventude e velhice, conforme acontece ao corpo físico. Nascer, crescer, envelhecer e morrer são apenas etapas adstritas à concepção de tempo e espaço entre o berço e o túmulo. O espírito manifesta-se temporariamente através do equipo de carne, nervos e ossos, que é a sua instrumentação de trabalho e aprendizado consciencial no ambiente do planeta.

Como Deus é o pano de fundo da consciência de todos os homens, jamais o espírito humano desvincula-se da Consciência Cósmica que o originou e lhe garante o atributo de existir. Nas múltiplas existências físicas, ele apreende os conceitos do pecado e virtude, do bem e mal, da saúde e enfermidade, do certo e errado, do inferior e superior, do impuro e puro, que assim lhe facultam apurar os valores divinos latentes em si mesmo. Em consequência, o período de infância física do homem é uma etapa transitória, em que o espírito se manifesta algo reduzido na sua verdadeira capacidade já adquirida nas vidas pregressas. A sua ação amplia-se pela comunicação cada vez mais racional e consciente em equivalência com o crescimento do corpo. Diríamos que o espírito não nasce na Terra, mas acorda, aos poucos, da hipnose a que é submetido no Espaço, antes de encarnar, manifestando-se tão clara e conscientemente quanto seja a capacidade e sensibilidade do seu equipo carnal em relação com o meio material.

PERGUNTA: — Podereis explicar-nos mais claramente essa diferença entre a infância do homem carnal e a sua condição espiritual?

RAMATÍS: — Para habitar a carne, o espírito deve reduzir o seu perispírito ou invólucro espiritual, que lhe dá a configuração humana, até alcançar a forma de um "feto" perispiritual, ou seja, a condição "pré-infantil", capaz de permitir-lhe o "encaixe" no útero-perispiritual da futura mãe encarnada, na contraparte imponderável do útero físico.

Não se trata de redução na sua faculdade mental ou capacidade astralina, já desenvolvidas no curso pretérito de sua evolução. Ele fica apenas temporariamente restringido na sua liberdade de ação durante o encolhimento perispiritual, colocado no ventre materno, onde deve materializar-se para atuar no ambiente físico. O espermatozoide, na sua corrida instintiva em direção ao ovário feminino, é tão-somente o "detonador psíquico", espécie de "elo" ou "comutador automático", que em sua essência ectoplásmica funciona ligando o mundo astral ao mundo físico. É apenas um microrganismo nutrido de "éter-físico" do orbe terráqueo, o qual desata o energismo criador nesse limiar oculto da vida e acasala as forças do espírito com o campo físico da carne. Em seguida, o molde perispiritual do encarnante situado no útero da mulher preenche-se gradualmente de substância física, ante o automatismo atômico e a contextura molecular própria da Terra.[5]

---

[5] Não há uma encarnação ou desencarnação absolutamente semelhante a outra, acontecimento que depende, fundamentalmente, da especificidade magnética e do desenvolvimento psíquico do espírito encarnante ou desencarnante. Há casos em que os técnicos siderais aguardam primeiramente a cópula humana, para então processarem a redução perispiritual do encarnante até atingir a forma fetal. No caso de espíritos primários, que devem encarnar instintivamente atraídos pelas forças da carne, a redução do perispírito é feita com bastante antecipação à cópula e depois ligada imediatamente ao ato físico. (Nota de Ramatís.)

*PERGUNTA:* — *Qual é a comprovação, no mundo físico, de que o homem carnal é apenas produto do desenvolvimento do seu perispírito preexistente ao corpo físico, e não exclusivamente dos fatores hereditários da genética humana?*

RAMATÍS: — Após o espírito submeter-se, no Além, ao processo "sui generis" de reduzir-se vibratoriamente ou encolher o seu perispírito até atingir a forma fetal apropriada para caber no ventre perispiritual da futura mãe encarnada, ele ali permanece até incorporar e absorver as energias que se condensam do mundo físico e depois constituem o corpo carnal. Esse processo então se sucede nos meses de gestação materna, através das diversas etapas evolutivas, que lembram o verme, o réptil, o peixe, até configurar-se no aspecto humano aos sete meses.

Assim, em vez de o espírito nascer na Terra, ele acorda ou desenleia-se, pouco a pouco, até retomar a sua configuração peculiar primitiva e "pré-encarnatória", embora modificada pelos traços morfológicos da nova ancestralidade biológica. Em verdade, o homem somente cresce em aparência corporal, pois, evidentemente, ele apenas desperta até lograr a forma humana-perispiritual, que já existia no Espaço antes de se encarnar no ventre feminino. A figura adulta do homem, manifestada no cenário do mundo físico, apenas revela o limite da configuração perispiritual tecida nas diversas vidas pregressas. Diríamos que o espírito traz do Além o seu cartucho invisível, o qual se reduz e se amolda no útero feminino e preenche-se da substância física até o limite que o impede de crescer ininterruptamente em todos os sentidos. De contrário, se o homem com vinte anos de idade possui um metro e sessenta de altura, com quarenta anos deveria atingir 3,20m; e, com sessenta anos, a altura de 4,80m! No entanto, devido à matriz, o molde ou "cartucho" perispiritual preexistente à formação do corpo carnal, o homem não ultrapassa na matéria a estatura que é própria do seu perispírito antes de nascer fisicamente.

*PERGUNTA:* — *Poderíeis dar-nos algum exemplo concreto dessa redução vibratória do perispírito, o qual, depois de justapor-se ao ventre materno, preenche-se com a substância física do mundo, mas não transcende a sua configuração pré-natal?*

RAMATÍS: — Em exemplo singelo, lembramos o que acontece com os balões de borracha inflados de gás, os quais recortam as figuras de palhaços coloridos, e que tanto divertem as crianças. Quando se expele o gás desses balões de borracha ou plástico, eles murcham e ficam reduzidos a figurinhas diminutas, embora nessa redução mantenham as características fundamentais de sua anterior configuração peculiar de quando estavam inflados de gás. Depois, novamente inflados de ar ou gás, esses balões voltam a configurar as mesmas formas características dos palhaços coloridos. Supondo-se que o perispírito do homem seja algo semelhante a essas figuras plásticas infladas de gás ou ar quente, ele também precisa ser esvaziado ou reduzido na sua configuração peculiar no Além, a fim de poder encaixar-se no útero perispiritual da mulher. Embora ainda seja invisível o perispírito do encarnante, depois de reduzido e ajustado ao vaso materno da mulher gestante, ele irá se desatando ou se "desenleando" à medida que absorve a substância física, tal qual os balões murchos de borracha inflam-se gradativamente de ar.[6]

Quando, após a sua gestação física no ventre da mulher, a criança nasce ou surge no mundo físico, isso é apenas a "materialização" do seu perispírito anteriormente reduzido no Espaço. Após o corte umbilical, o espírito continua a despertar ou desenvolver o seu perispírito até o limite traçado pela sua própria contextura individual.

*PERGUNTA: — Quereis dizer que o recém-nascido não passa de um ego espiritual a desatar o seu perispírito reduzido no Espaço até a forma "pré-infantil". Não é assim?*

RAMATÍS: — Repetimos: o espírito não nasce, não cresce, nem morre. Ele "desperta", gradativamente, do seu invólucro fetal encaixado no ventre materno, até alcançar a sua configuração primitiva antes de mergulhar na carne. Cada existência humana é apenas uma nova manifestação do espírito através do corpo físico tangível na matéria. Assim como a luz elétrica projeta-se tanto mais ampla conforme seja a capacidade da lâmpada, o espírito encarnado também se manifesta mais autêntico à medida que se desenvolve o seu corpo físico. Em consequência, há grande diferença entre as manifestações ou ações do espírito, quando age pelo organismo carnal infantil, comparativamente ao que ele pode realizar depois de adulto.

A natureza gradua proporcionalmente o despertar do espí-

---

6 Certa vez, num raro momento de vidência etereofísica, percebi através do abdômen da senhora M. T. S., nossa conhecida, a configuração de um feto perispiritual no seu ventre; e predisse-lhe o nascimento de mais um filho. A irmã protestou, que em absoluto não sentia qualquer sintoma gestativo e não podia crer na minha predição. Oito meses após nascia-lhe o terceiro filho, hoje um rapaz de 14 anos e que eu vira na configuração perispiritual processando a sua materialização à luz do mundo. (Nota do Médium)

rito no seu instrumento de carne, através de diversas etapas conciliadoras e conhecidas como infância, juventude, maturidade e velhice.

Mas, assim como periga a carga elétrica de alta voltagem, os raciocínios incomuns e as emoções exaltadas do espírito encarnado podem afetar a coesão molecular do corpo, a rede enzimática, e desarmonizar as coletividades microbianas, quando essa operação ultrapassa a resistência e a capacidade normal. Por isso, a sabedoria do psiquismo criou a glândula timo, que frena o crescimento orgânico prematuro e assim evita uma ação demasiadamente violenta sobre o cérebro ainda em formação. O desenvolvimento adulto precipitado e organicamente frágil daria ensejo para o espírito agir na sua plenitude espiritual, mas atuando em altíssima voltagem sideral, capaz de queimar os neurônios e a rede cerebral.

A providência reguladora do timo, então, impede que o espírito encarnado manifeste, de chofre, todo o seu potencial psíquico antes dos sete anos e além da capacidade do seu equipo carnal, em crescimento. O timo, além de sua função controladora do excesso psíquico sobre o corpo imaturo, ainda frena os estímulos excessivos que fluem do perispírito para o "duplo-etérico,[7] também na fase de desenvolvimento e absorção do "éter-físico" do meio terrestre. Daí justificar-se o aforismo de que a criança é inocente até os sete anos porque ainda não assume a responsabilidade total do organismo, o qual permanece sob o controle técnico do mundo espiritual. A máquina carnal até os sete anos encontra-se em fase de experimentação e reajustamento, assim como qualquer maquinaria do mundo sofre "testes" e correções na fábrica, a fim de não ser entregue ao seu dono com defeitos originais.

Mas durante a fase do nascimento até os sete anos físicos, e pela impossibilidade de o espírito agir plenamente no seu corpo carnal, o instinto animal exerce a sua força criadora e procura impor a sua ascendência vigorosa e primária. Trava-se renhida luta entre o princípio espiritual superior e as tendências inferiores do mundo físico. Daí o motivo por que os pais devem exercer rigorosa vigilância nos filhos até os sete anos, extirpando-lhes energicamente os maus costumes, impulsos danosos, tentativas autoritárias e atrabiliárias, para evitar que uma estigmatização instintiva posteriormente se oponha na forma de uma barreira

---

[7] Duplo-Etérico, corpo constituído de éter-físico, medianeiro entre o perispírito e o corpo físico, existente somente durante a encarnação física e dissociando-se 3 a 4 dias após a morte carnal.

A Vida Humana e o Espírito Imortal

intransponível à correção espiritual. A criança não deve ser estimulada nem louvada nas suas irascibilidades e reações censuráveis; o seu espírito só domina mais cedo os seus instintos primários, caso receba a ajuda eficiente e enérgica dos pais isentos de qualquer sentimentalismo, sem confundirem o mau instinto do descendente à conta de "precocidade"! Embora sem os extremos de crueldade e despotismo, os pais não devem afrouxar a sua autoridade, evitando louvar e estimular as ações indisciplinadas e rebeldes dos filhos.

Os filhos devem ser criados com amor, mas sem a imprudência de deixá-los agir livremente, só porque são "engraçadinhos" ou amuam-se por qualquer coisa. A fim de formar-lhes um caráter nitidamente estoico e leal, os pais devem fortificá-los desde a primeira infância, para solucionarem as suas culpas, sem o culto demasiado da personalidade humana. É algo perigoso quando, para os pais sentimentalistas, o seu pupilo sempre tem razão; enquanto que é mau e condenável o filho do vizinho. As contrariedades da infância caldeiam e fortificam o temperamento da criança para mais tarde enfrentar as desventuras da vida humana, pois, quando excessivamente apoiada e mimada, em todas as suas manhas e indisciplinas, os jovens viverão em conflito nas suas relações com a sociedade e atuações no mundo. Quem não aprende a dominar os seus instintos primários na infância, bem mais difícil ser-lhe-á na fase adulta. Assim como o jardineiro decepa os galhos inferiores do bom arvoredo, os pais precisam eliminar na primeira infância dos filhos os maus estigmas lançados pela força selvagem da formação animal!

*PERGUNTA:* — *Mas devem existir crianças portadoras de um espírito pacífico e bom, que não são afetadas pelo instinto inferior na primeira infância. Não é assim?*

RAMATÍS: — Sem dúvida, também há crianças daninhas e rebeldes na primeira infância, que expressam violentamente os instintos hereditários da linhagem de sua família carnal, mas depois de jovens e esclarecidos recuperam o seu domínio espiritual superior sem causar desventuras alheias. Gradualmente, elas moderam seus pensamentos e suas emoções na juventude regrada de bons exemplos, chegando a surpreender que tivessem sido rebeldes e indisciplinadas. Mas não serve isso de paradigma para se conceder absoluta liberdade na época infantil às demais crianças, pois só o espírito superior é capaz de sobrepujar, mais cedo ou mais tarde, as más influências e os instintos desregrados. No entanto, como a maioria dos espíritos encarnados na Terra é de natureza primária e facilmente influenciável por caprichos, rebeldias e impulsos violentos, é imprudência criá-los sem o rigoroso controle sobre as idiossincrasias instintivas. Há, mesmo, aí na Terra, um velho provérbio que assim adverte: "O cipó torce-se quando novo"; e na Indochina temos o equivalente: "Filho mimado, homem desnaturado".[8]

Mas, comumente, as tendências da ancestralidade animal subjugam o espírito do homem na fase infantil, cabendo então aos pais mobilizarem a mais severa vigilância a fim de ajudar os filhos a vencerem os recalques do instinto inferior.

*PERGUNTA: — Porventura, o amor que devotamos aos nossos filhos pode favorecer-lhes a manifestação perigosa do instinto animal inferior?*

RAMATÍS: — Os pais devem compreender que precisam ajudar o espírito dos filhos a dominar o instinto animal e próprio da linhagem carnal hereditária. É muito perigoso o fascínio dos pais pelo aspecto inusitado dos bebês rechonchudos ou crianças que passam a tiranizar o ambiente doméstico sob a visão complacente dos adultos. Os filhos precisam de toda experiência e disciplina vigorosa dos pais na fase infantil, para frenarem as manifestações instintivas pregressas, que principiam a agir desde o berço. Sem dúvida, é o amor que desenvolve as qualidades sublimes latentes do espírito, mas é a severidade e a autoridade paternas sem sentimentalismos piegas que realmente ajudam as crianças a dominar os seus impulsos inferiores.

O corpo de carne, à guisa do "cavalo-selvagem",[9] é o vigo-

8 Certo amigo de infância foi pai de dois filhos no primeiro casamento e, por coincidência, mais dois rapazes no segundo casamento. A primeira esposa, deslumbrada pelos rebentos viçosos e traquinas, ria-se de qualquer estultícia, malvadeza ou violência dos mesmos e jamais fez ou permitiu um gesto de repreensão. Os "queridos rebentos" cuspiam na face das visitas, maltratavam aves e animais, apossavam-se dos brinquedos e objetos dos companheiros, depredavam, soqueavam o rosto dos avós impotentes ante a reação irascível da nora. Qualquer reclamação da vizinhança gerava ódios, discussões e inimizades da mãe inconformada. Hoje, um deles, com 23 anos, e o outro, com 19, cumprem penalidade de roubo de automóveis, vigarismos e falsificações de cheques. A segunda esposa, mulher espiritualizada, enérgica, disciplinada e esoterista, eliminou desde tenra infância todas as primeiras manifestações do instinto inferior; não batia nos filhos, castigava-os suspendendo regalias, deixando-os reclusos nos quartos até modificarem suas atitudes. Atualmente, N. R., com 19 anos é 3ª anista de Medicina, e M. R., com 21 anos, casado, é contador-chefe de importante firma curitibana. (Nota do Médium)
9 O exemplo da muda de uma laranjeira superior enxertada sobre o "cavalo-selvagem" vegetal, ou tronco nativo da espécie inferior, poderia servir de analogia para avaliarmos a natureza dos princípios espirituais superiores, quando em luta com as tendências hereditárias inferiores do organismo físico. Há laranjeiras

roso potencial de forças herdadas do animal e caldeadas na formação das espécies primárias. Portanto, é perigoso e imprudente os pais ou avós deslumbrarem-se pelos seus descendentes, só porque eles herdam-lhes a fisionomia, a cor, o porte e o jeito! Deste modo, abrem-lhes as comportas do instinto inferior, enquanto o espírito é arrastado no vórtice da rebeldia em face de sua frágil autonomia sobre o corpo carnal! A principal função dos pais, durante a infância dos filhos, é diminuir-lhes, tanto quanto possível, a obstinação, a brutalidade, o despotismo e as más tendências.

A criança deve ser imunizada no lar, mas disciplinada para sobreviver à instintividade dos demais companheiros desorientados, e que desde a infância lembram manadas incontroláveis a estourar sob o primeiro impulso de rebeldia. Os instintos mal corrigidos de uma criança ativam-se pelos estímulos energéticos, violentos e obstinados de outras crianças rebeldes. Os acontecimentos expostos cotidianamente pelo noticiário jornalístico demonstram que muitos jovens, aparentemente inofensivos e pacíficos até certa época, depois se tornam delinquentes reativados pela simples convivência com outros companheiros de maus instintos. Quase sempre isso é consequência da invigilância e falta de severidade de certos pais, que, encantados pela configuração carnal dos filhos consanguíneos, deram-lhes ampla cobertura para a prática de toda sorte de asneiras, rebeldias e violências. Os jovens indisciplinados são como as flores frágeis, que decaem em sua qualidade, por assimilarem as emanações perniciosas e contagiantes das espécies selváticas inferiores, crescidas no mesmo ambiente.[10]

*PERGUNTA: — Mas, se a Lei do Carma determina que espíritos delinquentes e cruéis encarnem em certos lares terrenos, o que adianta aos pais tentarem discipliná-los na infância, se eles hão de, posteriormente, manifestar os seus instintos nocivos na juventude ou na maturidade?*

RAMATÍS: — As laranjeiras bravias e selváticas, azedas e tóxicas, também se transformam em frutos doces, sazonados e

---
de qualidade superior, que conseguem impor os seus frutos doces e gostosos, embora sejam nutridas pelo tronco selvagem onde são enxertadas. Outras, enfraquecidas, só produzem frutos agrestes e azedos, porque se deixam dominar pela base inferior primitiva. Tal seria a imagem simbólica da luta do princípio superior espiritual, contra as tendências inferiores da matéria plasmada pela força bruta do instinto animal. (Nota de Ramatís.)
10 Vide o conto "Frustração", da obra *Semeando e Colhendo*", de Atanagildo, **EDITORA DO CONHECIMENTO**, relato de um acontecimento verídico, confrangedor.

nutritivos graças ao toque hábil e cuidadoso do bom jardineiro. Aliás, até os animais ferozes se tornam mansos e serviçais, quando habilmente domesticados, pois o "cavalo selvagem", violento e agressivo, quando em liberdade na pradaria, converte-se no animal pacífico e útil depois de domesticado. Dependendo dos "jardineiros" paternos, os filhos tanto podem manifestar os valores sublimes do espírito, como desqualificarem-se pela submissão à linhagem instintiva e selvática, que lhes forra o fundo da carne.

Os maus instintos dos filhos tanto podem ser mimados ou corrigidos, dependendo fundamentalmente da atuação dos pais vigilantes ou negligentes, no comportamento diante das reações e iniciativas perigosas dos seus descendentes. Mas os genitores terrenos, em geral, só se preocupam com os seus problemas de adultos, pois, quando exercem alguma ação corretiva sobre os filhos, quase sempre o fazem mais por irritação ou desforra, do que realmente visando à educação do espírito encarnado. Alguns deixam comodamente os filhos sob a tutela dos avós, parentes ou amigos, enquanto desfrutam da vida todos os proventos e prazeres, malgrado disso resulte a má educação dos descendentes impulsivos, exigentes e rebeldes.

*PERGUNTA:* — *Podereis explicar-nos mais objetivamente essa questão?*

RAMATÍS: — Em geral, os pais ricos contratam preceptores para educarem os seus filhos, livrando-se da obrigação de resolverem-lhes os problemas nevrálgicos da formação do caráter. Outros pais internam os filhos em colégios particulares ou instituições religiosas, proporcionando-lhes a educação moral cívica suficiente, mas esquecidos de que não basta o envernizamento social ou a cultura do mundo profano, caso falte à criança o carinho e o amor que lhe aquece o coração. Na verdade, esses pais livram-se de vigiar os filhos na fase delicada e complexa da infância, aliás a mais perigosa e carente de vigilância, em que os instintos afloram, impondo os estigmas animais.

Dali por diante, o jovem dependerá principalmente do tipo de suas amizades, do ambiente que frequenta e da influência das pessoas de moral superior ou maléfica. Ademais, os agrupamentos de estudantes no colégio e nas instituições educativas, profanas ou religiosas, são ambientes que ainda facilitam a eclosão do instinto inferior dos jovens indisciplinados desde a infância. Ali, eles não são propriamente esclarecidos na sua contextura "psicofísica", mas apenas reprimidos por uma disciplina *standard* e de grupo, quase sempre aplicada por preceptores coléricos e comumente frustrados no seu próprio lar! As crianças de temperamento sadio e boa índole espiritual hão de sobreviver sob a influência primária dessas instituições, assimilando o conteúdo superior; mas, as que, por ignorância e negligência dos pais, ainda não se libertaram do jugo animal, praticam atos censuráveis no mundo, malgrado o frágil verniz educativo da infância ou juventude!

Aliás, as crianças represadas nos colégios instituem a sua própria "maçonaria" de conveniência e mútua compreensão coletiva, resguardando os defeitos e as intenções perigosas, impelidos pelo instinto de proteção contra os adultos. Toda a escória recalcada por força de autoridades preceptoras de instituições educativas em "massa" pode emergir facilmente quando faltar a contenção disciplinar. E como a mente infantil pouco sabe discernir quanto à diferença sutilíssima das coisas boas ou más, perigosas ou inofensivas, as crianças de colégios e internatos apenas recalcam o seu instinto inferior até o ensejo de libertá-lo! Em diversas narrativas ou autobiografias, cujos autores viveram segregados em instituições educativas das mais variadas correntes religiosas, verificamos que eles também se contaminaram no meio onde viveram.

Isso demonstra que, tanto a orientação subordinada a um único molde coletivo, como a disciplina férrea, jamais proporcionam equilíbrio e o controle do instinto superior, porque as virtudes são resultantes do discernimento espiritual e do autoconhecimento de cada indivíduo. As estatísticas sempre provaram que há mais jovens rebeldes, violentos e perversos provenientes de estabelecimentos educativos de todas as espécies, e menos delinquentes entre os educados por pais amorosos, mas severos e sem sentimentalismos piegas! É óbvio que, nos agrupamentos estudantis heterogêneos, mescla-se tanto o bom como o ruim, resultando uma ganga ou mistura inferior própria de sentimentos e paixões opostas!

*PERGUNTA: — E que dizeis da criação de filhos por parte da classe média?*

RAMATÍS: — Comumente, a classe média deixa a educação de seus filhos aos cuidados e orientação dos empregados de confiança. Embora tais servidores possam ser dignos ou bem-intencionados, eles só podem orientar os filhos dos patrões com os mesmos recursos educativos que obtiveram na sua infância desafortunada. O criado ou a criada, embora sejam magnânimos e de boa índole, são espíritos subservientes e não podem ter plena autoridade sobre os filhos dos patrões, além de desconhecerem qualquer pedagogia superior. Falta-lhes o conhecimento psicológico e analítico, aquisição somente possível no contato com os centros educativos de padrão superior. São criaturas mental e emotivamente passivas, exercendo uma coação voluntária sobre si mesmas, servidores que devem abdicar de sua personalidade para concordarem com os patrões, faltando-lhes o conhecimento e a experiência educativa para domesticarem o instinto inferior da criança sob sua orientação.

Só em casos raros verifica-se uma conduta moral e perspicácia mental de servidores que ultrapassam o nível comum até dos seus senhores, como acontecia na antiga Roma, cujos escravos gregos, em geral, eram homens cultos, sábios e filósofos, capazes de ministrarem conhecimentos superiores aos filhos dos seus senhores. No Brasil, malgrado a ternura e o devotamento das velhas "babás" e dos "pretos velhos", muitíssimo apegados aos filhos do "sinhô", eles só podiam tratá-los carinhosamente, mas jamais dar-lhes uma educação ou cultura superior.

É de senso comum que o educador influi no educando, quer transmitindo algo de seu próprio conhecimento e temperamento, como pela maneira de orientá-lo na conclusão dos acontecimentos e fenômenos da vida humana! Há discípulos que atravessam a existência proclamando e vivendo exclusivamente o otimismo ou pessimismo do seu mestre ou preceptor, quais prolongamentos vivos de suas virtudes ou defeitos. No mundo existem escolas otimistas, pessimistas, epicuristas, estoicas, prazenteiras, trapistas, existencialistas ou severamente puritanas, que giram em torno de um eixo montado pelo seu idealizador ou criador, seja Epicuro, Schopenhauer, Zenon, Sócrates, Platão, Pitágoras, ou modernamente Sartre e outros.

Assim, os filhos também podem receber a influência de determinado preceptor no seu curso educativo, quer seja sacerdote, professor ou criado. Em consequência, o homem ou a mulher sem filhos, frustrados no casamento por incessantes vicissitudes ou fracassos morais, quando transformados em educadores, jamais poderão transmitir para os filhos dos patrões uma vivência otimista ou heroica, se eles mesmos ainda sofrem na alma as perturbações da própria existência amargurada! É evidente que a lâmpada empoeirada não transmite a luz na sua limpidez natural. Mesmo na formação do caráter das crianças em estabelecimentos educativos há muita diferença entre o bando de meninas órfãs, que são niveladas pelo mesmo traje uniformizado, igual corte de cabelos e sob a custódia de religiosas severas, em confronto com as alunas de outro educandário mais liberal, que preserva a individualidade da criança sem a uniformização arrasante e a imposição de preconceitos religiosos!

A alma do educador influi fortemente na formação da criança, seja ele um sábio ou simples criado, porque isso depende muitíssimo do seu discernimento e habilidade em ajudar o educando a livrar-se de seus instintos inferiores!

PERGUNTA: — *E que dizeis das famílias pobres que, além da impossibilidade de educarem convenientemente os seus descendentes, estes são filhos rebeldes, cujo espírito está onerado por graves culpas cármicas?*

RAMATÍS: — Não é a riqueza ou a pobreza o que, realmente, distingue a graduação moral do espírito. Aliás, as almas mais esclarecidas, ao se encarnarem, preferem a pobreza e as vicissitudes do mundo material para solucionarem as suas provas cármicas e acelerarem o seu aperfeiçoamento espiritual. A riqueza, quase sempre, proporciona mais facilidades perigosas para o espírito enfraquecido. A renúncia, a paciência, a resignação e a humildade são virtudes que melhor florescem nos ambientes pobres e ajudam o espírito a libertar-se mais cedo dos ciclos dolorosos e expiativos da carne. A riqueza, comumente, tonteia as criaturas e facilita-lhes a prática dos mais censuráveis caprichos e lúbricos desejos. Sob o manto roto da pobreza, plasmaram-se as figuras sublimes e incomuns de Francisco de Assis, Paulo de Tarso, Vicente de Paulo, Buda, Ramana Maharishi, Gandhi e principalmente, Jesus! As dificuldades, dores e sofrimentos morais proporcionaram ao mundo personalidades como Edison, Van Gogh, Gauguin, Mozart, Allan Poe, Sócrates, Chopin, Schumann, Balzac, Beethoven, Cervantes, Milton, Dostoiewsky, Aleijadinho, Gandhi e outros.

PERGUNTA: — *Mas como educar as almas realmente daninhas e empedernidas que, sob a Lei do Carma, reencarnam-se nos lares pobríssimos? Que podem fazer os pais em tais casos?*

RAMATÍS: — De acordo com a justiça insofismável da Lei do Carma, os pais pobres que ainda são onerados com filhos empedernidos apenas colhem os frutos danosos das vidas passadas, quando provavelmente também negligenciaram a educação de filhos bons e diligentes. Embora pobres, podem dar bons exemplos morais a seus filhos, pois os pais que falseiam nos seus deveres jamais podem exigir dos seus tutelados uma conduta edificante.

*PERGUNTA: — Sem dúvida, o lar é o ambiente mais eficaz para a educação dos homens. Não é assim?*

RAMATÍS: — O agrupamento doméstico é considerado no Espaço um curso vestibular para o evento da família universal! É uma espécie de triagem onde se classificam os cidadãos diplomados na fraternidade consanguínea; e que se mostram eletivos para aplicar no mundo profano os dons superiores adquiridos e desenvolvidos entre a parentela humana! O lar proporciona ao espírito encarnado as iniciativas do sentimento fraterno; incentiva-lhe a tolerância, paciência, humildade e a conformação, adestrando-o para depois enfrentar as adversidades do mundo! No mesmo lar, as almas reciprocamente hostilizadas em existências pregressas contemporizam-se de suas diferenças porque vinculam-se à mesma linhagem consanguínea, e no ambiente doméstico e por força da sobrevivência física avançam para a compreensão espiritual definitiva. Os filhos são os hóspedes, nem sempre desejados, que por força dos conflitos pretéritos achegam-se para substituir o ódio pelo amor, a desforra pela indenização. O lar funciona como um curso de confraternização e ajuste de sentimentos em conflito no passado!

Obviamente, isso não poderá ser conseguido em estabelecimentos educativos, colégios, conventos ou quaisquer outras instituições profanas, as quais não podem proporcionar os ensejos de reajuste e contemporização próprias da experiência espiritual sob a mesma vestimenta consanguínea.

*PERGUNTA: — Alhures, tendes dito que, apesar de toda a magnanimidade e devotamento, jamais devemos enfraquecer a autoridade dos pais sobre os filhos. Não é assim?*

RAMATÍS: — Os pais já esclarecidos devem compreender que, tanto o seu corpo como o de seus filhos, não passam de instrumentos de trabalho do espírito na matéria. São "vestuários carnais" diferentes apenas quanto às particularidades próprias da cor, porte, ou contextura hereditária. Mas isso é de pouca importância, pois o organismo carnal que o espírito utiliza no mundo físico é uma espécie de "ferramenta" de atividade terrena, algo semelhante ao formão do marceneiro, ou o bisturi para o médico. Pais, filhos e demais membros da mesma família são um grupo de espíritos compondo um conjunto interessado no mesmo reajuste espiritual, recíproco, das mazelas do passado! À medida que os espíritos identificam a lei da reencarnação, eles se certificam de que os preconceitos de raças e distinções no mundo material não passam de perigosas ilusões que obscurecem a autenticidade do espírito imortal. E assim, todos devem integrar-se à família universal e compartilhar do sofrimento alheio, participar das mesmas vicissitudes, tecendo a sua felicidade na alegria de servir e aliviar a dor do próximo! Quantas vezes os nossos filhos de hoje foram os nossos piores adversários no passado, ou vice-versa; enquanto o filho do vizinho, que às vezes detestamos, pode ter sido o nosso maior amigo do passado? Sob a mesma vestimenta consanguínea do nosso parente, pode se embuçar o espírito cruel, que nos infelicitou outrora, enquanto noutro, que nos antipatiza, vive um excelente companheiro de vivências pregressas! Assim, é tolice o orgulho da linhagem hereditária consanguínea, ou apegarmo-nos à raça de que descendemos, porque a indumentária carnal do espírito, além de ser provisória, jamais identifica a verdadeira afinidade do coração!

*PERGUNTA:* — *Que dizeis das crianças que são enjeitadas nas portas da igrejas, nos orfanatos ou até em latas de lixo?*[11]

RAMATÍS: — A filosofia oriental e o espiritismo ensinam que o homem colhe, na vida presente, os frutos bons ou maus da semeadura feita no passado. Em consequência, a Lei do Carma não é uma legislação punitiva, mas um processo de retificação espiritual, que proporciona ao espírito faltoso o ensejo de integrar-se novamente no roteiro espiritual educativo para sua mais breve felicidade. Apesar da "dor-mineral", a que é submetido o carbono bruto extraído do solo durante a lapidação do ourives, ele se transforma numa cobiçosa joia. Os grãos de trigo e de uva, malgrado a "dor-vegetal" de serem esmagados, se convertem na farinha benfeitora e no vinho generoso.

É evidente que os espíritos encarnados em lares dignos e amparados por pais magnânimos, se depois os desprezam e se

---

11 Vide o conto "Assim Estava Escrito", da obra *Semeando e Colhendo*, do espírito Atanagildo, **EDITORA DO CONHECIMENTO**, o qual analisa com o máximo rigor espiritual o caso desses espíritos enjeitados e recolhidos às instituições de caridade.

desbragam pelo mundo numa vida egocêntrica e prazenteira, tornam-se indignos de usufruírem noutra encarnação um lar semelhante, protetor e amigo. Sob a legislação cármica, deverão nascer órfãos e ao relento, uma vez que não souberam corresponder ao amor e carinho dos pais amorosos, na vida anterior!

*PERGUNTA: — Cremos que as famílias terrenas ainda tão apegadas às convenções e aos interesses materiais, raramente pressupõem que o lar seja autêntica escola de educação espiritual. Não é assim?*

RAMATÍS: — As famílias humanas são agrupamentos interligados pelos laços consanguíneos, mas funcionam como breves estágios educativos das almas encarnadas e comprometidas carmicamente no passado. O lar terreno é a escola providencial, onde os espíritos adversos apagam o incêndio de ódio pretérito e se renovam nas lições do amor, embora sob os interesses das relações protetoras da família. Mas a família, malgrado a sua expressão consanguínea, é apenas a preliminar onde os espíritos treinam e desenvolvem o amor universal acima de qualquer preocupação racista.

Quando Jesus advertiu que devíamos abandonar pai e mãe para segui-Lo incondicionalmente, referiu-se à necessidade de o homem libertar-se dos laços consanguíneos, que são o sustentáculo da família humana isolada no seio da humanidade! O Mestre convidou o homem a integrar-se, definitivamente, no seio da família universal, que é eterna! Não aconselhou o desamor nem a rebeldia entre os membros da mesma descendência humana, mas distinguiu a necessidade de mantermos os princípios espirituais acima das tendências inferiores e transitórias da carne. O homem deve superar o amor egocêntrico, que é nutrido pelo sangue do mesmo agrupamento doméstico, a fim de integrar-se no amor do Cristo, que é universal!

O lar terreno, além de sua função precípua de escola de educação espiritual, ainda pode ser acolhido à conta de oficina onde os espíritos se reabilitam e se retificam, alguns atraídos pelo amor cultivado há milênios, outros imantados pelas paixões e pelo ódio vividos no passado!

*PERGUNTA: — Quais são as outras finalidades que o lar terreno ainda atende no plano da Criação, além dessa função fundamental de unir as almas comprometidas e treiná-las para o amor fraterno?*

RAMATÍS: — O lar terreno também é excelente curso de alfabetização espiritual, preparando o espírito para manusear a linguagem universal e viver os sublimes eventos futuros entre as humanidades angélicas. Através dos laços consanguíneos e das obrigações recíprocas existentes entre os membros da mesma família, o lar aproxima as almas e desenvolve-lhes o entendimento da vida espiritual superior.

Assim, enquanto o chefe de família criterioso mantém-se ausente para mobilizar a receita da casa e os jovens dispersam-se em busca de empregos ou atividades educativas cotidianas, as crianças também deixam o lar bem cedo, para frequentar as escolas. Os mais moços buscam novas afeições próprias de sua idade e afinidade, enquanto os velhos vinculam-se a afetos adequados à sua experiência e vivência humana. Deste modo, enfraquecem, pouco a pouco, os laços consanguíneos entre todos os membros da família! Nesse treino singular, quer pela maior ausência como pela diversidade de problemas pessoais, os membros da mesma família preparam-se, grau por grau, para o momento nevrálgico da separação desencarnatória.

O namoro, noivado ou o casamento dos filhos desvia um pouco o afeto egocêntrico de sangue, cujo vínculo se divide entre o eleito ou a eleita do coração. A constituição de novos lares, por parte dos filhos e demais parentes, fragmenta ainda mais o fanatismo consanguíneo e canaliza novos afetos para com os novos descendentes. Sob a legislação amorosa do Criador, os espíritos adversos unem-se disfarçadamente sob as vestimentas carnais da mesma família; e acabam idolatrando-se, envoltos nas mesmas vicissitudes, alegrias e favores! Isso torna cruciante a separação pela morte física, caso não houvesse o ensejo de deveres, afetos e atividades fora do lar, ausências que entre os descendentes da mesma família, amenizam a dor futura!

Deus, na Sua Magnanimidade e Sabedoria, criou o lar humano como o ensejo de convocação, vivência e união dos espíritos adversos comprometidos no passado, a fim de se unirem e amarem-se pelos laços consanguíneos da família terrena! Mas, conforme relembramos, os favores e deveres recíprocos terminam despertando afetos e até paixões fanáticas entre os próprios adversários de outrora, cujo "esquecimento" benéfico dos acontecimentos passados permite a confraternização espiritual. Sem dúvida, há os que se adivinham, entre si, no seio da mesma família, na posição de algozes ou vítimas, decorrendo disso a maioria dos conflitos nos lares terrenos. Mas o generoso disfarce do corpo carnal plasmado do mesmo sangue, não só favorece a aproximação afetiva, como ainda desperta afeições novas, que chegam a produzir sofrimentos atrozes na hora nevrálgica da partida para o Além! Eis por que a própria vivência humana foi esquematizada pelos Mestres da Espiritualidade, de modo a promover as "ausências" recíprocas dos componentes da mesma família, acostumando-os para sofrerem menos pela desencarnação inevitável. São hiatos benfeitores pela ausência de trabalho, diferença de credo religioso, preferência esportiva ou política! Ademais, essa separação ainda aumenta pela própria diferença de desenvolvimento mental, pois é bem grande o abismo entre a criança buliçosa, traquinas e instintiva, e a mente experimentada e conservadora dos avós, já curtidos pelos espinhos da vida e algo descrentes das ilusões que ainda dominam os jovens.

Sem dúvida, a simples vivência de corpos vinculados pelo mesmo sangue no agrupamento doméstico não é suficiente para unir os espíritos adversários e dirimir conflitos milenários no roteiro das encarnações anteriores. Mas os interesses em comum, o apego à ancestralidade biológica e à autoproteção da personalidade no lar ameniza e extingue, pouco a pouco, as diferenças antipáticas pregressas, a ponto de vítimas e algozes de ontem, depois de vinculados pela mesma linhagem carnal, derramarem sentidas lágrimas pela separação na morte física.

*PERGUNTA: — E que dizeis desses pais que castigam barbaramente os filhos e os submetem a surras, para educá-los?*

RAMATÍS: — Os terrícolas ainda são espíritos primários, espécies de "homens das cavernas" de cara rapada e envergando ternos de casimira, trajes de *nylon* ou sedas e veludos! Por isso, alguns são incapazes de raciocínios e emoções de alto nível espiritual e praticam atos e tomam decisões de temperamento colérico.

Em geral, os pais que surram impiedosamente os filhos não atendem a qualquer sistema educacional, pois se irritam e se descontrolam quando desobedecidos e contrariados. É de senso comum que as criaturas primárias são pusilânimes diante dos mais fortes ou superiores hierárquicos; mas são despóticas, intolerantes e vingativas contra os seus inferiores mais fracos. É muito comum, nos quartéis, o sargento que, após tremer diante do general irritado, depois desforra-se despejando a sua cólera e ressentimento sobre os soldados recrutas. Assim, certos espíritos primários, como o pai que sofre humilhações sob o guante do patrão tirânico, ou a esposa ofendida pelo marido despótico, vazam a sua tensão e emoções recalcadas no subconsciente através de castigos impiedosos. Desapercebidos de que educar não é punir, empunham a cinta, vara ou o chicote aliviando a sua ira descontrolada sobre a pele dos mais fracos e indefesos!

*PERGUNTA: — Mas sois contra o castigo físico, que às vezes nos parece necessário para disciplinar os filhos demasiadamente rebeldes?*

RAMATÍS: — Castigo físico é sinônimo de violência, desforra ou impotência educativa! O problema dos pais não é castigar, mas educar, amparar e orientar os filhos! Em última instância, comovê-los e obter-lhes concessões disciplinares em troca de favores agradáveis. Quando os pais são amigos incondicionais dos filhos, os seus descendentes acabam compreendendo que toda rebelião e indisciplina é sempre um prejuízo e uma ofensiva ingrata contra amigos tão generosos. Mas, em geral, os pais são criaturas revestidas de mil pecadilhos e paixões incontroláveis, cuja vivência heterogênea e contraditória não passa despercebida à criança. Procriar filhos é aceitar o dever mortificante e oneroso de educá-los. Sem dúvida, é cousa fatigante e requer indiscutível habilidade dos pais. Malgrado a semelhança de configuração carnal e dos impulsos atávicos, os filhos podem diferir completamente dos pais, porque são de diferente natureza espiritual. Em verdade, o filho é o hóspede espiritual que enverga o traje carnal cedido pela família consanguínea, mas precisa ser orientado assim como qualquer turista numa terra estranha.

Não somos pelo sentimentalismo piegas dos pais que favorecem o despotismo de "reizinhos", "princesitas" ou ditadores de cueiros, causando nos lares os cometimentos mais desagradáveis, agressivos e desatinados. É imprudência os pais e avós deixarem-se hipnotizar pelos aspectos buliçosos e festivos da criança que lhes herda a fisionomia familiar, a ponto de permitir que cometa toda sorte de danos e agressividades, só porque eles retratam satisfatoriamente a mesma configuração carnal. Depois que o instinto animal domina a criança de modo incontrolável, a surra e o castigo físico só lhe acicatam o "amor-próprio" ferido, gerando maior rebeldia.

Muitos jovens delinquentes, rebeldes e desajustados nas suas relações com o mundo, são produtos da condescendência dos pais, que deixaram florescer-lhes os estigmas inferiores. E quando isso acontece, é bem triste o encontro no Além, entre aqueles que negligenciaram os seus deveres filiais e paternos.

PERGUNTA: — *Embora endossando as vossas considerações, sentimos dificuldade em tratarmos nossos filhos como entidades espirituais, diferentes da sua condição carnal, hereditária, em nosso lar! Que dizeis?*

RAMATÍS: — Os pais precisam reconhecer, sem qualquer contestação ou evasiva, que os filhos, por mais atraentes e divertidos, não passam de espíritos onerados pela bagagem de suas mazelas e imprudências do passado. Lembram as flores carnívoras, fascinantes, que revestidas do seu odor selvático, depois devoram os insetos incautos iludidos pelo seu fascínio agreste. Independente da idade, os filhos devem ser sustados no seu despotismo ou obstinação, ao primeiro gesto hostil e atitude rebelde, que pode levá-los a impor os seus caprichos e a sua tirania instintiva. Quem ainda não consegue comandar o seu próprio temperamento indócil e irascível herdado do instinto animal, deve submeter-se a um tratamento disciplinador que o eduque.

É muito perigoso os pais deixarem-se deslumbrar pelo descendente, que lhes surge no lar como uma dádiva do céu, só porque reproduz agradavelmente a configuração sanguínea da família. Jamais deve dispensar-se o corretivo justo e sadio a esse "tesouro carnal", pois é preciso ajudar-lhe o espírito enfraquecido e desenvolver as qualidades de um homem disciplinado, atencioso e pacífico. Cabe aos pais investigarem cuidadosamente todas as reações de cada filho, a fim de poderem criá-lo desenvolvendo-lhes os princípios espirituais.[12] Há filhos

---

12 Sou, também, pelo conceito de que "o cipó se torce quando é novo", pois criei meus filhos, criaturas hoje controladas, obedientes, corteses e minhas amigas, sem maltratá-los fisicamente e assim criar um indesejável abismo em nossa amizade. Eram três crianças de espíritos completamente diferentes; uma, calma, compenetrada, mas teimosa e com profundo amor-próprio; outra, rápida na comunicação pessoal, vivíssima em suas tarefas, responsável e estudiosa, a ponto de viver antecipadamente os seus problemas pessoais; enquanto a última, instintiva e intempestiva, mais desapegada do estudo e com pouco senso de propriedade de coisas e objetos. Do menino, tornei-me seu confidente, tratando-o qual irmão e ministrando-lhe conselhos salutares como um amigo íntimo; à segunda proporcionei os meios de ela realizar os seus sonhos e caprichos, porque obedecia facilmente; e, à última, tive de usar de energia e rigor, cortando-lhe todo o gesto ou iniciativa de criança tentando impor o seu temperamento intempestivo e um tanto rude. Presenteava meus filhos todos os dias, com pequeninas coisas e regalos próprios das crianças. Mas quando havia indisciplina eu suspendia os presentes ao "faltoso"; o qual, inquieto e aflito, logo aderia a qualquer comando superior, desde que não fosse preterido e humilhado pela negativa do presente. (Nota do Médium)

que desde o primeiro vislumbre de entendimento precisam ser tratados enérgica e rispidamente, pois, do contrário, tomarão as rédeas sobre a autoridade dos pais, convertendo-se nos jovens completamente escravos do instinto animal! Sem dúvida, há filhos dóceis, que se ajustam facilmente às solicitações paternas e sugestões superiores, pequenos cidadãos educados e corteses, eletivos ao carinho e à convivência amiga. Eis a importância do espiritismo, que elucida os pais quanto à trama das reencarnações, em que os filhos de hoje tanto podem ter sido os algozes como as vítimas de ontem, mas renascidos na mesma família para a desejada reabilitação espiritual através do amor!

Os pais que castigam os filhos através de surras jamais gozarão do amor, respeito e da amizade que almejam dos seus descendentes. Filhos castigados fisicamente são filhos ressentidos e que jamais sentem-se obrigados a quaisquer deferências para com os pais agressivos. Impedir não é maltratar, mas assim como o jardineiro vigilante extingue dos arbustos benfeitores os ramos daninhos ou inúteis, os pais devem extirpar dos filhos qualquer excrescência perigosa e deformante logo que ela surge.

Até os sete anos vigora na criança o instinto animal, o qual modela a confecção do corpo físico, mas forceja incessantemente para impor a sua natureza selvática sobre os princípios superiores do espírito encarnado. Quem não puder tornar-se amigo incondicional de seus filhos, mesmo impedindo-lhes a eclosão dos impulsos daninhos e ofensivos, também não lhes exija qualquer compreensão no futuro, pois só o amor jamais será esquecido! Na maturidade, os filhos que foram alvos de um afeto puro e sincero dos pais, malgrado os corretivos justos, sentem-se até orgulhosos de não terem sido tratados como delinquentes comuns. Sem dúvida, há filhos inacessíveis ao amor, à disciplina e aos conselhos sadios, mas é indubitável que eles ainda serão mais rebeldes e ressentidos quando sob o açoite do castigo corporal!

*PERGUNTA: — No entanto, conhecemos casos em que só o castigo físico conseguiu ajustar crianças a uma condição moral, de vivência louvável!*

RAMATÍS: — Não opomos dúvida quanto à existência de filhos desnaturados, inimigos figadais dos progenitores, imantados pelo ódio gerado nos conflitos pretéritos! No entanto, também há pais que, devido à sua mente primária e deficiência espiritual, cometem flagrantes injustiças contra os filhos mais traquinas do que delinquentes. Há pais que castigam impiedosamente os filhos maus, rebeldes e inacessíveis a qualquer exortação amorosa; mas também existem aqueles que, por qualquer gesto ou inconsciência de filhos menos sociáveis, os espancam num furor pessoal! A "tara" psíquica de inferioridade espiritual tanto pode existir nos filhos, que futuramente serão pais, como nos pais que já foram filhos!

Ademais, quando os pais inteligentes, amigos e controlados, esgotam todos os recursos de disciplina justificável e sem violentar o afeto espiritual, sendo inócua qualquer iniciativa disciplinada, só lhes resta uma alternativa: confiar na própria educação madrasta e impiedosa do mundo! Em verdade, como todos nós somos espíritos e filhos do mesmo Pai, interessados na própria ventura espiritual, quando recusamos o auxílio e a amizade dos progenitores amorosos e justos candidatamo-nos à aprendizagem do Bem pelos educadores grosseiros e impiedosos do mundo profano! Mas não desesperemos por qualquer temor, pois, acima de tudo e sob a palavra fidelíssima do Cristo-Jesus, "nenhuma ovelha se perderá fora do aprisco do Senhor"!

PERGUNTA: — *Porventura, é uma obrigação espiritual de todos os casais sem filhos adotarem crianças alheias?*

RAMATÍS: — Em primeiro lugar, o fato de um casal não ter filhos já comprova que negligenciaram com o dever paterno e materno no pretérito; ou, então, abandonaram os seus descendentes à iniquidade e à injustiça do mundo! A incapacidade de a mulher gerar filhos é comumente a prova de que se frustrou na missão de mãe, no passado, cabendo-lhe na atual existência dinamizar o sentimento materno no amor aos filhos alheios!

Mas a adoção de filhos alheios não é uma obrigação implacável, espécie de compensação aos equívocos pretéritos, porém decisão espontânea sob o conceito amoroso do Cristo-Jesus, quando preceituou o "Faze aos outros o que queres que te façam". Diante do órfão abandonado, ponha-se a criatura no seu lugar e procure auscultar a si mesma, a fim de saber como desejaria ser tratada na mesma situação. Sem dúvida, acima de qualquer preocupação de favorecimento divino ou cobertura cármica, deve prevalecer o divino mandamento do "Amai-vos uns aos outros"!

Muitas mulheres privilegiadas na vida humana esgotam a sua mocidade e maturidade peregrinando pelos consultórios médicos, ou curandeirismos, a fim de gerarem o filho que tanto desejam. Finalmente, atingem a velhice completamente frustradas e sem qualquer afago alheio pela impossibilidade de procriarem filhos, quando poderiam ter criado quaisquer órfãos abandonados por pais desnaturados.

*PERGUNTA:* — *Porventura, não é uma imprudência adotarmos filhos alheios, quando ignoramos qual é a sua formação biológica hereditária?*

RAMATÍS: — Adotar filhos alheios é generosa contribuição das criaturas venturosas em favor das mais infelizes, sem que isso deva proporcionar o mesmo prazer das pessoas que criam cachorrinhos de raça exótica, na fartura do luxo, mas não se dispõem a alimentar o filho do vizinho pobre! Quem atende ao deserdado, proporcionando-lhe um lar, carinho e amparo, seja qual for a consequência no futuro, é sempre a criatura agindo em nome do Cristo e cumprindo a divina máxima de que "só pelo amor se salva o homem"!

Insistimos em advertir-vos de que a Terra não passa de uma severa escola de educação espiritual, cujos percalços, desilusões e vicissitudes físicas ou morais são lições proveitosas que treinam o espírito e libertam a consciência do jugo da matéria! Em consequência, quem adota uma criança passível de ser futuramente retardada mental ou delinquente, ainda o faz por Lei Cármica, pois, se viesse a ter um filho consanguíneo, este também seria um enfermo ou desatinado! Em tal caso, os progenitores atuais vivem em função redentora, pouco importando se o filho é adotivo ou descendente consanguíneo.

Criar filhos é uma tarefa complexa e incômoda; que se dirá criar os filhos alheios, espíritos carmicamente estigmatizados ao orfanato e à solidão do mundo? O órfão, sob o conceito cármico da doutrina espírita, é um espírito que subestimou, no passado, o amor de seus pais generosos e repudiou o lar amigo! Tendo agido contrariamente às suas obrigações espirituais para com os progenitores pretéritos, não fará jus ao calor amigo da família consanguínea em nova existência carnal. Quem adota um órfão não deve ignorar que se trata de um espírito que já foi displicente e ingrato à família, no pretérito, e ainda poderá sê-lo mais facilmente no seio da família adotiva. Mas quem ajuda o órfão a ressarcir-se de suas mazelas passadas e lhe oferece a bênção do amor fraterno, sem dúvida é o mais beneficiado em tal procedimento sublime e cristão.

Quanto à tara ou deformação ancestral, que o filho adotivo possa manifestar posteriormente, causando vicissitudes e incômodos aos pais adotivos, isso ainda torna mais valiosa a tarefa caritativa. Ninguém terá prejuízos por amar demais, pois o amor é o fundamento essencial da contextura angélica do próprio espírito do homem. Ademais, não são os órfãos ou filhos adotivos os únicos delinquentes e enfermos no mundo, mas são numerosos os agrupamentos consanguíneos, onde os próprios descendentes carnais são epilépticos, esquizofrênicos, psicopatas agressivos, hidrocéfalos, mongolóides, paranóicos ou irresponsáveis! E como é de Lei, que não cai um "fio de cabelo da cabeça do homem sem que Deus não saiba", os pais adotivos de hoje apenas devolvem ao filho alheio os bens físicos e morais que lhe dilapidaram em vidas anteriores.

*PERGUNTA: — Poder-se-ia supor que todos os casais sem filhos liquidam dívidas cármicas do passado por terem desprezado os seus próprios descendentes ou progenitores?*

RAMATÍS: — Não há regra sem exceção, mesmo na vigência espiritual! Há casais que, por Lei de Causa e Efeito, não podem ter descendência carnal na atual existência, enquanto outros, já libertos de qualquer obrigação cármica, adotam espontaneamente as crianças infelizes do mundo e lhes devotam o seu amor! Há quem deve criar órfãos e adotar crianças estranhas, para compensar as suas irresponsabilidades espirituais do passado; mas também há criaturas que assim o fazem somente pelo impulso amoroso de doar alegria e ventura ao próximo! E como Deus não quer que se perca o "pecador", mas, sim, que ele seja salvo, feliz é o órfão culposo, nascido para ser desprezado, que depois encontra o amparo carinhoso num lar amigo!

Quem não se rebela contra a vida e adota filhos alheios para compensar a falta de descendentes, é óbvio que revela os mais nobres sentimentos de fraternidade e amor ao Cristo!

*PERGUNTA: — Todos os casais impossibilitados de terem filhos são punidos pela Lei do Carma, devido à sua negligência procriativa passada, ou isso também pode acontecer por motivos acidentais?*

RAMATÍS: — A Lei do Carma ou Lei de Causa e Efeito não atua deliberadamente num sentido punitivo, mas ela reajusta os atos dos espíritos nas vidas futuras, de modo a compensarem as frustrações ou delinquências pregressas.

Aliás, mesmo nas esferas espirituais adjacentes à crosta terráquea, ainda não foram eliminadas todas as incógnitas da vida; em consequência, podem ocorrer acidentes imprevistos e falhas técnicas no processo reencarnatório, liquidação cármica e procriação de filhos! Mas não há prejuízos definitivos para os espíritos na sua vivência humana, porque as frustrações de hoje serão compensadas por outros ensejos salutares no futuro. A carne é transitória; só o espírito permanece íntegro e sobrepaira acima de todas as mutações e circunstâncias adversas! A Terra é a "alfaiataria" que confecciona os "trajes" de nervos, ossos e músculos para os espíritos vestirem na sua vida física e relacionarem-se com os fenômenos e acontecimentos materiais. Em cada existência, os espíritos se revestem de traje adequado ao seu novo trabalho educativo, a fim de cumprirem o programa assumido no Espaço antes do renascimento!

Em consequência, sob a ação inflexível da Lei do Carma, certos pais são impedidos de terem filhos porque ainda não comprovaram a posse de sentimentos paternos e maternos suficientes para administrar a prole humana. Certas vezes, embora os técnicos tenham esquematizado rigorosamente os ascendentes biológicos e a resistência carnal dos futuros progenitores, isso pode ser prejudicado devido a equívocos medicamentosos, má alimentação, moléstias acidentais, negligências médicas, vampirismos fluídicos em ambientes censuráveis, que frustram o renascimento dos espíritos na matéria num prazo determinado. Quando a culpa é realmente por imprudência ou determinação dos pais, certos espíritos não perdoam essa frustração, pois em existências futuras atuam sob o processo de "eterinária", destruindo os genes e espermatozoides que proporcionarão filhos aos antigos pais culposos.[13]

*PERGUNTA: — É aconselhável esclarecermos bem cedo quanto à condição da criança adotiva, e que não é nosso filho carnal? Não seria mais prudente criá-la convicta de ser um membro consanguíneo de nossa família?*

---

[13] Através de exame de radiestesia, atendi ao pedido de um casal de importante cidade do Paraná, irmãos R. S. e E. S., que, embora casados há mais de 5 anos, não possuíam filhos. Surpreso, verifiquei que o espírito destinado a ser filho de ambos os irmãos fugia deliberadamente dessa responsabilidade. Dotado de poderes de magia, desenvolvidos na antiga Caldéia, ele havia amarrado fluidicamente as trompas da indigitada mãe! Louvavelmente, administrando uma dose homeopática de C 1.000, Staphysagria na prescrição de XII/60, de alto poder dissociativo atômico e penetração etérica, eis que se dissolveram os fluidos de constrangimento das trompas da irmã E. S., e nasceu um menino, hoje com 3 anos de idade, inteligência precoce e prova irrefutável de que era um espírito poderoso e sábio!

RAMATÍS: — Sem dúvida, é muito delicado o problema de informar a verdadeira origem do filho adotivo; e torna-se cada vez pior e imprevisível, tanto quanto mais tarde isso aconteça. Em geral, as famílias criam os filhos alheios sob um estado de severa vigilância, aos sobressaltos e temores, toda vez que algum acontecimento ameace revelar a eles a sua verdadeira situação filial! No entanto, é de boa norma esclarecer o mais cedo possível a criança adotada de que não é filho consanguíneo, fato que é mais provável de ela vir a saber por estranhos, causando-lhe um choque de consequências imprevistas. Depois de esclarecida a condição de filho adotivo, os pais podem viver tranquilamente e sem temer o dia "angustioso" em que o filho ou a filha adotiva poderão reagir de modo violento, histérico e até odioso, profundamente frustrados pelo estigma de enjeitados.

É melhor a revelação em idade tenra, quando a criança mal desperta para o entendimento da vida, ainda incapaz de extrair ilações psicológicas definitivas e dolorosas, que agravam pela humilhação o fato de ser adotiva; pois na infância as emoções são mais periféricas e desaparecem rapidamente do cérebro da criança.

PERGUNTA: — Podereis explicar-nos melhor esse assunto?

RAMATÍS: — É mais fácil a criança acomodar-se à situação de filho adotivo quando em tenra idade, porque se desencoraja de abandonar o lar onde a amparam fraternalmente livre da impiedade do mundo profano. Na sua consciência infantil, há de preferir viver no seio da família amiga, que a protege, do que enfrentar qualquer aventura perigosa! Aos poucos, acostuma-se à condição de adotiva, mercê dos tratos afetivos do ambiente, atingindo a mocidade sem os estigmas sulcados na mente sacudida por uma revelação imprevista e brutal.

O filho adotivo, esclarecido, na infância, da sua situação de hóspede no lar, apercebendo-se de que não é um legítimo descendente com direitos incondicionais, sob um bom-senso natural de espírito encarnado, torna-se menos exigente e reconhece-se devedor de justas obrigações para com os pais de adoção. Há criaturas que se sentem frustradas até por deverem pequenos favores aos outros, e por esse motivo devem ser acostumadas desde cedo a essa contingência de cooperação alheia. Por isso, é mais fácil a criança esclarecida da sua condição adotiva conformar-se com os favores recebidos desde a primeira infância

A Vida Humana e o Espírito Imortal 41

do que a violenta comoção de saber-se uma "intrusa" depois de jovem!

Acresce que o filho adotivo é quase sempre um espírito já frustrado em vidas anteriores, vítima de paixões, impulsos e influências estranhas, que não pôde vencer. Assim, é criatura tão difícil de conduzir como filho consanguíneo, e pior ainda, como filho adotivo, cujas reações extravasam a conduta comum. Daí a facilidade de ingratidão, rebeldia e até ódio aos pais adotivos, quando tais espíritos descobrem a sua situação algo humilhante já na fase adulta. A história tem demonstrado que alguns filhos adotivos, quando cientes de sua situação intrusa na linhagem consanguínea, chegaram à violência do insulto e do desrespeito aos seus protetores. Alguns preferiram lançar-se no vórtice do mundo profano, ato de rebeldia que confirmou-lhes a mesma delinquência do passado! Em consequência, é mais prudente e aconselhável os pais adotivos esclarecerem os filhos adotados ainda em criança, amenizando-lhes, pouco a pouco, a revelação de serem recebidos no lar como hóspedes alvos de toda a simpatia. Deste modo, eles alcançam a juventude sem as surpresas, sem o contraste de sua condição humilhante!

*PERGUNTA:* — *Que poderíamos entender pelo fato de o filho adotivo julgar-se com direitos pessoais, embora seja adotado?*

RAMATÍS: — Os filhos legítimos, por força de sua descendência carnal, exigem dos pais tudo o que julgam de seu direito, protestando e até repudiando o que não lhes convém ou julgam imerecido. Mas, se um dia verificam que eram apenas "enjeitados" e não "filhos autênticos", isso lhes causa atroz humilhação, apercebendo-se de que faziam exigências imerecidas aos pais adotivos, sob cuja tutela viviam de favor! Certos de que tinham direitos insofismáveis como filhos consanguíneos, ou legítimos, deprimem-se e rebelam-se sob a força das próprias paixões inferiores vividas no passado, jamais se conformando com a pecha de intrusos.

E como o ressentimento ainda é um fator predominante na maioria dos terrícolas, os filhos enjeitados, ou espíritos primários sob agravação cármica, jamais esquecem a mágoa de terem sido "iludidos", numa vivência falsa e irônica perante o mundo a que se julgavam com direitos incontestáveis! Os mais orgulhosos e irascíveis chegam a odiar a vida de favores sob o beneplácito dos pais adotivos; repugna-lhes a condição de objetos de caridade a exaltarem as virtudes alheias! Eis por que é conveniente que os pais adotivos solucionem o problema ao primeiro entendimento infantil dos filhos adotivos. Então poderão viver tranquilos, na certeza de que o hóspede aceito em seu lar já se acomodou à situação de não ser membro consanguíneo da família!

## 2. Problemas da família

*PERGUNTA: — Conforme tendes explicado, a família é o agrupamento humano de espíritos amigos ou adversos, que, através dos laços consanguíneos, unem-se pelo afeto ou vinculam-se pelas dívidas cármicas do passado. Não é assim?*

RAMATÍS: — Realmente, a família carnal tanto é constituída por espíritos afins, assim como se compõe de almas adversas e de graves conflitos do passado! No seio do lar processa-se o adestramento espiritual orientado para a vida superior, em que o amor une os espíritos amigos e o ódio imanta os adversários! Por isso, a família tanto pode ser um ensejo abençoado, que entretém as almas amorosas numa preliminar do Paraíso, assim como gera conflitos, desafios e lutas emotivas, que podem terminar pela separação; e, às vezes, conforme noticiam os jornais, até pelo crime de morte!

*PERGUNTA: — Qual é a outra finalidade do lar terreno, além da oportunidade de retificação cármica dos seus componentes familiares?*

RAMATÍS: — A família humana é o fundamento ou a miniatura da família universal, pois os laços consanguíneos apenas delimitam as vestimentas físicas e transitórias numa existência humana, mas sem eliminar a autenticidade espiritual de cada membro ali conjugado. Sem dúvida, a ancestralidade biológica ou a herança genealógica própria da constituição carnal reúne os mais diversos temperamentos espirituais sob uma só configuração consanguínea, a fim de estabelecer uma contemporização amistosa. O lar terreno significa a hospedaria da boa vontade, em que o homem e a mulher conjugam-se na divina tarefa de servir, amar e orientar os espíritos amigos ou adversos que, por Lei Sideral, se encarnam, buscando o amparo fraterno e dispostos a acertarem as contas pregressas! Acima do sentimentoególatra ou de "propriedade", que em geral domina os esposos na posse sobre os filhos, deve prevalecer o conceito elevado de irmandade universal, porquanto a realidade do espírito imortal não deve ser sacrificada às simpatias e posses do corpo carnal!

*PERGUNTA:* — *Como compreendermos que a família humana é uma experiência ou adestramento para compor a futura família universal?*

RAMATÍS: — A família humana é um conjunto de almas oriundas da mesma fonte divina; difere, apenas, em sua periferia, pela convenção terrena de cônjuges, filhos, pais ou parentes, cuja vestimenta consanguínea ancestral contemporiza a reunião de desafetos do passado, num treino ativo e em direção à futura família universal!

Os corpos carnais não passam de escafandros transitórios, que proporcionam aos espíritos encarnados o recurso de desempenharem as suas atividades na vida humana, enquanto desenvolvem os sentimentos fraternos e avivam as demais virtudes latentes no âmago da alma. Os interesses egocêntricos, as ideias artísticas, preferências políticas, tendências científicas, ambições sociais ou entretenimentos religiosos, são os ensejos que proporcionam às almas a melhoria de sua graduação espiritual. As dissidências tão comuns no seio das famílias terrenas resultam da diferença de idade espiritual entre os seus componentes, em que os mais primários produzem aflições, sofrimentos e prejuízos aos mais evoluídos, em face do mesmo vínculo cármico do passado.

Mas, no decorrer das sucessivas existências no mundo físico, os espíritos diversificados pelos mais opostos temperamentos aprimoram-se e amenizam os seus conflitos pregressos através do sofrimento e serviços recíprocos, até alcançarem a compreensão espiritual definitiva. Lentamente, velhos adversários aproximam-se atraídos pelos laços da parentela humana e, louvavelmente, fazem as pazes e confraternizam-se para a ventura em comum. Embora a diferença de interesses, o choque de ambições, e a cobiça pelo melhor, possam atiçar velhos ódios e frustrações do pretérito, a vida em comum, no seio da família,

A Vida Humana e o Espírito Imortal 45

ameniza os desentendimentos e os estigmas entre os espíritos fadados à mesma angelitude. É certo que os mais embrutecidos e escravos das paixões animais chegam a sacrificar o companheiro consanguíneo nas competições dos valores do mundo físico, pois no subjetivismo da alma pressentem a presença do algoz ou desafeto de outrora. Em consequência, a pilhagem, belicosidade e avareza ainda são consequências dessa feroz competição humana, em que litigam os espíritos na trajetória da vida física, entre acertos louváveis e equívocos censuráveis, porém jamais deserdados do amor do Cristo e impedidos de serem felizes! Assim prossegue a safra de vítimas e algozes, que retornam em sucessivas existências vinculadas à mesma roupagem carnal consanguínea para a organização das famílias humanas, no sentido de extinguir a personalidade humana e separatista do homem ciumento, egotista e impiedoso escravo dos instintos animais. Através do exercício afetivo no lar, na troca de favores e iniciativas dos membros da família, a individualidade espiritual vai externando os seus valores eternos de feição moral.

*PERGUNTA: — Malgrado a diferença de graduação espiritual entre os componentes das famílias humanas, não deveria haver a paz e a compreensão entre todos, por força da mesma origem ancestral biológica?*

RAMATÍS: — As lâmpadas elétricas, embora sejam do mesmo aspecto e tamanho, podem variar conforme a capacidade de reter e distribuir a corrente da usina, pois uma lâmpada de 25 velas é implicitamente inferior em iluminação à de 200 velas! Assim, mormente os membros da família terrícola provirem da mesma linhagem ancestral biológica e ainda vincularem-se pelos mesmos interesses afins do conjunto, eles se diferenciam frontalmente quanto à capacidade espiritual no intercâmbio doméstico. São criaturas modeladas sob a mesma plastia carnal, mas variam quanto ao seu conteúdo espiritual, pois, além das diferenças individuais de razão e sentimentos, ainda prevalece, pessoalmente, a condição de amigos ou inimigos, algozes ou vítimas, em vidas anteriores.

A família, na sua convenção carnal, reúne espíritos adversários imantados pelo ódio ou amigos unidos pelo amor do pretérito! Uns, vibram pela vingança ainda latente no âmago do seu psiquismo intolerante; outros, vivem os estímulos amorosos e fraternos de longa amizade! No desdobramento da vivência no lar, desde as etapas de criança, moço, homem maduro e velho, os espíritos ali encarnados conflitam-se sob os desejos e ambições pessoais. E a tempestade humana só ameniza quando alguém renuncia, ou pelo conhecimento superior exemplificado pela tolerância fraterna. Daí, as cenas trágicas e algo comuns entre os próprios componentes carnais das famílias terrenas, acontecimentos desairosos que são mais frequentes nos lares primários, onde o ódio e a frustração gravados na memória perispiritual do passado estouram com tal violência e desamor, que se transformam em acontecimentos lastimáveis!

Por isso, a família humana significa a "trégua" de lutas odiosas entre os espíritos adversos desde várias vidas anteriores. O vínculo consanguíneo é um recurso capaz de amenizar o entrechoque de espíritos faltosos e que se atenua por força da sobrevivência carnal sob o mesmo ascendente biológico. Evidentemente, são raros os lares terrícolas que apresentam uma atmosfera agradável e proveitosa, servindo como louváveis educandários frequentados por almas diligentes, corteses e de boa vontade!

Aqui, o chefe de família conserva a fisionomia amargurada e traz para o lar os problemas aflitivos do seu trabalho profano; ali, a esposa deblatera sob visível irritação quanto às suas frustrações na competição tola social da moda, ditada pelos costureiros excêntricos; acolá, os filhos preguiçosos preocupam os progenitores acusando os professores de parcialidade; as moças confrangem pelas decepções amorosas na obstinação de se unirem a criaturas delinquentes, irresponsáveis ou marginais. Os problemas avultam no seio da família; é o parente que negaceia quanto ao pagamento da dívida avalizada pelo cunhado; é o moço ou a moça sofisticados no ambiente social, que se antipatizam pela vivência caseira e modesta do lar! A esposa lastima-se, lacrimosa pela "toilette" pobre e fora da moda ou pela falta de joias! Os conflitos e as insatisfações domésticas ainda aumentam sob o reinado despótico dos netos, espécie de reizinhos sem coroa, cuja ditadura ridícula no ambiente da família ainda é apoiada pelo excessivo sentimentalismo dos avós!

Em geral, a mesa doméstica das refeições é a arena onde se debatem os problemas nevrálgicos, tolos ou trágicos da família! Lembra pequena praça de guerra em que os adversários espirituais do passado despejam toda a inconveniência do mundo na hora sagrada de alimentação! Altera-se o metabolismo digestivo nos choques psicossomáticos dos membros da família, que mastigam porções de alimentos sob mútuos desaforos ou queixas lamentosas. Em consequência, proliferam as doenças enquadradas na terminologia médica das úlceras, choques anafiláticos, perturbações hepáticas, deficiências pancreáticas, vesículas esclerosadas, palpitações cardíacas, colites e espasmos intestinais. Infelizmente isso é comum, porque o lar terreno ainda é o abrigo de algozes e vítimas, amigos e inimigos do passado, ali convocados sob a mesma indumentária carnal, a fim de acertarem as dívidas do pretérito!

Os membros da família terrena ignoram a sua responsabilidade espiritual do passado e por esse motivo sacrificam a função educativa e contemporizadora do lar. Intolerantes, vingativos e impiedosos, discutem pelas coisas mais fúteis e digladiam-se esposas e esposos pela supremacia doméstica! Os jovens convictos de sua sabedoria jamais aceitam o conselho experimentado dos "velhos", e o conflito dinamiza-se ainda mais em face dos arraigados pontos de vista pessoais dos membros da mesma família!

PERGUNTA: — *Todos os espíritos que se encarnam na Terra devem casar e constituir família sob a implacável recomendação bíblica de "Crescei e multiplicai-vos"?*

RAMATÍS: — A recomendação bíblica do "Crescei e multiplicai-vos" é no sentido de as criaturas gerarem o maior número de corpos carnais, a fim de solucionar-se mais breve possível o problema de bilhões de espíritos necessitados de urgentes encarnações a liquidarem suas dívidas pregressas. O renascimento físico é o ensejo da reabilitação espiritual no trato com os fenômenos e acontecimentos da vida material, e por esse motivo, quanto mais corpos gerados, mais breve a redenção das almas aflitas e erráticas do Além-Túmulo!

Considerando-se que a Terra é um planeta primário de alfabetização espiritual, e o casamento ainda assegura a disciplina e o controle da procriação sob a ética sadia e responsabilidade moral humana, a procriação exige um compromisso mútuo de entendimento e proteção recíprocos. O homem e a mulher casam-se por efeito de um contrato bilateral, em que por conveniência social e moral deve haver o respeito mútuo, enquanto a instituição do lar significa o ambiente protetor dos demais espíritos ali encarnados como filhos! O casamento carnal, embora ainda sofra os imprevistos das separações prematuras entre os cônjuges, obedece a um programa previamente delineado no Espaço, em que dois espíritos se comprometem fornecer as vestimentas carnais para amigos e inimigos do passado.

No seio da família terrícola os espíritos encarnados aprendem a mobilizar as suas qualidades psíquicas, quer dinamizando os sentimentos fraternos na troca dos interesses recíprocos, assim como adquirindo novos conhecimentos pela experiência dos mais velhos. É tão valiosa a função do lar que os espíritos trânsfugas do passado na responsabilidade doméstica, tornam-se indignos de um novo esponsalício humano. Cumpre-lhes viver na condição de um marginal sem companheiro ou companheira, sem filhos ou filhas, sem parentes ou afetos familiares. O aconchego caloroso do lar e o júbilo da descendência da família, que prolonga a configuração ancestral dos pais na face do mundo físico, são dádivas imerecidas para os espíritos negligentes, que estiolaram no passado os valores inestimáveis da vida em família!

O homem que desprezou a sua companheira honrada, ou a mulher que traiu o seu companheiro digno, só merecem existência desconfortável e vazia de afetos, ainda agravados pela imantação cármica a espíritos de quilate inferior, que os ajudarão a sentir a gravidade de sua defecção do passado! É de velho provérbio que, quem despreza o melhor, sempre colhe o pior! E quando a compaixão divina permite a tais espíritos comporem o agrupamento da família, jamais eles usufruem de paz e harmonia tão desejadas, porque esse conjunto familiar ainda é de graduação espiritual inferior. Assim como o ácido limpa as vidraças e a lixa dá polimento à madeira bruta, os espíritos primários também terminam "lixando" as arestas dos espíritos mais astutos, a que se imantam pela Lei do Carma!

*PERGUNTA: — Quais são os acontecimentos que podem interferir e até impedir a união conjugal de dois espíritos, programada no Espaço antes da encarnação de ambos?*

RAMATÍS: — O espírito consciente e responsável sabe qual é o limite que pode exercer o seu "livre-arbítrio" sem causar prejuízos ao próximo!

Ele pode trair o seu compromisso matrimonial previamente combinado no Espaço para convivência com outro espírito, deixando-se fascinar por uma paixão indomável por outra mulher que não figurava no seu programa cármico! Mas enquadrado sob o fatalismo da Lei do Carma, alhures, ele há de indenizar, "ceitil

A Vida Humana e o Espírito Imortal 49

por ceitil", todos os prejuízos e males ocasionados na fuga do seu compromisso atado no céu! A sua dívida é acrescida dos juros da correção sideral e há de indenizar a sua vítima pelo tempo perdido que ela terá de despender na rota de sua felicidade! Mas em face da instabilidade própria do mundo físico, também podem surgir imprevistos contrariando a vontade do espírito no cumprimento de certo programa matrimonial assumido antes do renascimento físico. As moléstias, mutilações, os acidentes e a ausência compulsória por delitos e até a interferência despótica dos progenitores do outro cônjuge podem contribuir para essa responsabilidade e impedir o enlace matrimonial previsto.

*PERGUNTA: — No caso de espíritos frustrarem o seu compromisso de união conjugal no mundo físico, isso não causa prejuízos às demais entidades comprometidas no mesmo programa coletivo e que ficam impossibilitadas de se encarnarem?*

RAMATÍS: — Sem dúvida, qualquer união conjugal programada no Espaço, mas frustrada na Terra, seja por culpa dos seus responsáveis ou por circunstâncias imprevistas, altera o roteiro cármico de outras almas vinculadas ao mesmo esquema de ascendentes biológicos! O esponsalício terreno, malgrado os terrícolas o considerarem um acontecimento comum, ainda é fruto de prévia combinação no Espaço. Significa o ensejo em que dois espíritos aceitam a condição recíproca de esposo e esposa para viverem no mesmo lar, a fim de acertarem os débitos pregressos e gerarem corpos para outras almas.

*PERGUNTA: — Mas qual é a compensação para os espíritos prejudicados, quando os responsáveis pelo seu nascimento físico frustram o seu compromisso conjugal aceito espontaneamente no Espaço?*

RAMATÍS: — Mesmo nas esferas espirituais junto à Terra e cujos moradores são desencarnados, ainda não há perfeição, mas eles se defrontam com muitas incógnitas do Universo. Os programas combinados no Espaço às vezes sofrem interferências inesperadas e até inexplicáveis, que lhes altera o rumo determinado pelos seus responsáveis. Em consequência, no caso de frustração e prejuízos alheios, os faltosos sempre terão de ressarcir ou indenizar os prejudicados, segundo o seu grau de culpa e eliminadas as circunstâncias imprevistas. Considerando-se as inúmeras existências carnais que ainda aguardam os espíritos do quilate terreno, há tempo suficiente para todos acertarem suas contas pretéritas, sem que se perca uma só ovelha do aprisco do Senhor! E como não há afilhadismo ou privilégios divinos, "cada um colhe segundo a sua obra". O espírito é o senhor de si mesmo e goza do livre-arbítrio para agir com liberdade no mecanismo da vida e da criação divina; mas será tolhido e corrigido, assim que dos seus atos decorrerem prejuízos ao próximo.

PERGUNTA: — *Qual é a compensação proporcionada pela Justiça Divina aos prejudicados, quando certo casal terreno deixa de cumprir na vida física o seu compromisso conjugal assumido no Espaço?*

RAMATÍS: — Sob o conceito cármico e evangélico enunciado pelo Cristo Jesus, de "Quem com ferro fere, com ferro será ferido", jamais haverá prejuízos entre os comparsas do mesmo programa sideral em função na Terra. Assim, os espíritos prejudicados com a fuga do compromisso assumido pelos culpados de sua frustração, hão de indenizar-se, alhures, e devidamente compensados, dos prejuízos recebidos. Ademais, na escolha dos pais físicos, também se candidatam espíritos da mesma índole e afinidade espiritual. Espíritos cuja vivência pregressa tem sido da mais louvada correção e fidelidade de programa merecem nascer de progenitores sob a mesma graduação espiritual. No entanto, os faltosos pregressos, que frustraram compromissos causando prejuízos alheios, são encaminhados para o nascimento através do recurso físico oferecido por espíritos ainda propensos à defecção espiritual. "Não cai um fio da cabeça do homem sem que Deus saiba", diz o velho adágio e o traduzimos por "Não há um ceitil de injustiça ao homem ante a justiça e sabedoria de Deus"! As entidades que se encarnam dependendo o seu sucesso físico da união conjugal de outros espíritos volúveis e irresponsáveis, que podem frustrar-lhes a encarnação, também cometeram delito semelhante no passado e causaram os mesmos prejuízos a outrem. Os espíritos volúveis são atraídos pelos espíritos volúveis, e os espíritos sensatos pelos espíritos sensatos.

Na trama cármica das encarnações físicas, os espíritos interligam-se por afinidade espiritual ou através dos vínculos culposos de vidas anteriores. Assim, a vivência humana agradável ou desagradável, frustrada ou acertada, é uma consequência da natureza boa ou má do espírito encarnado! Os espíritos só se reencarnam sob um esquema traçado pelos instrutores e técnicos competentes, no Além, onde intercambiam emoções, sentimentos afins ou ostensivos, e ajustam os seus propósitos aos interesses do conjunto. Espíritos nobres ou sórdidos, sábios ou ignorantes, bondosos ou malignos, santos ou delinquentes, ligam-se na trama da existência física e se agrupam sob diversos motivos de interesses recíprocos movimentados no passado e trazendo resíduos corretivos. Em consequência, há espíritos bondosos e de boa estirpe espiritual, que ainda se imantam a entidades inferiores porque as exploraram em seu exclusivo bem e interesse pessoal. Embora tenham galgado mais alguns degraus na escadaria espiritual, terão de liquidar quaisquer saldos de contas devedoras do pretérito, ajudando os próprios comparsas à mais breve ascese para a frequência superior. Mas, como no Espaço também não há regras sem exceção, existem almas missionárias e benfeitoras, que não hesitam em abandonar o seu mundo de venturas e encarnarem-se para socorrer e auxiliar espíritos primários e até vingativos, junto aos quais comprovam a sua piedade e amor sob a égide do Cristo!

*PERGUNTA: — Qual seria a composição de um lar terreno integrado perfeitamente nas normas educativas da vida superior?*

RAMATÍS: — Quando os esposos compreendem o objetivo real das leis espirituais, que os orientam na comunhão fraterna quando encarnados, inclusive atinente à função do mecanismo sexual como técnica criadora e não simples função de prazer transitório, é evidente que eles então se libertam da apregoada necessidade biológica sexual incessante e consideram-se apenas como "procuradores divinos", investidos da missão de criar outros corpos no mundo material.

Muito antes de cultivarem deliberadamente a sensação física no intercâmbio sexual, eles não desconhecem a sua função de "deusinhos", que sob a procuração divina atuam no cenário da vida humana a fim de proporcionar novos equipos carnais para outros companheiros elevarem-se conscientemente à angelitude. Na hora do enlace sexual físico, a esposa e o esposo são apenas dois "campos magnéticos" de polos opostos e atrativos, cujas forças criadoras, que emanam do mundo animal instintivo, também se fundem às energias captadas dos planos angélicos e estimulantes da ascese espiritual humana. Essas energias sublimes irrigam o perispírito do homem e da mulher na hora sexual, pois se acasalam em misterioso esponsalício na zona e no plexo solar e abdominal, onde o chacra umbilical controla os automatismos genésicos criadores e desata o esquema do renascimento. Nesse encontro criador, todos os demais "chacras" ou centros de forças etéricos, distribuídos à periferia do "duplo-etérico", revitalizam-se entre si[14] pelo fluxo energético que desce do mundo psíquico e impregna qualitativamente o mundo instintivo da carne. Fora de simples "objeto-sensação", a mulher é poderosa antena viva captando o magnetismo superior que flui do mundo oculto durante a relação sexual, operando o milagre da união com as forças inferiores que sobem do mundo animalizado. O desconhecimento desse acontecimento energético durante o intercâmbio genésico transforma o homem num incessante procurador do gozo ou prazer exclusivamente físico, ignorando que, acima de tudo, o ato sexual é uma atividade com a finalidade precípua de esculturar na carne humana a configuração de outro ser credenciado pelos mesmos direitos de vivência e proteção. O casamento na carne é a consagração humana de um compromisso assumido pelos espíritos antes da nova encarnação. Além de proporcionar a recuperação espiritual de ambos, também atende à função de criar mais corpos, que servirão para outros espíritos aflitos resgatarem as suas dívidas pretéritas. Além da diferenciação biológica e hereditária da vestimenta carnal, as características diferentes de sexo, esposo e esposa modelados na forma terrena, tão-somente encobrem a realidade de espíritos irmãos oriundos da mesma fonte divina.

Em consequência, além do convênio conjugal transitório da carne, deve predominar a qualidade e missão da centelha espiritual, que é o endosso superior da relação sexual.

*PERGUNTA: — Então sempre é algo desairoso ou criticável o impulso natural sexual, embora seja o fundamento da vida carnal?*

RAMATÍS: — Não existem justificativas para sancionar os aviltamentos que contrariam ou inferiorizam o sexo, além de sua função natural de proporcionar novas vidas humanas. O processo e a sinalética sexual não são intrinsecamente afrontosos, nem mesmo devem ser responsáveis por todas as fraquezas e concepção de orgulho de honra medieval. O imperativo sexual não é fenômeno limitado exclusivamente às funções fisiológicas ou procriativas na configuração humana, nem exclusivamente sensação erótica e voluptuosa, de que alguns abusam até à alucinação. O sexo, malgrado distinguir na estrutura do corpo físico a característica masculina ou feminina, é apenas sinalética provi-

---
14 Vide a obra *Elucidações do Além*, de Ramatís, **EDITORA DO CONHECIMENTO**, bastante explicativa do duplo-etérico e centros de forças conhecidos por chacras.

sória em cada encarnação, assinalando a espécie de experiência que compete ao espírito encarnado. Sob o esquema espiritual, o sexo masculino identifica a alma que se encontra em operação de comando e "mais ativa", enquanto o sexo feminino indica a entidade em submissão, e "mais passiva" na sua atuação carnal. Em consequência, a nomenclatura de sexo é de feição mais animal, classificando operação ativa na experiência masculina e operação passiva na atividade feminina. Mas à medida que o espírito ascensiona do primarismo de "homem-animal" para a diafanização do perispírito sublimado, a própria concepção de sexo evolui para o intercâmbio sublime do amor puro! Há posse e volúpia no transitório orgasmo genésico através da atração carnal na vida física, mas no âmago desse ato exercita-se no ser o processo da afinidade espiritual, que imanta os seres na vida angélica![15]

PERGUNTA: — *Que dizeis sobre os diversos casos de perturbações, desequilíbrios e neuroses extremas, os quais foram satisfatoriamente resolvidos com o ajuste sexual?*

RAMATÍS: — Somente a compreensão elevada de que a função sexual é recurso divino procriador pode trazer tranquilidade mental e estabilidade emocional. É de senso comum que o "erotismo" é um imperativo de atração entre os seres para induzi-los à procriação, mas nada tem a ver com a problemática da vida do espírito imortal. Se a prática sexual dirigida fosse terapêutica positiva para solver os desequilíbrios e as neuroses da humanidade, então o mundo atual deveria ser excelentemente saudável, pois nunca o erotismo e as satisfações sexuais gozaram de tanta liberdade como ocorre atualmente! O sexo é o assunto mais palpitante neste "Fim de Tempos", excitado numa comunicação provocativa pela literatura, poesia, rádio, teatro, televisão, ilustrações fesceninas e até por exposições pornográficas!

Os psicólogos, completamente batidos por todas as experiências de natureza neurológica, e os psiquiatras modernos já concordam ou conformaram-se até com a aberração de que a

---

15 Ainda existem criaturas que acham impossível o espírito encarnar homem numa existência e mulher noutra vida, crentes de que isso é desairoso e absurdo para a tradicional masculinidade humana. No entanto, os jornais anunciam, frequentemente, as mudanças de sexo, quando certas mulheres depois de operadas convenientemente transformam-se em homens, enquanto inúmeros rapazes depois de submetidos à intervenção cirúrgica adequada, também mudam para o sexo feminino, a ponto de casarem e até procriarem. Evidentemente, se o espírito pode mudar de sexo na mesma existência física, então lhe será bem mais fácil fazê-lo antes de se encarnar. (Nota do Médium)

pornografia também pode ser uma arte autêntica e sem represamento convencional. Julga-se, mesmo, que o furor homicida, a violência do estupro e o sadismo da crueldade voluptuosa e enfermiça são escapes da violência "psicoemotiva" do homem recalcado pelo sexo e por culpa dos "tabus" e puritanismos que frenam os impulsos perigosos, mas não os abrandam nem eliminam a sua carga perigosa!

Indubitavelmente, essa descarga sexual e erótica tão vultosa, na atualidade, deveria trazer alívio à tensão perigosa humana e ter resolvido grande parte do problema milenário da violência, do crime e da infelicidade humana! Extravasada a carga sexual retida por convenção de uma sociedade mistificada em suas bases morais, o mundo terreno entraria num saudável e tranquilo ritmo de vida, graças aos descondicionamentos e "tabus" abandonados em favor do entendimento à flor da pele!

No entanto, jamais a humanidade terrícola enfrentou períodos de tanta violência, terrorismo, subversão, homicídios, sadismos, desajustes conjugais, racismos odiosos e crimes bestiais sem motivos plausíveis, endeusamento a facínoras impiedosos e linguagem de baixo calão nas expressões artísticas mais refinadas! Sob a lastimável inversão de valores, que anula os esforços mais heróicos de criaturas abnegadas e perseverantes, glorifica-se a mediocridade, o cretino, o excêntrico e o libidinoso, ajustados cinicamente ao mesmo nível do virtuose da pintura, da música, da escultura e do gênio literário!

Evidentemente, a súbita evasão sexual do instinto animal, represado pelos conceitos morais das sociedades civilizadas, jamais poderá solver os problemas complexos e milenários do espírito imortal, o qual já se encarna com péssimo acervo de dívidas e culpas de vidas passadas! De modo algum poderia solucionar a sua falência pregressa sob a terapia mecanicista da relação sexual ou na multiplicidade de orgasmos da carência animal; porém, "o que é do espírito só pelo espírito poderá ser curado", já dizia Paulo de Tarso! E a terapêutica mais indicada, nesse caso, ainda é o medicamento fornecido pelo Divino Jesus, através do seu infalível Evangelho!

É fácil de comprovar que os homens sábios ou santificados, absorvidos por empreendimentos de natureza espiritual superior, tornam-se apáticos e até inibidos sexualmente, elevando-se acima das necessidades sexuais animais. Eles criam uma segunda natureza incomum, em que as próprias forças e combustíveis inferiores passam a alimentar propósitos elevados. Enfraquecem o instinto, reduzem a exigência animal da carne e aliviam a insatisfação erótica. A angústia sexual, que é responsável pela multiplicidade de aspectos patológicos, neuróticos e emotivamente enfermiços, também não logra soluções mediante comprimidos, injeções ou tisanas de qualquer espécie, da mesma forma que a efusão erótica não acomoda o psiquismo humano! A solução deve ser de ordem espiritual, através da sublimação de energias animais, que depois de domesticadas são aplicadas em atividades superiores. O mesmo fluido sexual que alimenta as relações genésicas e o processo procriativo no campo físico, quando represado e depois sublimado para uma condição espiritual superior, desencadeia poderoso energismo que então supre os gastos mais avançados da mente! Os antigos iniciados aprendiam a controlar e distribuir o fluido sexual de modo a vitalizar poderosamente o cérebro, atuando habilmente através dos "chacras", ou centros de forças etéricos da contraparte física conhecida por "duplo-etérico". Sob tal processo oculto, mas de resultados positivos, eles alcançavam a condição de homens incomuns e depositários de poderes extraterrenos, conhecimentos que jamais transpunham o silêncio augusto dos templos iniciáticos, pois eram proibidos no mundo profano dominado pelo mais estúpido dos fanatismos religiosos.[16]

*PERGUNTA: — Existe alguma correlação de fenômenos insólitos entre o esposo e a esposa, durante o tempo de gravidez, conforme asseguram a tradição e as lendas de acontecimentos semelhantes entre os silvícolas?*

RAMATÍS: — Após o espírito reduzir no mundo espiritual o seu perispírito até atingir a forma fetal e depois ajustar-se ao ventre materno para o preenchimento físico, ele também socorre-se das energias do campo magnético perispiritual do progenitor carnal, a fim de facilitar o processo reencarnatório.

Os clarividentes podem explicar que durante os nove meses

---

16 Sabe-se que através da *Krya Yoga*, o discípulo aprende a mobilizar o seu fluido sexual de modo a fazê-lo subir pelo imo da medula espinhal, até atingir o cerebelo, o córtex cerebral, a região do tálamo e hipotálamo na circunvizinhança da glândula hipófise, numa espécie de lavagem energética a todas as células da massa cinzenta. Então, sob a ação fulgurante do "chacra coronário", o centro de união divina do homem e o mundo espiritual, o fluido sexual é purificado e o residual ou escória regressa à região inferior do "chacra kundalíneo", através da região exterior da medula, onde é reativado para as funções tradicionais. Sob tal influxo, que pode ser repetido muitas vezes, o homem retempera o seu magnífico centro de comando "psicofísico", que é o cérebro, passando a atuar em nível superior, graças à sublimação da energia sexual poupada e purificada!

de gestação, tanto o espírito encarnante como os seus progenitores carnais mostram-se perfeitamente entrelaçados entre os seus perispíritos. Através dessa simbiose fluídica, ou espécie de casulo protetor, são absorvidas rapidamente todas as emanações viciosas, prejudiciais e tóxicas do ambiente, assim como se atenuam os impactos de cargas mal-intencionadas, que possam ferir o espírito indefeso no seu processo encarnatório.

O próprio espermatozoide doado pelo homem ainda continua por certo tempo ligado a ele pelos laços ocultos do éter-físico; e à medida que o encarnante vai desatando na matriz materna a sua configuração peculiar, ele também absorve as energias paternas, malgrado o sustento físico da mãe! Daí, a lenda da "quarentena" dos silvícolas, que guardavam o leito enquanto a esposa gestava, porque tratando-se de encarnação excessivamente dispendiosa de energismo vital, como era o índio, ocorria um verdadeiro vampirismo filial, chegando a produzir forte prostração, sintomas de anemia e baixa função esplênica!

*PERGUNTA: — Que dizeis do casamento, conforme a legislação do nosso País?*

RAMATÍS: — Como as leis de um povo evoluem conforme a modificação dos costumes, o desenvolvimento cultural e a melhor compreensão psicológica da vida, é evidente que o casamento, no Brasil, ainda, rege-se por uma lei que melhor espelha o temperamento, os hábitos, os preconceitos, a concepção social e moral dos brasileiros. Ademais, em face do acentuado domínio clerical no Brasil, o próprio casamento civil traz algo da pretensa infalibilidade do casamento religioso católico, religião que é fundamento da formação característica dos preceitos da família brasileira. Assim, sub-repticiamente, os preceitos do casamento religioso governam o metabolismo do casamento civil, criando contrastes flagrantes, que o tornam uma instituição algo infantil e um tanto superada pelos países de cultura mais avançada.

*PERGUNTA: — Apoiais o divórcio entre a humanidade terrena?*

RAMATÍS: — Sem dúvida, a instituição do divórcio deve variar conforme a idiossincrasia de um povo para outro, inclusive, mesmo, quanto ao temperamento latino, eslavo, asiático, germânico ou africano. O divórcio, na realidade, é uma "breve corrigenda" para atenuar ou amenizar situações que podem descambar para tragédias ou resultados ainda mais graves.

Quando o ódio, a competição ou o ciúme enfermiço domina num lar entre os cônjuges, não somente sofrem os descendentes dos pais adversos e irreconciliáveis, assim como grassa o mal psíquico, que é alimentado pela virulência fluídica dos bombardeios de espírito para espírito. Tal qual o gongo na luta esportiva, o divórcio soa na hora quase trágica do conflito conjugal e alivia a tensão, dando liberdade a cada um dos litigantes, para tentar outro casamento mais esperançoso e baseado na experiência anterior. É possível, que sob um clima de maior tranquilidade e novo afeto, os divorciados encontrem ensejos para desenvolver algumas virtudes que anteriormente estavam estagnadas por força do ódio ou da hostilidade mútua!

*PERGUNTA: — Por que mencionastes que o divórcio é uma "breve corrigenda", capaz de atenuar situações tendentes a resultados trágicos, como se alhures devesse prosseguir a mesma situação?*

RAMATÍS: — Insistimos em dizer que ninguém suborna ou mistifica a Lei do Carma, processo criado por Deus a fim de reconciliar inimigos e ajustar dívidas pretéritas. Os desentendimentos e os conflitos tão comuns entre os esposos no mundo terreno provam perfeitamente que eles ainda são espíritos adversos do passado e através da escola espiritual do mundo terreno buscam acertar-se sob o Amor do Cristo! Submissos à Lei do Carma, ambos os espíritos adversos são atraídos pela fascinação da vestimenta carnal exterior, paixão que os atira um nos braços do outro, embora ainda ignorem a animosidade que os separa desde vidas anteriores. No entanto, a convivência cotidiana faz emergir os defeitos recíprocos e os ressentimentos pregressos; e, pouco a pouco, identificam-se como velhos adversários, surgindo os antagonismos tão peculiares na maioria das famílias terrenas! Detrás dos trajes de carne e ossos, que os atraiu e ligou-os pela força da carne moça, excitante, então se pressentem como almas adversas!

E quando a impossibilidade da vivência em comum atinge um ponto crítico, cujas hostilidades são incontroláveis, então só resta uma solução desesperada: a separação, o desquite ou o divórcio! Em consequência, o divórcio é um recurso sensato e lógico entre os povos socialmente evoluídos, porque oficializa o direito de as criaturas, frustradas na sua primeira experiência conjugal, construírem um novo lar e tentarem novamente o culto do amor e da paz sob nova condição doméstica. No entanto, frisamos que o divórcio é uma "breve corrigenda", porque, embora se desatem as algemas do casamento na Terra, os espíritos culposos ou adversos continuam ligados carmicamente no céu! Malgrado serem divorciados sob as leis do mundo material, eles regressarão à Terra para novos casamentos e convivência nos lares humanos, até que o amor e a paz substituam o ódio e a guerra! As algemas cármicas não podem ser rompidas por violência, através de recursos drásticos como o divórcio carnal, mas desatadas pela gentileza recíproca dos espíritos litigantes. Assim, o divórcio é apenas uma "breve corrigenda", porque as almas em conflito, antes de apagarem todo o ódio e hostilidades recíprocas, retornarão em existências futuras algemadas a tantos casamentos quantos forem necessários para lograrem a anistia espiritual! O divórcio contemporiza a belicosidade conjugal, jamais soluciona os problemas espirituais, cuja legislação obedece a outras normas ditadas pelo amor incondicional!

PERGUNTA: — Podereis opinar quanto à conveniência do divórcio no Brasil?

RAMATÍS: — Os mentores espirituais do Brasil vêm trabalhando, há certo tempo, por intermédio de entidades encarnadas, a fim de que, em breve, o divórcio seja uma realidade no vosso país, ajudando a reduzir a cota de crimes passionais e tragédias conjugais, amenizando as explosões de ódio, ciúmes, cobiça e esponsalícios mistificados e mercenários! Ademais, já é tempo de a legislação brasileira amparar as maiores vítimas das separações e desquites conjugais, como são os filhos, criaturas inocentes do seu desajuste e marginalismo às leis do mundo! Felizmente, o Clero Católico, o maior empecilho à legislação inteligente do divórcio, no Brasil, se enfraquece cada vez mais no desespero de solucionar os seus graves problemas internos, como padres casamenteiros, subversivos, terroristas, ambiciosos e reformistas! Ademais, o advento da umbanda, previsto no Espaço desde o século XVIII, muito concorrerá para a proclamação do divórcio no Brasil, cada vez mais aceitável em todas as classes sociais.

É sintomático e psicológico que a válvula do divórcio, como uma possibilidade de libertação conjugal sem ofensa física, é suficiente para amenizar muitos conflitos domésticos e sustar a violência! É senso comum corriqueiro que o divórcio apenas oficializa uma separação de corpos que já existe promovida pelos próprios espíritos dos cônjuges litigiosos! Naturalmente, a legislação do divórcio, no Brasil, não pode copiar os mesmos ditames da instituição divorcista de outros países americanos, eslavos ou asiáticos, mas deve amparar-se sensatamente aos costumes e temperamento peculiares do povo brasileiro!

*PERGUNTA: — Por que é tão precário e desajustado o casamento terreno?*

RAMATÍS: — Na Terra, o casamento é precedido de uma fase de namoro ou noivado, onde predomina acentuado sentimentalismo e falsa poesia, que quase sempre se desmente após consumada a união conjugal. Antes do casamento, o homem e a mulher trocam juras ardentes na esfera das paixões efêmeras ou da poesia insincera tecendo um namoro ou noivado algo romântico; mas depois instituem um purgatório na forma do lar doméstico, quando o prosaísmo da vida em comum rasga todos os véus da contemporização anterior. O noivado terrestre ainda é a confusão entre o desejo e o interesse; ou quando muito, um arroubo de paixão transitória.

O casamento, na Terra, para a maioria dos seres humanos, não passa de um mútuo negócio, onde as paixões significam a mercadoria em trânsito. Antes de amparo espiritual, espécie de "oásis" que mitiga a sede de afetos no deserto da vida humana, o homem ainda considera o casamento e a constituição do lar terreno apenas como ensejo de equilíbrio fisiológico; e a mulher o supõe uma solução econômica e provisão de bens pessoais. Poucas criaturas concebem o lar como oficina doméstica de atividade espiritual, espécie de zona de trabalho de espíritos em aprendizado, unidos pelo amor, ou como desafetos imantados pelo ódio. Os filhos representam a contribuição para o prolongamento do ensino, do entendimento e do amor desenvolvido entre os pais, contribuindo todos nesse exercício espiritual para a eleição da família universal.

*PERGUNTA: — Que deve fazer o cônjuge que despende todos os seus esforços para a harmonia no lar, mas isso é frustrado pela atitude reacionária do companheiro, que aniquila qualquer ensejo de conciliação espiritual?*

RAMATÍS: — Que fazem dois desafetos dominados pelos mesmos sentimentos de ódio e violência, quando se encontram? Sem dúvida, eles se maltratam fisicamente, até que um deles seja o vencedor e sinta-se satisfeito na sua inferioridade animal. Mas, no conflito da animalidade, não há vencido nem vencedor, pois ambos os contendores assemelham-se pela mesma condição agressiva. Ainda são cidadãos do mundo das cavernas, manejadores do tacape, transvestidos modernamente em pistolas eletrônicas, esmurradores sublimados no "boxe"! Distinguem-se dos primatas apenas pela configuração exterior do terno de casimira, barba rapada, cabelos curtos e por articularem uma linguagem ampla e expressiva.

No entanto, desde que um dos cônjuges seja tolerante, bondoso, compreensivo, humilde e sem pretender impor a sua personalidade transitória, é óbvio que o conflito no lar se extingue à míngua de combustível inferior, assim como a fogueira se apaga por falta de lenha. Somente é possível conseguir-se a paz tão desejada no lar, quando o cônjuge mais espiritualizado cede em favor do companheiro inconformado. Quem já acumulou valores definitivos, no reino do Cristo, pouco se importa em discutir e competir na posse dos tesouros perecíveis do mundo de César, ou impor a força das paixões animais. Nas lutas e tricas humanas, em que o instinto animal domina, o vencedor apenas dá alimento às "feras" de suas próprias paixões!

Nenhum conquistador de povos do mundo jamais poderá ombrear-se com Francisco de Assis, Buda, Gandhi ou Jesus, os quais, sem lutar com as armas fratricidas, venceram em si mesmos o instinto. E ensinaram aos homens as mais avançadas estratégias para a alma lograr a vitória de si mesma! Guerreiros da Paz, eles reconquistaram, passo a passo, o território espiritual em que dominava o reino animal!

Então, marido e mulher, em geral velhos desafetos reunidos na arena do lar terreno pela natureza dos sentimentos e interesses mútuos, mas intimamente separados pelos conflitos espirituais do passado, buscam a solução benfeitora principiando a desatar as algemas de sua prisão recíproca. Malgrado as lutas e desentendimentos cotidianos, algumas vezes conflitos mais graves e quase separação, na velhice, ambos os cônjuges compreendem a lição triste das cicatrizes produzidas pela ausência do amor verdadeiro e altruístico, que é o amor espiritual! Mas é evidente que sempre cabe ao companheiro de melhor noção espiritual a iniciativa de renúncia, tolerância e passividade, a fim de manter a harmonia e a paz desejadas no lar, superando o cônjuge mais obstinado, grosseiro e agressivo.

O espírito primário, em qualquer circunstância, jamais se conforma de ser derrotado na competição humana, pois luta e esperneia acusando e defendendo-se até à calúnia, para convencer de que sempre tem razão. Quando situado sob hierarquia superior, ele é servil e até bajulador; mas se alcança o poder é o mais despótico e cruel. Só as almas evangélicas vibram sob a bênção dos deuses em renunciar e servir, felizes até na humilhação, quando disso resulta algum bem ao próximo! Os espíritos medíocres guardam ressentimentos dos atos mais inofensivos e sentem-se feridos profundamente no seu amor-próprio! Dominados pelo utilitarismo da vida material, ceder, para eles, é prejuízo, e por esse motivo mobilizam todos os recursos agressivos e defensivos da personalidade humana, a fim de "vencer" e lucrar!

PERGUNTA: — *Como deve ser a mulher, em face dos mesmos direitos que lhe cabem na atividade humana?*

RAMATÍS: — Sem dúvida, a mulher deve ser nobre e atenciosa companheira do homem; o complemento amoroso de sua vivência espiritual na Terra! Infelizmente, nem todos os homens fazem jus ao tipo feminino dócil, terno e compreensivo, porque em vidas anteriores abusaram despoticamente, semeando injustiças, viciações e caprichos inferiores sobre as companheiras humilhadas! A Lei Cármica é educativa e corretiva, então os liga em novas existências, e há mulheres ríspidas, agressivas, insatisfeitas e de linguajar grosseiro, justificando-se o conceito de que "a colheita é conforme a semeadura"!

No entanto, a mulher de comportamento superior, meiga, amorosa, compreensiva, malgrado esteja ligada a um companheiro injusto, rude e atrabiliário, se desvencilha mais cedo desse tipo espiritual indesejável, ao qual uniu-se no passado por imprudência, interesse ou paixão incontrolável. Mas é dever da mulher não perder a graça e o encanto tão próprios de sua natureza delicada, vivendo sempre em função de exemplificar no mundo pelo espírito de paz e ternura. Embora caiba-lhe o direito de participar de todas as atividades humanas, seja na ciência, arte, filosofia, religiosidade, magistratura ou política, jamais deve sacrificar o seu feminismo delicado e inspirativo, imitando a grosseria e a agressividade do homem! A masculinização virtual da mulher diminui-lhe a beleza, a poesia e a graça, extinguindo-lhe os atrativos estimulantes da própria vida do homem! A docilidade, a paciência e a ternura feminina podem dirimir mais facilmente os conflitos conjugais gerados por ciúme, amor-próprio, cólera ou irascibilidade, adoçando o temperamento agressivo do homem e o induzindo ao respeito e até à veneração pela companheira!

PERGUNTA: — Mas, em certos casos, apesar das mais santificadas intenções contemporizadoras de um dos cônjuges, no lar, não existe qualquer compreensão ou atitude pacificadora do outro companheiro. Que dizeis?

RAMATÍS: — Jesus é bem explícito, quando assim recomendou a Pedro, que se queixava da insinceridade do povo: "Que importa que não me sigam, Pedro? Segue-me tu." Quando o espírito decide-se pelo reino do Cristo, ele tem que renunciar aos seus caprichos personalistas, desligando-se dos bens do mundo de César e superando as gloríolas do mundo transitório da carne! A ascese espiritual é uma questão toda particular e de interesse pessoal; o candidato deve tentar a sua realização superior independentemente do procedimento alheio para consigo. E o lar terreno é a primeira etapa dessa operação espiritual de renúncia da matéria, pois ali o esposo e a esposa devem promover os exercícios crísticos de sua libertação espiritual, para mais tarde lograrem o mesmo êxito no seio da humanidade.

Mas enquanto os esposos competirem no culto exagerado ao "ego" inferior da exaltação animal, dificilmente conseguirão desatar os laços escravizantes dos ciclos cármicos no mundo físico. Não há outro caminho nem outra técnica porque só quem morre para o mundo é que renasce para o céu! A família humana, com as contradições, ciumeiras e os desentendimentos de autoridade, é tão-somente a miniatura da própria humanidade, cujos problemas semelhantes amplificam-se além das fronteiras de cada povo. O lar humano é o caldo de cultura, o laboratório de ensaios, onde os espíritos vinculados por interesses recíprocos e abrigados do mundo profano pelos mesmos laços consanguíneos podem fazer os seus experimentos em grupos reduzidos, aprimorando-se no treino para a mais breve libertação espiritual.

Em consequência, pouco importa se determinado cônjuge desfaz ou subestima as mais santificadas intenções do companheiro interessado em sublimar-se, pois na hora da morte física cada um segue para o plano correspondente à sua graduação espiritual. Se temos consciência de que é mais vantajoso sermos bons, pacíficos, tolerantes e amorosos, também somos indiferentes à opinião, crítica ou reação alheia. É mais venturoso quem consegue a inspiração e a companhia do Cristo nas suas decisões espirituais, do que impormos as nossas prerrogativas e pontos de vista aos companheiros da vivência humana!

*PERGUNTA: — A mulher é um espírito da mesma linhagem do homem, que se diferencia tão-somente pela sinalética do sexo humano. Porventura, não deveria gozar incondicionalmente das mesmas prerrogativas masculinas?*

RAMATÍS: — Repetimos que ao homem cabe conceder à mulher os mesmos direitos de vivência e aprendizado espiritual no mundo físico, proporcionando à companheira todas as alegrias e os meios de ela elevar-se. Mas é preciso que a mulher também se aprimore espiritualmente, antes mesmo da cultura profana, a fim de desenvolver a intuição e saber dirimir sensatamente os problemas conjugais e a vivência com os filhos. A mulher que se retarda demasiadamente, enquanto o esposo sobe em hierarquia no mundo, aumenta o hiato que já pode existir separando ambos por efeito de ideias e opiniões diferentes. É preciso não cuidar somente da sua configuração física, mas tentar aproximar-se do esposo pelo interesse nas coisas que ele cultiva, sensatas e proveitosas, assim como burilar o espírito para fortalecê-lo nos momentos críticos de desânimo e preocupações. Não basta cultuar a moda exagerada, só porque o esposo melhora a receita financeira, mas também superar gradativamente o perigo de continuar a ser "a mulher do soldado", quando o marido já chegou a general![17]

Mas também não precisa abdicar de sua ternura, tolerância e paciência, com as características sublimes da sua função de ser mãe e devotar-se exclusivamente à cultura do intelecto, para nivelar-se ao esposo diligente, pois a natureza intuitiva da mulher embeleza-se facilmente com pequenos toques de bom-senso.

Não resta dúvida de que a mulher é um espírito da mesma origem do esposo, diferenciada acidentalmente no mundo físico pela estrutura ginecológica apropriada à sua missão maternal; mas, sob qualquer condição, ela completa o binômio humano, pois, enquanto oferta ao mundo o sentimento que angeliza, o homem promove a sabedoria que liberta.

---

17 Nesse conceito de "mulher de soldado" quando o esposo já chegou a general, Ramatís simboliza o que comumente ocorre na vida de muitos homens, os quais se casam pobres e sem credenciais elevadas, esposando mulher inculta e até inexpressiva no ambiente modesto onde vive. Mas, tratando-se de homens briosos, muitos deles estudam, aprimoram-se, sobem em hierarquia militar ou civil, nivelando-se às frequências sociais, cultas e superiores. No entanto, a esposa nada faz para melhorar o seu padrão comum. Ela troca as antigas vestes pobres por trajes modernos luxuosos, mas, no íntimo, continua a mesma criatura inculta, obstinada e fútil, ajustando-se, realmente, ao conceito pejorativo de ainda ser a "mulher do soldado", embora o marido seja general! (Nota do Médium)

PERGUNTA: — Ouvimos entendidos opinarem que na época apocalíptica de "Fim de Tempos", que já estamos vivendo na Terra, e conforme predição de João Evangelista, os lares serão cada vez mais perturbados com graves problemas para a família! Que dizeis?

RAMATÍS: — O que faz perigar a harmonia do lar terreno não é o "Fim de Tempos" apocalíptico, mas a evidente incompreensão gerada pelo amor-próprio, ciúme, orgulho e obstinação dos esposos distanciados do "Código Moral do Evangelho do Cristo"! Os casais que já identificam o lar e a família como ensejos educativos de retificação cármica do espírito, embora ainda sintam-se dominados pela animosidade dos conflitos pregressos, são como os alunos diligentes que mais aproveitam as lições escolares. Pouco a pouco transformam ódios em amor, dívidas em créditos, explorações de ontem em serviços fraternos, orgulho em humildade, insultos em atenções. Sendo o ambiente doméstico o lugar de reencontro de almas comprometidas no pretérito, mesmo quando a união conjugal é fruto exclusivo de transitória paixão carnal e de breve saturação na vivência em comum, ainda salva-se a existência doméstica quando ali predomina o amor fraterno! Além do esquema comum, em que o homem e a mulher terrena vivem a fase do namoro, noivado e depois se esposam, isso deve sublimar-se na maturidade do casal na condição abençoada de irmãos! A paixão carnal é como fogo de artifício, pois termina nas cinzas das decepções entre os cônjuges, assim que cai o véu da ilusão romântica e ambos podem apreciar livremente os seus defeitos recíprocos.

O homem, comumente, sonha casar-se com uma princesa, a qual move-se entre ternura e poesia; a mulher, por sua vez, fortalecida pela literatura, novelas e filmes românticos, aguarda o seu "galã" ou "príncipe encantado", que há de fazê-la feliz para sempre. Infelizmente, a vulgaridade doméstica, na sua vivência crua e rotineira, sem o disfarce e o verniz que antes ocultava a realidade conjugal, termina por derribar dos seus pedestais encantados os esposos mutuamente mistificados, para mostrar uma comunhão defeituosa por força do grau espiritual e próprio dos espíritos terrícolas. Em consequência, serão mais felizes no casamento os jovens que buscam corajosamente a realidade espiritual, antevendo sob o invólucro carnal do companheiro outra alma ansiosa de ventura!

Em consequência, se o "Fim de Tempos", em sua feição de

catalisador espiritual, tende a superexcitar as criaturas, avivando-lhes os conflitos e as dissensões espirituais do passado, em sentido oposto, o Evangelho de Jesus é a bússola que orienta infalivelmente os náufragos da vida humana em direção ao Norte Angélico!

## 3. O problema da limitação de filhos

*PERGUNTA:* — *Porventura, a procriação indiscriminada de filhos não chegaria a saturar o orbe terráqueo, tornando impossível a alimentação da humanidade?*

RAMATÍS: — Seria absurdo supor-se que, após Deus ter criado o mais difícil e complexo, como é o Universo, depois se desmandasse com o problema mais simples de alimentar a humanidade! Ademais, o Criador ficaria bastante inferiorizado, caso ainda coubesse ao homem solucionar os equívocos divinos! Sem dúvida, a perspectiva de "fome mundial" por excesso de habitantes, e que tanto preocupa os cientistas e nutrólogos do mundo, demonstra que eles mesmos desconhecem as providências da "Administração Sideral da Terra", em tal emergência.

Não é muito difícil verificar-se que o crescimento demográfico da população de um planeta ocorre em concomitância com a melhoria do padrão alimentício, em que a "qualidade" então passa a superar a "quantidade". O primata das cavernas devorava uma vitela para o seu sustento diário e forrar um estômago volumoso e insaciável; no entanto, para o cidadão do século XX, mesmo glutônico, bastam alguns poucos quilos de carne para satisfazer. É Lei da Evolução Sideral que o homem ingira mais "energia" e menos "massa" à medida que o Espírito supera o instinto animal de sustentação do organismo humano. Os iogues do Himalaia conseguem viver com uma xícara de arroz cozido; os monges do Tibete sustentam-se de chá quente e um punhado de cevada torrada, conhecido por *tsampa*, enquanto certos dervixes árabes sobrevivem semanas e semanas com algumas tâmaras e azeitonas.

Aliás, os alimentos modernos já oferecem ao homem terrícola essa apregoada "qualidade" sobre a "quantidade" de massa, apresentados na forma de concentrados de geleias, vitaminas, filhoses, pastas, sucos e extratos de frutas, que são dosados sob controle científico, possuindo os coeficientes de vitaminas, calorias e proteínas necessárias à boa saúde do homem. Assim, as porções mais diminutas de elementos nutritivos concentrados, que o homem ingere atualmente, não lhe sobrecarregam em demasia o sistema digestivo e reduzem o metabolismo peristáltico intestinal de assimilação, seleção e excreção. Sob a lei de que "a função faz o órgão", o extenso intestino vai-se atrofiando por falta de movimentação, onde predomina a maior absorção de energias da alimentação e menor exigência na quantidade de alimento. O exaustivo gasto energético do corpo humano reduz-se na alimentação menos volumosa, quando a menor exigência de sucos gástricos, bílis, fermentos pancreáticos, linfa e sangue proporcionam a reserva de energias que pode ser aproveitada noutros setores mais delicados, como o metabolismo mental.

Ademais, em face da vulgarização da ciência iogue da respiração, a qual prepara o cidadão terrícola para melhorar no Terceiro Milênio o padrão respiratório sob um efeito mais saudável e desintoxicante,[18] devem desaparecer a maioria das moléstias pulmonares, como pleurite, pneumonia, asma, gripe, coriza, enfisemas, bronquites e tuberculose pulmonar. A constituição psicofísica do homem do Terceiro Milênio deve subordinar-se a uma vida sadia pela capacidade total respiratória e alimentação vegetariana dosada cientificamente para suprir todos os gastos orgânicos. A diminuição do trato intestinal, devido à redução nutritiva volumosa, deixará o homem mais estético e sem a deformação ventral própria da alimentação maciça!

À medida que o homem evolui em espírito, ele prefere nutrição menos animalizada, pois, enquanto Átila, Gêngis Khan ou Nero exigiam a prodigalidade de vísceras sangrentas para se alimentarem, Francisco de Assis vivia de pedaços de pão e um pouco de leite, Buda satisfazia-se com uma xícara de arroz e Jesus com bolinhos de mel e suco de cereja.

---

18 Em face da grande diferença temperamental e mesológica do povo hindu e o ocidental, a ioga, mal praticada e sob orientação de pseudos mestres sem noção dessa grande diferença, só produz distúrbios e prejuízos. Daí recomendar-mos as obras de Hermógenes, no Brasil, que julgamos as mais coerentes, sensatas e proveitosas à nossa configuração psicofísica. (Nota do Médium)

*PERGUNTA:* — *Mas o aumento progressivo e descontrolado da população da Terra, além de agravar a escassez de alimentos, dificulta a necessidade imprescindível de vestuário, habitação, saúde, educação, assistência médica, hospitais, escolas, asilos, creches e albergues!*

RAMATÍS: — O Universo não teve princípio nem terá fim. No entanto, Deus jamais fracassou no sustento e na vivência de todas as humanidades planetárias! Qualquer estatística apurada sobre os resultados daninhos dos morticínios provocados pelas guerras comprova que a produção e provisão de alimentos no mundo só se reduz nesses períodos sangrentos!

Em consequência, a fome tão temida no vosso mundo ainda é produto da irresponsabilidade humana e da imbecilidade dos seus governos ambiciosos, porquanto, fora da sistemática destruição fratricida, o orbe terráqueo pode triplicar a sua população sem lhe faltar alimentos. Só as reservas nutritivas existentes no seio dos oceanos, desde os peixes até as algas, são suficientes para alimentar a humanidade por muitos milênios!

Cada vez mais se verifica, na vida humana, que a qualidade supre a quantidade, pois até na atividade mental os computadores modernos já oferecem resultados quantitativos, que proporcionam o descanso mental e um aproveitamento mais qualitativo do homem noutros setores. Antigamente, a veste humana era confeccionada, peça por peça, num artesanato lento e custoso; hoje, é produzida em massa pelas indústrias químicas e plásticas, cada vez mais simples, cômoda e funcional, adaptada inteligentemente às contingências da vida moderna. São vestimentas fáceis de limpeza e levíssimas no seu uso, trajes que, brevemente, serão atirados fora, assim como já se faz hoje com os lenços de papel. Deste modo, a qualidade do espírito eterno se evidencia progressivamente em todas as coisas do mundo, porquanto reduz a "massa" ou "quantidade" para um uso qualitativo tão rápido e efêmero como é a própria existência humana!

*PERGUNTA:* — *Baseando-nos na própria capacidade de o espírito superar as deficiências quantitativas do seu mundo físico, não seria justificável a limitação de filhos, a fim de evitar-se a saturação demográfica e a consequente fome por excesso de população?*

RAMATÍS: — Alhures, explicamos que a Terra é uma escola de educação espiritual primária, enquanto Marte significa o ginásio, Júpiter um curso de aperfeiçoamento artístico e Saturno uma instituição acadêmica superior. Assim, enquanto na Terra a principal motivação de vida é o trabalho, em Marte é a tecnologia; em Júpiter, a arte, e em Saturno a filosofia!

No entanto, em qualquer condição de vida física, o espírito encarnado sempre usufrui a oportunidade de desenvolver a sua consciência e promover-se espiritualmente à cidadania angélica. Em consequência, a limitação propositada de filhos reduz o ensejo da matrícula de novos alunos, que aguardam no Espaço o ensejo benfeitor dessa alfabetização espiritual. Evidentemente, o homem que foi beneficiado pelo ensejo encarnatório de frequentar a escola primária terrena, para alcançar a sua mais breve ventura espiritual, é um egoísta, quando, depois, se nega a receber no seu lar outro espírito ansioso de sua redenção. Cada espírito sofredor, que é impedido de se reencarnar, torna-se desventurada criatura a vagar sem rumo no Espaço, pois, além de desajustado vibratoriamente no Além, ainda vive mortificado incessantemente pelo remorso de seus equívocos e culpas pregressas! O renascimento tanto proporciona novos ensejos de recuperação espiritual, como ameniza o sofrimento mental do espírito, que se beneficia pelo esquecimento da vida anterior através do novo biombo de carne!

As criaturas que se recusam a procriar organismos físicos para outros companheiros desencarnados também se candidatam às mesmas condições desagradáveis e aflitivas, no futuro, cabendo-lhes enfrentar a longa "fila" dos candidatos frustrados nos renascimentos. Assim como o piloto neófito primeiramente treina no solo e somente depois de esclarecido empreende o voo seguro no espaço, o espírito primário também não pode viver no Céu antes de aprender a viver na Terra!

*PERGUNTA: — No entanto, cientistas, eugenistas, psicólogos, nutrólogos, sacerdotes, pastores e até espiritualistas bem esclarecidos justificam a limitação de filhos, alegando que o aumento indiscriminado da humanidade criará as mais dolorosas tragédias provenientes da falta de alimento!*

RAMATÍS: — A argumentação é bastante ingênua e até capciosa, por parte desses estudiosos, pois a Terra tem capacidade para suportar o triplo da atual humanidade sem problemas nutritivos, os quais não são de culpa divina, mas da irresponsabilidade humana!

Deus é o pano de fundo da consciência de todos os homens, proporcionando-lhes o ensejo e os recursos de desenvolverem a sua consciência espiritual. O crescimento angélico não é processado através de cordéis movidos pelos hierárquicos do mundo oculto, mas produto da vivência do homem no trato com as experiências do mundo, nos equívocos e acertos que nutrem as iniciativas pessoais! Em consequência, o problema de alimentação do mundo não procede do perigo de superprodução, mas de o homem aplicar sabiamente o comando de sua consciência na eliminação dos fatores que reduzem ou destroem a produção nutritiva do mundo!

Se o homem esgota totalmente as suas reservas econômicas, porque aplica estupidamente a receita financeira em guerras fratricidas, perseguições, morticínios religiosos, movimentos políticos onerosos, choques doutrinários antifraternos, ou então exaure o tesouro público em iniciativas bombásticas e tolas, mantendo clãs aristocráticos, principados circenses, reinados convencionais ou concursos e festividades improdutivos, é evidente que o Criador não se responsabiliza por tanta imbecilidade humana!

Qualquer criatura em dia com o noticiário de imprensa sabe que o suficiente para alimentar milhões e milhões de criaturas é consumido perversa e estupidamente na confecção de aparelhamento belicoso, artefatos atômicos, na manutenção de esquadras e aviação militar, de povos dominados pela ambição, ciúme e orgulho!

Os homens, além de tolos e imprudentes, criam condições extremamente aviltantes e onerosas para com a sua própria vivência humana; e depois, desonestamente, apregoam os resultados funestos de sua parvoíce e egoísmo, como fruto dos equívocos da Administração Divina! Sob a metralha sinistra e as ofensivas bárbaras, os terrícolas depredam cidades, incendeiam florestas, destroem pontes, estradas e caminhos de comunicação, arrasam pomares, jardins, silos, estufas e reservas nutritivas da humanidade! Em seguida, os cientistas alinham estatísticas e advertem quanto ao perigo da fome e a urgente necessidade de se limitar a procriação de filhos.

Realmente, é preciso limitar o nascimento num mundo onde os seus próprios mentores, governos e até líderes religiosos colocam as suas ambições territoriais, políticas, doutrinárias, racistas e religiosas acima do pão, da veste, da saúde, da educação e da proteção do homem! A mesma ciência que aconselha a humanidade terrícola a reduzir a procriação de filhos ainda não conseguiu solucionar o problema cruciante e insensato das guerras fratricidas e destruidoras, que destroem todas as reservas nutritivas! Apesar de ser dotado de razão, o terrícola nasce desamparado e vítima de imprevisões dolorosas. Enfermos, esquálidos, mal agasalhados e subnutridos, a maior percentagem dos homens arrasta-se, não vive, sendo impotente para assegurar as suas condições de vida no dia seguinte! Em consequência, o problema da fome jamais será reduzido ou solucionado mediante a limitação de filhos, pois não é a saturação demográfica a sua verdadeira causa, mas a tolice, estupidez e falta de amor do cidadão do século XX! Se a limitação de filhos proporcionasse a solução das dificuldades do mundo, obviamente os países pequenos seriam verdadeiros paraísos! Quando a humanidade terrena limitar a sua ambição, maldade e egoísmo, tranquilize-se, pois desaparecerão os problemas de procriação indiscriminada de filhos!

*PERGUNTA: — E no caso de famílias pobríssimas que, pelo fato de procriarem filhos sem cessar, oneram-se com extremas dificuldades e desventuras? Não seria mais razoável a limitação procriativa, capaz de proporcionar melhor padrão de vida e aprimoramento dos seus descendentes?*

RAMATÍS: — Em primeiro lugar, sabeis que os abalizados gênios, cientistas e instrutores da humanidade, em sua maioria, nasceram e se criaram na pobreza, como Pasteur, Balzac, Dante, Milton, Edgard Allan Poe, Zamenhof, Cervantes, Schumann, Mozart, Francisco de Assis, Vicente de Paulo, Gandhi e o sublime Jesus! O próprio príncipe Sakya Muni só foi Buda depois de aderir à pobreza! Secundariamente, tendes prova de que a cultura, o desenvolvimento da arte, técnica e ciência do mundo ainda não resolveram os problemas dolorosos que existem, séculos após séculos! No tempo de Aníbal, Gêngis Khan, Átila e César, os guerreiros moviam-se aos farrapos ou revestidos de armaduras, porém desfigurados e exauridos pelos campos do orbe, após guerrilhas e batalhas ferozes! Hoje, apesar dos apetrechos modernos, produto da genialidade científica e técnica do mundo, embora bem protegidos e alimentados, os atuais guerreiros ainda arrasam campos, lavouras, pomares e cidades, no massacre fratricida imbecil! A ciência contribui para a descoberta de armas fratricidas cada vez mais eficientes, a técnica aperfeiçoa a rapidez da produção de engenhos assassinos, enquanto a religião isenta de culpa os matadores de outros irmãos consagrando-os sob o "vai com Deus"!

Não se justifica a limitação de filhos, pela dificuldade de alimentação, educação e saúde, quando a própria ciência e a cultura do mundo esmeram-se em selecionar os melhores cidadãos para o sustento inglório das guerras homicidas! Que importa ser culto, educado e gozar de ótimo padrão de vida, se tal requinte é destinado ao massacre das próprias criações destruidoras?

*PERGUNTA:* — *Mas não seria um fatalismo por parte da Divindade quanto a essa tendência de os pobres onerarem-se com tantos filhos? Por que os mais deserdados são os mais agravados na existência física?*

RAMATÍS: — Os próprios animais selvagens vivem existência coerente, sadia e bem alimentada porque não violentam as leis da procriação nem ultrapassam as diretrizes da vivência normal. Em consequência, esse "fatalismo" não é determinação divina, porém uma resultante óbvia da contrafação do homem às leis que disciplinam a sua ascese espiritual!

Também seria justificável a redução de filhos das famílias pobríssimas, caso pudessem livrar-se do processo retificador da reencarnação e da Lei do Carma, em que o espírito do homem colhe, na atual existência, os frutos da boa ou má semeadura do passado. Obviamente, e de acordo com a lei espiritual que determina a "cada um segundo as suas obras", as famílias pobríssimas e de prole numerosa, na atualidade, provavelmente negaram-se a ter filhos em vidas passadas, ou então os degradaram impiedosamente à vida madrasta do mundo! Desde que recusaram filhos, quando viviam em condições melhores, a lei depois exige-lhes a indenização cármica, sem indagar quais são as suas posses, mas apenas quanto à sua responsabilidade pretérita!

Considerando-se que não há injustiças nem castigos determinados por Deus, mas são os próprios espíritos endividados que nascem no lar de famílias pobres, para então colherem os frutos do passado, é evidente que os pais e filhos de hoje, pobres ou ricos, são os comparsas imantados reciprocamente por dívidas cármicas pregressas. Ninguém nasce pobre, órfão ou degredado na porta de uma igreja, caso não tenha contribuído pessoalmente para tal situação. O bom filho de ontem nasce hoje num lar venturoso; o mau filho ingressa na carne pela roda de enjeitados ou da lata de lixo, porque também subestimou o amor e o sacrifício dos pais terrenos.

A Vida Humana e o Espírito Imortal 73

Assim, apesar dos mais ingentes esforços de amparar e educar os órfãos deserdados da sorte, as instituições caritativas do mundo não conseguem repô-los modificados no seio da vida profana, porque seus espíritos ainda são indigentes e delinquentes!

PERGUNTA: — *Mas é preferível gerar filhos criminosos ou marginais, o que é tão comum nas favelas, se os pais pobríssimos não podem educá-los ou resguardá-los como cidadãos pacíficos? Não seria mais razoável limitá-los?*

RAMATÍS: — Sob o rigor da indenização determinada e exigida pela Lei do Carma, a sociedade humana recebe, na atualidade, o retorno dos efeitos bons ou maus de sua própria atividade sadia ou enfermiça do passado! O mundo onera-se gravosamente com a carga de criminosos, produzidos alhures, mais pela falta de amor e de tolerância, do que mesmo por dificuldades de alimento, vestuário e educação! Isso verifica-se nos próprios descendentes das favelas, pois o mesmo indivíduo que poderia ser um marginal desesperado, criminoso e perseguido pela sociedade, pode se tornar um cidadão ativo e benquisto quando lhe surge a oportunidade favorável, como é o caso dos cantores de rádio, artistas de televisão ou craques de futebol. Em vez de possíveis facínoras, sob a mira da polícia, eles se tornam ídolos do público!

Muitos homens marginalizados na vida tentam atividades profícuas e ensejos louváveis, mas perturbam-se ante a implacável ofensiva alheia, que lhes impede o sucesso pela origem duvidosa. Nem todos são delinquentes ou produtos de uma perversidade inata, mas, quando se aviltam na esteira do crime, é porque fracassaram, pelos tropeços insolúveis, no caminho de sua sonhada ventura! A felicidade é um direito que Deus concede a todos os seus filhos, embora alguns não sejam favorecidos, de imediato, porque ainda são devedores pregressos. O homem, por pior que seja, é sempre um espírito lançado na corrente da vida humana para realizar a sua angelização. Os que se desbragam nessa procura angustiosa, quase sempre o fazem por falta de discernimento espiritual, verdadeira imaturidade, que então requer ajuda e orientação dos mais aptos! Ante o seu primarismo espiritual, os mais desajustados forçam o caminho na tentativa de serem mais felizes, mas, na sua imprudência e precipitação, fazem isso por vias condenáveis. E o delinquente retorna, em espírito, ao seio da mesma sociedade que lhe ignorou as ansiedades e os desejos venturosos, porém com os estigmas que pesam no conceito social e moral do mundo!

*PERGUNTA: — E que se deveria fazer com o criminoso irrecuperável, hostil e impermeável a qualquer orientação e auxílio a seu favor!*

RAMATÍS: — Quando o delinquente já perdeu o senso psicológico de sua atuação no mundo, que a sua frustração completa o torna um inimigo da civilização, estigmatizado odiosamente na fachada dos jornais, ele perde a esperança de redenção, pois fracassou, quando ainda usufruía de melhores condições humanas! Considerando-se que um homem prudente, ativo e cortês, pode terminar na miséria pela falta de cooperação dos mais felizes, o que se dirá quanto à redenção de um criminoso, que já destruiu os direitos de uma vivência normal?

Quando as criaturas mais felizes preocuparem-se sinceramente em auxiliar os mais desventurados, ajudando-os em suas angústias e aflições, também desaparecerá o ladrão, o criminoso e o marginal, substituídos pelo cidadão tranquilo e companheiro pacífico dos demais. Em geral, os criminosos que hoje afligem as comunidades são frutos da avareza, impiedade e do egoísmo humanos dos mais felizes. A sociedade terá de aguentá-los no esquema de sua nova vivência física, porque eles são produtos desfigurados pela falta de amparo e trato fraternos dos mais favorecidos pela fortuna!¹⁹

*PERGUNTA: — Podereis explicar-nos melhor esse assunto?*

RAMATÍS: — A civilização terrícola move-se sob a determinação de um ciclo vicioso, em que as vítimas do passado situam-

---

19 Entre os casos impiedosos, que foi dado observar, devido ao egoísmo e à índole perversa humana, cito os seguintes: "Certo amigo meu, milionário, contribuiu com Cr$ 500,00 novos para os vitrais de uma igreja em remodelação; mas no dia seguinte, impiedosamente, protestou um título de 10 cruzeiros de um "ex-empregado", alegando que o fez para dar-lhe uma "lição de moral"! Um turco imigrante, que chegou a Curitiba aos farrapos e hoje é dono de rica mercearia, tendo apanhado um negrinho roubando-lhe uma laranja, quase o arrastou pelas ruas da cidade até à próxima Delegacia de Polícia. O senhor M. R., cuja última joia adquirida na Argentina custou-lhe 10 mil cruzeiros novos, negou-se de pagar 80 cruzeiros à empregada e despediu-a, sob ameaças policiais, quando surpreendeu-a furtando leite e frutas da geladeira, para melhorar a alimentação da filhinha de 8 anos. A senhora A. T. F., excessivamente sentimentalista, derramava copiosas lágrimas ante chorosa novela de TV, quando penetrando subitamente na cozinha apanhou a filha adotiva, criaturinha meio sonsa, a engolir freneticamente uma "coca-cola". Ainda com os olhos mareados pelas lágrimas sentimentais, esbofeteou a menina várias vezes e pô-la de castigo no quarto escuro. Conhecido industrial, líder de movimento espiritualista, só admite empregados que assinem, antecipadamente, papéis e recibos em branco, a fim de serem demitidos oportunamente sem complicações com as leis trabalhistas! Finalmente, madame H., dada à filantropia, levou à cadeia a lavadeira que lhe havia furtado 3 lençóis, "só para dar uma lição"! (Nota do Médium)

A Vida Humana e o Espírito Imortal    75

-se posteriormente nos lares dos seus próprios algozes, a fim de se processar a reparação cármica e os ajustes espirituais.

Os pioneiros americanos invadiram o território dos peles--vermelhas, trucidando velhos, moços, mulheres e crianças para roubar-lhes as terras e os bens; a Lei do Carma, no entanto, obrigou a civilização americana a receber no seu seio os infelizes peles-vermelhas desajustados violentamente nos seus antigos "habitats" comuns. E, por isso, eles hoje se movimentam no seio da civilização americana, como almas agressivas e primárias que ainda são, na figura de facínoras e *gangsters* impiedosos, praticando toda sorte de tropelias e violências contra a concepção moral moderna. Matavam no passado impelidos pelo próprio código de honra, que lhes glorificava o heroísmo de trucidar o inimigo valente. Os pretos que foram caçados na África pelos capitães-de-mato do vosso país são hoje os "marginais" que proliferam nas favelas e que descem para as cidades provocando distúrbios e delinquências indesejáveis. Eram criaturas espiritualmente imaturas e irresponsáveis, tal qual as crianças que vivem os seus instintos e não sentimentos.

E a vossa civilização terá de suportá-los com os seus problemas primários e desajustes censuráveis, porque eles vivem, atualmente, a mesma vida instintiva sem preconceitos e convenções, que lhes eram peculiares nas encarnações passadas. Em consequência, tereis de ser tolerantes, compreensivos e amorosos para com eles, cujos espíritos de "ex-africanos" ainda vibram a condição primária de sua vida anterior.

Inúmeros pais pobríssimos ou afortunados afligem-se com o filho prevaricador, vigarista ou irresponsável, que os obriga a um reajuste cármico indesejável por força do próprio desajuste social. Naturalmente, esses progenitores ignoram que sob a vestimenta carnal consanguínea da família vive o espírito do negro africano, que outrora fora aprisionado no seio das florestas e posteriormente transportado como gado, no fundo dos navios negreiros e destinados à escravidão. Os negros africanos eram venturosos em suas palhoças primitivas, embora cultuando a sua música primária, a arte infantil, a viver os costumes selvagens sem os preconceitos da civilização. No entanto, os civilizados invadiram-lhes a comunidade e aprisionaram os mais capacitados, lançando-os no seio da civilização como animais degradados do seu "habitat" natural!

Sem dúvida, seria absurdo que, depois de explorados pelos

brancos, esses infelizes desajustados na civilização ainda fossem afastados do cenário dos seus próprios algozes civilizados.

Mas a justiça sideral, infalível, fê-los nascer entre os próprios responsáveis pelas suas desventuras pretéritas; seu primarismo e instintividade cria os problemas de marginalismo, violência, desajuste social e ociosidade, porque ainda são criaturas completamente inadaptadas ao ambiente dos civilizados. Mas os brancos, algozes do passado, na sua fúria impiedosa, e orgulho condenável continuam a maltratar, aviltar os negros primitivos, pois os matam como animais encurralados nas favelas ou nos desvãos das matas![20]

Consequentemente, agrava-se cada vez mais a responsabilidade dos pseudocivilizados, possivelmente antigos capitães-de-mato, caçadores de negros fugitivos, capitães negreiros de navios piratas, fazendeiros cruéis e exploradores de negras donzelas, que, em vez de indenizarem esses infelizes, quanto aos prejuízos e as crueldades bárbaras de há poucos séculos, ainda hoje os perseguem e os trucidam sob o sofisma da inviolável justiça humana! Mas a Lei inflexível os espera, no Além-Túmulo, onde terão de gemer e ranger os dentes por muitos séculos e séculos de reparação espiritual nas zonas purgatoriais!

*PERGUNTA:* — *Então seremos obrigados a criar filhos indistintamente, sem o direito de qualquer recurso limitativo, porque estamos comprometidos no passado?*

RAMATÍS: — Ninguém é obrigado a ter relação sexual ou procriar, embora isso seja uma contingência específica da propagação da espécie na vivência física! Jesus era um espírito que já havia superado o desejo de vida carnal; e por isso, não constituiu lar nem buscava a prática sexual. Só existe um único e justificável recurso para a limitação de filhos, capaz de livrar o homem de qualquer responsabilidade para com a Lei do Carma; é a continência sexual! Fora disso, o homem é culposo de tentar fugir ou evitar as suas consequências procriativas! Em verdade, os próprios animais mostram-se mais corretos do que o homem nas suas relações sexuais, pois só as praticam em épocas de cio destinadas à procriação; mantendo-se em continência nos períodos de infecundidade!

*PERGUNTA:* — *Mas o que deveríamos deduzir, quanto ao*

---
[20] É o caso do famigerado "esquadrão da morte", grupos de homens enfurecidos e impiedosos, que matam os infelizes marginais como animais acuados, talvez, velhos capitães-de-mato a perseguir, novamente, os infelizes que foram traídos e aviltados na escravidão infamante do passado! (Nota do Médium)

*memorável conceito bíblico do "Crescei e multiplicai-vos", se o homem pode liberar-se dessa responsabilidade ou mandato espiritual, pela simples abstinência sexual?*

RAMATÍS: — Só espíritos do quilate de Jesus e instrutores de alta envergadura espiritual conseguem passar pelo mundo carnal liberados da contingência do sexo ou de qualquer compromisso conjugal. A vida de tais entidades é tão altruísta e benfeitora para a humanidade, que é bem melhor eles não casarem, evitando que o amor egocêntrico à família consanguínea e transitória pudesse enfraquecer-lhes o amor por toda a humanidade!

Os espíritos sem as credenciais de "salvadores" ou "missionários", eleitos para esclarecer a humanidade, precisam atender ao imperativo sexual da vida em comum e procriar sob o tema fundamental do "Crescei e multiplicai-vos". São alunos ainda agrilhoados ao carma culposo do passado, que além de precisarem renascer no mundo físico, a fim de indenizar os prejuízos causados a outrem, devem procriar novos corpos físicos para atender às necessidades de outros espíritos faltosos. Ademais, eles ainda não estão preparados para suportar uma velhice triste, solitária e deserdada dos bens da família terrestre, cujos descendentes consanguíneos sempre os ajudarão a terminar a existência física sob alguma afetividade protetora!

O celibato, na Terra, sob qualquer condição social, religiosa ou econômica, é sempre uma anomalia, quando não for um acontecimento determinado pelo carma de vidas anteriores! O homem solteiro é quase sempre improfícuo, gozador e epicurista, que pesa na economia humana das famílias e ameaça o equilíbrio normal da vida do próximo! E a natureza jamais perdoa quem lhe frustra os desígnios, malgrado o façam até por fins religiosos, pois ela pune qualquer excentricidade no campo do sexo, quer seja por excesso ou por desuso!

*PERGUNTA: — Podereis exemplificar-nos melhor, quanto a isso?*

RAMATÍS: — A natureza não sanciona discrepâncias, mesmo no campo procriativo, pois o homem que abusa da sexualidade termina sofrendo terríveis injunções na genética de vidas futuras. Mas a criatura que também não exerce a função sexual, sem que isso seja uma credencial espiritual, quer o faça por puritanismo, voto religioso ou conveniência pessoal, também sofre as consequências retificadoras de sua obstinada improficuidade. Deus não esquematizou a admirável máquina humana integrada por valiosas peças, a fim de o espírito poder manifestar-se no cenário do mundo, tão-somente para o homem atender aos seus interesses pessoais! O corpo físico é o organismo benfeitor, que proporciona a ascese espiritual mas deve ele funcionar em toda a sua atividade energética, a fim de não atrofiar-se! Assim, a criatura que desvirtuá-lo nas suas funções inerentes ao aperfeiçoamento espiritual, terá de sofrer os efeitos danosos de qualquer decisão insensata ou censurável. A prova de que a fuga deliberada do exercício sexual procriativo também produz estigmas enfermiços é o caso de inúmeros sacerdotes e chefes de Igreja, que, apesar de sua absoluta e recomendável contenção sexual por força de votos de castidade, terminam a existência minados por prostatite, cistite, uretrite e demais atrofias no campo geniturinário, ante a atrofia produzida pela própria lei de que a "função faz o órgão"!

O determinismo do "Crescei e multiplicai-vos" não é específico a um certo tipo de homem, mas refere-se a todas as criaturas humanas e compreende, principalmente, a necessidade da procriação de novos corpos para servirem aos espíritos infelizes e necessitados de sua reabilitação espiritual. Quem foi servido por um corpo, que o ajuda a purificar-se dos pecados das vidas anteriores, também deve servir a outras criaturas desesperadas, proporcionando-lhes os equipos carnais para ingressarem no curso da vida física e se credenciarem ao mundo espiritual superior. Assim, justifica-se, implicitamente, nessa obrigação recíproca, a própria recomendação do Cristo Jesus, que diz "Faze aos outros o que queres que te façam!"

*PERGUNTA: — Mas por que se considera santificado o homem casto, quando a própria castidade pode ser censurada pelo egoísmo de se negar a produzir novos corpos para outros espíritos necessitados?*

RAMATÍS: — Em primeiro lugar, devemos reconhecer que Deus não é imoral, nem insensato, a ponto de incentivar o ato sexual como o valioso ensejo para a procriação de novos seres, e depois culpar a sua prática enquanto louva o homem casto!

Já dissemos que a recusa deliberada da prática sexual, afora entidades em missão sublime, como no caso de Jesus, tal abstinência pode produzir estigmas indesejáveis! Aliás, o homem casto não é apenas quem repudia o ato sexual, mas, acima de tudo, quem mais o respeita e o engrandece na sua função técnica e valiosa de procriar. Durante as relações sexuais, o homem e a mulher intercambiam energias mentais, astralinas e eterofísicas, que os fortalecem reciprocamente além do ato exclusivamente físico. Daí, a importância da afinidade psíquica ou emotiva, que deve existir entre o homem e a mulher para o bom êxito sexual, pois a simples união de dois corpos excitados pelo prazer genésico jamais comprova o vínculo espiritual das almas! O erotismo é um recurso da natureza utilizado para atrair o homem e a mulher no cumprimento do enlace genésico procriador, em vez de uma ação exclusivamente de estímulo ao prazer! Eis por que os próprios animais não alteram essa deliberação instintiva, mantendo-se em continência após o período profícuo.

PERGUNTA: — *Seria ofensa a Deus, quando ultrapassamos o sentido e objetivo essencial do ato sexual procriador, e o buscamos como motivo de prazer?*

RAMATÍS: — Deus jamais se ofende com as diatribes e os equívocos de seus filhos e também não os castiga pelas suas ações censuráveis. Mas é o próprio homem quem sofre as consequências desagradáveis ou dolorosas dos seus atos atrabiliários, quando contraria as leis responsáveis pelas atividades técnicas e científicas da vida psíquica e física do Universo! Assim como na Terra existem leis que governam o fenômeno do calor ou da congelação, os quais, quando contrariados ou violentados, causam prejuízos nos imprudentes e ignorantes, também deve sofrer maus resultados quem altera ou perturba os princípios que disciplinam as relações coerentes e sensatas entre o espírito e a matéria.

Quando o homem ultrapassa o sentido autêntico do ato sexual, como função lícita de propagação da espécie humana, ele entra em conflito com a lei disciplinadora de tal função. Em consequência, pecam os homens que abusam da faculdade genésica, e pecam as criaturas que fogem deliberadamente de cumprir o conceito criador do "Crescei e multiplicai-vos"! Há criaturas que preferem viver comodamente na matéria, sem qualquer responsabilidade ou dever, além do seu próprio bem-estar, evitando mesmo a prole que pode turbar-lhes os prazeres da vida humana. Então, sofre o espírito que ultrapassa as fronteiras da prática sexual sensata e sofre a alma que pretende salvar-se a si mesma pela castidade egocêntrica de não procriar corpos para os desencarnados aflitos. Ser casto não é apenas evitar o ato sexual, mas exercê-lo bem, e como atividade criadora, assumindo sob qualquer condição os seus efeitos procriativos!

PERGUNTA: — *Em consequência, a principal culpa na limitação de filhos é de natureza espiritual, porque isso impede a gestação de novos corpos necessários para os espíritos aflitos e aguardando reencarnação. Não é assim?*

RAMATÍS: — O renascimento de espíritos na matéria é de vital importância no Espaço, pois, além de proporcionar a indenização do passado culposo, ainda melhora a graduação espiritual e apressa a ventura angélica do ser. A procriação de filhos deve ser encarada essencialmente como um fato técnico ou científico, que em vez de um melodrama social ou moral humano, é princípio favorável espiritual.

Um corpo de carne é o mais valioso recurso para o espírito desencarnado prosseguir a sua ascensão venturosa, enquanto pode olvidar a lembrança cruciante de suas culpas pregressas no abençoado esquecimento do passado. O cérebro físico não pode expor acontecimentos de que não participou no pretérito; e, assim, cada nova existência oferece novos estímulos retificadores e benfeitores ao espírito prevaricador. O biombo de carne funciona à guisa de mata-borrão olvidando o passado, a sustar o vínculo "consciencial" dos deslizes e mazelas pregressas. O esquecimento encarnatório ajuda o espírito a operar mais livremente na nova existência, pois ignorando as provas que deverá enfrentar alhures, anima-se para organizar uma existência mais saudável e proveitosa. Se o homem pudesse recordar perfeitamente a trama de sua vida anterior, calculando os proventos a colher, mas, também, as crises de sofrimento e desesperos morais dos efeitos cármicos, jamais ele teria qualquer senso de iniciativa na vida física, certo dos seus esforços inúteis contra um destino fatalista!

Assim, a limitação de filhos, em vez de um assunto próprio do sentimentalismo lacrimoso da moral humana, ou de agravo ao problema demográfico do mundo, é um ato que perturba a técnica espiritual de nascerem mais corpos físicos, enquanto aumenta a infelicidade dos espíritos aflitos por nascerem na carne! Em consequência, quanto mais corpos físicos, mais ensejos de progresso espiritual; menos corpos físicos, mais aflições e problemas no Além-Túmulo. Obviamente, os limitadores de filhos, afora de qualquer outra prevenção diferente da continência sexual, terão de sofrer, alhures, os efeitos danosos dos seus atos, quando a Lei também os fizer esperar por longo tempo na fila dos desencarnados a suplicar a esmola de um corpo benfeitor.

A Vida Humana e o Espírito Imortal 81

PERGUNTA: — *Podereis dar-nos uma ideia dessa "fila" de espíritos candidatos à reencarnação na Terra, mas que ficam seriamente prejudicados pela "limitação de filhos"?*

RAMATÍS: — Sem dúvida, no mundo espiritual não há "fila" no sentido propriamente dito, ou como se faz na Terra para a disciplina do povo. Referimo-nos, apenas, ao simbolismo da grande quantidade de espíritos desencarnados na "espera" de encarnação, pela devida ordem e merecimento.

A Terra é uma escola de educação espiritual, um curso primário que abrange o período de 28.000 anos do calendário terreno, para a necessária alfabetização dos seus alunos. O corpo carnal significa o banco escolar, de que o espírito se utiliza para frequentar esse curso físico terreno, enquanto o maior número de corpos gerados aumenta as probabilidades para a admissão de novos alunos. Além dos bilhões de espíritos, que atualmente frequentam a escola terrena compondo a sua humanidade atual, ainda existe, no Espaço, em torno da Terra, uma carga espiritual de 20 bilhões de almas desencarnadas. Dez bilhões desses espíritos ainda podem permanecer equilibrados e tranquilos, no Espaço, alguns quinhentos anos, outros mil ou mais, sem aflições ou necessidade de breve reencarne físico. Os outros dez bilhões, no entanto, precisam de renascimento imediato, pois são entidades cuja capacidade vibratória já se exauriu no ambiente sideral e as tornam desajustadas ou frustradas na frequência superior do mundo espiritual. Esses espíritos, em sua maioria, sentem-se desesperados, melancólicos e infelizes, embora usufruindo de panoramas e condições agradabilíssimas, tal é a sua saturação emotiva e esgotamento psíquico. Embora pareça um paradoxo ou excentricidade, eles trocariam imediatamente o ambiente de venturas pelo prazer das emoções grosseiras no mundo carnal. Lembram o bugre, que em vez das atrações ruidosas e o encanto das metrópoles festivas, prefere voltar para a floresta selvática, e o caboclo, que não troca a sua modinha caipira pela majestosa sinfonia "Coral" de Beethoven. O mundo carnal ainda exerce forte atração nesse tipo de espíritos primários e demasiadamente condicionados aos prazeres e sensações físicas, de que não puderam libertar-se em vidas anteriores. Algo como os macacos, que não trocam a mata e as bananas pela calda de pêssegos em pratos dourados!

Quanto a um terço desses dez milhões de espíritos, que necessitam urgentemente de corpos para renascer fisicamente, constitui-se de entidades de baixa graduação espiritual, numa grande percentagem satânica, habitantes do astral inferior, maquiavélicos, impiedosos e vingativos! Jamais perdoarão aos encarnados que lhes negam os corpos prometidos antes de se encarnarem; são almas primárias e grandes pecadoras! Serve--lhes qualquer corpo, a fim de poderem mergulhar a consciência na carne e livrar-se do remorso torturante; a carne significa-lhes a esponja que apaga o passado e permite o recomeço proveitoso e sem frustração! Enfim, são dez bilhões de espíritos terrícolas que transportam com frequência, para o Além-Túmulo, os seus problemas mentais e emotivos, frutos de desequilíbrios e desregramentos físicos. São uma espécie de árvores vivas, cuja copada aflora ao céu, mas suas raízes atolam-se na lama! Enfermos de todos os tipos, uns entediados na atmosfera superior por falta de treino angélico; alguns, alucinados, arrependidos ou atolados pelo remorso nas sombras do astral inferior; e outros, nos charcos, ainda submetidos ao sofrimento purificador! Porém, almas infelizes, desesperadas e arrastadas pelo magnetismo carnal, famintas de um corpo redentor!

*PERGUNTA:* — *Porventura, se houvesse corpos para todos esses espíritos, eles seriam imediatamente reencarnados?*

RAMATÍS: — Sem dúvida, a maior parte dessas almas torturadas precipitar-se-ia, de imediato, para o mundo da carne, tal qual os animais famintos acodem para o alimento! Mas nem todos estão devidamente ajustados para o ingresso súbito numa organização física, tal o desequilíbrio perispiritual de que ainda são vítimas por força das mazelas pregressas! São alienados mentais, espíritos mumificados, flagelos humanos, que a intoxicação dos venenos psíquicos aderidos ao perispírito, fogo fluídico a queimá-los incessantemente, só lhes permite renascer hidrocéfalos, mongoloides, mentecaptos, psicopatas agressivos, microcéfalos, portadores de taras cruciantes! Devem drenar, primeiramente, nos charcos infernais, certa parte dessa toxicose circulante e nutrida pelo ódio, ciúme, orgulho, pela crueldade, avareza, luxúria e vingança!

Os mais exauridos da carga tenebrosa perispiritual, com algo de consciência de sua situação desventurada, não recuam ante o destino mais atroz na matéria, desde que possam renascer e apagar a fogueira inextinguível que lhes devora as entranhas! Mas os espíritos inescrupulosos, perversos e vingativos, jamais perdoam a mulher que lhes nega um corpo para o ensejo do renascimento físico. Eles mobilizam toda a série de recursos obsessivos e atividades agressivas, numa ofensiva coletiva e planejada em comum, visando às mulheres que se recusam a gerar filhos! É tão valioso e difícil o espírito conseguir um corpo físico para a sua redenção, que o suicida é o pior criminoso, porque trai a confiança do Criador ao destruir o organismo que poderia ter servido a outro companheiro desencarnado.

PERGUNTA: — *Admitindo que é um ato culposo a limitação de filhos, quando não há motivos justificáveis, porque reduz a cota de corpos necessários para o renascimento de espíritos desencarnados enfermos e aflitos, qual seria o procedimento mais sensato, para quem comprova que a redução de filhos é um imperativo sensato neste mundo?*

RAMATÍS: — Insistimos em vos informar que o espírito aflito e desesperado para submergir-se num corpo físico, pouco se importa de ser rico ou pobre, sadio ou enfermo, analfabeto ou erudito em sua existência terrena. A única solução possível do seu problema cruciante de delinquência espiritual do pretérito é o renascimento físico; a saída técnica criada por Deus para tal condição.

Quanto aos encarnados, bastaria refletirem sobre o conceito de Jesus e proceder de acordo com o "Faze aos outros o que queres que te façam", isto é, como desejariam ser tratados nas mesmas condições deserdadas de espírito sem corpo e submetido ao atroz sofrimento sideral. Quem sentir-se capaz de resistir heroicamente, no futuro, ao remorso cruciante, que então evite a cota de filhos assumida antes de se reencarnar, negando mais um ensejo de redenção ao companheiro desesperado. Mas, se ainda se apavora com a possível infelicidade de seu desamparo na vida espiritual, então lembre-se como desejaria ser tratado e assim proceda sob o mesmo sentimento fraterno!

Ademais, a vida física não é um fim prazenteiro, mas apenas um meio educativo de os espíritos desenvolverem a sua consciência e elevarem o seu padrão vibratório, a fim de sintonizarem-se às frequências angélicas dos planos resplandecentes. O homem que pretende usufruir venturas na Terra há de colher decepções e profundos desenganos, tal qual o aluno que espera gozar prematuramente as alegrias e os prazeres da leitura, numa escola primária, onde mal soletra as primeiras letras do alfabeto! Por isso, a questão de se gerar filhos que virão sofrer no "mundo doido" é um temor tão injustificável, como o lavrador resolver abandonar a lavoura que lhe proporciona o alimento, só porque os frutos e legumes podem ser atacados pelos bichos! Ademais, a Terra, como um orbe benfeitor e de serviço educativo do espírito, é uma instituição planetária sadia, pois a "doidice" é decorrente de sua própria humanidade indisciplinada, cruel e rebelde aos códigos morais de alta espiritualidade! Evidentemente, sob a lei das "afinidades eletivas", uma coletividade de "doidos" só pode atrair outros "doidos", motivo por que ninguém deve se afligir se ainda precisa renascer fisicamente no orbe terreno, uma vez que isso só pode acontecer sob esse princípio indiscutível da "atração afim", espiritual!

*PERGUNTA: — Porventura, é mais insensata a preferência pelas pílulas anticoncepcionais, em vez do aborto tão censurável?*

RAMATÍS: — O aborto é crime infamante fichado no código penal da espiritualidade porque destrói um organismo em gestação e já vinculado a um espírito em descenso reencarnatório! Toda gestação, aí na Terra, é vinculada no Espaço a um programa cármico coletivo, o qual se processa através de séculos e séculos, reajustando e redimindo adversários dominados pelo ódio e pela vingança recíproca! Em consequência, o aborto é um "imprevisto", que altera esse programa conciliador, porque além de expulsar do organismo físico o espírito enquadrado no programa redentor da carne, também frustra o trabalho de centenas de almas vinculadas ao mesmo processo encarnatório.

São mentores, técnicos, médicos siderais, sociólogos, legisladores, amigos, parentes e servidores operando nos fluidos nauseantes de vinculação do mundo espiritual com a matéria, a fim de que seja ajustado o espírito à carne! A mulher ignorante ou rebelde mal pode calcular o montante de prejuízos decorrentes do ato de abortar, assim como alguém escorraça de sua porta o mendigo faminto! Sem dúvida, o uso das pílulas anticoncepcionais é menos prejudicial do que o aborto, porque reduz o gasto energético comumente providenciado para a vinculação do espírito à carne, e não mobiliza tarefeiros ante a perspectiva de qualquer gestação. O aborto, além de ser um crime de lesa--patrimônio alheio, ainda estigmatiza a abortante para enfrentar sofrimentos atrozes após a desencarnação, comumente torturada pelo próprio espírito que foi frustrado no nascimento, assim como se candidata a uma vida atribulada nas existências futuras! Por isso, há de ser santificada qualquer mulher que aceite

A Vida Humana e o Espírito Imortal    85

e crie o fruto de suas entranhas, mesmo quando em contradição com a sociedade e a sua moral costumeira, porque a condição de "mãe" ainda é a mais proveitosa compensação para quaisquer pecados pregressos!

Evidentemente, o mais insensato é o aborto, porém, frisamos quanto às obrigações que o casal humano assume no Espaço, antes de se reencarnar, para com certa quantidade de espíritos candidatos a serem os filhos carnais! Usando as pílulas e graduando os nascimentos conforme as suas conveniências, os esposos tanto podem acertar como errar o número exato de compromissos procriativos "pré-reencarnatórios"! Trata-se de um problema de interesse sumamente particular, pois quem faltar com a sua obrigação há de sofrer as consequências da sua defecção! Assim, o casal terreno que tiver a sorte de atrair espíritos tolerantes e compreensivos, ao negar-lhes os organismos carnais por efeito da "limitação de filhos", também há de sofrer menos dissabores na hora do ajuste espiritual! Mas, se isso acontecer com entidades perversas, vingativas e rebeldes, não opomos dúvida, sofrimentos atrozes e desesperos infindáveis acometerão no Além-Túmulo os pais faltosos!

*PERGUNTA: — Porventura, somos culpados de não sabermos qual é o número de filhos que devem renascer em nosso lar?*

RAMATÍS: — Raros casais não têm a intuição de quantos filhos devem gerar em cada existência, pois à noite, quando o espírito desvencilha-se do organismo carnal na fase do sono, os seus guias encarregam-se de avivar-lhes a natureza do seu compromisso assumido no Espaço, quanto ao número de descendentes! Ademais, os técnicos siderais controlam e disciplinam os nascimentos na carne, de modo que não haja injustiça ou demérito por omissão, regulando, sensatamente, os renascimentos conforme os planeamentos feitos antes da reencarnação dos pais! Certas vezes, os próprios esposos sentem-se fortalecidos para receber em seus lares uma quantidade maior de espíritos, além do número comprometido no programa "pré-reencarnatório"! Isso lhes favorece a vivência física e proporciona-lhes novos créditos na Contabilidade Sideral, para o futuro, assim como alguém possui reservas de bens para atender aos momentos dificultosos!

*PERGUNTA: — Supondo-se que os pais ignorem, "intuiti-*

*vamente", quantos filhos se obrigaram a procriar antes de se reencarnarem, mas não desejam frustrar o programa espiritual, qual a cota mínima de filhos que devem ter, a fim de não incorrerem nas sanções da Lei Cármica?*

RAMATÍS: — Considerando-se que a Divindade não exige esforços sobre-humanos dos espíritos encarnados, mas uma recíproca cooperação entre todos, para a mais breve solução do problema angustioso dos desencarnados, todo casal que venha a procriar, no mínimo, quatro filhos, ajusta-se a uma frequência útil no Espaço! Quer limitando ou não limitando filhos, essa cota de quatro descendentes sempre ameniza quanto à possibilidade de os pais terem assumido compromisso com mais entidades! A Administração Sideral então tudo faz para atenuar as culpas dos "faltosos", na sua fase desencarnatória, embora a Lei venha a exigir, nas vidas carnais futuras, a compensação dos filhos frustrados!

*PERGUNTA: — Mas as pílulas anticoncepcionais, que permitem o controle de nascimentos conforme as possibilidades dos progenitores, não tornam lícitas as relações sexuais?*

RAMATÍS: — Só existe um processo que torna lícita a relação sexual e a limitação de filhos; é a continência ou abstinência sexual! Depois da prática do ato sexual disciplinado pela natureza criadora, as criaturas devem assumir os seus resultados gestativos, pois será culposo tanto quem aborta voluntariamente, assim como os pais que frustram renascimentos já comprometidos espiritualmente antes de se reencarnarem!

Aliás, o prazer sexual ou requinte erótico, não é propósito ou objetivo essencial da criação divina, mas apenas o meio de atrair e induzir a criatura a procriar novos descendentes, ou seja, proporcionar novos ensejos de desenvolvimento de outras consciências espirituais. O espírito algema-se à carne planetária para desenvolver o conhecimento de si mesmo, mas adquirido esse conhecimento é de sua obrigação afastar-se das formas transitórias do mundo material! Seria absurdo que o aluno, depois de saber ler e escrever corretamente, ainda retornasse à escola primária para soletrar novamente o abc! Assim, quanto mais o homem se devota à prática sexual, mais ele se imanta e se escraviza à lei biológica da vida física, vivendo as sensações inferiores da vida animal em detrimento de sua própria ventura espiritual definitiva!

Os animais, malgrado a sua vivência instintiva, demonstram

sob a disciplina das leis de genética como deve ser exercida a prática sexual! Eles praticam as suas relações sexuais somente nas épocas determinadas pela sua natureza animal e sem explorar o requinte erótico! O prazer sexual não é pecaminoso, mas recurso técnico da natureza para atrair o homem e a mulher à sua função criadora. No entanto, à medida que o homem se eleva em espírito, ele também se liberta da propalada "carência sexual", pois é de senso comum que os sábios, filósofos, cientistas, santos e intelectuais gastam a maior parte do seu fluido sexual em elevadas atividades mentais criadoras. Evidentemente, o espírito do homem, quanto mais primário, mais busca e rebusca as satisfações sexuais, que são excitadas pela reserva pródiga de magnetismo erótico! No entanto, se ele usa tal fluido sob a mesma índole criadora, porém, num plano superior, sublima a mente ativada por objetivos espirituais, e não apenas "físicos"!

*PERGUNTA: — Mas, insistimos, a pílula anticoncepcional não é um recurso mais coerente e sensato para o controle natal, em vez do método censurável e perigoso do aborto?*

RAMATÍS: — Não importa a coerência e sensatez dos meios usados para a "limitação de filhos", mas o fato concreto é o seguinte: quanto mais corpos carnais, mais espíritos encarnados, quanto mais espíritos encarnados, mais progresso e solução dos problemas espirituais que atingem a todos nós!

O homem, egocêntrico e ignorante da função e dos objetivos das leis divinas, perturba a regência normal da vida e depois pretende corrigir os pseudo-equívocos de Deus! É óbvio que o Onipotente depois de criar o mais difícil, como é o Universo, não iria enganar-se na organização e detalhes de somenos importância, como seja povoar e distribuir demograficamente as humanidades nos orbes de sua Criação!

Não foi necessário o uso de pílulas anticoncepcionais para limitar-se a procriação dos animais antediluvianos e monstruosos, como eram os brontossauros e dinossauros, pois eles foram escasseando sob o rigorismo da própria Lei que os criou! A mesma Lei Sideral que proporciona assustadora fertilidade aos coelhos, também os faz morrer com a mesma facilidade a fim de não saturarem o orbe. No entanto, os condores ou águias dos Andes, que podem carregar nas garras um novilho para os seus ninhos na ponta dos penhascos, só vinga-lhes um ovo em cada cem da postura, evitando que a procriação excessiva venha a acabar com as espécies de pequeno porte na face da Terra. Graças à forma da garganta da baleia e a sua voracidade, ela engole toneladas de sardinhas evitando a saturação dos mares. Mas, graças à precariedade de sobrevivência dos próprios baleotes, o oceano também sobrevive e não se farta só de baleias!

As pílulas anticoncepcionais evitam a procriação, mas não eliminam a função primordial do mecanismo sexual destinado à multiplicação das espécies. Deus não proíbe o prazer na prática sexual, mas o homem deve assumir a responsabilidade do seu ato, quanto à possibilidade de procriar! Doutra forma, ele violenta a reação normal da natureza, cumprindo-lhe sofrer as consequências ao negar-se a assumir o resultado procriador.

*PERGUNTA: — Mas é censurável a limitação de filhos nas cidades populosas, onde se torna cada vez mais difícil o sustento e a educação de uma prole numerosa?*

RAMATÍS: — Não importa se a limitação de filhos é justificável nas cidades ou injustificável nos campos. O lar e a família humana significam abençoados ensejos de aperfeiçoamento espiritual; o homem e a mulher não se unem por simples coincidência, paixão inesperada ou acidente, mas isso resulta de obrigações recíprocas assumidas no Espaço. Quando o homem e a mulher se esposam constituindo o lar na Terra, isso já lhes custou valiosos estudos e esquemas de vida, sob a orientação dos técnicos e auxiliares das encarnações.

Assim, a fuga deliberada de procriar filhos pode implicar no menosprezo aos trabalhos alheios, preventivos e fatigantes, realizados no Além-Túmulo, enquanto impede o renascimento físico dos demais espíritos vinculados ao mesmo programa cármico de determinada família espiritual. Os faltosos terão de indenizar todos os prejuízos decorrentes de sua defecção espiritual, ainda agravados pela condição de se colocarem no "fim da fila", nas futuras reencarnações, devendo experimentar na própria alma os efeitos de sua limitação culposa.

*PERGUNTA: — Porventura, cada casal terreno fica sujeito a procriar tantos filhos quanto seja possível na sua existência física, proibido de limitar a prole a fim de não se inculpar perante a Lei Divina?*

RAMATÍS: — Repetimos: cada casal terrícola deve ter tantos filhos quantos forem os gerados de suas uniões sexuais, caso pretendam ajustar-se ao determinismo da "Lei da Procriação", e não exclusivamente ao prazer erótico! Quem quiser ter menos filhos, contenha-se nas suas relações sexuais, pois estas são especificamente de natureza procriativa e não exclusivamente prazenteiras! Dentro do conceito bíblico de "Crescei e multiplicai-vos", cada casal fica obrigado a procriar filhos, proporcionando a outros espíritos desencarnados os corpos de que eles necessitam para a sua evolução, compensando o que os próprios pais lhes fizeram sob o mesmo conceito espiritual. Há famílias que possuem um só descendente, malgrado os seus empreendimentos para aumentar a prole; outras chegam a procriar vinte filhos. No entanto, tudo isso ocorre segundo a Lei do Carma, quando a criatura "colhe no presente o que semeou no passado", pois é de princípio universal que "não cai um fio de cabelo da cabeça do homem, que Deus não saiba"!...

*PERGUNTA: — E que dizeis desses sultões, donos de vastos "baréns" de mulheres, cuja descendência atinge a centenas de filhos?*

RAMATÍS: — Eles cumprem a Lei da Procriação sob os costumes e a moral concebida pela sua raça, atendendo às próprias necessidades dos espíritos de sua linhagem evolutiva! Conforme já dissemos, o espírito desesperado e sob atroz sofrimento no Espaço, pouco lhe importa nascer árabe ou russo, negro ou europeu, sadio ou aleijado, privilegiado ou deserdado! Importa-lhe um corpo, sob qualquer hipótese ou condição. É o meio de ele aliviar a sua dor cruciante, avançar além de sua infeliz estagnação espiritual! Em consequência, não é o mecanismo sexual que deve ser analisado como um bem ou um mal, porém o que dele resulta para o benefício dos espíritos tomados de sofrimento indescritível. O sexo é o meio de se realizar essa providência, o recurso de o espírito deixar o mundo imponderável e manifestar-se no cenário escolar do mundo físico! Numa tecelagem não estão em julgamento as máquinas que fabricam os tecidos para vestir o homem; porém, importa especialmente que a produção delas atenda às necessidades humanas!

Assim, a prolífica descendência dos sultões, no Oriente, ou de certos povos e tribos disseminadas pela África e Ásia, auxilia na solução dos problemas espirituais, porque proporcionam os corpos ou instrumentos de aprendizado para outros irmãos desesperados ou carentes de alfabetização, através do livro da natureza material!

*PERGUNTA: — Mas não é imprudência o excesso de fecun-*

*dação, quando lançamos no mundo terreno numerosa falange de espíritos, que por falta de assistência e educação constituem o marginalismo e a rebeldia hoje tão flagrantes?*

RAMATÍS: — Não é a pobreza, ou mesmo a falta de uma educação escorreita e cultural incomuns, o que torna o homem um marginal! Isso depende fundamentalmente da índole e graduação espiritual do ser, pois conforme já dissemos: sábios, cientistas, médicos, advogados, engenheiros, professores, deputados e até padres têm se tornado assassinos no vosso mundo! Cellini produzia magníficas obras de arte durante o dia, mas apunhalava transeuntes à noite! Os mais ricos e afortunados *gangsters* americanos, mesmo depois de solucionar todos os seus problemas emotivos e realizarem todos os prazeres do mundo, continuam a matar! Eles seriam assassinos tanto vestidos de militares, médicos, educadores ou como sacerdotes!

No entanto, a humanidade deve justamente aos homens mais deserdados do mundo as belezas e munificências da arte, literatura, escultura e poesia, ou as conquistas técnicas e científicas que beneficiam o homem! Einstein, Pasteur, Cervantes, Mozart, Balzac, Beethoven, Gauguin, Van Gogh, Kant, João Batista, Francisco de Assis, Gandhi, Sócrates e o sublime Jesus, nasceram pobres, alguns até enfermiços, mas sulcaram a face do orbe deixando rastos de luminosidade! O planeta terreno é a imensa tela onde os espíritos projetam as suas sublimidades ou ignomínias, dependendo fundamentalmente de sua graduação espiritual já realizada na trajetória pregressa!

*PERGUNTA: — É culposa a limitação de filhos, mesmo quando ao gerá-los há perigo de vida para a futura mãe?*

RAMATÍS: — Quando há riscos ou danos à vida materna, a limitação de filhos é recurso providencial, pois a Divindade não é tão sádica a ponto de exigir a procriação em condições nocivas ou enfermiças. No entanto, o problema se resolveria pela simples "abstinência sexual", desde que houvesse o entendimento elevado entre os esposos. Mas afora tais motivos, há que considerar os prováveis prejuízos às tarefas dos benfeitores da humanidade, inclusive quanto à frustração nos serviços espirituais pelo retardamento da "fila" reencarnatória!

*PERGUNTA: — Mas é a própria ciência médica, que expõe sob justificativa científica, a necessidade das relações sexuais para o equilíbrio neuropsíquico do próprio homem! Que dizeis?*

RAMATÍS: — Sem dúvida, a natureza preparou as criaturas de modo a que elas sintam "necessidade" de união sexual, pois doutro modo o mundo se despovoaria rapidamente, quer pelo esquecimento de a criatura cumprir a sua obrigação procriativa, quer pelo comodismo de não dificultar a sua vida com o advento de filhos! A História é unânime em comprovar quantos povos e raças foram desaparecendo, lenta e gradualmente, à medida que o erotismo sobrepõe-se ao exclusivo sentido criador do sexo!

Realmente, no atual estado primário espiritual, o terrícola ainda carece das relações normais de sexo, embora mulheres e homens tenham sobrevivido em perfeito equilíbrio, alguns até santificados, sem qualquer desajuste por força da carência sexual! De modo algum a Administração Sideral censura a prática sexual, mas ainda a incentiva; porém, referimo-nos tão somente às obrigações indiscutíveis e inadiáveis, que cabem na hipótese da geração de um novo ser! Mesmo arrostando toda a censura moral do mundo, o homem e a mulher devem conceder a vida e criar o fruto dos seus amores lícitos ou ilícitos! E a própria "carência sexual" ameniza-se, pouco a pouco, quando o espírito faz prevalecer a sua autoridade superior sobre os estímulos eróticos da linhagem animal! O homem não precisa evitar, "ex-abrupto", a satisfação sexual; porém, pode vigiar essa atividade do animalismo do mundo, de modo a que não se torne um escravo das sensações inferiores nem degrade a sua identidade espiritual! Considerando-se que os grilhões do sexo são os últimos a serem desatados no mundo carnal, quem pretende libertar-se das contingências tristes e ilusórias da vida física há que começar pelo treino sexual, isto é, o mais difícil de ser dominado!

*PERGUNTA: — Não seria apenas superstição, fanatismo ou temor religioso o fato de as famílias católicas e protestantes procriarem intermitentemente com o receio de contrariarem o preceito bíblico do "Crescei e multiplicai-vos"?*

RAMATÍS: — Em verdade, o "Crescei e multiplicai-vos" é um conceito peremptório das "Escrituras Sagradas", e nem o próprio Jesus o modificou ou fez qualquer ressalva. No entanto, jamais o Mestre referiu-se ao uso de anticoncepcionais ou drogas preventivas para o controle procriativo. É um conceito taxativo e imperioso, espécie de Lei sem alternativa ou dúvidas, quanto à sua exata interpretação! (Gênesis, 1:28.)

Sem dúvida, muitos religiosos cumprem ao "pé da letra" o "Crescei e multiplicai-vos", mas também o fazem sob forte desejo sexual! Embora aceitem digna e louvavelmente os resultados de suas relações sexuais constituindo prole numerosa, eles também poderiam regular a sua procriação sem exporem-se à censura sideral, desde que o fizessem pela continência sexual! Mas ao cumprirem fanaticamente esse preceito bíblico criador, não comprovam uma elevada hierarquia espiritual, senão a honestidade de aceitar os frutos de relações sexuais muito frequentes e um excesso de erotismo! Pela regularidade periódica com que lhes nascem os filhos, também se pode deduzir como são frequentes as suas relações sexuais, uma vez que a própria natureza torna infecunda a mulher em certos períodos!

*PERGUNTA: — É uma obrigação incondicional os pais terrenos procriarem dezenas de filhos em cada existência carnal?*

RAMATÍS: — O "Crescei e multiplicai-vos" é recomendação e não imposição draconiana, embora seja taxativo e imperioso no sentido da ação que o homem deve praticar. Não é imperioso ter relações sexuais, dependendo isso da maior ou menor tendência do instinto animal sobre o princípio espiritual! Jesus, apesar de preferir o celibato, não infringiu a Lei da Procriação, porque já era completamente desapegado do desejo sexual; em vez de amar apenas uma mulher, ele amou toda a humanidade!

Assim, cada criatura deve arcar com o resultado de sua natureza procriativa sexual, pois para isso foi criado o sexo! Não usais a eletricidade para despedir faíscas a esmo, mas na sua exata finalidade, que é acender lâmpadas e mover motores! Quem quer ter filhos use do sexo quando quiser, mas tome a iniciativa de controlá-lo, progressivamente, se não pretende descendência pródiga, pois o erotismo é apenas um acessório estimulante da prática sexual, jamais o motivo fundamental da vivência humana!

*PERGUNTA: — Que pode acontecer às pessoas celibatárias, que recusam deliberadamente casar e cumprir o mandamento do "Crescei e multiplicai-vos", mas contemporizam o seu desejo sexual, alhures?*

RAMATÍS: — Toda infração ao curso da Lei gera punição dentro do próprio reajuste de equilíbrio entre os polos opostos! O homem deliberadamente solteiro só agrava a sua situação num mundo egotista e impiedoso como ainda é a Terra! Ele é o candidato infalível à solidão por falta de afetos sinceros e íntimos, sem lar, esposa, filhos, netos ou demais parentes da descendência que o indenizarão nos últimos anos de vida! Considerado um marginal na esfera dos "casados", a sua presença é sub-repticiamente aceita com desconfiança, pois nada tem a perder no campo da relação sexual! O solteiro, em geral, vive exclusivamente para o seu próprio bem; não divide o seu afeto com uma esposa, não enfrenta problemas nevrálgicos de um chefe de casa e só tem uma preocupação: cuidar de si! Mas atinge a velhice quase como um indesejável, alguém que se furtou de cooperar na vida tão aflitiva dos demais parentes e companheiros! Comumente, semeia sentimentos de frustrações nos próprios progenitores que o geraram, os quais lamentam, no silêncio da alma, o filho ou a filha que lhes negou a continuidade na figura inquieta, vivíssima e rebelde dos netos!

*PERGUNTA: — Mas é justificável o sofrimento da mulher que procria filhos incessantemente por culpa de maridos puritanos, fanáticos religiosos ou adeptos da gestação ininterrupta?*

RAMATÍS: — Em face da equanimidade da Lei do Carma, que pesa na balança divina todos os nossos pensamentos, atos e sentimentos, teremos de indenizar os prejuízos ocasionados a quem quer que seja! Assim, muita esposa, unida a um esposo obstinado e obrigada a procriar filhos a granel, apenas colhe os efeitos cármicos que infringiu no pretérito! Através de sacrificial e incessante procriação, essa mulher indeniza os prejuízos causados em vidas anteriores, quando frustrou o renascimento de alguns espíritos desesperados pela vida física, ou, talvez, abandonou os próprios filhos no mundo implacável! É o seu carma culposo que a vincula a um marido obstinado ou fanático religioso, que não lhe dá descanso procriativo, pois doutra forma ela teria casado com outro homem menos sexual e fértil! Daí os paradoxos, quando nascem gêmeos, trigêmeos e até quadrigêmeos, em famílias já oneradas por uma prole numerosa, porém em débito procriativo de vidas passadas!

*PERGUNTA: — Mas a mulher frágil e enfermiça, desaconselhada de gestação pela própria medicina, assim mesmo ela deve procriar filhos, só porque faliu no pretérito negando-se de procriar?*

RAMATÍS: — Insistimos em dizer que a Lei Cármica não se engana e não castiga, mas apenas reajusta e equilibra em benefício do próprio ser culposo. Esposa frágil e doentia, que ainda deve procriar muitos filhos de um esposo fanático do "Crescei e multiplicai-vos", sem dúvida é espírito bastante onerado com o pretérito. Talvez quando foi mulher afortunada e sadia, esposa de marido compreensivo e liberal, rodeada por serviçal criadagem, esquivou-se das vicissitudes da maternidade e negou-se a ser mãe para não deformar o ventre. Evidentemente, abusou do aborto infamante, expulsando a alma que lhe suplicava guarida em seu lar feliz! Como a "semeadura é livre, mas a colheita é obrigatória", essa mulher faltosa, malgrado a saúde claudicante, ainda deve criar os filhos que rejeitou em vidas anteriores!

*PERGUNTA:* — *Mas não seria razoável que Deus restringisse os nascimentos em excesso, através de uma esterilidade congênita?*

RAMATÍS: — Deus não comete equívocos nem é sádico exigindo punições severas; mas as leis da vida são imutáveis e perfeitas, e jamais sancionam as deformações do homem no curso da vida espiritual.

O desenvolvimento demográfico terreno, quando ultrapassar o limite de capacidade do orbe, há de ser controlado pela Administração Sideral, de modo a restringir o excesso procriativo de todas as espécies, como já tem acontecido em todos os orbes sob tal dilema. Aliás, enquanto as crianças nascidas no meio campônio são sadias e resistem vigorosamente às enfermidades mais graves, os filhos das metrópoles atravessam a infância perfurados de seringas hipodérmicas e saturados de antibióticos, em face da mais inofensiva infecção de ouvido! As vovozinhas antigamente curavam gripes com chás de ervas febrífugas, dores de ouvidos com algumas gotas de azeite quente e resolviam as piores bronquites com cataplasmas de óleo-de-linhaça.

A fanática preocupação de assepsia indiscriminada priva o organismo de ativar as suas defesas orgânicas, pois fica destreinado e vítima indefesa das investidas dos germens mais inofensivos. Nos aglomerados das metrópoles bulhentas, atrofiam-se os elementos responsáveis pela natalidade, como já tendes exemplos de alguns países europeus, onde a vida sumamente artificializada acentua o profundo desequilíbrio entre nascer e morrer. As próprias circunstâncias gravosas da vida asfixiante das cidades se encarregam de reduzir o êxito da procriação, mesmo sem limitar a cota de filhos. Mas onde a vida se faz espontânea e não foi perturbada em suas raízes vitais, os filhos nascem prodigamente bafejados pelo oxigênio isento dos resíduos nocivos das indústrias e dos combustíveis dos veículos motorizados, que tanto poluem o ar atmosférico. Sem dúvida, nas áreas sadias dos campos abertos e favorecidos pela aragem oxigenada, é bem menor o número de bactérias, por milímetro cúbico, do que a quantidade assustadora e própria das cidades infestadas pelo ar intoxicado e mortífero![21]

*PERGUNTA: — E que dizeis do novo método de esterilização, o qual tem sido amplamente aplicado na Índia, onde o excesso de população liquida centenas de criaturas sob o guante da fome? Seria mais aconselhado o espetáculo trágico de criaturas estertorando pela angústia da fome do que a esterilização que pode equilibrar o excesso de criaturas?*

RAMATÍS: — Os métodos de limitação ou impedimento de procriação de filhos não resolvem o problema do desequilíbrio censurável do mundo, que, além de mal administrado, é profanado pela cruel indiferença dos ricos pelos pobres! Isso faz lembrar-nos o fato de o motorista mudar a pintura do carro para assim solucionar a deficiência do motor! Ante a pressão constante de dez bilhões de espíritos que se afligem no Espaço e se debruçam sobre a crosta terráquea, para renascer e progredir no contato com os elementos educativos do mundo físico, a esterilização e os métodos anticoncepcionais ateiam as mais tormentosas tragédias e desventuras sobre os próprios encarnados! Sem dúvida, as almas vingativas desforram-se impiedosamente daqueles que as impedem de renascer na carne! Os conceitos tão comuns de "quem com ferro fere com ferro será ferido", ou "quem semeia ventos colhe tempestades" podem servir de advertência para os incautos dos problemas da espiritualidade.

O homem precisa devotar-se cada vez mais ao estudo e conhecimento da vida imortal, para adaptar-se gradualmente às fases dos processos que vinculam os espíritos à carne! Precisa conhecer as obrigações espirituais e alertar os faltosos quanto aos efeitos dolorosos e indesejáveis de suas prevaricações contra as leis imutáveis! É aconselhável refletir sobre o tremendo ódio que pode gerar-se nas almas frustradas pela encarnação, e que vos espreitam do Espaço, absolutamente enfurecidas contra as esterilizações e o uso dos anticoncepcionais, que as impedem de aliviar as suas dores e remorsos atrozes, pela graça do esquecimento num corpo de carne!

---
21 A fim de assegurar um clima de vivência razoavelmente suportável pela população, a cidade de Los Angeles para completamente o seu trânsito e demais fontes de poluição atmosférica, durante um dia por mês, como recuperação parcial do oxigênio consumido.

Malgrado a esterilização em massa, na Terra, que impede a procriação de novos corpos, nem por isso a vossa humanidade conseguirá "esterilizar-se" contra os obsessores revoltados e a culpa cármica de negar a vida física a bilhões de almas atormentadas no Além-Túmulo! O que pede pão, alimento, medicamento, nutrição e abrigo, a ciência materialista do mundo socorre com "esterilização", na tola convicção de que deve apressar-se a corrigir os erros do Criador!

PERGUNTA: — *Qual é o motivo de vida que deveríamos adotar para um melhor ajuste à responsabilidade da procriação?*

RAMATÍS: — Seria suficiente observardes o sistema de relações sexuais das espécies inferiores, as quais praticam-nas obedientes às leis de genética na fase da própria fecundação. Os animais relacionam-se exclusivamente a fim de atender aos imperativos da procriação, e não alteram os hábitos instintivos que lhes determina a natureza animal. O animal não limita os filhos, mas também não se excede nas suas relações; não mistifica o trabalho da natureza, nem elimina o produto de suas relações.

PERGUNTA: — *Mas não poderíamos dispor de um sentido instintivo, que então regulasse o metabolismo da natalidade, de modo a procriarmos filhos conforme programas espirituais assumidos no Espaço?*

RAMATÍS: — Nos orbes mais evoluídos do que a Terra, os pais conhecem antecipadamente qual é a quantidade de filhos que devem gerar em conformidade com o seu programa "pré-reencarnatório"! Mas isso ainda não é possível na Terra, mundo povoado por espíritos recém-egressos das cavernas de pedras, dominados pela cobiça, avareza, crueldade, inveja, hipocrisia, ódio, orgulho e despotismo, os quais se trucidam no seio dos lares, como nos campos fratricidas das guerras. Pouco lhes adiantaria recordarem-se dos seus compromissos genéticos assumidos antes da encarnação, pois a sua proverbial irresponsabilidade também não os induziria a cumprir rigorosamente as obrigações procriativas.

Também seria inútil qualquer advertência de natureza instintiva, quanto ao exato período das relações sexuais, pela simples razão de que o homem sobrepõe ao raciocínio o instinto! Em qualquer hipótese, o homem sempre reage em favor de si mesmo e jamais obedece a uma pragmática do mundo invisível, pois, na sua ignorância de espírito primário, ele subestima qualquer advertência do mundo espiritual. A Administração Sideral ainda não pôde confiar à humanidade terrena a faculdade de conhecer previamente a sua obrigação procriativa, porque, na sua proverbial mistificação, ela ainda ficaria mais agravada ao errar sobre aquilo que sabia de antemão! O terrícola ainda não está capacitado para gerir conscientemente o seu destino, mesmo no campo da procriação! Se isso fosse concedido, em breve a Terra estaria dominada por um punhado de epicuristas da carne, que na luta pela sobrevivência destruiriam os menos dotados de capacidade e impediriam o curso natural educativo na matéria. Em vez de animais em luta pela hegemonia da carne mais sadia e do instinto mais vigoroso, os homens seriam apenas animais verticalizados e dementados pelo excesso do prazer inferior que lhes pudessem proporcionar os fenômenos fisiológicos da existência!

No entanto, sob o controle da Administração Sideral, a genética do mundo processa-se disciplinadamente, como as fases da puberdade, em que regula o início do quimismo criador na menina e a produção de sêmen no menino; em seguida, o período da adolescência até à velhice, em que o homem e a mulher podem entregar-se sexualmente emancipados à união procriadora, e, finalmente, a menopausa feminina, que encerra o ciclo de atividade gestativa. No homem, esse período é indefinido, mas serve-lhe como advertência da natureza insinuando-lhe a moderação da prática sexual e sugerindo-lhe atividades mais intelectivas, artísticas e espirituais, a fim de compensar o desgaste inferior da fase sexual! É ridículo o ancião de cãs embranquecidas que, tomado de delírio sexual, gestos cobiçosos ante a primeira donzela, demonstra um aviltamento censurável que o próprio animal modera no repouso de sua velhice!

O espírito do homem idoso e sexualmente descontrolado, quando desencarna, lança-se no Além-Túmulo como a ave desamparada, sem poder suster-se contra a força do vento furioso que a atira contra as pedras! É preciso aquietar a alma quando ela já se move em direção ao mundo espiritual, que é o seu verdadeiro lar, transferindo para o corpo físico o residual dos abusos da mocidade, mas evitando de produzir novas cargas deletérias e libidinosas nas proximidades do túmulo! O velho ávido de sexo é um anômalo no programa da realidade espiritual, pois contraria o próprio esquema procriativo da vida superior!

*PERGUNTA: — Alhures tendes dito que certas mulheres nascem estéreis e impedidas carmicamente de procriarem filhos, porque no passado repeliram o ensejo gestativo! Desde que é tão importante e necessária a procriação de mais corpos físicos, para atender aos bilhões de espíritos ávidos de renascerem na Terra, não é absurdo que a própria Administração Sideral ainda impeça deliberadamente novos nascimentos?*

RAMATÍS: — Em verdade, não há um júri punitivo no Espaço, ou instituição penal com a finalidade exclusiva de julgar e acertar as contas dos desencarnados sob o conceito de "olho por olho, dente por dente"! As leis cármicas traduzidas pelos aforismos de "Quem com ferro fere com ferro será ferido", "A semeadura é livre, mas a colheita é obrigatória", ou, ainda, "Terás de pagar até o último ceitil", são muito suavizadas pelo outro conceito de auto-responsabilidade, que assim diz: "A cada um será dado segundo as suas obras". Não se trata de sentenças ou leis punitivas determinando castigos aos pecadores, ou impedindo mulheres de procriarem filhos porque os rejeitaram no passado. Trata-se simplesmente de consequências técnicas, em que os efeitos resultantes derivam de causas semelhantes. É evidente que a "causa gelo" gera o frio, enquanto a "causa fogo" produz o calor, assim como um quilo de pólvora é uma causa que produz um efeito tão destrutivo, conforme seja o potencial da força ali acumulada e liberta durante a explosão! Assim, o homem rico, que consome a sua fortuna em seu exclusivo bem, e disso resultam prejuízos alheios, estabelece uma "causa" culposa pelo abuso do livre-arbítrio, devendo corrigi-la ao sofrer os seus efeitos danosos noutra vida, quando então enfrentará a prova da miséria como a terapêutica para o seu reequilíbrio espiritual.

Da mesma forma, a mulher que se nega a ter filhos fugindo ao sagrado imperativo do "Crescei e multiplicai-vos", na existência futura podem nascer-lhe gêmeos, trigêmeos e quíntuplos, constituindo uma prole numerosa para compensação da negligência pregressa! Os pais que abandonam os filhos nas vidas anteriores, como péssimos zeladores dos seus próprios descendentes, a Lei do Carma os torna estéreis nas encarnações futuras, a fim de que se adestrem e desenvolvam o sentimento paterno criando filhos adotivos! Malgrado a necessidade urgente de corpos físicos para dar vazão à simbólica "fila" dos espíritos angustiados pela sua encarnação, nem por isso a Lei deixa de agir, sob o conceito de "a cada um será dado segundo as suas obras"!

*PERGUNTA: — Porventura, a mulher estéril, que é impedida de procriar filhos por culpa cármica, não poderia até sentir-se mais tranquila e venturosa ante a plena liberdade de relação sexual e satisfazer o seu erotismo sem a preocupação de abortos e pílulas anticoncepcionais?*

RAMATÍS: — Indagai às mulheres estéreis, cujos lares não passam de mundos silenciosos e tristes, sem o riso cristalino e a graça da criança buliçosa, qual seria a sua preferência.

Jamais a mulher "feminina", sob a proteção do lar e devotada ao esposo, trocaria a ventura de ter filhos pela transitória condição de liberdade sexual na vida física. Existem mil coisas, na vivência da mãe e seus filhos, que preenchem qualquer desventura e vicissitudes próprias dos lares terrenos! Os descendentes são o prolongamento dos pais, cujas ansiedades, sonhos e ideais compensam todas as agruras da vida. Dificilmente a mulher estéril considera-se premiada pela possibilidade de exercer o ato sexual sem fecundidade; mas vive sonhando com a ventura de um filho preencher o vazio do seu lar, afastando a tristeza, a melancolia, e cessando a frustração do casal solitário! Há mulheres sobrecarregadas de filhos e que, no entanto, expressam em sua fisionomia a alegria de espíritos já realizados na vida física, certas de que todos os seus pecados e débitos comuns pregressos foram superados pela vida prolífica de amparo a tantos outros espíritos que viviam ansiosos por um corpo físico.

*PERGUNTA: — Em consequência, os espíritos de vossa esfera são taxativamente contra a "limitação de filhos", não é assim?*

RAMATÍS: — Apenas lembramos que, malgrado se oficialize a limitação de filhos ou a esterilização em massa, nem por isso desaparecerão a miséria, avareza, perversidade, corrupção, doença, ciúme e os vícios aviltantes! Sem dúvida, os pais desnaturados continuarão a gerar filhos e os jogarão à rua como produtos exclusivos do prazer fescenino, além do estigma das "mães solteiras", as verdadeiras vítimas de tal infelicidade.

Da mesma forma, a limitação de filhos não soluciona o grave problema da fome e da miséria futura, cujo fantasma se avoluma cada vez mais sobre a humanidade! Que adianta reduzir as "bocas no mundo", quando os homens continuam estupidamente a queimar lavouras, pomares, silos, armazéns de reservas alimentícias, indústrias de comestíveis, comboios de abastecimento e empórios citadinos, pelo arrasamento criminoso através das bombas homicidas? A ciência terrícola, sob tal providência, apenas tenta limitar, por processos pacíficos, o que ela mesma já está processando através de engenhos funestos, como a bomba atômica![22]

---

[22] Ramatís tem razão; diz um professor de Física da Universidade de Pittsburg, que os ensaios das armas nucleares já provocaram a morte de meio milhão de recém-nascidos, e cada megaton que seja disparado no futuro afetará 100.000 crianças! (jornal *Tribuna do Paraná*, edição de 28-1-1970.) (Nota do Médium)

## 4. Problemas da alimentação

*PERGUNTA: — Quais serão os prejuízos decorrentes de o homem preferir a nutrição carnívora? E qual seria a conveniência da alimentação vegetariana?*

RAMATÍS: — É razoável e compreensível que as espécies animais e os homens primários ainda se alimentem de vísceras sangrentas, pois isso é um fato decorrente do seu estado evolutivo e não pecaminoso. Enquanto o instinto animal agressivo domina o homem, é óbvio que o princípio espiritual superior ainda não possa impor a sua linhagem sublime. Aliás, o próprio conceito evangélico de que "a carne alimenta a carne e o espírito alimenta o espírito" confirma a distinção lógica de que o "alimento carnívoro" é afim ao homem mais carnal ou animalizado, enquanto o alimento vegetariano deve condizer com o homem predominantemente espiritual.

Assim como os costumes do homem melhoram conforme a sua posição social ou grau de hierarquia profissional, à medida que a alma progride, ela também deve ajustar as necessidades do seu vestuário de carne ao progresso espiritual já alcançado. É possível que o soldado ou o estudante de Direito bebam cachaça nos botecos enquanto não assumirem qualquer responsabilidade severa na vida pública. Mas ambos serão incoerentes e desmentirão a sua graduação de responsabilidade ou hierarquia profissional caso ainda se embriaguem depois de o soldado promover-se a general e o bacharelando diplomar-se desembargador!

O homem primário pode fartar-se tranquilamente na devora de vísceras retalhadas dos seus irmãos menores, porque ainda vive escravizado às sensações da vida material e a Divindade não pode julgá-lo um pecador. Mas é aberrativo e censurável que os homens já vinculados a labores espiritualistas, como espíritas, umbandistas, esoteristas, rosa-cruzes, teosofistas ou iogues, ainda se fartem e se deliciem com a alimentação inferior, repugnante e impiedosa, que provém da carne estraçalhada dos animais!

Há profunda diferença com respeito à alimentação dos seres no mundo, pois é a natureza evolutiva de cada espécie que lhe determina o tipo de necessidades nutritivas. A lagarta alimenta-se dos detritos do solo, mas depois que se transforma em borboleta nutre-se no cálice licoroso das flores. Tanto o urubu como o beija-flor são aves; no entanto, o primeiro satisfaz-se com a carniça, enquanto o segundo requer o néctar das flores! A mesma carne que certos homens alegam ser de absoluta necessidade para a sua conformação física pode ser alimento repugnante e indigesto para outra criatura de natureza mais delicada. Aliás, conforme se verifica no Oriente, à medida que o homem se aperfeiçoa, o seu psiquismo abandona, pouco a pouco, a nutrição grosseira, para preferir alimentação adequada à melhor graduação espiritual!

*PERGUNTA: — Mas em que sentido a alimentação carnívora poderia influir desairosamente no psiquismo humano?*

RAMATÍS: — As emanações primárias e etereofísicas dos despojos sangrentos do animal não só impregnam a contextura energética do "duplo-etérico" do homem, como afetam o próprio perispírito e o excitam no atavismo residual das paixões que, na esteira do tempo, modelou a hereditariedade do organismo carnal. A ciência médica explica as tendências hereditárias e atávicas do homem; os psicanalistas reconhecem a eclosão de certos complexos e recalques originados pelos ancestrais biológicos do ser. Malgrado tais influências ou fenômenos se processarem através dos genes e cromossomos responsáveis pelo metabolismo genético, o certo é que essa influência ancestral ou atavismo psíquico transmite-se e se prolonga do mundo oculto do psiquismo para a descendência física humana! Em consequência, o espírito modela uma configuração "psicofísica" agradável, pacífica e coerente, quando dispõe de um material anatomofisiológico de boa qualidade; mas, se o atavismo animal o domina e o acicata pelos estímulos energéticos das paixões primárias, então as criaturas sob tal atuação podem gerar estigmas animalescos inconfundíveis.

Assim como o álcool, entorpecente ou excitante químico, pode atuar nos descendentes, desfigurando-lhes as linhas de forças da ideoplastia humana normal, as energias psíquicas do primarismo animal também podem influir no perispírito do homem e plasmar o "fácies" suíno na glutonice, o bovino na estupidez, o equino na brutalidade e o caprino na luxúria.[23] O carnivorismo, portanto, excita no homem a influência psíquica atávica da animalidade, podendo desfigurar a configuração humanoide pela interferência de fluidos degradantes absorvidos durante a nutrição zoofágica.[24]

É por isso que o senso comum da sabedoria popular associa aos pecados humanos as figuras grotescas de certos animais e estigmatiza algumas criaturas com a pecha humilhante de "cara" de cavalo, de suíno, de bode ou de macaco! No entanto, reverencia a figura pacífica, frugal e amorosa de Jesus, comparando-o à ternura, humildade e resignação de um cordeiro!

PERGUNTA: — *Porventura as raças humanas também podem variar no temperamento, segundo o tipo preferido na sua alimentação?*

RAMATÍS: — O homem terrestre ainda ignora que a alimentação influi de modo positivo no seu temperamento instintivo animal. As raças muito extrovertidas, como os árabes, preferem alimentos excessivamente condimentados; outras, fortemente sexuais, também devotam-se a uma alimentação de quimismo predominantemente afrodisíaco.

Em consequência, se os condimentos excitam o temperamento até à belicosidade incontrolável, e os afrodisíacos sensualizam fortemente, é óbvio que os homens introvertidos, calmos e menos sexuais são avessos a tais substâncias. Assim, os iogues,

---

23 Diz Emmanuel, na obra *Roteiro*, cap. VI, "Perispírito", o seguinte: "O perispírito é formado de substâncias químicas que transcendem a série estequiogenética conhecida até agora pela ciência terrena, é aparelhagem de matéria rarefeita, alterando-se de acordo com o padrão vibratório do campo interno. O perispírito, quanto à forma somática, obedece às leis de gravidade, no plano a que se afina". É evidente que, sob tais dizeres, verifica-se que o perispírito torna-se mais denso ou sutil, variando mesmo quanto ao tipo de alimentação grosseira ou delicada preferida pelo homem.
24 Trecho extraído da obra *Libertação*, de André Luiz, cap. V, "Operações Seletivas", que esclarece muito bem a plastia perispiritual conduzido até à figura animalesca: "À medida que repetia a afirmação, qual se procurasse persuadi-la a sentir-se na condição de irracional mencionado, notei que a mulher, profundamente influenciável, modificava a expressão fisionômica. Entortou-se-lhe a boca, a cerviz curvou-se, espontânea, para a frente, os olhos alteraram-se dentro das órbitas. Simiesca expressão revestiu-lhe o rosto".

iniciados, mentores e instrutores espiritualistas, também não se nutrem com vísceras e pratos repugnantes do carnivorismo!

Enquanto Gandhi satisfazia-se com o leite de cabra, Buda com uma xícara de arroz e Jesus com bolinhos de mel, Átila, Gêngis Khan, Tamerlão e Aníbal, com seus bárbaros soldados, alimentavam-se com os mais repugnantes rebotalhos sangrentos, numa competição grotesca com as feras!

A palidez e a figura dos jejuadores são uma imagem inofensiva e de aspecto transcendental, cujos olhos tranquilos são desprovidos do desejo animal violento ante a própria fraqueza do corpo! O costume secular de algumas seitas religiosas, trapistas, nazarênicas, apostólicas ou iogues jejuarem sob férrea disciplina, trata-se de um excelente treino para o "homem-espírito", aplacando assim a própria força instintiva e sensual do "homem-carne"!

Aliás, seria um sarcasmo à própria "Lei de Afinidade Espiritual" o anjo alimentado a carne de porco, ou o santo chupando os dedos engordurados pelas vísceras sangrentas de seus irmãos inferiores![25]

*PERGUNTA: — Podereis explicar-nos como se processa a melhoria alimentícia do homem, em conformidade com o seu aperfeiçoamento espiritual?*

RAMATÍS: — À medida que o corpo físico progride qualitativamente pela absorção de alimentos mais delicados e sadios, como frutas e vegetais, o homem também melhora a sua constituição "eletrobiológica" e afina a contextura do duplo-etérico aos estímulos superiores do perispírito. O duplo-etérico é um corpo ou veículo provisório, constituído pelo "éter-físico" do meio ambiente e figurando como o mediador plástico ou elemento de ligação entre o perispírito e o corpo físico. Ele incorpora em si toda a carga de éter-físico que o homem absorver através do alimento, respiração ou emanações telúricas do orbe. Em consequência, é mais afinado e sutil naqueles que são vegetarianos, porque os vegetais são portadores de um éter-físico mais ener-

---

25 Conforme explicam as escolas ocultistas do Oriente, o cérebro do homem se aperfeiçoa qualitativamente pelo uso das próprias energias que forem poupadas na continência sexual e na redução digestiva. A alimentação frugal torna o homem mais capacitado para pensar, porque sobejam energias poupadas pela menor produção de saliva, sucos gástricos, fermentos pancreáticos, bílis e o trabalho de drenagem renal e ação intestinal excretora. É de senso-comum que os glutões ou homens excessivamente gordos, além de pesados e arfantes pelo consumo demasiado de energias nas operações incessantes de comer e digerir, ainda sentem dificuldades no pensar e são pouco propensos para qualquer tarefa de ordem artística ou mental.

A Vida Humana e o Espírito Imortal 105

gético e puro, em vez do que fornece o animal já degradado. Sob a própria lei biológica de que a "função faz o órgão", o sistema digestivo no homem atrofia-se pela redução das substâncias grosseiras no seu trânsito intestinal. A gradativa substituição de alimentação "menos massa" por "mais energia" também o reduz na conformação anatômica e nos movimentos peristálticos, proporcionando uma sobra de energia "psicofísica" que o espírito diligente pode aplicar no metabolismo elevado e sensível do campo cerebral!

*PERGUNTA: — As humanidades de planetas superiores à Terra são todas vegetarianas?*

RAMATÍS: — Qualquer humanidade um grau espiritual acima da civilização terrena é absolutamente vegetariana. Conforme o tipo e a preferência de sua alimentação, o homem revela a sua qualidade espiritual, pois ambos são reciprocamente eletivos. A glutonice e o carnivorismo das mesas terrícolas demonstra a confusão que o homem faz quando ainda mistura a necessidade de nutrir-se para viver com o prazer animal de viver para nutrir-se!

*PERGUNTA: — Mas se a alimentação vegetariana comprova melhor graduação espiritual, por que Adolf Hitler era vegetariano?*

RAMATÍS: — O camelo, o elefante e o cavalo também são vegetarianos, mas nem por isso eles demonstram graduação superior de espírito! Nem todos os vegetarianos são espíritos elevados, mas todos os espíritos elevados são vegetarianos! Nem todos os padres são intrinsecamente sacerdotes e honram a Igreja onde atuam, assim como nem todos os espíritas são homens redimidos pelos ensinamentos sensatos de Allan Kardec!

O álcool é um vício condenável, gera até a loucura e deveria ser considerado um hábito estúpido e próprio dos homens primitivos! No entanto, Torquemada, Pedro Arbués, João de Melo, Pedro Álvares Paredes, cruéis e ferozes inquisidores da Espanha e de Portugal, eram indivíduos abstêmios e inimigos do álcool! Se a simples privação de comer carne angelizasse o homem, as tribos e os povos forçosamente vegetarianos, porque não conseguem carne para o seu sustento, então seriam espíritos evoluidíssimos!

Embora Jesus tenha condicionado que o "homem perde-se

pelo que sai da boca e não pelo que nela entra", qualquer humanidade planetária um grau acima da terrícola é essencialmente vegetariana, pois além de sua preferência por tal alimentação, também é profundamente piedosa para com os animais. Sem dúvida, nem todos os vegetarianos são espíritos superiores, assim como nem todos os sacerdotes são santos. Tanto Davi, o salmista, como Hitler, o *Fuhrer*, eram abstêmios e vegetarianos, porém, médiuns excepcionais das hostes diabólicas tentando o domínio sobre a Terra! Na intimidade de suas almas ferozes, eles sabiam que o álcool e o fluido "etereofísico" do animal exsudado da carne, perturbam e reduzem o potencial da energia *Kundalini*, que aflui pelo centro de força etérico do mesmo nome, situado no "duplo-etérico", à altura do plexo-sagrado e na base da coluna vertebral.[26]

Mas os espiritualistas conscientes de suas tarefas e responsabilidades espirituais são vegetarianos e evitam a herança depreciativa do carnivorismo, reconhecendo que todos os animais também são seres dotados de um psiquismo ativando-lhes o sentimento e a razão para desabrochar neles a consciência humana. O homem que já se sente uma centelha emanada da Consciência Cósmica de Deus, mas ainda prossegue a extrair prazeres no epicurismo da alimentação carnívora, é porque não entendeu que os impulsos da ascese angélica não se firmam na ingestão da carne dos irmãos inferiores.

*PERGUNTA: — Mas é provável que os habitantes de planetas mais evoluídos sejam vegetarianos e dispensados de comerem carne, por força de um metabolismo fisiológico superior aos homens terrenos. Não é assim?*

RAMATÍS: — Na criação do Universo não houve nenhuma discrepância ou descuido por parte de Deus! A criação, a estabilidade e o equilíbrio geológico dos planetas, que se movem dis-

---

26 Kundalini, energia poderosa extravasada do Sol, que embebe e mistura-se à força telúrica do planeta terráqueo e jorra de modo centrífugo, como um fogo líquido ou serpente chamejante a subir da base da coluna vertebral do homem e avançando pela medula espinhal em ondulações turbilhonantes e serpentinas. Acelera a rotação dos demais "chacras" e faz pressão violenta quando se defronta com a energia espiritual descida pelo chacra coronário, no topo da cabeça do homem. Kundalini é força adormecida, como um braseiro sob as cinzas, espécie de serpente de fogo enrodilhada, que, ao despertar, aviva o poder primário do homem, podendo libertar sábios, santos e iogues, mas escravizar os tolos, fracos de vontade, e destruir os imprudentes! É a simbólica e enganosa serpente que fez Eva, o espírito, tentar Adão, o corpo, dando ao homem o poder de criar no mundo físico depois de expulso do Paraíso da contemplatividade, a fim de adquirir consciência individual no amanho doloroso da carne.

A Vida Humana e o Espírito Imortal 107

ciplinadamente em órbitas imantadas aos centros solares, obedecem a um só padrão e esquema sideral. Em qualquer latitude ou ponto do Universo, a dinâmica da vida criadora só objetiva e coordena os homens para o mesmo sentido — a perfeição! Todas as humanidades planetárias constituem-se de espíritos oriundos da mesma fonte criadora e dotadas das mesmas tendências evolutivas. Deus não tem preferências especiais, nem concede privilégios a certos filhos em detrimento de outros. Embora, em cada orbe suspenso no Cosmo, variem os climas, as densidades, pressões e a contextura telúrica conforme a sua idade planetária, no âmago de suas humanidades e na variedade de suas vestimentas carnais de aspectos diferentes, palpita o mesmo espírito divino, revelando as mesmas ansiedades e sonhos de ventura. As configurações físicas dos encarnados são de somenos importância, pois resultam do tipo de atividade e do ambiente onde atuem. Não importa se o terrícola, no seu padrão estético humano, possui dois olhos, dois ouvidos laterais no crânio, cinco dedos nas mãos e nos pés, enquanto noutros planetas o homem possa ter 3 ou 4 olhos, um pavilhão auricular na forma de concha no cimo do crânio, ou dotado de guelras para a vida anfíbia, asas para o tráfego aéreo.[27] Trata-se de diferenças atinentes às diversas composições dos corpos materiais transitórios, mas servindo de cobertura carnal ao mesmo conteúdo espiritual definitivo e sobrevivente a todas as mutações da carne. Em consequência, o homem não se torna propriamente vegetariano porque modifica a sua configuração carnal ou natureza física do seu orbe. Isso acontece mais por força do espírito em qualquer latitude cósmica, quando a criatura sente-se amesquinhada espiritualmente por sugar tutanos de ossos e mastigar retalhos de animais cozidos ou assados. Sob qualquer aspecto carnal ou condição física, o homem um dia compreende que o carnivorismo é um prazer mórbido e próprio dos trogloditas das cavernas ou selvagens antropófagos! Quanto mais a criatura eleva-se para frequência vibratória superior, mais ela se afasta das relações grosseiras do mundo.

*PERGUNTA: — Malgrado as vossas considerações, observamos que a nossa alimentação carnívora ainda é fruto do*
[27] Trecho extraído da obra *Num Disco Voador Visitei Outro Planeta*, de A. Rossi, capítulo I: "Não possuíam órgãos sexuais, eram muito altos, deveriam pesar cerca de 120 quilos; tinham somente dois dedos em cada mão e em cada pé, sendo desprovidos de cabelos". Mais adiante, o autor explica que os dedos dos habitantes do planeta que visitou eram flexíveis como os tentáculos dos polvos.

*condicionamento milenário justificado pela própria configuração e estrutura dos nossos dentes, assim como pela anatomia e fisiologia peculiar do nosso intestino! Que dizeis?*

RAMATÍS: — Sem reportarmo-nos à idade da pedra, verificamos que os povos selvagens, bárbaros ou pagãos, de poucos séculos, assemelhavam-se a verdadeiros animais nos seus festins carnívoros, feitos para satisfazer exclusivamente os desejos primários do corpo. Mas, evidentemente, eram espíritos embrutecidos e sem o dom seletivo de distinguir o repugnante do agradável, pois rasteavam o solo devorando o que encontravam, submissos à fome voraz.

Na época, os povos mais evoluídos, ou pretensamente civilizados, ainda prendiam-se ao epicurismo repugnante de uma alimentação bestial. Os fenícios devoravam antílopes com chifres, pavões com penas, carneiros com vísceras e cozidos no vinho branco, cãezinhos super engordados, lavados no açafrão e assados com toucinho. Eram vorazes comedores de gafanhotos ao molho de rabana, cigarras e língua de pássaros frita no molho de frutas.

Os romanos também eram ávidos de iguarias grosseiras e repulsivas; sua nutrição exigia apenas a quantidade de animais, répteis, aves e insetos, pouco lhes importando o tipo de vísceras e rebotalhos que empurravam goela abaixo aos goles de vinho ácido! Aliás, o fenômeno hoje se repete de modo ainda mais requintado, pois malgrado os foros de civilização dos atuais terrícolas ciosos de etiqueta social e vestirem-se com ternos de casimira, *nylon* ou usarem camisas com punhos de abotoaduras de ouro, eles ainda se alimentam de galinhas, porcos, bois, carneiros, rãs, tatus, tartarugas, jacarés, polvos, coelhos e até cobras! Naturalmente, tais "acepipes" se disfarçam sob os nomes mais pitorescos e nos artísticos cardápios de hotéis e restaurantes modernos! Em verdade, os célebres pastéis de coelho e nacos de língua de urso dos antigos gregos de Péricles hoje têm a sua equivalência epicurística no sanduíche de pernil e na própria língua de boi ao "molho-pardo"!

Em verdade, o homem explora o homem nesse requinte de alimentação carnívora, pois os "mestres-cucas" modernos já possuem diplomas acadêmicos para exercer o seu mister necrofágico! Aqui, disfarçam o ensopado desagradável de retalhos de estômago de boi, sob a sugestão da "dobradinha à espanhola"; ali, encobre-se o repugnante cozido de repolho com presunto e pé de porco, sob o misterioso prato do *eisben* alemão; acolá, o charco de gorduras onde nadam detestáveis pedaços de orelhas, costelas, tendões e pés de suíno, em mórbida promiscuidade com temperos excitantes, denomina-se a cobiçada "feijoada completa"! Há rins no espeto e vertendo albumina, gorduroso tutano de ossos na sopa de mocotó, ou sopas de peito com nauseantes retalhos de pulmões de boi; o fígado frito com o pó de pão "à milanesa", o churrasco ou a costela a fogo lento, cuja carne carbonizada se disfarça sob o tempero da pimenta e cebola!

Os bárbaros ainda pareciam mais honestos na sua cozinha repulsiva, pois devoravam as vísceras cruas dos animais, sem sofismas e requintes de temperos refinados, como é a alimentação carnívora dos civilizados![28]

*PERGUNTA: — Achamos dificílimo que a maioria dos leitores admita essa norma de que os espíritos evoluídos são evidentemente vegetarianos, quando se verifica tanta gente ainda carnívora.*

RAMATÍS: — Malgrado essa descrença, o espírito sublimado sempre substitui o grosseiro pelo mais apurado, o mau gosto alimentício do carnívoro por uma nutrição vegetariana mais compatível com a sua sensibilidade cada vez mais sutil. Em planetas mais evoluídos do que a Terra a humanidade vive sob frequência espiritual superior, pois ela só se alimenta de pastas, filhoses, geleias aromáticas, pastilhas concentradas, óleos ricos de vitaminas em suspensão e tabletes de sucos de frutas. Ao reduzir-se a "quantidade" da alimentação pela "qualidade" dos alimentos, o homem também atrofia o próprio sistema venoso de descargas das impurezas sanguíneas, assim como reduz o trato intestinal pelo desuso, predominando-lhe a circulação de um sistema arterial límpido.

A alimentação terrena, no futuro, será baseada principalmente no quimismo etéreo dos vegetais e frutos, capaz de

---

28 Quanto a essa perversão do paladar, ainda hoje existente no cidadão do século XX, e que é tão comum às criaturas de todas as esferas de atividade do mundo, como médicos, sacerdotes, nutrólogos, professores de higiene, compositores e artistas de avançada sensibilidade psíquica, inclusive católicos, protestantes e espíritas, podemos observar certas contradições excêntricas. Há o "frango-à--Califórnia", por exemplo, onde a repugnância dos nacos de galinha assada no próprio suor gorduroso mistura-se à delicadeza e ao sabor delicioso de pêssegos, ameixas, morangos e tâmaras. Há pratos sangrentos com fatias de abacaxi ou maçã ao forno; carne de leitão com bananas "à milanesa", e a própria "feijoada completa" é acompanhada de saborosas laranjas! É quase estranho que o paladar humano possa chegar a tanta insensibilidade de misturar albumina, sangue e bílis aquecida com frutas tão deliciosas! (Nota do Médium)

atuar no psiquismo do homem a produzir-lhe modificações no temperamento, quer estimulando a produção de hormônios mais qualitativos no sistema endócrino, ou harmonizando a habitual divergência entre o metabolismo do simpático e do parassimpático. Sabe-se que a beladona produz delírio, quando em doses maciças; a heroína extraída da papoula entorpece o poder central nervoso obscurecendo a mente; a maconha age produzindo estranha euforia, enquanto o ácido lisérgico e a mescalina libertam certas inibições do ser e o lançam no mundo psíquico em condições alucinógenas paradisíacas ou infernais, dependendo das condições morais e mentais dos seus experimentadores.

Atualmente, os cientistas terrícolas só conseguem interferir no quimismo dos vegetais, enquanto nos orbes mais evoluídos, eles agem na intimidade do "duplo" ou "cópia" etérica das substâncias, podendo ativar-lhes as funções inerentes à sua contextura quimiofísica. Assim como a aplicação de barbitúricos, alcaloides e diversas drogas psicotrópicas produzem modificações excitantes ou depressivas no sistema nervoso do homem, nos orbes mais evoluídos os cientistas conseguem resultados mais proveitosos, porque interferem diretamente no chamado "duplo-etérico", veículo que se situa entre o perispírito e o corpo físico, constituído do éter-físico da Terra. Trata-se de um corpo energético, que é influenciável aos ácidos, entorpecentes, ao calor, frio, magnetismo, à anestesia, hipnose e eletricidade, campo de efervescência da própria vida microbiana, sutil e reagindo e transmitindo ao corpo físico todas as sensações que primeiramente atuam por via-etérea!

*PERGUNTA: — Cremos que a alimentação vegetariana deixa-nos enfraquecidos, porque além de não satisfazer as nossas exigências volumétricas, ainda aumenta a carência vitamínica.*

RAMATÍS: — O espírito do homem move-se em permanente ascensão para condições ou estados psíquicos cada vez mais sublimados! Em consequência, chega o momento que ele há de preferir a alimentação vegetariana sobre a carnívora. Embora o homem se obstine em devorar vísceras sangrentas, quando o Alto acha que é tempo de ele modificar a sua nutrição, então o exercita sob a pressão das enfermidades que o obrigam às dietas espartanas, com surtos febris e infecciosos, onde o próprio médico desaconselha o uso da carne.

Aliás, a exigência volumétrica da alimentação é apenas ilu-

A Vida Humana e o Espírito Imortal 111

são, pois há pessoas robustas e aparentemente saudáveis, que são débeis e enfermiças, facilmente superadas por outras de aspecto franzino e mais resistentes. Antigamente, os cientistas julgavam mais inteligentes os homens que possuíam cérebros mais volumosos, e até se dizia, popularmente, que tal pessoa era mais talentosa porque tinha "a cabeça grande"! No entanto, experiências científicas posteriores demonstraram que a contextura cerebral vale mais pela sua qualidade e prodigalidade de sulcos do que mesmo pelo volume substancial. Entre os próprios animais, o cérebro pequeno da raposa lhe proporciona mais inteligência, habilidade e esperteza do que o cérebro gigantesco do hipopótamo.

E a própria ciência explica ser o corpo físico do homem apenas um "aspecto" de "matéria ilusória", ou energia condensada, onde predomina somente um número inconcebível de espaços vazios e interatômicos sobre uma quantidade microscópica, que se supõe massa absoluta. Se pudéssemos comprimir todos os espaços vazios existentes no corpo físico do homem e o convertermos no que em ciência se considera "pasta nuclear", dessa compressão imaginária resultaria apenas uma diminuta "massa real" cabível numa caixa de fósforos, embora com o mesmo peso existente antes de o homem ser comprimido! Na realidade, o organismo humano é maravilhosa rede de energia sustentada por um gênio cósmico, cujas moléculas distanciam-se entre si, tanto quanto os planetas paralelamente distanciam-se do Sol nas suas órbitas de translações. O corpo carnal é apenas uma vestimenta de pó concentrado e aderido ao espírito do homem, e sua figura compacta é somente uma aparência fantástica.

Em consequência, a alimentação sólida e farta não passa de ilusão. Sua massa consistente acalma as contrações espasmódicas do estômago, mas só a contextura íntima é aproveitada para alimentar o campo energético do magnetismo ou da eletricidade biológica humana. O terrícola ingere grande quantidade de massa material na forma de alimento comum, mas o corpo humano só incorpora em si o energismo atômico, pois a sua configuração de massa é apenas ilusória e predominantemente perfurada de espaços vazios! O organismo do homem é um "campo de magnetismo", cuja aparência sólida é ilusão devido à distância vibratória dos nossos próprios sentidos carnais, grosseiros, que ainda funcionam à periferia da rede sensória.

Quando a ciência demonstrar através de aparelhamento

de precisão a realidade da contextura "psicofísica" do homem, também será provado que ele não extrai massa de sua alimentação, mas apenas energia![29] Na realidade, os homens nutrem somente os espaços interatômicos, porque a matéria é "energia condensada", no dizer de Einstein. Assim como as estrelas que brilham à noite, no céu, podem ser as moléculas que talvez compõem uma "célula" do organismo exterior de Deus, no homem há mais vazios que substância especificamente material. Daí, o metabolismo apurado dos habitantes de orbes superiores à Terra, porque eles inalam mais propriamente os princípios vitais ou "prana", através da respiração, na forma de elementos elétricos e magnéticos hauridos do Sol e do meio ambiente. Basta-lhes uma pequena dose de oxigênio para se manterem sadios.[30]

O homem terrícola irá se libertando, pouco a pouco, das exigências nutritivas de sua rude natureza animal até alcançar o desiderato de outras humanidades mais evoluídas. Da antropofagia, ele passou a devorar somente animais, insetos, aves, peixes; em seguida para a nutrição mista de carnes e vegetais, e, tende para o vegetarianismo puro, aumentando o seu energismo "psicofísico".

É razoável que o homem selvagem seja antropófago e delicie-se com a carne dos próprios companheiros; mas é condenável e incoerente, além de impiedade, quando após distinguir o Bem e o Mal, o Amor e o Ódio, ainda continue a devorar o animal que é seu irmão inferior!

---

29 É interessante observarmos, que durante alguns meses, o recém-nascido ingere tão-somente "leite branco", em pó, desmanchado na água; no entanto, desse pó exclusivamente branco e que depois é liquefeito, um misterioso mago oculto na intimidade do corpo carnal consegue fabricar olhos azuis, pretos ou castanhos; sangue vermelho, cabelos louros, ruivos, pretos ou melados; bílis esverdeada, pele rosada, amarelada ou negra; urina citrina, unhas e dentes brancos. Tudo isso ele extrai somente do singelo branco do leite desidratado, sem qualquer interferência voluntária do bebê. Evidentemente, se o corpo carnal absorvesse apenas "massa" ou "pasta nuclear", o recém-nascido seria todo branco; mas como só extrai energia do pó branco ingerida e a mobiliza na sua força atômica e vital, ele então fabrica o que quer, na cor mais conveniente e desejada. Aliás, nos Estados Unidos, estudantes de certa universidade, através de recursos incomuns e balanças de precisão, mediram e pesaram tudo o que cinco recém-nascidos ingeriram na sua alimentação e o que eliminaram durante seis meses, pelos poros, intestinos, rins e saliva, chegando a incrível conclusão: as crianças eliminaram tudo o que haviam ingerido em 6 meses e aumentaram 5 a 6 quilos no peso!
30 Tendo alguém contestado a Ramatís que em Marte não podia existir vida humana, devido à considerável falta de oxigênio, ele respondeu que, sob o mesmo ponto de vista, os cientistas marcianos também poderiam descrer da vida, na Terra, pelo fato de existir "excesso" de oxigênio. Vide a obra *A Vida no Planeta Marte e os Discos Voadores*, de Ramatís, **EDITORA DO CONHECIMENTO**, cap. I, "Aspectos gerais marcianos".

PERGUNTA: — *Achamos que o sistema biológico terrestre requer alimentação consistente e substancial, porque o homem precisa atender aos imperativos de uma existência árdua e fatigante, como é no seu contato sólido com a matéria!*

RAMATÍS: — Mas não se deve confundir a alimentação que deve ser proporcional às necessidades biológicas do homem, com os excessos pantagruélicos e digestivos próprios dos bárbaros. A nutrição também revela a graduação psíquica ou a estética de quem se alimenta, pois há profunda diferença entre a maneira de alimentar-se o animal e o ser humano! O próprio beija-flor, ave delicadíssima, nutre-se com o néctar das flores, enquanto o corvo devora a carniça! A brutalidade e a glutonice dos ventrudos imperadores romanos estigmatizavam-se nas suas configurações ridículas, obesas e de mandíbulas proeminentes desenvolvidas na mórbida função de roer ossos, sugar tutanos e devorar carnes condimentadas.

Jesus, o médico da alma, quando aconselhava ao homem que fosse frugal, prescrevia uma terapêutica verdadeiramente científica para a saúde e a estética humana! Os médicos modernos advertem, incessantemente, que o excesso na gula intoxica o sangue, retarda as funções cerebrais, oprime o sistema nervoso, exaure o metabolismo produtor de sucos, fermentos e bílis, enquanto entorpece o próprio espírito em face do desgaste energético. O porco hiperalimentado na engorda teratológica do chiqueiro, embebido no charco das lavagens e podridões, para depois servirem-no assado sob rodelas de limão, também é um símbolo característico do "facies" suínico do homem glutão! As figuras delicadas ou de aspectos angélicos só podem ser associadas às criaturas de alimentação frugal ou vegetariana. Aqui, é Francisco de Assis, que adoçava o coração dos lobos; ali, é Gandhi, na singeleza do copo de leite de cabra; acolá, Vicente de Paulo, que vivia de migalhas, ou Sri Maharishi, o santo hindu, que permanecia semanas sem se alimentar. Eram criaturas que malgrado a sua aparência de subnutridas, assemelhavam-se a antenas vivas sublimes, centros de forças psíquicas alimentados pelas energias criadoras da Vida Superior, que depois irradiavam no ambiente do mundo físico.

PERGUNTA: — *Diz-se que só a carne pode produzir no homem o necessário energismo biológico, porque ela contém satisfatoriamente as proteínas e as cotas de minerais organogênicos indispensáveis para a manutenção humana. Que dizeis?*

RAMATÍS: — Existem no vosso mundo animais corpulentos e robustos, de um vigor extraordinário e que, entretanto, são rigorosamente vegetarianos, tais como o elefante, o boi, o camelo e o cavalo, além de muitos outros, que são verdadeiros desafios ao carnivorismo humano! Mas, há vários milênios, os instrutores espirituais da Terra já ensinavam que todas as coisas e todos os seres estão impregnados e revestidos de energia do "Prana"[31] respiração ou sopro da vida, sustentáculo de todas as edificações atômicas do mundo físico e oculto! Portanto, onde há mais prana, há mais vida, e, consequentemente, onde há mais ação e movimento, também há mais desgaste de prana!

Enquanto os vegetais e principalmente os frutos armazenam mais prana, porque neles a forma de vida produz menos consumo dessa energia da vida, os animais absorvem e consomem maior quantidade de prana, em face da incessante atividade e o desgaste com o meio exterior. Portanto, a carne do animal é pobre de prana ou apenas um residual desgastado, enquanto os frutos ricamente pranizados funcionam à guisa de verdadeiros acumuladores dessa energia pura e qualitativa. Justamente porque o prana é a base fundamental do ectoplasma na natureza e no próprio homem, o qual se completa com o éter-físico, água e outras substâncias químicas, então os espíritos diretores de trabalhos de fenômenos físicos e materializações costumam recomendar que, nos dias de tais realizações, os presentes e o médium devem ingerir apenas frutos.

Os carnívoros guardam a ilusão de que a nutrição de carne produz-lhes o necessário energismo biológico, porque confundem a reação orgânica e volumétrica de sua matéria densa com um dinamismo energético, quando não passa de um vitalismo inferior. No entanto, basta injetar-se[32] centímetros de glicose na veia, e o homem aumentará duplamente o seu energismo, assim como se tivesse devorado um quilo de carne de boi, pois recebe, diretamente, mais "qualidade" e menos "volume"!

Ademais, o abaixamento vibratório que os fluidos graxosos dos animais produzem no perispírito dificultam o homem no

31 Prana, do sânscrito, de "pra", para "fora" e de "an", respirar, viver, significa a energia cósmica, força total e dinâmica que vitaliza todas as coisas e todos os planos de atividade do espírito imortal. Onde se manifesta a vida existe "prana", porém, não como vitalidade, mas na forma de energia que ativa, sopra e aumenta a respiração da própria vida! Não é um efeito da Vida, mas atuante em todas expressões de vida do Universo.
32 Vide a obra *Forças Libertadoras*, de A. R. Ranieri, cap. 46, "A Volta de Allan Kardec", p. 248, em confirmação a Ramatís.

A Vida Humana e o Espírito Imortal 115

seu intercâmbio com os guias espirituais, e essa cortina fluídica viscosa torna-se excelente ponto de apoio para as entidades inferiores interferirem malevolamente.

*PERGUNTA: — Porventura, somos culpados de ainda comermos carne, quando é a própria natureza que nos condicionou, desde a Idade da Pedra, a essa forma de alimentação?*

RAMATÍS: — Considerando-se que a Terra não é colônia de férias, mas escola de educação ou alfabetização espiritual do homem, a alimentação zoofágica ainda é justificável, quando ele ainda não passa de um aluno espiritualmente analfabeto. Mas é prejudicial à sua graduação superior comer carne dos seus irmãos inferiores, quando, além de se reconhecer uma entidade imortal, ainda participa de movimentos espiritualistas.

É evidente que Deus não se ofende porque os seus filhos espiritualmente analfabetos ainda se rejubilam diante de um prato repleto de rebotalhos sangrentos provindos do massacre do infeliz animal. O fato de o homem libertar-se ou afundar-se ainda mais sob o jugo da vida inferior no mundo material é uma questão toda particular! Mas não podemos deixar de advertir aos que procuram cultuar uma vida de saúde espiritual, que pretender a angelização devorando os irmãos inferiores é o mesmo que "acender uma vela a Deus e outra ao Diabo!" O reino do Cristo é mansuetude, amor, pureza e piedade, enquanto o mundo de César sustenta-se pelos vícios, paixões e pelas impurezas e crueldades humanas!

*PERGUNTA: — Não há possibilidade de o espírito atingir grandes desideratos espirituais e ainda prosseguir nas demais reencarnações, a comer carne indefinidamente?*

RAMATÍS: — Há um prazo determinado para o espírito humano libertar-se espontaneamente do jugo ilusório da vida material e alçar-se aos mundos superiores! Quando ele persiste além desse prazo convencionado pela Lei Espiritual Evolutiva, e ainda se obstina como escravo das sensações animais da vida física retardando a sua ventura sideral, então desperta através de recursos compulsórios cármicos, pois como disse o Cristo Jesus: "Não se perderá uma só ovelha do rebanho do Senhor!"

Em cada "Grande Plano" ou conhecido *Manvantara* da escolástica hindu,[33] isto é, o período em que surgem e desa-

---

[33] Vide o capítulo "Os Engenheiros Siderais e o Plano da Criação" da obra *Mensagens do Astral*, e o capítulo "Considerações sobre o Grande Plano e o Calendário Sideral", da obra *O Sublime Peregrino*, ambas de Ramatís e editadas pela **EDITORA DO CONHECIMENTO**.

parecem os mundos físicos nos ciclos da "descida energética" até situar-se na forma de matéria, os espíritos destacados em Deus para adquirirem a sua consciência individual não podem ultrapassar o prazo previsto nessa simbólica fornada sideral no Cosmo! A Lei Espiritual preceitua "a cada um segundo as suas obras" e apressa a marcha dos retardatários ainda fascinados pelas ilusões do mundo material. Os alunos espirituais que são reprovados nos ciclos escolares planetários devem recuperar o tempo perdido noutro curso idêntico e intensivo, a fim de lograrem a aprovação e enquadrarem-se em tempo no processo do "Grande Plano" em realização. E o sofrimento então funciona como acelerador e retificador, que ajusta o espírito negligente ao roteiro certo de sua própria ventura espiritual!

Sob a disciplina corretiva e benfeitora da Lei do Carma, os excessos das mesas abarrotadas de vitualhas sangrentas da alimentação carnívora sofrem a terapêutica das válvulas controladoras na forma de úlceras gástricas, pépticas ou duodenais, estases e litíases da vesícula, hepatites, enterocolites, diabetes, nefrites, insuficiências pancreáticas, ou, ainda, a parasitose dos estrongilóides, giárdias, amebas ou tênia, que obrigam à dieta vegetariana. Sofre o corpo carnal, que é provisório, mas assegura-se o rumo exato da entidade espiritual avançando para o Norte Angélico! Sob essa pedagogia dolorosa e corretiva, predomina a nutrição de mais energia e menos massa, mais espírito e menos matéria. O alcoólatra, o glutão ou carnívoro, sob a terapêutica das dietas espartanas, abandona os corrosivos e a nutrição de vísceras que tanto depõe contra o civilizado e algema o espírito à matéria. Peregrinando pelos consultórios médicos da Terra, e impossibilitado de satisfazer a sua avidez animal, o homem apura a contextura delicada do seu perispírito embrutecido pelos exageros da mesa.

*PERGUNTA: — Mas por que a Divindade não esclareceu-nos desde a formação primária de nossa consciência, a fim de só aproveitarmos os recursos sensatos e benfeitores da vida física, em favor de melhor qualidade espiritual?*

RAMATÍS: — Os homens, comumente, opõem dúvidas às instruções sensatas apregoadas por tantos mensageiros espirituais que baixam à Terra em função educativa. Antúlio, Hermes, Orfeu, Krishna, Rama, Buda, Confúcio, Paulo de Tarso, Pitágoras, Sócrates e principalmente o sublime Jesus, têm ensinado o que o espírito encarnado deve fazer e usufruir para não prejudicar a sua vivência espiritual. A Divindade tem sido incansável, nesse sentido, expondo os roteiros mais sadios para os homens, especificando os prejuízos no simbolismo dos "pecados" e as vantagens das "virtudes" na existência humana. Sem dúvida, a purificação do corpo também incide na purificação do perispírito, porque as energias grosseiras do mundo animal, já o dissemos, aderem à "túnica nupcial", ao traje que o espírito deve envergar para comparecer no "banquete divino"!

PERGUNTA: — *Considerando-se que o fenômeno indomável da fome, que é inerente à nossa constituição física, orienta-nos para o alimento mais apropriado ao corpo carnal, porventura deveríamos evitar a carne a todo transe, só porque é censurável pelo mundo espiritual?*

RAMATÍS: — Repetimos: o Alto não censura nem se ofende com os pecados humanos, porque isso é natural do primarismo e da ignorância do homem ao retardar a sua própria felicidade. Não é preciso ser um abalizado psicólogo, experimentado nutrologista ou sábio iogue, para distinguir quão mais delicioso é o sabor de vegetais e frutas, em relação à percepção do paladar dos rebotalhos de cadáveres crus ou assados! Sem dúvida, é profundamente incoerente o cidadão do século XX ainda transformar a sua barriga num cemitério, coisa algo justificável entre os homens das cavernas, selvagens antropófagos e até os vândalos e guerreiros bárbaros e ignorantes da sua natureza espiritual.[34]

O fenômeno da fome devoradora é tão intenso conforme seja o domínio da linhagem animal sobre o espírito do homem, e não quanto à carência de combustível sólido. Na verdade, o organismo humano condiciona-se a qualquer dieta ou excentricidade alimentícia, adaptando-se facilmente às iguarias agradáveis como às comidas mais repelentes. Aí, na Terra, há povos que se deliciam com a carne apodrecida, tipo *faisandée*, queijo crivado de bichos, rãs, cobras e até escorpiões; pés de porco com "chucrute", língua de jacaré ou retalhos de estômago de boi! O terrícola, na sua tradicional incoerência de paladar, despreza os mais saborosos caldos e sucos de frutas, para ingerir gorduras fétidas, músculos suarentos, miúdos de fígado ao molho

---

[34] Trecho extraído da obra *Cartas e Crônicas*, do espírito de Irmão X pelo Chico Xavier, capítulo "Treino para a Morte": "Comece a renovação dos seus costumes pelo prato de cada dia. Diminua gradativamente a volúpia de comer a carne dos animais. O cemitério na barriga é um tormento, depois da grande transição. O lombo de porco ou o bife de vitela, temperados com sal e pimenta, não nos situam muito longe dos nossos antepassados, os tamoios e os caiapós, que se devoravam uns aos outros".

de "bílis" ou rins no espeto vertendo albumina malcheirosa!

Despreza a nutrição vitamínica das frutas, que se desfazem no sistema gástrico e digestivo sem causar alterações orgânicas e alérgicas, mas insiste na ingestão das carnes ácidas e albuminas, tratadas com substâncias químicas para não apodrecerem. Na sua estultícia, o homem transforma-se no melhor hospedeiro de vermes, parasitas, amebas, bacilos e germens nocivos, que lhe corroem as entranhas.

Em consequência, o estímulo da "fome" não é indicação de nutrição carnívora, mas apenas advertência da falta de combustível para o estômago, o qual poderá ser tão grosseiro ou delicado conforme seja o seu dono! É uma vivência estranha e perturbadora, em que o homem compete com os próprios animais nesse carnivorismo insensato, nivelando-se à maneira de nutrir-se do leão, chacal, tigre ou lobo, e ainda perdendo desairosamente para o camelo, elefante, cavalo e até o boi, que são vegetarianos!

PERGUNTA: — *Porventura, a alimentação física também poderá influir nas reencarnações futuras?*

RAMATÍS: — Certas alergias inespecíficas, espécie de "quebra-cabeças" da medicina moderna, têm a sua origem patogênica nos processos nutritivos, vícios e até paixões pregressas, que são transmitidas pelo perispírito imortal.

Tratando-se de um verdadeiro campo de sustentação da individualidade espiritual, o perispírito é um veículo ultrassensível que preexiste e sobrevive a todas as encarnações e transformações do homem. É o invólucro do Ego Espiritual, constituído pela energia mental do pensamento e a astralidade das emoções, enquanto se liga ao corpo físico através dos centros etéricos ou "chacras" sustentados pelo éter-físico terreno e situados na delicada contextura do duplo-etérico! Assim, na tessitura do perispírito imantam-se as cargas de magnetismo de todas as encarnações físicas, que podem ser densas ou sujas devido à alimentação preferencialmente animal. Posteriormente, essas energias inferiores precisam ser drenadas da vestimenta perispiritual, num processo ou vertência dolorosa para o "mata-borrão", que é o corpo, e funciona à guisa de um "fio-terra" na descarga final para o seio da terra. A sepultura, com sua fauna de micróbios vorazes conhecida como "fauna dos túmulos", encarrega-se de desintegrar o cadáver e libera, novamente, as energias inferiores que o "falecido" utilizou e imantou nas suas imprudências

A Vida Humana e o Espírito Imortal 119

viciosas e exageros alimentícios!

Há certos espíritos, que após longa vivência de puro vegetarianismo no Oriente, ao se reencarnarem, pela primeira vez, no Ocidente, chegam a sofrer impactos convulsivos ou síndromes epilépticas no seu perispírito hipersensível, quando em contato com os fluidos muito densos exsudados pela carne dos animais na alimentação carnívora a que não estavam acostumados em existências pregressas![35]

Os fluidos animais magneticamente agressivos e inferiores, ao se dissolverem no perispírito sublimado ou sensível, baixam-lhe a frequência vibratória e adensam-lhe a luminosidade, assim como as lâmpadas empoeiradas não transmitem com clareza o fluxo da luz elétrica! O homem não se liberta tão facilmente dos condicionamentos vividos pelo seu perispírito no passado, o qual é uma espécie de vídeo-tape indestrutível gravando, existência por existência, os quadros e o magnetismo das vivências anteriores. Sabe-se que o calor continua a se manifestar no local onde havia o fogo, ou o perfume permanece no ar, mesmo depois de fechado o frasco. Assim, os acontecimentos nitidamente vividos no passado pelo perispírito, embora não se reproduzam nitidamente no campo da memória física atual, prosseguem atuando na forma de estímulos estranhos à mente do homem encarnado. E no caso de alimentação excessivamente carnívora, podem surgir no âmago do espírito "ex-vegetariano" as reações estranhas, que os médicos então chamam de "alergias inespecíficas", por ignorar-lhes a exata etiologia!

*PERGUNTA: — Considerando-se essa hipersensibilidade da memória perispiritual, que produz estímulos do passado vegetariano, também não poderíamos saber que o carnivorismo é gravoso para o espírito?*

RAMATÍS: — O homem terrícola ainda foge a qualquer análise crua e impiedosa sobre si mesmo na atual vivência física e por esse motivo jamais se impressionaria com qualquer advertência ou estímulo psíquico do passado. Atualmente, ele sabe

---

35 Durante a infância de M., em nossa família, ele era vítima de certas convulsões frequentes, e que o médico tentava solucionar com entorpecentes como gardenal, luminal e outros. No entanto, o espírito de Nhô Quim, em trabalho mediúnico em nosso lar, certa noite disse à minha esposa: "Pra que mecê dá sopa de carne pra esse piá? Não vê que ele foi hindu algumas vezes, e era sempre vegetariano?" O certo é que as convulsões de M. desapareceram instantaneamente pela suspensão da carne; e dali por diante gozou excelente saúde. Mais tarde, Atanagildo explicou-nos que o perispírito de M. entrava em choque com os fluidos astralinos gordurosos e pesados da carne dos animais. (Nota do Médium)

e sente os efeitos da ação perniciosa e destruidora do álcool, fumo e entorpecentes, mas, no entanto, é deliberadamente cego a tais consequências graves! No âmago da alma chega a temer convencer-se que tais vícios são prejudiciais, evitando, sub-repticiamente, efetuar um exame rigoroso e incondicional capaz de afastá-lo da escravidão viciosa! Evita ouvir a "voz silenciosa" que adverte do "pecado", ou seja, do que é prejudicial para o espírito em ascensão sideral!

Assim, o prazer epicurístico da alimentação carnívora também é consequente da negligência espiritual em que vive a maioria dos terrícolas, e que pressentem o curso equivocado da vivência humana dotada de razão! Acusado intimamente pela sua ação censurável de devorar as vísceras dos animais, deixa-se conduzir passivamente pela sugestão dos cardápios excêntricos, onde retalhos de carne carbonizada ou fervida são denominados "pratos saborosos" ou "assados apetitosos", sob o molho de pimenta, sal e cebola! Preferem admitir as exalações fétidas da carne crestada de animais e galináceos, à guisa de atraentes odores! O paladar e o olfato então se embotam sob a mente invigilante, a qual não analisa a realidade chocante de que tanto repugnam as vísceras de um porco carbonizado no incêndio do chiqueiro, como crestadas a fogo lento e temperado por hábil churrasqueira!

*PERGUNTA: — Mas não é injustificável a censura espiritual ao homem terreno, o qual ainda é carnívoro porque se trata de um espírito primário, conforme é do vosso próprio conceito?*

RAMATÍS: — Não pretendemos censurar o terrícola, espécie de aluno matriculado num curso de alfabetização espiritual, como é a Terra, porque se alimenta da carne. Apenas frisamos quanto à necessidade da sua mais breve libertação do carnivorismo, porquanto na constituição da nova humanidade do terceiro milênio o Alto esquematizou a extinção de açougues, matadouros e frigoríficos. Em consequência, os espíritos selecionados à direita do Cristo, conforme já se efetua o "juízo final" ou exame para a graduação dos componentes do Terceiro Milênio, precisam exercitar desde já a alimentação vegetariana. Não há desdouro nem motivo para castigo divino o fato de o homem terreno comer carne; mas é deliberação superior que os espíritos a serem encarnados no próximo milênio hão de ser vegetarianos!

Todo esforço seletivo e de melhoria "psicofísica", isto é,

corpo e espírito, tende a elevar as criaturas para frequência espiritual mais nobre e consequentemente sublimar-lhes as preferências nutritivas. A alimentação carnívora não só condiciona o homem aos fluidos escravizantes da animalidade, como ainda o retém por mais tempo nas regiões mais densas e desventuradas do astral inferior. O ambiente terráqueo, no próximo milênio, há de ser descongestionado do excesso de magnetismo mórbido e viscoso, quer seja produzido pelos vícios e pelas paixões aviltantes, assim como fruto dos gemidos e das angústias dos animais sacrificados para a gula do homem.

Quem cultiva o vegetarianismo desenvolve em si mesmo uma condição mais afim ao novo ambiente higienizado do próximo milênio, e vive equilibrado entre as criaturas de sentimentos pacíficos e piedosos. Aliás, o próprio Jesus exemplificou-nos da inconveniência do carnivorismo, pois na última ceia com os apóstolos abençoou um naco de pão, em vez de fazê-lo sobre um retalho de carne fumegante!

PERGUNTA: — *Que dizeis do pecado dos antropófagos, que também devoraram os companheiros, ou seja, carne humana?*

RAMATÍS: — A antropofagia dos selvagens ainda é bastante inocente, em face do seu apoucado entendimento espiritual; eles devoram o seu prisioneiro de guerra na cândida ilusão de herdar-lhe as qualidades intrépidas e o seu vigor sanguinário. Mas, os civilizados, para atenderem às mesas lautas e fervilhantes de órgãos animais, especializam-se nos caldos epicurísticos e nos requintes culinários, fazendo da necessidade do sustento uma arte enfermiça de prazer. O silvícola oferece o tacape ao seu prisioneiro, para que ele se defenda antes de ser moído de pancadas; depois rompe-lhe as entranhas e o devora, famélico, exclusivamente sob o imperativo natural de saciar a fome; a vítima é ingerida às pressas, cruamente, mas isso se faz distante de qualquer cálculo de prazer mórbido. O civilizado, no entanto, caça o animal vantajosamente armado, ou então o massacra encurralado no corredor da morte, sem dar qualquer ensejo de reação ou defesa do infeliz. Abate as aves traiçoeiramente, às escondidas, protegido pelas sombras e folhas dos arvoredos; ou acena, sorridente, para o ingênuo carneiro, enquanto disfarça a arma assassina sob a veste. Depois, epicuristicamente, exige os retalhos cadavéricos do animal na forma de suculentos cozidos ou assados a fogo lento. Alega a necessidade de proteínas, mas atraiçoa-se pelo requinte do vinagre, da cebola e pimenta; desculpa-se do condicionamento biológico dos séculos em que se viciou na nutrição carnívora, mas sustenta a lúgubre indústria das vísceras e glândulas animais enlatadas; paraninfa a arte dos cardápios da necrofagia pitoresca e promove condecorações para os "mestres-cucas" da culinária animal!

PERGUNTA: — Mas é evidente que, em face do progresso da técnica do "corte" animal, tudo é feito de modo a evitar tanto quanto possível o sofrimento do animal na hora da liquidação! Que dizeis?

RAMATÍS: — Sem dúvida, seria detestável sadismo por parte dos magarefes ou industriais de vísceras sangrentas, que o animal ainda sofresse ou demorasse a morrer, pois não se trata de punir nenhum delinquente condenado pela lei, mas apenas de um massacre de inocentes!

Indubitavelmente, os frigoríficos modernos exaltam a vossa "civilização", construídos sob os últimos resquícios científicos e eletrônicos concebidos pela inteligência humana. Eles são dotados dos aparelhamentos mais eficientes e precisos, com o fito da matança habilmente organizada. Notáveis especialistas e afamados nutrólogos estudam o modo mais eficiente de produzir em massa o "melhor" presunto ou a mais "deliciosa" salsicha à base de sangue coagulado!

Os capatazes endurecidos na lide dão o toque amistoso e fazem o convite traiçoeiro para o animal ingressar na fila da morte; magarefes exímios e curtidos no serviço fúnebre provocam admiração pela rapidez com que esfolam o animal ainda quente e nas convulsões da agonia; veterinários competentes examinam minuciosamente a constituição orgânica da vítima e colocam o competente *sadio*, para que o ilustre civilizado não sofra as consequências patogênicas do assado ou do cozido das vísceras animais.

Malgrado a eficiência e a preocupação em diminuir o sofrimento do animal, pensamos que o senso estético da Divindade há de sempre preferir a cabana pobre, que abriga o animal amigo, ao matadouro rico que mata sob avançado cientificismo da indústria fúnebre. Os métodos eficientes da matança científica, mesmo que diminuam o sofrimento do animal, não eximem o homem da responsabilidade de haver destruído prematuramente os organismos vivos que também evoluem, como são os animais criados pelo Senhor da Vida! Só Deus tem o direito de extingui-los, salvo as circunstâncias em que há perigo para a vida humana, pois entre o animal selvagem e o homem, deve sobreviver este último, porque nele a natureza já despendeu mais trabalho evolutivo!

*PERGUNTA: — O nosso processo de nutrição carnívora já é um automatismo biológico milenário, um condicionamento integral nutritivo que há de exigir alguns séculos para uma modificação oposta! Malgrado dizer-se que a natureza não dá saltos, deveríamos violentar o nosso organismo físico na mudança brusca da carne para o vegetal?*

RAMATÍS: — Não sugerimos a violência orgânica para aqueles que ainda não suportariam essa modificação drástica; para esses aconselhamos gradativas adaptações do regime da carne de suíno para o de boi; do de boi para o de ave e do de ave para o peixe, camarão ou mariscos. Após disciplinado exercício em que a imaginação se higieniza e a vontade elimina o desejo ardente de ingerir os despojos sangrentos, temos a certeza de que o organismo está apto para se ajustar a um novo método nutritivo de teor espiritual. O próprio Jesus sancionou a alimentação de peixes, quando mandou Pedro lançar as redes e o favoreceu pela prodigalidade do arrastão.

*PERGUNTA: — Alhures dissestes que o homem resgata rapidamente a sua defecção espiritual em matar o animal e devorá-lo! Podereis explicar melhor esse assunto?*

RAMATÍS: — A profilaxia de última hora que os veterinários exercem sobre os animais para o corte jamais garante a segurança sadia para os seus devoradores, pois se a própria criatura humana não consegue descrever satisfatoriamente aos médicos as suas mazelas enfermiças, como identificar as anomalias mórbidas do animal, que não fala nem raciocina?

Quanto à criatura humana, às vezes, um simples exame de urina, requerido para fins de somenos importância, revela o diabete avançado e que o médico desconhecia no exame clínico comum; um simples hemograma solicitado sem graves preocupações pode atestar a leucemia fatal! Em face dessa versatilidade ainda comum no exame humano, em que há necessidade de múltiplos exames de laboratório para se obter um diagnóstico correto, mais difícil é focalizar a moléstia que evolui ocultamente na ave ou no animal. Quantas vezes o suíno é abatido no momento exato em que se iniciou um surto patogênico, cuja virulência ainda não pôde ser assinalada pelo veterinário competente, salvo no caso de rigorosa autópsia e meticuloso exame de laboratório?

Os miasmas, bacilos, germens e coletividades microbianas famélicas, que se procriam nos chiqueiros, penetram na vossa delicada organização humana, através das vísceras do porco, e debilitam as energias vitais. Então, o homem mina o seu organismo com a invasão morbígena adquirida na sua imprudência de devorar o animal. Assim, resgata rapidamente a sua defecção espiritual em massacrar os irmãos menores, gastando os seus últimos anos da vida, num curso mórbido, que, além de feri-lo na carne e angustiar-lhe o espírito, torna-se uma excelente fonte de receita financeira para qualquer médico mercenário!

*PERGUNTA: — Como entenderíamos melhor essa vossa conceituação do animal enfermo, malgrado o exame rigoroso e criterioso do veterinário?*

RAMATÍS: — Surpreende que a contradição humana provoque a enfermidade deliberadamente nas aves e animais que pretende devorar; e depois disso ainda convoque o veterinário para fornecer o competente "sadio para o corte"!... Nessa procura do bem exclusivo para o homem e o pior para as aves e animais, o homem paga sob implacável correção espiritual o delito de sacrificar a vida de outrem para uma vivência epicurística. Que pode haver de sadio nisso? Aqui, mórbidos industriais criam milhões de gansos sob um regime específico, para desenvolver-lhes o fígado, a fim de que a indústria do "patê de *foie-gras*" obtenha a substância mais rica para o enlatamento moderno; ali, não se perde, sequer, os órgãos excretores e procriadores do animal, embora vertendo venenos e detritos repugnantes!

A vossa medicina considera que o homem gordo, obeso, hipertenso, é um candidato à angina e à comoção cerebral; classifica-o como um tipo hiperalbuminóide e portador de perigosa disfunção cardio-hepatorrenal. A terapêutica mais aconselhada é um rigoroso regime de eliminação hidrossalina e a dieta redutora de peso; ministra-se ao homem alimentação livre de gorduras e predominantemente vegetal, pois o médico ainda alude ao perigo da nefrite, ao grave distúrbio no metabolismo das gorduras e à indefectível esteatose hepática. No entanto, o homem do século XX, embora reconheça a enfermidade das gorduras, devora os suínos obesos, hipertrofiados na engorda albumínica, para conseguir a prodigalidade da banha e do toucinho. Primeiramente, os enfermas, em imundo chiqueiro, onde as larvas, os bacilos e microrganismos, próprios dos charcos, fermentam as

A Vida Humana e o Espírito Imortal

substâncias que alimentam os oxiúros, as lombrigas, as tênias, as amebas cólis, histolíticas, giárdias ou trigonocéfalos. O infeliz animal, submetido à nutrição putrefata das lavagens e dos detritos, renova-se em suas próprias dejeções e exsuda a pior cota de odor nauseante, tornando-se o transformador vivo de imundícies, para acumular a detestável gordura que deve servir nas mesas fúnebres. Exausto, obeso, letárgico e suarento, o porco tomba ao solo com as banhas fartas e fica submerso na lama nauseante; é massa viva de ureia gelatinosa, que só pode ser erguida pelos cordoames, para a hora do sacrifício no matadouro. Evidentemente, pouco adianta o posterior beneplácito de "sadio", que autoriza o veterinário, quando a própria ciência humana já permitiu e contribuiu para o máximo de condições patogênicas! É uma estultícia humana das mais pasmosas o homem provocar deliberadamente a doença indesejável nas aves e nos animais, como o porco, e depois tentar mistificar-se com o parecer paradoxal do veterinário liberando a devora patogênica!

*PERGUNTA:* — *Qual é a primeira providência que deveríamos adotar a fim de libertarmo-nos do desejo carnívoro?*

RAMATÍS: — A primeira providência para a libertação do carnivorismo deveria ser o controle mental da realidade do que representa a zoofagia. Em verdade, há mais indisciplina ou negligência mental do que propriamente uma necessidade biológica ou condicionalmente milenária na devora de vísceras dos animais. Há flagrante contradição entre a realidade do carnivorismo e o que se perverte pela falsa imaginação, pois, se o homem não come ratos, cães e outros animais que acha repulsivos ao seu paladar, isso lhe poderia acontecer com todas as demais espécies de aves e bichos. Falta ao homem a vigilância mental necessária para ele não se hipnotizar ou fascinar por falsas suposições. Geralmente, diante dos cadáveres de animais vítimas de um incêndio ou de uma explosão, as criaturas sentem náuseas e repugnância devido ao odor desagradável de carne queimada! No entanto, excitam-se, dominadas pelo mórbido apetite ante o churrasco fumegante, de carne de animal queimada a fogo lento, diferindo apenas pela natureza dos molhos que se lhes acrescentam. Aí a contradição é inexplicável, pois a repugnância diante do cadáver assado na explosão ou no incêndio desaparece sob um condicionamento biológico e desperta mórbido apetite, apenas porque está regado a pimenta, cebola e tomate.

A primeira providência da criatura para libertar-se do desejo mórbido de ingerir carne deve iniciar-se pela correção da imaginação deformada. A vontade, que se mostra débil diante do churrasco acebolado e o considera um acepipe gostoso, também deveria funcionar corretamente ante a mesma carne carbonizada e sem temperos. É preciso o homem identificar a realidade que se esconde sob o véu da ilusão do falso apetite, pois a deliciosa "dobradinha à espanhola" não passa de retalhos de bucho de boi extraídos da sua região digestiva impregnados de detritos nauseantes A "feijoada completa" é também um charco de albumina onde sobrenadam as partes imundas do porco, como orelhas, pés, costelas e pedaços de couro curtido na lavagem e no lodo dos chiqueiros! As mais deliciosas salsichas não passam de ensacados de feridas de sangue coagulado em mistura com retalhos de nervos e toucinho, que os homens devoram voluptuosamente!

*PERGUNTA: — Porventura o homem terno e evangelizado é um culpado perante Deus só porque ainda come carne?*

RAMATÍS: — Não existem culpados perante Deus, pois o Pai jamais se ofende com as tolices humanas de seus filhos! Também não é terno o homem que ainda come carne, malgrado seja ele evangelizado, pois a alimentação carnívora, sendo produto da matança de animais, é um desmentido à ternura. Louvamos as criaturas evangelizadas e submissas aos ensinos libertadores do Cristo Jesus, mas não é terno e meigo quem devora as vísceras dos irmãos inferiores. O carnivorismo sustentado na prática de matar o animal é vigorosa fronteira entre o anjo e o homem, assim como severo agravo para vidas futuras!

*PERGUNTA: — No entanto, conhecemos muitíssimas criaturas carnívoras que são piedosas, incapazes de matar um simples inseto, quanto mais uma ave ou animal! Que dizeis?*

RAMATÍS: — O que não mata, seja por piedade ou remorso, e depois devora gostosamente a carne do animal ou da ave trucidada por outros, age manhosamente perante Deus e a sua própria consciência. A piedade a distância não identifica o caráter bondoso, pois isso lembra o clássico mistifório do sábado de Aleluia, em que os fiéis católicos, depois de estoico jejum de carne, na Quaresma preceituada pela Igreja, aguardam avidamente que o relógio marque o meio-dia para atirarem-se famintos aos retalhos fumegantes da moderna panela de pressão!

Comumente, o homem piedoso que se recusa a assistir à

matança do animal, depois é o mais exigente e requintado diante do assado, pois escolhe o bocado mais tenro e mais gostoso da carne sacrificada a distância!

*PERGUNTA: — A recusa do homem em matar o animal ou ave já não significa um protesto contra a existência de matadouros e frigoríficos? Isso não comprova melhor graduação espiritual?*

RAMATÍS: — As criaturas que obtêm o seu salário no trabalho dos matadouros, ou matam a ave e o animal no fundo do quintal, podem ser almas primitivas e isentas de responsabilidade espiritual pela incapacidade de analisar os seus próprios atos. Mas aqueles que fogem na hora do cruel massacre do irmão inferior e depois lhe devoram a carne assada ou cozida, não só compreendem a perversidade do ato censurável em sua consciência, como ainda o reconhecem injusto e bárbaro! Confirmam, portanto, o seu conhecimento da iniquidade de se matar o animal indefeso e inocente, embora se recusem a assistir à sua morte impiedosa! E se depois participam do banquete da morte, ainda maior se lhes torna a culpa, pois condenam, com a ausência deliberada, o que depois desmentem na hora de ingerir prazenteiramente os restos mortais do animal!

Em consequência, os fujões pseudamente piedosos também não passam de ativos cooperadores das mesmas cenas tétricas do sacrifício das aves e animais nos mórbidos matadouros da Terra! Os consumidores de carne, malgrado aleguem a sua piedade fugindo do sacrifício abominável dos irmãos menores, são outros tantos acionistas e incentivadores de frigoríficos, açougues, charqueadas e matadouros! Não matam aves e animais, por comiseração, mas digerem jubilosamente os retalhos sangrentos produzidos pela indústria fúnebre daqueles que Deus também criou para a ascensão espiritual!

*PERGUNTA: — Porventura, muitos seres divinizados, que já viveram em nosso mundo, também não se alimentaram de carne?*

RAMATÍS: — Quanto ao fato de o homem ser santificado na galeria de santos do hagiológio católico ou consagrado na pinacoteca dos centros espíritas, isso não é bastante para se comprovar uma consciência absolutamente espiritualizada! O certo é que a alma realmente santificada repudia, incondicionalmente, qualquer ato que produza o sofrimento alheio, capaz de abdicar de si mesma em favor de outrem! O espírito realmente esclarecido é generoso em qualquer expressão da vida, pois ultrapassou a fase do egoísmo utilitário e já coloca a ventura alheia acima de qualquer interesse pessoal. Os animais são reconhecidos aos homens vegetarianos, pois sentem-lhes a inofensividade e a piedade. Francisco de Assis discursava aos peixes e aos lobos, e estes o ouviam como se fossem inofensivos cordeiros; Jesus estendia sua mão abençoada e as cobras mais ferozes se aquietavam em doce enlevo; Sri Maharishi, o santo da Índia, quando em divino *samadhi*, era visitado pelas aranhas, que dormiam em suas mãos, ou então afagado pelas feras, que lhe lambiam as faces; alguns místicos hindus deixam-se cobrir com insetos venenosos e abelhas agressivas, que lhes voam sobre a pele. Os antigos iniciados essênios mergulhavam nas florestas bravias, a fim de alimentarem os animais ferozes que eram vítimas das tormentas e dos cataclismos. Inúmeras criaturas inofensivas e piedosas, verdadeiros amigos dos pássaros, não os prendem em gaiolas.

*PERGUNTA:* — *Quais os recursos que os mestres poderão empregar para afastar o homem da nutrição carnívora?*

RAMATÍS: — Sem dúvida, a dor e o sofrimento ainda são os melhores corretivos ou processos retificadores para os espíritos de graduação primária, como ainda são os terrícolas. As enfermidades funcionam como verdadeiras válvulas de segurança espiritual porque retificam os exageros, amenizam as paixões e ajustam a indisciplina humana. Sob a terminologia clássica da ciência médica, especificando úlceras, cânceres, cirroses, nefrites, enterocolites, pancreatites, tuberculose, asmas, artrites e a proliferação de amebas, giárdias, estrongiloides, tênias, áscaris e oxiúros, os terrícolas vão acertando os desvios do pretérito e descondicionando-se do carnivorismo atual. As anomalias gastrintestinais e insuficiências pâncreo-hepáticas, além das afecções vesiculares e renais, obrigam o homem a dietas espartanas, em que o médico prudente, de início, aconselha a dieta sem carne! Inúmeras criaturas, que na sua juventude zombavam da possibilidade de alguém viver sem a ingestão de carne, sob a corrigenda da Lei Espiritual, atravessam a velhice a chá e bolachas, sob a coação de úlceras e colites!

*PERGUNTA:* — *Sob os vossos conceitos, devemos crer que o homem terreno, no futuro, tornar-se-á exclusivamente vegeta-*

*riano?*

RAMATÍS: — O vegetarianismo é um imperativo fundamental na alimentação da humanidade futura. Nos planos siderais programados para o Terceiro Milênio não consta a existência de indústrias e comércio de cadáveres sangrentos de animais. E, num breve futuro, a alimentação carnívora há de causar o mesmo horror que hoje ocasionaria a antropofagia entre "civilizados"! Então hão de proliferar as casas de alimentação vegetariana sob a competência de abalizados peritos no gênero. Atualmente, os restaurantes vegetarianos modernos já oferecem a mais saudável variedade de pratos com certos sabores que ajudam os "ex-carnívoros" a se adaptarem gradualmente ao novo regime sadio. São refeições que também obedecem às tabelas de vitaminas, proteínas e calorias tão discutidas e examinadas na atualidade.[36]

*PERGUNTA:* — *Porventura, a alimentação vegetariana também poderá influir favoravelmente na desencarnação?*

RAMATÍS: — Os espiritualistas reencarnacionistas sabem que tanto o homem como o animal possuem o "duplo-etérico", o qual é um corpo sutilíssimo e imponderável, constituído de "éter-cósmico" combinado ao "éter-físico" do planeta, e que funciona como elo de ligação entre o perispírito ativo no mundo oculto e o corpo do cenário físico. Quanto mais evoluído é o homem, mais diáfano e delicado é o seu "duplo-etérico", pelo qual só transitam as energias de melhor qualidade espiritual. Nos animais também se observa essa distinção, pois, enquanto o invólucro "etereofísico" do cão domesticado é mais sutil, porque já manifesta sentimentos e emoções racionais perante o seu dono, a organização etérea do porco é mais grosseira e repulsiva, nutrida nos fluidos densos e viscosos da fermentação dos chiqueiros. Quando o suíno ou o boi são sacrificados, a sua carne reflui sob o impacto violento, febricitante e doloroso da morte prematura; o choque mortal que lhes extingue a existência plena de vitalidade física também lhes exacerba o "duplo-etérico", produzindo algo parecido a uma "coagulação fluídica". O sangue, que é a linfa da vida e o portador dos elementos eterofísicos mais poderosos do mundo invisível, estagna em seu seio a carga de energia astralina inferior, que o porco ou o boi carreiam para o seu corpo físico

---

[36] Entre os diversos restaurantes vegetarianos de São Paulo e do Rio de Janeiro, a "Cooperativa dos Vegetarianos da Guanabara", na Rua Pedro I, n° 7, grupo 604, come-se um "bife" de soja, numa semelhança à carne tão perfeita, que o próprio cliente desconfia de estar ingerindo um alimento carnívoro. (Nota do Médium)

na manifestação violenta da vida instintiva.[37]

Assim, as pessoas carnívoras incorporam no seu duplo-etérico grande parte desses fluidos inferiores. O éter-físico e parte do astral albumínico dos animais sacrificados sob o pavor do massacre que pressentem nos matadouros penetra no homem pela sua aura etérica e se transforma em densa cortina de fluido isolante. Isso dificulta o processo normal de assistência espiritual daqui, pois os Espíritos-Guias não conseguem atravessar a barreira viscosa do baixo magnetismo humano, a fim de transmitirem intuições orientadoras aos seus pupilos encarnados.

Aliás, os homens glutônicos, apreciadores da carne de porco, afirmam-se dotados de maior vigor sexual, enquanto que as criaturas vegetarianas são menos superexcitadas pelas paixões humanas. O aumento da nutrição de carne acarreta também o aumento da sensação mais primitiva e própria do animal irracional. Consequentemente, a preferência pela alimentação vegetariana é poderoso auxiliar para o espírito se libertar do jugo material, pois, na hora de sua desencarnação, reduz-lhe o choque no corte do "cordão prateado",[38] em face de estar envolto numa aura fluídica mais sutil. Assim como o sol atravessa mais livremente uma vidraça limpa de poeira, a luz do mundo espiritual penetra mais facilmente no perispírito do desencarnado isento do astralismo viscoso do animal ainda caldeado no campo violento das energias inferiores.

*PERGUNTA: — Consultam-nos alguns confrades se há acréscimo de responsabilidade para os espíritas carnívoros.*

RAMATÍS: — Não temos o direito de censurar os homens que ainda obedecem naturalmente ao instinto formativo da sua personalidade humana, espécie de condicionamento biológico do pretérito. Mas os espíritas devem refletir, seriamente, no problema da alimentação carnívora, pois são homens que divulgam valores sublimes da Espiritualidade. O espiritismo firma as suas raízes no velho ocultismo, embora esteja liberto de quaisquer ritualismos

---

37 Realmente, há visível diferença na composição do "duplo-etérico" dos próprios animais e aves. Sob a vidência, observa-se que a aura etereofísica do suíno é pardacenta, viscosa e obscura, enquanto a do carneiro projeta uma silhueta num tom claro, lilás escuro, mas transparente. No caso das aves dá-se o mesmo, pois, enquanto o corvo se mostra etericamente num cinza-escuro, denso e oleoso, o beija-flor é um foco de luz policrômica, despedindo diminutas chispas fulgurantes. Quer parecer que influi, nesses casos, algo da alimentação mais grosseira ou refinada.
38 O cordão prateado é o elo fluídico que liga o perispírito ao duplo-etérico e, consecutivamente, através dos "chacras" e plexos nervosos do corpo físico. Citado também na Bíblia: Eclesiastes, 12-6.

A Vida Humana e o Espírito Imortal 131

e compromissos religiosos. É de senso comum que as noções espirituais mais avançadas provieram sempre do Oriente, onde a iniciação era fundamentada no mais puro e severo vegetarianismo! Ademais, Kardec assegurou a força moral dos preceitos espiritistas firmando-os sobre a base eterna do Evangelho de Jesus, Código Moral da ternura, beleza e libertação espiritual. E o próprio Jesus não sancionou, de modo algum, o carnivorismo, mas, sem violentar os hábitos comuns dos hebreus, aconselhou-os a pescar. Evidentemente, os espíritas que estiveram seriamente integrados no sentido revelador e libertador da doutrina de Allan Kardec jamais incentivando as churrascadas sob as árvores sobrecarregadas de frutos, como já tem acontecido, num desafio sub-reptício à própria norma da vida superior. O espiritismo, como um despertador de consciências e renovador de todos os costumes censuráveis do mundo, deve ser, também, o paraninfo da divulgação do vegetarianismo, assim como o é do Evangelho de Jesus e do Esperanto! Atendendo à consulta do próprio Kardec, o Espírito da Verdade assim lhe responde após a pergunta 693, do "Livro dos Espíritos": "Tudo o que embaraça a natureza em sua marcha é contrário à lei geral". E, na resposta n° 735, assim conceitua: "A caça é predominância da bestialidade sobre a natureza espiritual. Toda destruição que excede os limites da necessidade é uma violação da lei de Deus. Os animais só destroem para satisfação de suas necessidades, enquanto que o homem, dotado de livre-arbítrio, destrói sem necessidade. Terá que prestar contas do abuso da liberdade que lhe foi concedida, pois isso significa que cede aos maus instintos".

    Em tais respostas do Espírito da Verdade a Allan Kardec, e outras que deixamos de enunciar por falta de espaço, está implícita a ideia de que o carnivorismo já é violação da lei de Deus, quando praticado pelos espíritas e espiritualistas em geral, que, além de conhecerem os preceitos divinos do amor e da harmonia da Vida, matam os animais, cedendo aos "maus instintos", enquanto os frutos apodrecem na face da Terra! Se a destruição excessiva além das necessidades é pecado censurável, os homens já conscientes de sua imortalidade, como são os espíritas, não podem fugir da culpa de rejeitarem vegetais, frutos e cereais que nascem sob os seus pés e pendem sobre suas cabeças, para "destruírem" e devorarem os animais, que têm o mesmo direito de viver até o derradeiro minuto do plano sideral de seu aperfeiçoamento.

*PERGUNTA:* — *Sem dúvida, os mentores da doutrina espírita, que ainda se alimentam de carne, serão mais agravados em sua responsabilidade. Não é assim?*

RAMATÍS: — Cremos que só devem ser consideradas razoáveis as desculpas dos carnívoros não espiritualistas, ou que vivem à sombra das igrejas conservadoras e ignorantes da realidade espiritual. Mas os espíritas integrados na doutrina de Kardec sabem que sob o invólucro do animal atua a sabedoria de um psiquismo global a dirigir as espécies mais primárias. O conhecido "espírito-grupo", estudado pelos rosa-cruzes, teosofistas e orientalistas, é apenas o "comando psíquico" conduzindo determinada espécie animal em constante individualização para futuras formas humanas. Assim, enquanto a espécie peixe vibra num só impulso psíquico semelhante, sendo idêntica a sua reação em qualquer latitude do globo, porque é dirigida pelo espírito-grupo comandante da mesma espécie, o cão, o elefante, o cavalo, o macaco, o carneiro e até mesmo o porco, quando domesticados pelo homem e recebendo deste uma interferência mais direta e disciplinada, já revelam sentimentos e paixões à parte. Isso comprova o início da fragmentação do espírito-grupo, do psiquismo global, ensejando individualizações cada vez mais aprimoradas.

Em face dessa constante fragmentação e coesão individualista dos fragmentos psíquicos, comandando mais diretamente os corpos dos animais de instinto melhorado pelo homem, é evidente que sob tal progresso há tipos verdadeiramente "pré--humanos", como o macaco, que é capaz de imitar tudo o que lhe ensinam; o cão, cuja amizade ao dono chega ao sentimento humano, e, finalmente, o cavalo, que demonstra, além do sentimento, uma natureza algo intelectiva, deslumbrando o público circense pelas danças primorosas e artes de adivinhação. Em consequência, sem qualquer exagero de nossa parte, em face da incessante proliferação de matadouros de equinos, animais que já revelam certa compreensão de sentimentos racionais, os atuais devoradores de "carne de cavalo" praticam algo da velha antropofagia dos selvagens ignorantes!

E considerando-se que Jesus conceituou o "Sede mansos de coração", recomendando-nos uma vivência pacífica e amorosa, obviamente, contradizem-se os doutrinadores, médiuns e mentores espíritas que ainda se rejubilam na devora de bifes suculentos, que degradam a natureza superior do próprio espírito! Matar o animal e devorá-lo, enquanto se rejeitam frutas e vegetais sadios, é uma ignorância tolerável entre os homens comuns e analfabetos das coisas espirituais. Mas, quando isso acontece entre líderes e prosélitos do espiritismo, doutrina de amor e pacifismo, então se trata de um ato bastante censurável!

PERGUNTA: — *Muitos espíritas afirmam que a alimentação nada tem a ver com o espiritismo, motivo por que as vossas considerações a esse respeito são extemporâneas. Que dizeis?*

RAMATÍS: — Os pregadores espíritas, que tentam o messianismo de salvar almas escravizadas à matéria, não podem aprovar o carnivorismo, processo nutritivo mórbido que contraria o atual ritmo harmonioso da vida espiritual. É absolutamente injustificável que na festividade espírita, como já tem acontecido, seja torrado ou cozido o cadáver do irmão inferior assassinado nos matadouros ou charqueadas, pois isso desmente o amor pregado pelo Cristo e violenta a própria higiene psicofísica!

Do lado de cá ainda perambulam espíritos desencarnados infelizes, tão condicionados aos banquetes pantagruélicos e carnívoros da Terra, que rogam a bênção de um corpo físico em troca dos próprios bens do ambiente celestial. No entanto, prossegue na Terra o mesmo vício condenável, em festividades onde compungidos espíritas recitam versículos evangélicos e lançam advertências severas contra os pecados humanos, enquanto o confrade serviçal prepara antecipadamente o churrasco do cadáver do animal para o "cemitério" do ventre.

Se os animais pudessem falar, os espíritas ouviriam as mais veementes queixas e lamentos, censurando-lhes a contradição de pregarem amor, ternura e comiseração ao mesmo tempo que lhes devoram as carnes. Provavelmente Deus teria fracassado quanto à criação de elementos para nutrir os seus filhos, terminando por lançar mão do execrável recurso de se criar coelhos, cabritos, porcos, bois, carneiros e aves destinados exclusivamente para atender às mesas humanas! É profundamente insensato que os homens dotados de razão ainda devorem os irmãos inferiores, transformando o estômago em cemitério, enquanto as hortaliças, legumes e as árvores pejadas de frutos são amorosa oferta viva para uma nutrição sadia.

Diz o codificador, em nota pessoal, de esclarecimento da pergunta 182, do cap. IV, d*O Livro dos Espíritos*, e subtítulo "Encarnação nos Diferentes Mundos", o seguinte: "À medida que o espírito se purifica, o corpo que o reveste se aproxima igualmente da natureza espiritual. Torna-se-lhe menos densa a matéria; deixa de rastejar penosamente na superfície do solo; menos grosseiras se lhe fazem as necessidades físicas, não sendo mais preciso que os seres vivos se destruam mutuamente para se nutrirem". Eis o pensamento do admirável Kardec, há mais de cem anos, quando assegura que é sempre inferioridade e de "necessidade grosseira" os espíritas nutrirem-se de seus irmãos menores.[39]

*PERGUNTA:* — *Há fundamento de que o feijão-soja pode substituir em calorias a alimentação carnívora?*

RAMATÍS: — O feijão-soja, planta asiática da família das "leguminosas papilionáceas", em cada quilo equivale, mais ou menos, a dois quilos de carne, ou então a sessenta ovos, ou ainda a doze litros de leite. Apesar de planta leguminosa, contém boa quantidade de gorduras, e, devido à sua reduzida quantidade de hidratos de carbono, pode servir de alimento para os diabéticos. Embora não possua a cota de vitaminas necessária para o homem, é uma das melhores fontes de calorias, e só perde em quantidade para o amendoim e o queijo gordo. No entanto, supera vantajosamente a carne de vaca, que só apresenta de 1.800 a 1.900 calorias, enquanto o soja atinge a 3.500 calorias. Tanto na forma de azeite como na de farinha, o feijão-soja é um dos mais valiosos alimentos do ser humano!

*PERGUNTA:* — *Quais os vultos importantes da História que foram vegetarianos?*

RAMATÍS: — Foram vegetarianos Gandhi, Cícero, Sêneca, Platão, Pitágoras, Apolônio de Thyana, Bernard Shaw, Epicuro, Helena Blavatski, Anne Besant, Bernardin Saint-Pierre, santos como S. Agostinho, S. Basílio, o Grande, S. Francisco Xavier, S. Bento, S. Domingos, Sta. Teresa de Jesus, S. Afonso de Liguori, Inácio de Loyola, S. Francisco de Assis, Buda, Krishna, Ramakshna, Maharishi, João Evangelista, os mestres e discípulos essênios e principalmente Jesus! Todos os membros dos Trapistas, os teosofistas, iogues e inúmeros adeptos das seitas japonesas, que se alimentam de arroz, mel e soja, e inúmeros outros homens, perceberam a sua desarmonia com as leis avançadas do psiquismo

39 Leiam-se as obras seguintes, que se referem ao problema do carnivorismo: *Sabedoria Antiga*, de Annie Besant, capítulo "Plano Astral"; *Terapêutica Magnética*, de Alfonso Bué, p. 41; *Missionários da Luz*, espírito André Luiz, cap. IV; "Treino para a Morte", de Irmão X, da obra *Cartas e Crônicas*, por Chico Xavier; *Fisiologia da Alma*, de Ramatís, **EDITORA DO CONHECIMENTO**; *Esporte, Vegetarianismo e Saúde*, de Olegário Ribeiro Candeias; *Prisma*, de Jay Mac, p. 172. (Nota do Médium)

enquanto mantivermos um cemitério de vísceras no estômago à custa da morte do infeliz animal!

**PERGUNTA:** — *Há quem diga que na própria Bíblia, capítulo do Gênesis, podemos encontrar referências à conveniência da alimentação vegetariana.*

RAMATÍS: — No Gênesis, 1:29, consta: "E disse Deus: Eis aí, vos dei todas as ervas que dão suas sementes sobre a terra; e todas as árvores que têm em si mesmas a semente do seu gênero, para servirem de sustento a vós". Gênesis, 2:9; "Tinha também o Senhor produzido da terra toda casta de árvores formosas à vista e cujo fruto era suave para comer". Gênesis, 3:18: "E tu terás por sustento as ervas da terra". No Salmo 104:14, diz Davi: "Que produz feno para as alimárias e erva para o serviço dos homens, para fazeres sair o pão do seio da terra". Paulo, em sua epístola aos romanos, 14:21, adverte: "Bom é não comer carne nem beber vinho, nem coisa em que teu irmão ache tropeço ou se escandalize ou se enfraqueça". E ainda existem outras passagens na Bíblia referendando o Vegetarianismo para o homem!

## 5. Problemas do trabalho

*PERGUNTA: — Que dizeis de nossa sina terrena, em que devemos trabalhar desde a infância para conseguirmos o sustento humano?*

RAMATÍS: — Entre os diversos planetas habitados no Universo ou entre as diversas moradas da "Casa de Meu Pai" enunciadas por Jesus, a Terra é um dos incontáveis mundos de educação espiritual primária. Em consequência, o trabalho é o principal tema de vida e progresso terreno, pois o homem deve abastecer-se a si mesmo e ganhar pessoalmente o necessário para viver. É o aluno primário que ainda precisa aplicar todos os seus dons e esforços para alfabetizar-se sem esperar que isso lhe caia do céu na forma de um bem prematuro.

O trabalho, na Terra, é uma lei de biologia inerente ao tipo do orbe educativo. Constitui-se no meio de o homem desenvolver as suas energias primárias e preparar-se para viver futuramente em esferas superiores até libertar-se das exigências dos mundos físicos e desenvolver a sua consciência para tornar-se um espírito eminentemente criador. Mas não basta ao homem viver na Terra apenas acumulando bens e objetos, como um proprietário de quinquilharias que, ao morrer fisicamente, tem de renunciar aos seus bens por não poder transportá-los para o Além-Túmulo. Todos os acontecimentos e fenômenos da vida terrena compõem o curso letivo da alfabetização do espírito para, no futuro, manusear a língua sublime das humanidades siderais.

Por isso, os espíritos que habitam a Terra ainda enfrentam a natureza de uma vida primária, justificando perfeitamente o versículo do Gênesis que assim diz ao homem: "Tu comerás o teu pão com o suor do teu rosto, até que te tornes à terra de que foste tomado; porque és pó, e ao pó hás de tornar".[40] Evidentemente, ao dirigir-se a Adão, o símbolo da humanidade terrena, Deus o adverte de que teria de viver do suor do seu rosto até se tornar o senhor em espírito e desenvolver a consciência espiritual, "porque o corpo é pó e em pó se tornará"!

Mas o trabalho, na Terra, apesar de exigir do homem um esforço árduo e indesejável, é uma condição transitória. Ela existe só enquanto o espírito desenvolve e fortalece a sua consciência individual, proporcionando-lhe o ensejo de ativar a paciência, a resignação, a perseverança e dinamizando iniciativas criadoras. Malgrado a fadiga e a obrigação, o labor humano adestra o espírito para a vida superior e o conduz a tarefas agradáveis e prazenteiras noutros planos mais saudáveis. O trabalho terrícola não é castigo nem desperdício, mas um processo de desenvolvimento, assim como o aluno primário só pode gozar a alegria futura de ler e compreender as coisas do mundo depois do sacrifício e da resignação em alfabetizar-se na escola primária! Após a sua alfabetização no curso dos mundos primários, o espírito do homem também poderá usufruir de sublimes venturas na sua escalonada sideral. Terminando o curso na Terra, ele então pode habitar Marte, onde o principal motivo de vida é a Técnica; em seguida, Júpiter, o planeta da Arte; e, mais tarde, Saturno, cuja humanidade vive exclusivamente para a Filosofia.

*PERGUNTA: — De que modo a atividade laboriosa do trabalho obrigatório beneficia o espírito encarnado na Terra?*

RAMATÍS: — É justificável que o espírito primário encarnado na Terra ainda duvide de sua origem divina e do seu venturoso destino futuro, pois vive imensamente preocupado em atender aos seus desejos grosseiros e próprios de uma consciência primária. Ele precisa prover à sua subsistência carnal, e o trabalho então lhe parece coisa fatigante e desagradável. Mas, obrigado a concentrar-se no objetivo laborioso, embora indesejável, desenvolve as aptidões latentes do espírito eterno e disciplina a sua capacidade criadora.

A atividade física exerce-se sob o comando do instinto animal de sobrevivência, mas, ante o esforço para atender e avaliar os fenômenos do mundo exterior, o espírito centraliza a consciência num proveitoso estado de vigília e verdadeira mar-

---
40 Gênesis, cap. 3:19.

cação dos acontecimentos vividos. Ademais, o trabalho é uma condição providencial para o espírito primário. Durante a sua consciência infantil, preenche-lhe o tempo com uma atividade dinâmica e que o afasta obrigatoriamente de atos danosos e próprios da imaturidade espiritual! Os próprios animais, como os cavalos, exercem função útil e pacífica depois de domesticados; enquanto soltos e entregues à sua natureza selvagem, eles são manadas agressivas e indisciplinadas.[41] Assim, os espíritos primários também precisam ser domesticados pelo trabalho, a fim de serem dominados os seus instintos inferiores.

PERGUNTA: — *Qual é a vossa opinião sobre os homens bem-aquinhoados na vida, que enriquecem rapidamente pelos "trustes" e "golpes" explorando o trabalho dos mais deserdados e tolos? Porventura, em tal caso, o trabalho não é uma exploração humilhante dos mais poderosos sobre os mais fracos?*

RAMATÍS: — Não é o homem rico que explora os mais pobres e que dificulta a vida dos mais ingênuos. Na verdade, tudo é consequência do espírito primário do homem terreno, egocêntrico, ambicioso, mesquinho, cruel, mercenário e cobiçoso, tipo inferior que ainda predomina na humanidade. Então abusa do próximo tanto quanto seja a oportunidade, pois se é servil na pobreza, torna-se déspota e explorador assim que ascende a qualquer condição social superior.

O espírito primário e comumente servil aos seus superiores, quando investido de poderes, então despeja os seus recalques morais agressivos sobre os novos subalternos. Sabe-se que o soldado mais queixoso torna-se o pior sargento do quartel, quando a oportunidade lhe permite vazar os ressentimentos que acumulou sob o comando hierárquico. O mendigo lamentoso, com aspecto de mártir, que dramatiza facilmente as suas vicissitudes vulgares, pode ser o mais impiedoso tirano e avarento, caso seja bafejado pela fortuna ou poder. Há miseráveis que escondem o pão esmolado do companheiro mais faminto, assim como certos negociantes, em tempos belicosos, escondem a mercadoria no

---

41 Corroborando Ramatís, lembramos as hordas bárbaras chefiadas pelos flagelos da humanidade, como Gêngis Khan, Átila e outros, que, devido à sua selvageria, arrasavam cidades pacíficas, trucidavam mulheres, crianças e velhos, como verdadeiras alcatéias de lobos vorazes a devorarem as presas menores. Tamerlão, só num combate contra Bakazet, matou 400.000 homens, encheu dois navios de cabeças e mandou atirá-las ao mar, pois o seu principal "hobby" era exatamente fazer pirâmides de cabeças. Cortez, um desconhecido condutor de porcos, consciência primária e selvagem, à frente de cento e cinquenta homens, destruiu o império dos astecas, pela ambição do ouro.

jogo ilícito do câmbio negro, mesmo que isso contribua para a morte de crianças esfomeadas! E se a sorte lhe for adversa, tais criaturas retornam à antiga pusilanimidade. Há caudilhos que trucidaram, impiedosa e cruelmente, os adversários caídos em suas mãos; mas quando vencidos, arrastam-se, lacrimosos e desesperados, aos pés do pelotão de fuzilamento! Em geral, o empregado mais lamurioso, quando chega a patrão é o mais injusto e avarento; o cidadão vezeiro em condenar os administradores públicos, quando eleito para algum cargo, transforma-se num indivíduo ainda mais inescrupuloso. Certos operários espoliados por patrões gananciosos, quando conseguem o comando de alguma indústria ou negócio promissor, quase sempre exploram de modo impiedoso os seus assalariados.[42]

*PERGUNTA:* — *Apesar de o homem dignificar-se com uma tarefa nobre, ninguém deseja, em sã consciência, ser um escravo do trabalho! Que dizeis?*

RAMATÍS: — Em verdade, o trabalho não honra nem dignifica o homem à guisa de uma função meritória para graduação celestial! São as criaturas extremamente ambiciosas que trabalham como animais desde o nascer até o pôr-do-sol, mas apenas buscando a sua segurança e fortuna, avaros e indiferentes aos problemas dos subalternos ou companheiros. E o pior é que tais homens, depois de ricos e injustos para os que os ajudam a enriquecer, às vezes causam mais prejuízos ao próximo do que quando pobres![43]

---

42 Conheci dois operários da indústria madeireira, no Paraná, os quais viviam se queixando dos patrões injustos e avarentos, alegando salários miseráveis, negativa de férias e escamoteação de horas extras de trabalho anormal. Quis-lhes a sorte, no entanto, que em 1943, eles puderam aliar-se a outro empreiteiro de serraria, enriquecendo rapidamente na fase golpista da última guerra. Atualmente, eles são abastados industriais, mas, confirmando o aforismo de que "a pior cunha é que sai da mesma madeira", são conhecidos como patrões tão avarentos e mesquinhos, que se envolvem frequentemente em questões trabalhistas por negacearem os mais primários direitos dos seus empregados! (Nota do Médium)
43 Conheci em 1939 certo mendigo lamurioso, que se queixava amargamente das injustiças sofridas no mundo, inclusive quando prostituíram-lhe a filha mais velha, por culpa de afortunado industrial liberado pela Justiça. Mas, por um golpe de sorte, durante a última guerra ele conseguiu acumular regular fortuna vendendo ferro e metais velhos, esmolados. Quando morreu, em 1965, esse "ex-mendigo" deixou o seguinte passivo na sua vida: desonrara cinco menores; duas degradaram-se na prostituição e uma delas suicidou-se infamada. Além disso, lançara na miséria um sobrinho que lhe emprestara importância da venda de sua casa; ludibriara duas firmas fornecedoras, esquivando-se de assumir o compromisso público, além de prejuízos a diversos operários numa concordata fraudulenta. Finalmente, nos últimos meses de vida abandonara a própria mulher e os filhos, que o haviam acompanhado nas horas amargas, para viver nababes-

Por isso, a Divindade ajusta os espíritos primários aos orbes físicos, como a Terra, onde o trabalho é uma condição fundamental de sobrevivência! Ficam presos às obrigações cotidianas, sustados na excessiva liberdade ou no poder financeiro, que poderiam levá-los prematuramente a atos danosos para si e para a coletividade. O conceito de que os "burros andariam cheios de medalhas, se o trabalho fosse honra", demonstra a ignorância do terrícola quanto à ação dinâmica e criadora do trabalho na formação indireta da consciência espiritual do homem, que lhe ativa o processo criador do futuro anjo. O homem tanto pode aceitar como renegar o trabalho, tornando-se um cidadão útil ou marginal revoltado e danoso para a comunidade! Ele dispõe do "livre-arbítrio" para decidir e agir quanto à sua própria pessoa; mas, é de Lei Sideral que será tolhido espiritualmente, toda vez que de seus atos egotistas resultarem prejuízos aos demais companheiros.

No entanto, tudo o que existe sobre a face do orbe terreno, que glorifica e beneficia a humanidade, é fruto indiscutível do trabalho! Embora a mente humana seja criadora, ela nada poderá realizar sem o recurso dinâmico do trabalho, operação indiscutível, que transforma em atividade concreta os desejos e as ideias permanentemente vividas na alma humana! Sob qualquer hipótese, o trabalho disciplina, dá calor e energia aos músculos do homem, faz convergir a sua atenção e cuidado para uma realização positiva.[44]

*PERGUNTA: — Mas o trabalho, pela sua condição incômoda e desagradável, parece-nos recurso discutível pela Divindade, pois escraviza os espíritos incipientes à condição compulsória algo degradante! Não é assim?*

RAMATÍS: — O trabalho significa, intrinsecamente, apenas ação! E a ação tanto pode ser um esforço criador como destruidor! A mesma atividade de trabalho, que na Terra é motivo de

---

camente com uma vedeta! (Nota do Médium)
[44] "O trabalho distingue a humanidade do animal. Desperta as messes nos pampas, extrai metal luzendo dos mais negros antros, converte a argila em lar, a pedreira em estátua, o trapo em vela, a cor em quadro, a chispa em frágua, a palavra em livro, o raio em luz, a catarata em força, a hélice em asa. Seu esforço secular criou o poder do homem sobre as forças naturais, dominando-as antes, para utilizá-las depois. É obra sua a alavanca, a cunha, o machado, a roda, a serra, o motor e a turbina. Nada existe no mundo que não conserve o vestígio de suas virtudes vencedoras do tempo. O trabalho é um dever social. Os que vivem sem trabalhar são parasitas, mórbidos, que usurpam aos outros homens uma parte do seu labor comum." Trechos extraídos da obra *As Forças Morais*, de José Ingenieros, editada pela Livraria Tupã.

sofrimento e símbolo de escravidão, noutros planetas é considerada ação criadora e ensejo divino para o espírito criar obras fecundas. Enquanto os terrícolas trabalham pela ambiciosa competição de lucros, sacrificando a qualidade de sua ação pelo incessante acúmulo de bens transitórios, noutros mundos os homens exercem o trabalho com absoluto desprendimento pessoal. O trabalho é uma ação manifesta em todos os atos da vida; é a dinâmica criadora do próprio Universo e o oposto da inércia! Sem dúvida, pode distinguir-se entre o "trabalho-prazer" e o "trabalho-obrigação", pois enquanto o homem ambicioso acha-se explorado pelo trabalho compulsório, que resulte em mais benefícios para outrem, há os que se rejubilam pelo ensejo e serviço a favor da comunidade. Há muitos enfermeiros, médicos, freiras, padres, pastores, médiuns, professores, curandeiros e escritores, que se sentem venturosos em trabalhar para servir os seus irmãos da jornada humana. Daí, o motivo por que os malandros e vagabundos fogem do trabalho, pois no seu egotismo de espíritos inferiores e mercenários eles preferem viver na miséria e na incerteza, em vez de exercerem qualquer atividade benéfica ao próximo. Espécie de parasitas bípedes, eles sugam a seiva da árvore generosa da vida, mas não contribuem em nada para o bem e progresso alheio. Jamais sentem o prazer espiritual de servir o próximo, e não trabalham de espontânea vontade, ao menos para embelezar ou melhorar o próprio mundo onde vivem!

Evidentemente, é infelicidade o "trabalho-escravo", quando a criatura não passa de uma maquinaria humana ou matéria-prima explorada por outros homens ambiciosos e injustos. Mas os homens que conhecem o processo de reencarnação espiritual sabem que o próprio trabalho escravo é um benefício de reajuste do passado, quando a Lei do Carma corrige o espírito faltoso e o ajusta beneficamente ao conjunto da humanidade.

Investigando-se a história do vosso mundo desde as origens da civilização, verifica-se que o trabalho também evoluiu de acordo com o progresso e a maior consciência espiritual do homem. O trabalho, principalmente na atualidade e no vosso país, malgrado ainda obrigue os homens à escravidão dos horários draconianos, já proporciona concessões liberais como férias, descanso domingueiro remunerado, gratificações, salários extras de fim de ano e a indenização de estabilidade na própria empresa onde trabalham. Nos estabelecimentos fabris e comerciais modernos, o rádio, a televisão e a música ajudam o operário a vencer o seu dia monótono e laborioso, oferecendo-lhe distrações e estímulos agradáveis, que até há pouco tempo eram considerados exageros e absurdos pelos magnatas do mundo![45] As associações agremiativas, os institutos de pensões e aposentadorias, as entidades socorristas são hoje comuns sob a égide trabalhista. Funcionam nos setores industriais e comerciais do mundo, significando um segundo lar coletivo que ampara e ameniza a luta física do trabalhador no esforço de conseguir o sustento do lar. Pouco a pouco, extingue-se do mundo a infamante escravidão assalariada do passado, quando o ser humano vivia desamparado e nivelava-se ao animal de carga, sem qualquer descanso ou direitos pessoais. O seu destino era nascer, crescer e morrer sob o chicote dos mais poderosos! Hoje, o trabalho distingue o homem na comunidade e o considera célula útil, proporcionando-lhe uma existência agradável e prazenteira no próprio ambiente onde ganha o seu pão cotidiano.

*PERGUNTA: — Cremos que Deus poderia ter criado um mundo mais ameno, sob condições mais agradáveis e prazenteiras para os seus filhos sobreviverem na matéria, em vez de obrigá-los à tarefa medíocre de mourejarem dia e noite para cobrir as suas necessidades! Que dizeis?*

RAMATÍS: — É evidente que ainda seria mais absurdo e tolo Deus criar um mundo ameno e exclusivamente prazenteiro para a vivência de espíritos primários, quando eles ainda arrasam jardins, pomares, florestas, campos, silos de cereais, cidades pacíficas, igrejas, centros de cultura e de arte, escolas, hospitais e crianças, mulheres e velhos!

Ninguém constrói palácios de vidro para moradia de macacos, nem confecciona tapetes macios de grama aveludada para criar elefantes. Não há dúvida, quando o espírito do homem domina as paixões animais, ele também adquire o direito de habitar ambientes mais agradáveis, onde, além de ativar o espírito criador, pode contemplar as belezas criadas por Deus!... Mas, infelizmente, a humanidade terrena ainda consome a maior parte de sua existência preciosa arruinando e destruindo a sua própria moradia, apesar de vinculada ao trabalho obrigatório, e

---

45 O Brasil, país acentuadamente fraterno e liberal, já figura nos fichários do mundo espiritual como uma entidade terrena onde o trabalho humano é exercido sob expressivas demonstrações de justiça e amparo ao trabalhador. Malgrado as incompatibilidades ainda existentes entre patrões e empregados, às vezes açuladas por elementos desagregadores e malévolos. (Nota de Ramatís)

que lhe evita piores delitos e insânias próprios da ociosidade! Conforme o dístico "a cada um segundo as suas obras", o espírito do homem, como centelha que desperta e cresce individualmente no seio divino de Deus, precisa descer à carne para adquirir o conhecimento de si mesmo e usufruir o mérito de sua própria angelização! Deve submeter-se à disciplina ou técnica sideral, e como célula individualizada no Todo, aproveitar todo o tempo disponível num sentido útil e para o desenvolvimento de sua consciência espiritual. O trabalho, de início, consome-lhe o tempo que tem disponível para cometer desatinos e tropelias tão próprias da vida instintiva animal.

O trabalho, na sua exigência compulsória, disciplina e fortalece, obrigando o homem a concentrar-se num ritmo sadio e criador, que lhe dinamiza a contextura espiritual, despertando e aflorando as qualidades latentes herdadas de Deus! É um processo ou recurso técnico de aperfeiçoamento espiritual operando no mundo de formas, que acelera a sublimidade angélica inata no ser humano, por força de sua procedência divina! Até o escravo em condições degradantes e explorado pelo senhor insaciável pode desenvolver as virtudes de submissão, resignação, paciência e estoicismo, dinamizando os seus poderes espirituais na atividade produtiva que é o trabalho. Muitos magnatas, cuja fabulosa resistência, produtividade e perseverança criadoras os elevaram a níveis da indústria e do comércio mundial, desenvolveram esse potencial em vidas pregressas e comumente no serviço compulsório da escravidão. Na atividade de um labor escravocrata, eles puderam exercitar a vontade, treinar a persistência através do espírito atento e vinculado a objetivos e interesses dos seus senhores.

Reconhecemos que a espécie de trabalho ainda existente na Terra é uma condição desagradável e algo humilhante, mas de natureza transitória e absolutamente necessária ao tipo primário do espírito terrícola. É uma atividade benéfica e criadora, evoluindo para outros níveis superiores de vida planetária, pois o homem sublima-se no seu labor cada vez mais excelso. A própria pintura e a composição musical, embora consideradas atividades artísticas, também são uma espécie de trabalho ou ação, que embora espontânea e prazenteira exige persistência, obstinação e estoicismo criador, que só se desenvolvem por força de incessante ação e atividade laboriosa. É arte, mas um produto do trabalho requintado, malgrado o homem possa fazê-lo ou abandoná-lo quando lhe convier.

O espírito terrícola ainda precisa ajustar-se ao trabalho rude para sobreviver na face da Terra, a fim de exercitar a sua capacidade criadora e adquirir as qualidades de direito para viver no seio das humanidades angélicas. O trabalho, seja agradável ou desagradável, digno ou degradante, vale pelo seu objetivo criador e pelo seu dinamismo atuando na intimidade espiritual do homem.

*PERGUNTA:* — *Em consequência, o trabalho é uma condição intrínseca a qualquer humanidade inferior ou mesmo superior. Não é assim?*

RAMATÍS: — O trabalho, que na Terra ainda é considerado "obrigação-incômoda" ou "tarefa-desagradável", em planetas superiores é aceito como "trabalho-missão"! O terrícola rebela-se ante a ideia de que o trabalho é uma necessidade injusta e irredutível para a maioria dos homens sobreviverem no mundo físico, enquanto outros homens são privilegiados, pois não trabalham e vivem nababescamente. Então, o trabalhador comum julga-se um tolo ou infeliz, explorado para sustentar a "doce vida" dos espertos que não trabalham. Sem dúvida, ele ignora que a alma incipiente eleva a sua frequência vibratória espiritual sob a ação dinâmica do trabalho, enquanto a inércia o estagna no tempo e no espaço.

Assim como dormir é sinônimo de "não-existir", a imobilidade é um treino para a morte, pois o anjo não dorme, nem cessa a sua atividade criadora! Nos planetas de graduação superior, onde o espírito não se fatiga em atrito com o meio suave e eterizado, dormir ou estacionar seria tão absurdo como o processo de fuga, que é o suicídio no vosso mundo. Enquanto a criatura menos mental e mais digestiva forra-se facilmente no sono reparador para compensar o desperdício das energias mais físicas, o sábio dorme pouco. O espírito terrícola sente prazer em dormir, nessa espécie de "suspense" da vida em vigília, porque ele ainda é escravo do jugo violento das emoções humanas indisciplinadas e dos desejos incontrolados do corpo carnal.

O trabalho é operação que desperta o dinamismo angélico da alma e amplia a consciência espiritual para abranger maior área de manifestação do Macrocosmo. Quando Jesus afirmou que a "fé como um grão de mostarda poderia remover montanhas", refere-se, principalmente, à ação perseverante e criadora do trabalho, tal qual ocorre no seio da semente laboriosa, também desperta no psiquismo do homem os poderes sobre as coisas e os seres. A semente da mostarda, malgrado sua imobilidade no fundo da terra, põe-se a trabalhar ininterruptamente até se transformar na planta benfeitora, sob o recurso dos próprios elementos hostis do ambiente. Ela opera em condições sacrificiais, mas rompe, desabrocha e aflora à superfície do solo numa configuração inconcebível, quando comparada à sua pequenez original. Mas tudo isso acontece sob ação transformativa do trabalho e sem a rebeldia às leis do crescimento vegetal.

*PERGUNTA: — Mas não há outro meio de livrar-nos dessa condição de trabalho servil e obrigatório, que exige a nossa sobrevivência na matéria?*

RAMATÍS: — Paradoxalmente, só trabalhando podereis livrar-vos do trabalho, porque se trata de ação e processo indispensáveis para a modificação e o aperfeiçoamento de qualquer coisa no Universo! O homem livra-se do trabalho degradante substituindo-o por outro trabalho mais sublime, à medida que apura a sua contextura espiritual. Trabalham os músculos de carne, quando o homem movimenta as cargas do mundo, mas o cérebro também trabalha e gasta a substância mental quando o homem pensa! São formas de trabalho ou de ações grosseiras ou delicadas, mas conforme a natureza e a exigência dos planos de manifestação de vida!

Mas embora viva constrangido sob o jugo do "trabalho-obrigação", confie o homem terrícola que, ao subir de nível espiritual, ele também se candidata a outras formas mais agradáveis de trabalho. A mesma semente que trabalha sacrificialmente no âmago da terra, mais tarde se embevece de júbilo, quando num trabalho mais sublime se entreabre na flor sob o beijo acariciador do Sol! A Lei Espiritual, equânime e benfeitora para tudo e todos, jamais deserda o homem e só lhe proporciona a colheita "segundo as suas obras"!

*PERGUNTA: — Mas não é um desperdício de tempo o aprendizado exaustivo do espírito, na matéria, quando ele já poderia manifestar as suas qualidades espirituais inatas, sem necessidade da atividade incômoda do trabalho?*

RAMATÍS: — Os colares de astros e mundos rodopiantes no Universo provam que Deus não é uma "espiritualidade estática" ou "criador inerte", mas ativo e laborioso, numa incessante atividade fecunda em todas as latitudes do Cosmo.

Os elétrons que giram em torno dos núcleos atômicos do microcosmo e os astros que se movem ao redor dos sóis no macrocosmo demonstram que o trabalho é a ação básica de qualquer atividade da Consciência Divina! Deus pensa e cria o Macrocosmo; o anjo trabalha e cria o microcosmo! Os santos, artistas, gênios e condutores de multidões são produtos fundamentais de um labor incessante e aperfeiçoável, pois a atividade, em qualquer plano cósmico, é um "ritualismo" iniciático, que disciplina e dinamiza os movimentos ascensionais do Espírito para despertar-lhe o conhecimento e o poder divinos!

O labor é o fundamento das coisas mais sublimes do mundo; o trabalho obstinado de um homem estoico sobre o piano produziu na esfera da música o gigante chamado Beethoven; da persistência no manejo de tintas, resultaram os gênios como Rubens, Ticiano, Da Vinci ou Rafael; o labor teimoso do buril sobre a rigidez da pedra fez a glória de Miguel Ângelo; a própria santidade de Francisco de Assis modelou-se na sua atividade desprendida e fatigante em favor dos desgraçados! Foi o trabalho mental movendo o raciocínio acerca dos mistérios da vida e da existência do espírito que plasmou a figura benfeitora e grandiosa de Buda e do sublime Jesus!

No âmago da bolota já existe a microssíntese da gigantesca árvore do futuro carvalho; mas é graças ao trabalho exaustivo e incessante que ela desabrocha e cresce no seio da terra até se transformar no vegetal benfeitor! O minúsculo fio do regato, que escorre das encostas do Peru, só adquire as prerrogativas do majestoso rio Amazonas após o árduo trabalho de abrir sulcos na terra, cavar as pedras e desenvolver as forças adormecidas sob o primeiro impulso de vida latente na gota de água!

*PERGUNTA: — Mas o fato de o homem inventar e construir robôs, máquinas e computadores eletrônicos, que pouco a pouco o livram do trabalho mais fatigante, não comprova que ele já merece melhor condição laboriosa?*

RAMATÍS: — Referimo-nos ao trabalho como "ação", "atividade" ou "movimento" que catalisa e sublima as energias adormecidas do espírito do homem. Tratando-se de um processo de melhoramento espiritual, que eleva o energismo humano, o trabalho é valioso processo benfeitor em qualquer setor de atividade no mundo. É útil e produtivo ao homem simples, que esgaravata os esgotos da cidade, como ao ministro que consome fosfatos tentando melhorar a alimentação, a saúde e a educação do seu povo. Em ambos os casos, o trabalho se efetua em níveis diferentes, mas produz os resultados adequados a cada plano da vivência humana. Tanto o magnata que dirige portentosa indústria de responsabilidade coletiva, como o servente que junta pedras e argamassa nos fundos das valas, ambos são anjos em crescimento consciencial no mundo físico, dispondo do trabalho como o ensejo de melhorar o seu padrão sideral!

PERGUNTA: — *Aliás, os próprios chefes de indústrias e empresas comerciais do mundo parecem reconhecer a função meritória do trabalho, pois já oferecem um ambiente mais agradável aos seus empregados, inclusive música para ajudar a "passar o tempo".*

RAMATÍS: — Os responsáveis pelas indústrias e empresas laboriosas do mundo, que aliam à conveniência utilitarista e aos recursos de sua produção o bem-estar e o conforto de seus empregados, sem dúvida, são espíritos de boa natureza, pois materializam, na Terra, o modo de vida que já é próprio de outros planetas mais evoluídos. Eles elevam o trabalho terrícola para um nível superior, além de torná-lo mais ameno e até prazenteiro aos seus assalariados.

Aliás, espíritos de escol também podem comandar grandes capitais e indústrias do mundo moderno, pois não é a pobreza nem a riqueza, que realmente definem o grau espiritual evolutivo do homem, mas o seu comportamento digno. Os mestres iniciáticos e velhos instrutores do Oriente, após os estágios de desenvolvimento mental e psíquico, que habitualmente faziam nas confrarias esotéricas, grutas e templos iniciáticos, às vezes, pálidos, seminus e febris, depois renascem no Ocidente para cooperar no seu progresso material. Então, envergam ternos de casimira ou de brim, usam cabelos rente, barbeiam-se com "giletes", movem-se pelas ruas das cidades populosas, ombreando-se com todos os homens, além de proporcionar bom ambiente para os seus empregados e contribuindo para melhorar o índice da vida humana!

O espírito do homem não adquire o conhecimento cósmico fugindo da vida onde Deus permanece ativo; mas isso ele o consegue à medida que aprende a movimentar os valores autênticos e definitivos no próprio trato da matéria. E isso ele realiza através do labor físico, mental e psíquico, que é obrigado a movimentar nas relações com as formas do mundo. A contemplatividade é um corolário da atividade, pois ninguém se torna contemplativo sem entender o que contempla!

Por isso, muitos magnatas que aparentemente estão presos aos tesouros da Terra, ainda podem ser mais libertos da escravidão da matéria do que os próprios mendigos, cuja avareza e apego se dissimula sob a falsa humildade dos trapos! Libertação espiritual não é o culto à seminudez do corpo ou deliberado sofrimento masoquista; mas, acima de tudo, saber viver entre tesouros e gloríolas do mundo sem escravizar a alma! Há homens afortunados, que trabalham exclusivamente para o bem do gênero humano; às vezes retardam os seus próprios prazeres e o repouso merecido, pelo júbilo de criar e servir! Eles trabalham impelidos por um impulso oculto, que lhes desenvolve as energias espirituais através da atividade, tal qual a semente, que desperta e cresce até à postura do arvoredo benfeitor, independente de qualquer interesse mercenário.

PERGUNTA: — *Não seria mais razoável e justo que Deus proporcionasse a todos os homens o mesmo ensejo de trabalho e enriquecimento? Isso melhoraria o padrão de vida humana, pela alegria e fartura a todas as criaturas. Não é assim?*

RAMATÍS: — Sem dúvida, o "tema" fundamental da vida espiritual criada por Deus é proporcionar a fartura, alegria e felicidade para todos os seus filhos! Mas tais coisas só podem ser vividas autenticamente nos ambientes angélicos, onde a frequência vibratória não causa fadiga nem decepções ao espírito imortal. No entanto, é impossível a ventura espiritual nos mundos físicos, porque são instáveis e sujeitos ao desgaste. O seu ambiente é precário devido às imprevistas mutações e aos reajustamentos próprios dos orbes primários. A Terra ainda é uma escola espiritual primária destinada à alfabetização de espíritos incipientes, e que mal soletram as primeiras letras da linguagem do Céu![46]

O cenário físico e os múltiplos apetrechos da vida humana são apenas ensejos educativos à disposição de todos os homens que desejam desenvolver os seus poderes mentais e espirituais latentes. Na escola terrena a "semeadura é livre, mas a colheita é obrigatória" ou "cada um pagará até o último ceitil", e suas regras pedagógicas são inflexíveis! É de senso comum que o

---

46 De acordo com a cartilha terrena, o homem conjuga as pessoas do verbo de modo egocêntrico; eu ou o ego, em primeiro lugar; tu ou o próximo, em segundo lugar; e Ele ou Deus, em terceiro. No entanto, a cartilha angélica é exatamente o oposto; Ele ou Deus, em primeiro lugar; você ou o próximo, em segundo, e eu ou o ego, que fala em terceiro. (Nota de Ramatís)

aluno não deve folgar no estudo, nem o operário no seu trabalho, enquanto não completarem as suas tarefas, pois seria prematuro usufruir o prazer e a ociosidade antes de se cumprir o dever para consigo e para a humanidade! Mas Deus proporciona a todos os homens os mesmos direitos e ensejos no seu aprendizado físico, primário. No entanto, seria insensato o professor aprovar indistintamente, no fim do curso escolar, tanto os alunos criteriosos como os relapsos, indisciplinados e preguiçosos. Da mesma forma, não se justifica o homem gozar da fortuna e da ventura, quando ainda não sintonizou-se à frequência vibratória superior![47]

PERGUNTA: — *Temos pensado que, sob a mesma igualdade de vivência, no mundo, todos os homens seriam razoavelmente felizes. No entanto, parece-nos que o trabalho escraviza e sacrifica os mais ingênuos, mas enriquece e diverte os mais espertos! Que dizeis?*

RAMATÍS: — A multiplicidade de aspectos, situações e ensejos educativos que o mundo físico oferece aos seus habitantes permite a cada homem ou grupo de homens viverem segundo a sua própria experiência e conforme o seu grau de entendimento espiritual. Não é a pobreza e a riqueza o que realmente assegura a felicidade humana, pois há ricos infelizes e pobres venturosos! Há homens sadios e desesperados, mas há também cegos que cantam e tocam violão! Ninguém é exclusivamente feliz só porque recebeu os melhores dons da vida humana. É preciso compreender conscientemente qual é a mensagem que se oculta atrás desses bens. Assim, enquanto o adepto da música sinfônica sentir-se-á extasiado ouvindo a sublime "Coral" de Beethoven, o bugre há de ser infeliz sob a mesma condição, mal suportando a saudade do batuque primitivo!

A dor e a pobreza são circunstâncias provisórias, que funcionam num certo tempo de experiência e necessidade do espírito encarnado, no curso da recuperação do tempo perdido no passado. Sob a Lei do Carma, o mendigo chagado de hoje já foi o homem rico e sadio, que outrora abusou da saúde e serviu-se da fortuna para atos ignominiosos! Ele teve os seus momentos de alegria e fartura, mas viveu-os exclusivamente para si e sem produzir qualquer bem ao próximo. A fortuna, a saúde ou alegria,

---

47 Nos Estados Unidos, em 1945, J. F. suicidou-se por tédio, malgrado a sua fabulosa fortuna; B. H. M. afogou-se na piscina alegando estar farto e saturado das emoções do mundo! Ambos, infelizmente, esqueceram de vencer esse tédio e saturação emocional, ajudando o próximo! (Nota do Médium)

em excesso, não resolvem as equações e incógnitas latentes no recôndito da alma ignorante, pois o espírito do homem só vive e dinamiza emoções, pensamentos e desejos, conforme seja o grau de sua consciência, já desperta na matéria. Buda e Francisco de Assis foram felizes só depois que deixaram o conforto e a riqueza da aristocracia para vestirem a estamenha na vida deserdada no mundo! Gauguin só conseguiu criar os primores vivos da cor na sua pintura expressionista e iluminada, depois que abandonou o epicurismo do seu lar europeu e foi viver entre os párias e leprosos do Taiti! O modelo mais perfeito do homem angélico plasmado na Terra não se originou dos palácios afortunados do mundo, mas do trabalho paciente, humilde e pobre do Mestre Jesus!

PERGUNTA: — *Há pouco aludistes ao "trabalho-redentor", o que nos induz à crença de um sentido doutrinário ou regenerativo do trabalho?*

RAMATÍS: — Consideramos o trabalho uma atividade redentora, além de sua ação dinâmica, pois, realmente, ele desperta as qualidades laboriosas e latentes do espírito imortal. A incessante atividade nos diversos planos da vida humana ajusta o homem a frequências mais sutis e próprias dos mundos angélicos. O trabalho familiariza a criatura com as virtudes da perseverança, resignação, paciência e o estoicismo, as quais se desenvolvem nela por força da continuidade laboriosa. Quem se obriga a tarefas num tempo dado e para um certo objetivo, que lhe exige constância, submissão e disciplina, desenvolve outros valores correlatos, meritórios. Aliás, no caso da escravidão dolorosa, que por vezes conduz até ao martírio, o trabalho, sem dúvida, oferece características místicas!

O trabalho, como ação preliminar, ativa o psiquismo primário do homem e opera compulsoriamente na sua transformação interior. O prazer, a ociosidade, o excesso de conforto e a liberdade do mando atrofiam mais facilmente as virtudes divinas e latentes no espírito do homem, porque o cristalizam na despreocupação de centralizar suas forças para fins proveitosos. Mas durante o treino laborioso, que afasta do espírito as elucubrações censuráveis e os desperdícios da mente acéfala, há determinada concentração de energias convergindo para um fim útil, seja científico, técnico, artístico e até religioso. Por isso, o homem de espírito esclarecido não encara o trabalho como coisa detestável e humilhante, mas o considera um ensejo energético para despertar o seu conteúdo espiritual superior, adormecido. Embora não se verifique um sentido doutrinário na simples função laboriosa do trabalho, trata-se de uma ação disciplinadora e que proporciona o ajuste, o progresso ou a realização das concepções mentais do homem. No metabolismo evolutivo da vida humana, cada coisa atua de um modo peculiar, mas vinculada a toda manifestação da vida. O importante é ninguém interferir extemporaneamente na vivência alheia, nem perturbar o labor do próximo. Isso lembra a harmonia e sabedoria com que funciona o próprio organismo humano, onde cada órgão exerce a sua função laboriosa sob o mesmo comando cerebral, mas respeitando sempre o trabalho e o objetivo dos demais componentes orgânicos. O fígado não intervém nas funções do coração, nem este pretende modificar a composição da bílis produzida pela vesícula; o baço purifica o "quantum sanguíneo", os rins drenam as substâncias tóxicas, a medula compõe o sangue, o pâncreas produz a insulina e os fermentos de praxe. Cada órgão trabalha disciplinado e entrega a sua cota de produção assumida para com todo o organismo. Cada plexo nervoso funciona na sua região familiar, mas embora distribua os estímulos de sua competência, não tenta influenciar ou modificar os demais campos de ação dos seus irmãos ganglionares. O mínimo deslize, a mais sutil negligência, podem gerar transtornos perigosos ao equilíbrio e à harmonia do edifício celular do corpo humano e dificultar a manifestação do espírito encarnado na matéria.

Portanto, a alegria e a fartura do corpo dependem da alegria e da fartura do espírito, cuja vontade, ânimo e disciplina controlam e coordenam o labor das células e dos órgãos num ritmo progressista, o qual também se conhece por trabalho.

*PERGUNTA: — Que dizeis da concepção de "Capital" e "Trabalho", que deram influxos às doutrinas do capitalismo e do comunismo, as quais dividem os homens e causam angústias aos povos, ante a preocupação de domínio exclusivo deste ou daquele grupo?*

RAMATÍS: — Que importam os sistemas políticos, as doutrinas democráticas, ou comunistas, quando a saúde, o equilíbrio e a harmonia de tais sistemas dependem fundamentalmente da saúde, do equilíbrio e da harmonia espiritual de cada homem e de cada uma das peças que os compõem? Ninguém modifica ou melhora o conteúdo de um bolo só porque lhe aplica uma forma artística agradável para levá-lo ao forno! O fato de o doceiro achar agradável a forma de um peixe para fazer o seu bolo, não implica em que todos os doces feitos sob tal modelo fiquem bons e agradáveis; eles dependerão, essencialmente, dos ingredientes que constituem o seu conteúdo e não a forma modelada. Nenhuma doutrina, partido ou sistema político, social, capitalista, ou democrático conseguirá solucionar a carência de fraternidade no seio da humanidade, nem proporcionar a paz de espírito desejada, caso o indivíduo ainda permaneça cheio de problemas e aflições. O estado sadio do corpo humano, por exemplo, não é obra de um sistema ideado e criado de fora para dentro, por um grupo de órgãos com certo gosto pessoal, mas um produto resultante da soma de todas as células sadias. Enquanto houver uma célula enferma não existirá nesse corpo a higidez desejada. Assim como o funcionamento perfeito do relógio depende do funcionamento exato e perfeito e harmônico de todas as suas peças, é evidente que antes de se cogitar do sucesso de democracia, comunismo ou socialismo, é necessário primeiramente aperfeiçoar-se as "peças-homens", que deverão compor e integrar o conjunto doutrinário, simpático. Aperfeiçoado o homem, obviamente, pouco importa depois o rótulo do movimento, sistema político, religioso ou social que ele integrar!

No entanto, cada sistema, doutrina ou instituição política do mundo pretende impor a sua maneira de governar ou atuar, pouco se importando com as idiossincrasias dos adeptos de outros movimentos. Seria ilógico, por exemplo, que o fígado resolvesse criar um sistema baseado exclusivamente em sua própria função hepática, pretendendo, com esse "hepatismo", governar as necessidades de todo o corpo! Os "ismos" separam os homens em grupos afins e ligados pelos mesmos interesses, que passam a competir com outros grupos de homens etiquetados por determinadas legendas. Mas quando o cidadão aperceber-se conscientemente da sua realidade espiritual e a consequente feição transitória do mundo material, capaz de integrar-se fraternalmente no seio de toda a humanidade, jamais ele precisará de qualquer legenda ou dístico que o vincule a uma doutrina separatista e enquadrada sob determinado "ismo"!...

E como "só pelo Amor se salva o homem", ainda é a doutrina do Cristo, o "Evangelismo", a única solução capaz de unir todos os homens sob um só ritmo de vida venturosa e sadia!

## 6. Problemas dos idiomas

*PERGUNTA: — Há fundamento na ideia de que a humanidade, no futuro, fará uso de um só idioma nas suas relações humanas?*

RAMATÍS: — Os diversos idiomas do mundo são como os rios, que se ramificam por diversas latitudes geográficas, mas tendem a um só objetivo comum: o oceano! A história da humanidade pode comprovar-vos que os idiomas também nascem, crescem, amadurecem e depois se extinguem, como tem acontecido com as mais consagradas raças do mundo, hoje apenas lembradas por suas línguas mortas, tais quais Babilônia, Lemúria, Fenícia, Assíria, Pérsia, Incas, Astecas, Atlantes e outras. Nos planetas mais evoluídos do que a Terra, há uma só comunicação idiomática, pois além do vocabulário simplificado e dos verbos absolutamente regulares, ainda se facilita o entendimento recíproco ante a faculdade telepática já desenvolvida em seus habitantes.

*PERGUNTA: — Como poderíamos avaliar essa faculdade telepática, que facilita a linguagem entre os homens dos mundos superiores?*

RAMATÍS: — Nos orbes de graduação superior à Terra, a palavra é usada com parcimônia e na medida exata para a sustentação objetiva do diálogo, cujos habitantes abreviam o curso das ideias pelo apercebimento intuitivo bastante desenvolvido. Só os povos primários, aldeônicos e emocionalmente instáveis, são verborrágicos, prolixos de palavras e circunlóquios inúteis, tão próprios dos terrícolas. Enquanto os animais ainda se comunicam aos gritos e esgares, o homem já conseguiu a articulação da palavra; mas a mímica, o gesto e a compreensão silenciosa também podem ser recursos mais evoluídos do que o manejo exclusivamente oral.

E como entre as humanidades mais evoluídas os espíritos já ultrapassaram a fase dos sofismas, mistificações e negaças verbais, tão comuns para esconder a realidade do pensamento nos lares e nas relações públicas, eles mantêm-se em certa intimidade espiritual, num entendimento autêntico, onde prevalece a técnica telepática como uma condição natural de eletividade superior. Não há truncamentos ou sofismas entre o que "pensam" e o que "falam", pois a mente se assemelha a uma espécie de espelho, que reproduz fielmente as imagens das palavras que pronunciam. As ideias são permutadas num índice de máxima clareza, sem intenções sub-reptícias tão comuns entre os terrícolas. A faculdade telepática é muito desenvolvida por tais humanidades superiores, mas seria uma calamidade se exercida livremente na Terra porque nos homens, às vezes, a aparência cortês e sincera encobre intenções malévolas.

*PERGUNTA: — Porventura, já houve na Terra alguma linguagem que se caracterizasse por uma sincronia vocabular de tendência universalista?*

RAMATÍS: — No mundo profano essa tentativa se fez um tanto enérgica e com sucesso durante a vivência dos povos atlantes, cujo idioma possuía alguns aspectos de feição internacional, adotados nos templos sagrados dispersos por todas as latitudes geográficas. Do idioma atlante derivou-se o sânscrito ou linguagem sagrada, ainda hoje cultivada nos templos budistas e bramânicos. Era uma espécie de linguagem com raízes nos "mantras" ou termos iniciáticos consagrados nas confrarias pelos sacerdotes e conhecido como idioma mântrico, em que os sons exatos eram de suma importância na sua correspondência vibratória com o pensamento.

*PERGUNTA: — Por que se diz idioma mântrico?*

RAMATÍS: — "Mantras", como peças idiomáticas consagradas pelo uso superior, são letras e sílabas de articulações harmoniosas, cuja musicalidade iniciática provoca um estado vibratório peculiar no espírito dos seus articuladores. Quando essas palavras são pronunciadas num ritmo ou sonoridade peculiar e sob forte concentração mental, elas despertam no organismo físico do homem um energismo incomum, que depois proporciona certo desprendimento astral. Aliás, possuem a peculiar faculdade de acelerarem o sistema de *chacras* situados no duplo-etérico, principalmente na região laríngea, cardíaca e frontal. Em sua ação no campo etereoastral do homem, além de harmonizarem as funções dos centros de forças etéricos, os "mantras" propiciam ao sistema neurocerebral um estado de tranquilidade psíquica só comparável à tão desejada "paz de espírito"! Como todas as palavras se revestem de energia mental e astral do homem, elas atuam em todos os planos da vida oculta e física, dando curso às vibrações sonoras, que baixam para o campo da matéria e produzem uma sensibilidade incomum.

As palavras mágicas ou "mantras" revelam também, na sua mentalização disciplinada e sonorização de ritmo ascendente, o caráter, a força e religiosidade ou a ternura espiritual do homem ou do povo que as enunciam.

Assim, os "mantras" escolhidos para as práticas religiosas e esotéricas, no passado, eram selecionados nas expressões verbais medianeiras das ideias do mais elevado teor espiritual. O idioma mântrico de antigamente, tão peculiar e familiar nos templos e confrarias iniciáticas, tinha por função específica unificar o pensamento de todos os instrutores e discípulos numa disposição emotiva e frequência mental sublimadas, compondo assim o clima eletivo para a manifestação dos elevados instrutores do mundo espiritual.[48]

*PERGUNTA:* — *Os "mantras" são palavras construídos propositadamente, para despertar efeitos ocultos e especiais, nos seres?*

RAMATÍS: — Não se constrói "mantras" sob a frialdade científica nem por caprichos esotéricos de simples ajustes de vocábulos, pois não despertariam efeitos espirituais superiores na alma humana. São as próprias palavras que se consagram em "mantras", pelo uso e exercício numa função idiomática ou representativa, transformando-se em verdadeiras chaves verbais, que passam a exercer uma ação espiritual incomum sobre os veículos ocultos e físicos que compõem o homem. Elas congregam energias e as próprias ideias ocultas dos seus cultores, associando as forças psíquicas benfeitoras, as convertem em

---

[48] A tradicional concentração espírita depois das preces de abertura de trabalhos mediúnicos guarda certa afinidade com a postura mantrânica, embora esteja bem longe da realidade mágica ou incomum que tal recurso provoca entre os que sabem manusear a técnica dos *mantras*.

vigorosos despertadores de forças espirituais criando as "egrégoras" cada vez mais potencializadas.[49]

Ademais, há nas palavras sublimes certa musicalidade terna ou vigorosa, doce ou agreste, que, acionada progressivamente, pode alcançar a intimidade atômica da matéria e alterar-lhe a composição eletrônica, produzindo um metabolismo ou potencial superior. Por isso há muito fundamento na tessitura de certas lendas do passado, quando determinadas palavras pronunciadas sob forte concentração da vontade e poder mental, agiam na matéria, como na frase mágica do "Abre-te Sésamo", que rompia rochas na pitoresca história de *Ali-Babá e os Quarenta Ladrões*.

À medida que o mundo progride e avança nas conquistas científicas em todos os campos da atividade humana, inúmeras palavras vão se consagrando no uso cotidiano e serão proferidas para expressar, cada vez mais, os mesmos sentimentos de vários povos. Disso poderá decorrer um idioma de natureza mântrica, em que os vocábulos, ao serem pronunciados, valem mais pela sua peculiar musicalidade e registro de frequência sonora, do que realmente como peças idiomáticas de intercâmbio linguístico.

PERGUNTA: — *Sob a vossa visão espiritual, qual o idioma do nosso conhecimento que melhor se presta para assumir a liderança universalista na Terra?*

RAMATÍS: — Entre todos os ensaios e projetos de idiomas universalistas que a Administração Sideral da Terra tem estudado e orientado absolutamente fora de qualquer linguagem já em uso comum, é o esperanto o veículo idiomático mais sensato, lógico e fiel, para o intercâmbio verbal entre todos os terrícolas.

PERGUNTA: — *Mas o esperanto não tem sido divulgado com o interesse que seria de esperar, para que se torne um idioma universalista. Que dizeis?*

RAMATÍS: — A evolução do mundo se faz por ciclos que se renovam de tempos em tempos; motivo por que muitas coisas que anteriormente são apontadas como charlatanismo ou superstições pelos críticos da época, depois retornam, atualizando-se, prestigiadas pela ciência acadêmica. O radar, o hipnotis-

---
49 Egrégora: forma astral gerada por uma coletividade, em que o pensamento, a vontade e o desejo são forças tão reais como a dinamite ou a eletricidade. Sob tal influencia, a matéria astral tão plástica faz-se compacta e toma forma. Que potencial, então, não há de ser a egrégora de uma religião alimentada há 2.000 anos pelos seus adeptos?

mo, os eflúvios mesméricos (hoje, ódicos), a produção sintética de pérolas e ouro provam que havia fundamento nos objetivos e pesquisas dos velhos alquimistas e ocultistas do passado quando buscavam a "pedra filosofal" ou a criação de pedras preciosas. A própria Astrologia, tão menosprezada, pouco a pouco tem tido comprovada a sua autenticidade como ciência que explica as atrações e repulsões dos campos magnéticos do éter-físico que envolve todos os astros e os intercomunica entre si.

O velho mofo dos astecas e maias, que cicatrizava qualquer ferida, é hoje a consagrada penicilina tão decantada pela ciência médica. O controle remoto é algo semelhante ao princípio de transmissão do fenômeno de telepatia hipnótica, em uso na Índia, quando os telepatas bem-desenvolvidos podem transmitir ordens, que são cumpridas rigorosamente por outro *sujet* passivo, à distância de quilômetros.[50]

Assim, o esperanto, embora considerado utopia idiomática para os pessimistas, é o potencial incomum de uma língua sensata, lógica e perfeita no intercâmbio internacional entre todos os homens. Doravante, ninguém poderá deter-lhe a marcha progressiva, porque já existe no mundo intelectual a elite espiritual eletiva para a divulgação do esperanto!

*PERGUNTA: — Mas por que motivo não teve sucesso como língua no sentido internacional, nem vingou satisfatoriamente o Volapuk, que também surgiu, causando entusiasmo e esperanças nos homens sinceramente devotados à confraternização idiomática da humanidade?*

RAMATÍS: — Malgrado o Abade Schleyer, criador do *Volapuk*, tenha pretendido dar-lhe um sentido internacional no seu idioma original, não o conseguiu por motivos óbvios. O *Volapuk*, além de não oferecer margem para ser aprendido tão rapidamente como o esperanto, ainda carecia de uma qualidade: a singeleza! Era idioma de vocabulário muito complexo, com suas palavras reduzidas; enquanto o esperanto, à semelhança do próprio Evangelho de Jesus, é doutrina de sentimento e aplicação universal, podendo ser aprendido com toda a facilidade

---

50 Trechos do artigo "Lado Oculto da Lua, Raízes e Implicações", do jornal *Diário do Paraná*, de 23 de julho de 1969, subtítulo "Telepatia no Cosmos": "Basta-nos recordar o caso do submarino *Nautilus*, da Marinha dos Estados Unidos, que captou mensagens telepáticas em profundidades marinhas inacessíveis às ondas hertzianas. A Rússia iniciou a sua corrida telepática com os Estados Unidos. No tocante à comunicação, a pesquisa das forças mentais, especialmente no campo da parapsicologia, sugere a substituição das energias atualmente empregadas por um tipo novo, mais sutil e poderoso que todas elas: o pensamento!"

através de suas 16 regras, sem o problema das exceções, irregularidades gramaticais, letras mortas e duplas. É um idioma fácil e claríssimo, podendo ser compreendido por todas as criaturas cultas ou primárias, bastando apenas um pouco de amor e tino mental. Sendo idioma neutro, emancipado e flexível, pode atender a qualquer exigência humana, pois dispensa até o conhecimento de qualquer língua viva ou morta. É o veículo idiomático ideal para atender às exigências verbais cada vez mais avançadas pela multiplicidade dos pensamentos do homem moderno.

Ademais, como a Administração Sideral não opera sem um objetivo superior, o abade Schleyer, criador do *Volapuk*, foi um missionário precursor do idioma internacional esperanto, cabendo-lhe a tarefa preliminar de efetuar um verdadeiro ensaio de auscultação e comprovação dos defeitos e imprevisões que pudessem surgir no futuro. Coube-lhe a tarefa de garimpar, entre os diversos idiomas do mundo, os elementos que seriam experimentados nessa tentativa de internacionalização idiomática, assim como avaliar o interesse e a receptividade dos homens quanto ao uso ou adoção de um idioma único.

*PERGUNTA: — Em que reside a força ou a lógica do Esperanto, capaz de se tornar um idioma internacional ou de uso comum a todos os povos, quando outros empreendimentos semelhantes fracassaram?*

RAMATÍS: — O esperanto é a realização de um cérebro lógico e científico como era Zamenhof, seu criador! Não se trata de qualquer empreendimento utópico, que se deveria impor pela excentricidade ou artificialismo das coisas modeladas para atender apenas à necessidade de um código idiomático. O esperanto é uma obra-prima de lógica e simplicidade, significando um evento de tanta importância na esfera linguística quanto foi a descoberta da energia atômica na esfera científica. A sua reduzida gramática, isenta de regras que tanto fatigam a mente do estudante, torna esse idioma um primor de racionalidade e um monumento de habilidade e de inteligência, cuja ortografia fonética, fidelíssima sob qualquer pronúncia e aliada à sintaxe de uma simplicidade surpreendente, recomendam-no ao bom--senso da linguagem humana.[51]

É o idioma mais bem aparelhado para se ajustar aos imperativos do século dinâmico em que viveis; e também corresponde

[51] Sob professor competente e na média de 2 aulas por semana, pode-se aprender Esperanto em 6 meses, para ler e escrever, embora o domínio oral deva aperfeiçoar-se no contacto mais frequente com os cultores do idioma.

A Vida Humana e o Espírito Imortal         159

à velocidade com que hoje os pensamentos dos homens são convertidos em palavras! É um sistema claro, disciplinado e admirável multiplicador de palavras sob encantadora simplicidade, efetuando, no campo da linguagem humana, algo da função dos computadores modernos ao atenderem às exigências do cálculo e da contabilidade exaustiva do mundo.

PERGUNTA: — *Por que, então, os homens ainda não adotam tal idioma, que já estaria facilitando o entendimento saudável à humanidade e proporcionando melhores ensejos para a sonhada paz no mundo?*

RAMATÍS: — O esperanto não é apenas uma compilação ou inventiva de um cérebro genial, como foi Zamenhof, mas sim uma síntese resultante do progresso milenário da linguagem humana até os vossos dias. Embora se trate de um idioma de fácil entendimento, quer pela pronúncia, isenção de verbos irregulares, tratamento fonético sem exceções maçantes, é, no entanto, fundamento eletivo ao homem de boa vontade, pacífico e de índole universalista, religioso ou espiritualista sem fanatismo! O esperanto carrega em suas asas a limpidez das coisas sublimes, pois é um empreendimento messiânico, cujas raízes desenvolveram-se através da luta, sacrifício e profundo desinteresse pessoal, apenas visando à felicidade humana por parte do generoso e avançado espírito Lázaro Zamenhof, homem em cujo coração pulsava o sentimento de todos os povos! Não é linguagem de homens avaros, racistas, ambiciosos e ciumentos, mas acessível a homens de todos os credos, doutrinas e raças; criaturas que, acima de sua própria ventura, colocam a paz do mundo!

Não é um linguajar disciplinado por hábil técnico e poder de síntese, mas uma mensagem sublime e sadia entre os corações humanos e santificando a aproximação fraterna entre todos os homens pelo fácil entendimento na pureza do seu pensar e sentir, sem os escolhos e as desfigurações próprias das traduções e versões, que jamais asseguram a fidelidade do que se pretende dizer![52]

Por isso, o labor dos esperantistas revela-se algo semelhante ao sacrifício, à perseverança e à ternura do trabalho empreendido pelos apóstolos na sua missão santificada da divulgação do

---

[52] É o que acontece na ONU, quando os delegados dos países participantes falam apenas 20 minutos; e depois são despendidos 100 minutos para os intérpretes verterem o linguajar tão diverso para um só idioma. Imagine-se a facilidade com que tudo seria efetivado através de um idioma como o Esperanto, num diálogo direto, comunicativo e de máximo aproveitamento de tempo para outras dezenas de assuntos.

Evangelho de Jesus! Os esperantistas são homens abnegados, tenazes, corajosos e desinteressados de qualquer provento mercenário, expondo mais um ideal de beleza, amor e confraternização entre os homens do que mesmo a preocupação de uma glorificação pessoal pelo mérito de uma realização incomum. Há os que, além do seu tempo precioso, ainda empregam o seu próprio dinheiro, pois ninguém visa fins utilitaristas, sabendo-se que as obras esperantistas já divulgadas nasceram mais propriamente de doações e esforços particulares, dignificados pelo desinteresse e fortalecidos pelo espírito heroico de difundir um idioma neutro e profundamente fraterno.

Zamenhof, o seu genial e nobre autor, abdicou de todos os direitos e interesses, doando à humanidade os frutos generosos do seu labor de natureza verdadeiramente espiritual. Por isso, esse empreendimento sublime permanece cada vez mais vivo e expansivo, integrando um ideal de concórdia, esperança e confraternização verbal entre todos os povos. Jamais será apagado ou entravado na sua assimilação incessante, pois ele tem algo do trabalho heroico dos primeiros cristãos, os quais, apesar de insultados pela maldade, zombados pela mordacidade dos sarcastas e até apedrejados pelos fanáticos, projetaram até o nosso século a mensagem do divino Jesus! Ademais, todo o projeto e organização sempre tão atualizados e iniciáticos do Esperanto custaram alguns séculos de labores, estudos e experimentações no mundo espiritual.

*PERGUNTA: — Surpreende-nos a fatigante atividade no Espaço, para a elaboração do esperanto, quando o seu êxito deveria depender mais do empenho e ajustes na face da Terra. Não é assim?*

RAMATÍS: — Trata-se de algo mais importante do que uma simples forma verbal para dirimir as relações humanas entre as múltiplas expressões da linguagem dos povos terrícolas. Em geral, as nações mais destacadas esforçam-se para impor ao mundo a sua própria forma de falar; e gastam fortunas, usam de todos os ardis a fim de que prevaleça o seu idioma nacional. No entanto, nenhum idioma, seja qual for a raça, subsiste no tempo, pois de muitas nações que pareciam indestrutíveis, hoje a história estuda eruditamente a "língua morta"! Ruíram em seu poder e glória e terminaram desaparecendo da face do orbe, restando apenas a tradição milenária.

Em consequência, a Administração Sideral, ao cogitar da

divulgação do esperanto, pesquisou toda a gama de paixões, interesses e sofismas nas relações dos homens e diversas raças! Assim, fixou na essência do idioma internacional uma síntese ou fusão dos sentimentos, sonhos e ideais de ventura de todos os homens, numa vibração uníssona universalista e sem ortodoxia separatista de credos e religiões. Não se tratava de um instrumento exclusivamente de função verbal, porém de um idioma unificador e terno, cuja adoração não humilhasse qualquer linguajar do mundo. Daí a força espiritual e fraterna que se exalta do esperanto a todos os povos, pois não magoa nem humilha qualquer sensibilidade, pátria ou raça. Não é acontecimento apenas submisso a regras idiomáticas simplificados ou fruto do progresso humano, mas é de raízes espirituais milenárias; traz em sua intimidade um pouquinho do linguajar de todos os povos! É semelhante ao carvalho, que, ao brotar fragilmente na superfície da terra, já guarda no âmago silencioso da bolota o macrocosmo de sua futura configuração gigantesca.

PERGUNTA: — *Quer nos parecer que a própria humanidade ainda não está devidamente preparada para o advento do esperanto. Não é assim?*

RAMATÍS: — Sem dúvida, embora o esperanto seja um idioma claro e fácil, realmente, o homem ainda não está suficientemente preparado para compreendê-lo e senti-lo! Além de simples mecanismo verbal, o idioma esperantista requer um estado de espírito eletivo à sua mais importante mensagem, que é a confraternização idiomática entre todos os povos. Mas, enquanto o troglodita ainda se afligia para articular os primeiros vocábulos originais da linguagem terrena, o esperanto já era cogitação dos "Mestres da Predição", como tarefa de alta responsabilidade entre os trabalhadores da espiritualidade.

Em verdade, o mais rudimentar dialeto falado no vosso mundo foi alvo de estudo e atenções de abalizados linguistas do plano espiritual. A linguagem humana não é mero produto de circunstâncias acidentais, mas um amálgama da expressão de determinados espíritos, que a articulavam no plano espiritual, e mais tarde efetivaram a sua materialização pela laringe carnal. Mesmo o grito inexpressivo do animal ainda é um efeito do psiquismo coletivo, que lhe dirige a espécie nos fenômenos e relações com o meio físico.

PERGUNTA: — *O esperanto, justamente por ser um idioma*

*fonético muito simples em suas regras e vocabulário reduzido, deveria ter dispensado tantas preocupações técnicas e labores no mundo sideral. Não é assim?*

RAMATÍS: — Porventura o Evangelho também não é um código de leis cristãs simples e elaborado há quase dois mil anos? No entanto, no século XX o terrícola ainda imaturo de espírito é incapacitado para se integrar definitivamente nos postulados dessa mensagem tão sublime. Quantos precursores de Jesus palmilharam a Terra nos últimos milênios, a fim de preparar o homem para assimilar as máximas evangélicas tão singelas e fascinantes, mas ainda tão desprezadas?

Não há dúvida quanto à simplicidade do esperanto, porém isso é uma singeleza "qualitativa" e não "quantitativa", por isso mais demorada de assimilação pelos homens, que sempre reagem indiferentemente às coisas e aos acontecimentos frutos da humildade. Em consequência, são os homens humildes os que primeiro aderem ao esperanto, porque a humildade não é uma virtude excessivamente evangélica, mas um estado de espírito de apercebimento incomum, em que o humilde escuta e apercebe-se do que é mais certo e proveitoso!

*PERGUNTA: — O esperanto também não poderá se transformar num dialeto viciado pelas pronúncias regionais?*

RAMATÍS: — A possibilidade de o esperanto desnaturar-se como dialeto entre as viciações regionais foi devidamente prevista por sábios esperantistas desencarnados, que providenciaram uma fiscalização periódica na Terra, a fim de garantir a sua particularidade de língua neutra e internacional.

*PERGUNTA: — Dizem abalizados filósofos que as línguas não são nem podem ser criações caprichosas, à parte, mas sim idiomaticamente fruto da própria vida dos povos e da sua psicologia e idiossincrasia!*

RAMATÍS: — O esperanto é justamente uma comprovação cabal disso, pois a sua finalidade primacial é reproduzir o temperamento, a psicologia e a ansiedade espiritual da humanidade, no que ela tem de mais digno e louvável. É um mecanismo simples, verbal e ortográfico, mas capacitado para interpretar o conteúdo artístico, filosófico, técnico e moral de toda a humanidade terrena. As suas bases se identificam e se afinam com a psicologia de toda a humanidade, porque se dirige, particularmente, ao sentimento fraterno próprio e inato a todo espírito filho de Deus!

Eis por que nenhum idioma vivo ou morto, produto natural

de uma raça ou povo, será capaz de interpretar fielmente os matizes psicológicos inerentes a todos os homens! A língua de uma só raça ou povo há de ser sempre exclusiva e característica de um temperamento único. Malgrado se trate de uma nação poderosa, verdadeiro império que domina muitas latitudes do globo, não servirá como expressão da humanidade que evolui incessantemente por força da técnica e da ciência, que é patrimônio internacional.

A personalidade de um povo ou de uma nação sempre há de rejeitar o idioma de outra raça, pois é da índole humana não se submeter a nenhuma coação alheia, mesmo de natureza verbal. Ademais, o idioma de um povo é insuficiente para exprimir toda a gama de emoções e sentimentos de outro povo, cujos costumes diferentes possuem características próprias e são inimitáveis. Para não ferir os brios patrióticos alheios, o próprio idioma neutro deveria constituir-se com um pouco de vocábulos de cada povo e das demais línguas existentes, a fim de se tornar um mecanismo verbal temperado ao gosto internacional. Mas seriam precisos muitos séculos para vingar esse heterogêneo sistema e transformá-lo no sonhado acordo linguístico para toda a humanidade. No entanto, o esperanto é mensagem verbalística internacional, em vez de colcha de retalhos verbais, e suas palavras são simpáticas e familiares a todos os povos!

Ante a belicosidade, desconfiança, orgulho, ambição, caprichos e nacionalismos tolos, seria muito difícil harmonizar tantos pensadores e patriotas acirradamente nacionalistas e não universalistas para admitirem o uso exclusivo de um idioma estrangeiro, só porque possuísse um pouco de vocábulos da sua própria língua pátria. No entanto, o esperanto é que realmente pode se afinar com todos os povos, principalmente com os homens mais desapegados de racismos e patriotismos isolacionistas, porque, sendo neutro, não ofende os sentimentos pátrios de ninguém. Aliás, as principais raízes do esperanto vêm do tronco indo-europeu, que é o berço de todas as línguas expressivas e a fonte idiomática mais comum. O próprio latim, que lhe reforça grandemente o mecanismo idiomático, além de se derivar de uma língua-tronco comum aos idiomas ários, figura como o principal veículo de relação entre o celta e o grego, estando em afinidade com a atual civilização também oriunda das populações brancas primitivas, da Ásia e da Europa, vinculadas à família indo-germânica ou indo-européia. Assim, os próprios luminares descendentes desses árias e de princípio os detentores da linguagem nobre e sagrada do sânscrito também continuarão a se interessar pelo esperanto, que é o idioma internacional fraterno do Terceiro Milênio e identificando a mesma ansiedade espiritual de toda a humanidade!

*PERGUNTA:* — *Quais as características principais que asseguram o êxito futuro do esperanto como idioma neutro e internacional?*

RAMATÍS: — O esperanto, como doutrina de sentimento e de aplicação universal, é agradável de ser aprendido e facílimo de manejar dentro do limite de suas 16 regras sem exceções e irregularidades gramaticais. Cada letra escrita corresponde exatamente a um som perfeitamente determinado, dispensando o trabalho complexo de se editarem vocabulários de pronúncia. Isso evita o que já tem acontecido com muitas línguas bastante divulgadas, cujos grupos de sílabas são pronunciados de modo diferente do que se costuma escrever. Os radicais que constituem a língua esperantista são de índole internacional e podem ser identificados em todos os principais idiomas do mundo. Na sua flexibilidade idiomática, eles atendem às mais complexas e múltiplas exigências verbais do homem moderno.

*PERGUNTA:* — *Certa fraternidade espiritualista, na Terra, informou-nos que a língua atlante será a mais alta expressão linguística de entendimento futuro entre os povos terrenos, em vez do esperanto, o qual é vulgarmente fonético. E que já foram catalogados mais de 12.000 vocábulos da velha língua atlante e traduzidos para atender ao idioma internacional. Que dizeis?*

RAMATÍS: — Sob tal hipótese, melhor seria os filósofos terrenos adotarem como idioma internacional futuro o próprio sânscrito, que, além de conhecido há mais de 25.000 anos, é o principal ramo asiático das línguas arianas e se preserva nas escrituras sagradas dos hindus. Era a língua sagrada que servia aos Vedas muito antes de Cristo, da qual derivaram o cigano, o indostano e numerosos dialetos e línguas que ainda são faladas.

Embora a Atlântida tenha sido uma civilização importante há mais de 28.000 anos, e de que os astecas, incas e os egípcios ainda guardam vestígios artísticos e culturais herdados dos seus últimos anos de existência, ela também abastardou o seu idioma, como fruto da decadência tão natural das nações que se degradam em seus costumes e enfraquecem, no final da existência, o seu poder linguístico. E, como a língua é um reflexo dos estados morais, mentais e espirituais da alma coletiva de um povo, ela também se abastarda num vocabulário primaríssimo de gíria artificial, quando esse mesmo povo decai moral e espiritualmente no ciclo de sua vivência final na matéria. Isso aconteceu aos persas, fenícios, toltecas, astecas, maias e atlantes, assim como a certas nações atuais, que se degeneram após cumprirem a sua missão junto à humanidade. Em consequência, o extinto idioma atlante é insuficiente para expressar a natureza humana do cidadão do terceiro milênio, pois, além de pesadão e sobrecarregado de vocábulos incapazes de atender à ligeireza do pensar moderno, lembra a figura ridícula do carro-de-boi convocado para ser o moderno transporte nas ruas asfaltadas das metrópoles atuais.

O homem atual quase precisa de um idioma feito de códigos e de chaves verbais, a fim de atender às rapidíssimas associações de ideias, que ultrapassam a capacidade comum de falar.

PERGUNTA: — *Mas o esperanto também não poderá se deformar pela incorporação ou interpolação de outros vocábulos heterogêneos, ou com neologismos de alguns povos, tornando-se cheio de excrescências idiomáticas?*

RAMATÍS: — O esperanto será resguardado das corrupções idiomáticas e protegido na pureza de suas raízes idiomáticas, porque, além de ser subordinado a normas definitivas, traçadas pelo Alto, é fiscalizado e amparado por uma entidade oficial terrena, que é a *Universala Esperanto Asocio*, responsável pela sua sanidade verbal e gráfica.

Essa organização, fundada no Além há muitos séculos, depois foi concretizada na Terra por elementos devotados e experimentadíssimos no trato do idioma fraterno, os quais já se dedicaram a avançados labores linguísticos em vidas passadas. Os mais abalizados filólogos espirituais têm-se vinculado à "operação-esperanto" desde o mundo oculto, escoimando o idioma de qualquer excrescência e corrupção. É uma assistência permanente e contínua, que aproxima esse idioma fraterno entre homens de linguajares diferentes, mas sempre na mesma convergência verbal e ortográfica.

Poderíamos exemplificar que a água, acrescida de certas essências ou produtos vegetais, pode se transformar em xarope, vinho, café ou chá; mas, filtrada cientificamente, ela torna a ser a água-matriz, pois, eliminados os produtos heterogêneos, continua a ser o mesmo elemento em sua pureza iniciática. Ninguém poderá alterar a contextura e a natureza intrínseca do esperanto, que, por vontade, fiscalização e vigília incessantes, sempre há de resistir a qualquer neologismo ou interpolação inoportuna. E, se porventura tal coisa fosse necessária, por falta de previsão dos mais abalizados filólogos e linguistas do mundo espiritual e físico, a máxima entidade esperantista é quem há de decidir! Porventura, mudais um acento tônico de uma palavra do vosso idioma sem a autorização e o exame prévio da academia responsável? Ademais, os homens que aderem ao esperanto são cidadãos eletivos às coisas mais sensatas, simples, ternas e universais, indubitavelmente mais espiritualizados do que a massa comum, sejam sacerdotes, pastores, espíritas, esoteristas, rosa-cruzes, teosofistas ou umbandistas. A simples adesão do homem ao idioma neutro esperantista já demonstra que ele é um espírito de natureza superior!

É evidente que, sendo o esperanto língua eletiva aos bons caracteres humanos, toda a sua experimentação inicial se faz através de homens sensatos, altruístas, coerentes, idealistas e principalmente fraternos! Quando o idioma for divulgado pelas classes incultas e primárias, o que se fará a partir do terceiro milênio, já se terá consagrado idiomaticamente no bom uso dos mais fiéis e experimentados. Em face da seleção espiritual de "Fim de Tempos" que a Terra está vivendo atualmente para promover-se à condição de um ginásio espiritual povoado pelos escolhidos à direita de Cristo, o esperanto será o idioma eletivo, conquistando o coração dos homens bons numa verdadeira religiosidade fraterna.

*PERGUNTA: — Como entenderíamos essa religiosidade fraterna do esperanto, quando se trata de um idioma ou mecanismo verbal, que julgamos sem qualquer relação com o sentimento religioso do homem?*

RAMATÍS: — É de senso-comum que o termo "religião" provém do verbo *religare*, ou no sentido de religar a criatura aos princípios criadores divinos! O esperanto, inegavelmente, reflete no seu patrimônio verbal essa disposição terna e esperançosa, pois os seus vocábulos possuem algo de todos os povos, como princípios éticos que induzem o homem à confraternização universal! A sua religiosidade expressa algo do Amor imanente em todos os seres, porque procura ajustar e unir a variedade de pensamentos e sentimentos da humanidade numa só expressão gráfica e verbal. É uma só expressão de sonoridade, grafia e verbalismo em qualquer latitude geográfica do globo! Elimina as barreiras emotivas produzidas pela diferença de diversos idiomas pátrios, que, na sua feição caracteristicamente nacionalista, repelem as expressões idiomáticas de outros povos!

*PERGUNTA: — Mas não poderia ocorrer alguma alteração na pronúncia do Esperanto, variando conforme o clima, a latitude ou costumes de cada povo onde for adotado?*

RAMATÍS: — O Esperanto não pretende suprimir os diversos idiomas próprios de cada raça ou povo, mas a sua missão espiritual é de eliminar as barreiras nacionalistas entre os homens, para que se conheçam como cidadãos oriundos do mesmo Espírito Criador!

Então o Esperanto será falado por todos os povos da Terra e submisso a uma só disciplina, fiscalização filológica e pronúncia iniciática. A sua pronúncia é clara e doutrinariamente aceitável em todos os climas geográficos e por todas as índoles psicológicas. Não é de pronúncia extremamente aberta ou extremamente fechada, mas se efetua num "meio-termo", num tom médio de voz que muito facilita o ajuste de todos os povos e raças. Lembra-nos a linguagem sacra dos sacerdotes, que a cultivam em todos os países nos seus ofícios religiosos, e por padres de todas as nacionalidades, sem que se deforme ou seja repudiada.

*PERGUNTA: — Sob a vossa argumentação anterior, chegamos a crer que há homens "eletivos" e "não-eletivos" ao esperanto. Não se trata de um idioma de entendimento verbal e ortográfico, em vez de algo semelhante a um culto?*

RAMATÍS: — Assim como há homens só eletivos para determinada doutrina religiosa ou espiritualista, certo tipo de arte ou filosofia, isso porque tais coisas são de ordem superior ao ser humano e atrativos num sentido de elevar o padrão de vida, o esperanto também é uma doutrina verbalística e universalista; e aprendê-la e cultivá-la já é quase um culto de reverência à sua natureza incomum.

Essa disposição de eletividade esperantista faz com que os seus cultores e intérpretes sejam justamente aqueles que se elegem para o cultivo da língua, procurando-a mais como um efeito de simpatia psíquica e necessidade decorrente de sua própria evolução espiritual. É de senso comum que o homem procura no mundo os meios mais afins e autênticos para expressar a sua natureza interior! Ao mesmo tempo que certas criaturas preferem igrejas católicas, templos protestantes, centros espíritas, terreiros de umbanda, lojas teosóficas, centros esotéricos ou cerimoniais rosa-cruzes para festejarem a passagem do Natal e do Ano-Novo, milhares de outras pessoas abarrotam os restaurantes, bares, boates e prostíbulos atendendo à sua eletividade espiritual.

Os homens de sentido universalista hão de sempre procurar expressar os seus sentimentos, ideais e pensamentos através de meios que melhor representam esse estado de espírito independente de qualquer religião ou doutrina espiritualista. Essa disposição natural de eletividade ampla e sem barreiras sociais, religiosas ou profissionais, também os faz procurar o cultivo do Esperanto, como um complemento à sua índole superior na própria manifestação do idioma. Tais homens sempre estarão mais próximos ou vinculados a qualquer movimento de amplitude universal.

Entretanto, os homens fanáticos, cruéis ou racistas, não se afinam no seu egoísmo primário ao jugo fraterno, suave, simples e internacional do Esperanto, que é um veículo de relações incondicionais e não exclusivo de pátria, raças ou povos isolados. Os homens sem vocação para a solidariedade humana e confraternização entre raças e povos, que se apegam aos extremismos nacionalistas, não perdem o seu tempo no cultivo de uma língua neutra e internacional, contrária ao seu temperamento, interesses e pontos de vista!

PERGUNTA: — *Dissestes da semelhança do esperanto com o Evangelho do Cristo! Como poderíamos apreciar essa conceituação algo incomum?*

RAMATÍS: — A semelhança entre o esperanto e o Evangelho provém de que o esperanto é também um código verbal certo e igual para todos os homens! É de qualidade essencialmente afetiva, porque é eletivo às criaturas de boa índole, que se simpatizam com os movimentos universalistas. A sua mensagem messiânica, já o dissemos, está acima das orgulhosas barreiras raciais e dos patriotismos exagerados; é um admirável multiplicador de frequência verbal confraternizando povos e tornando-os mais entendíveis, e seu entendimento verbalístico é sem ferir preconceitos humanos. É linguagem simples, fraterna, humilde e exata na sua expressão endereçada à humanidade, assim como o Evangelho é terno, humano e autêntico na sua mensagem espiritual.

E assim como o Evangelho se estriba no holocausto de Jesus, o Divino Amigo do homem sacrificado por causa da confraternização humana, o esperanto também erigiu-se sob a égide do heroico e abnegado Lázaro Zamenhof, que suportou calúnias, agressões, infâmias e prejuízos totais para compor e oferecer a sua mensagem fraterna e de esperança para unir a humanidade! Por isso, o esperanto não evoluiu como as línguas comuns, da Terra para o Céu, como um conjunto verbal considerado o mais ideal e experimentado entre os homens de várias raças, mas é dádiva do Céu por intermédio de um "medianeiro espiritual", como foi Lázaro Luiz Zamenhof, cuja vida digna e crística correspondeu integralmente à missão eleita pelo Alto.

*PERGUNTA: — Por que o espiritismo também se devota à divulgação do esperanto, quando isso devia ser um movimento à parte e exclusivo da entidade esperantista, responsável por tal missão?*

RAMATÍS: — Toda instituição, doutrina, credo ou movimento espiritualista que aspire a unir e confraternizar os homens, deve se obrigar à divulgação do esperanto! Num mundo onde a palavra falada ou escrita ainda é o principal agente de intercâmbio dos pensamentos humanos, o cultivo da mesma linguagem torna-se abençoado recurso para a mais breve fusão emotiva e sintonia psicológica, entre as criaturas separadas pelas mais distantes latitudes geográficas.

O espiritismo, como doutrina de caráter universalista, é divino fermento a aumentar todos os empreendimentos fraternais; assim, cumpre-lhe incentivar todos os esforços humanos que tenham por objetivo a solidariedade e o entendimento amplo entre os homens. Considerando que o Evangelho de Jesus é mensagem espiritual definitiva para o homem alcançar o "Caminho, a Verdade e a Vida", e o esperanto a mensagem verbal que multiplicará entre os homens de boa vontade o ensejo de mais rápida evangelização pela mesma frequência idiomática, o espiritismo pode se tornar um admirável traço de união entre ambos, porque a sua função também é de renovar o espírito e proporcionar a Paz e o Amor entre os homens!

## 7. Problemas dos governos

**PERGUNTA:** — *Por que os sistemas de governo, do nosso mundo, não correspondem integralmente às ansiedades dos povos governados?*

**RAMATÍS:** — Conforme conceitua a Lei Espiritual, "a cada um será dado segundo as suas obras", assim, também justifica-se perfeitamente o velho refrão popular, de que "o povo tem o governo que merece"! A humanidade terrícola ainda é insatisfeita e turbulenta, dividida em agrupamentos nacionalistas adversos, doutrinas religiosas e credos separatistas, a defender interesses exclusivos em conflitos recíprocos.

Os povos da Terra são belicosos, egotistas, indisciplinados, ciumentos, avaros, racistas e orgulhosos, quando se trata de nações poderosas e dominantes; mas choramingam, lastimam-se quais vítimas injustiçadas, depois que se enfraquecem ou são humilhados nas guerras pelos adversários vitoriosos. As nações lembram as criaturas descontroladas em suas emoções, capazes de atingir os piores extremos de ambição e violência, quando fortes e independentes, mas que se acovardam, servilmente, ao tombarem dos seus pedestais de vento!

Os povos gritam e protestam contra os seus dirigentes, tachando-os de políticos ambiciosos, corruptos ou venais, porque eles não lhes satisfazem integralmente as pretensões pessoais! Mas esquecem-se de que são governados por homens da mesma fonte humana, ou gerados no meio ambiente, e que apenas refletem as idiossincrasias do todo que é governado. Os eleitores elegem os seus dirigentes por sua livre e espontânea vontade; no entanto, grande parte desse quadro eleitoral avilta--se nos conchavos, perfídias e estratagemas censuráveis a fim de eleger o seu candidato simpático, ou que fez as melhores promessas! Evidentemente, num clima de desonestidade, ambições e interesses de grupos, jamais surgirá um candidato isento de qualquer falha ou defeito, porque ele representa a síntese dos seus próprios eleitores! Os mandatários são produtos do próprio meio que governam, proporcionando os frutos segundo o tipo de adubo do terreno onde se nutrem!

PERGUNTA: — *Mas alguns povos têm sido governados por homens inteligentes, hábeis e honestos, que superam o próprio meio defeituoso onde se geraram! Que dizeis?*

RAMATÍS: — Na distribuição da carga espiritual que há de constituir a humanidade terrícola, a "Administração Sideral" do orbe também escolhe certas épocas para a encarnação de espíritos benfeitores e sadios destinados a regerem ou governarem determinada nação ou povo. São verdadeiras intercessões de melhor quilate espiritual, a fim de que a humanidade não se atrofie num baixo nível intelectivo, artístico e moral. Esses magníficos condutores de povos traçam rumos sadios para o futuro e desalojam do meio os mandantes corruptos, egotistas e mercenários! Da mesma forma, outros, de menor graduação sideral, porém, corretos, dinâmicos e filantropos, são conduzidos à direção de indústrias, instituições culturais e científicas do mundo, apurando o sentido e os objetivos financeiros e econômicos de modo a servir às massas menos favorecidas!

Eis por que a humanidade terrena, em certas épocas, apresenta índices espirituais para melhor ou pior, comprovando quando predomina em seu seio uma carga de espíritos benfeitores ou defeituosos. A qualidade espiritual do orbe terráqueo, malgrado a sua natureza primária de escola roceira, tem em certo tempo o seu gráfico também comum acusando predominância de ascensão. Em determinadas fases, o planeta convulsiona-se pelos conflitos guerreiros e pela safra de tiranos e conquistadores dominados por instintos e paixões, enquanto desconhecem os sentimentos mais comuns. O terreno lavra-se e reponta a erva daninha sufocando os brotos tenros das boas sementes! No entanto, também ocorrem, por vezes, hiatos de paz entre as nações humanas, períodos pacíficos, laboriosos e até gentis, compensando as violências e destruições do passado. Cidades antigas, anti-higiênicas e impróprias para a natureza evoluída do cidadão terreno, depois de destruídas pelo "inimigo" ressurgem das ruínas sob traçados amplos e arejados, compatíveis com uma população carente de oxigênio, luz e jardins!

Na Idade Média dominaram na Terra espíritos trevosos, cruéis e verdadeiros primatas da espiritualidade, que, no comando político e religioso do mundo, amordaçaram consciências, tolheram a liberdade, revolveram o lamaçal das paixões animais, vulgarizaram a arte, reduziram o direito de crença e obscureceram os mais singelos ideais humanos! Após essa experiência tenebrosa em afinidade com a carga espiritual encarnada, o Alto então frenou a descida em massa de espíritos de quilate diabólico, e, programando a encarnação de linhagem espiritual superior, renovou a face da Terra sublimando a arte, liberando a devoção religiosa e consagrando a bela vivência da Renascença![53]

Assim, quando predomina um tipo espiritual melhor credenciado entre determinado povo ou certa nação, ali também se elegem governantes inteligentes e dignos, que são produtos do melhor tipo de cidadãos, e administram corretamente.

*PERGUNTA: — Mas os sistemas políticos, organizados pelas principais classes de um povo, sempre objetivam eleger um bom governo, não é assim?*

RAMATÍS: — Os terrícolas, ingenuamente, criam sistemas de "ismos" e doutrinas onde pontificam grupos de interesses particulares para dirigir um "todo", quando o sistema diretor há de ser sempre um produto eleito por credencial superior de toda a comunidade. Considerando-se que num jardim a flor mais bela e odorante deve ser a rainha, obviamente, o governo ou comando de um povo deve ser entregue ao cidadão mais bem credenciado na razão e no sentimento; o melhor homem do conjunto! Ele é o ápice de melhor qualidade do seu povo e deve ter comprovado na sua própria vida as credenciais que todos esperam vê-lo mobilizar em favor da coletividade.

Nenhum povo consegue a solução política satisfatória, deixando-se governar por qualquer "molde" doutrinário ou político, produto de um grupo de pessoas associadas por simpatias e gostos particulares e constituindo-se num comando à parte. É absurdo um conjunto de criaturas de preferências pessoais políticas pretender dirigir um outro todo variadíssimo em sua gama

[53] "E Deus tomou o dragão, a serpente antiga, que é o Diabo, Satanás, e o amarrou por mil anos" (Apocalipse, 20:2.) Sob o exame de pesquisadores do gênero, considera-se que tal acontecimento identifica perfeitamente o fim da Idade Média.

psíquica, mental e emotiva, como é um povo ou nação, enfim a própria humanidade! Não se pode fazer com a massa humana o que se faz com a "massa de confeitos", onde a matriz escolhida pelo confeiteiro é que determina a forma do doce. Não é a figura dada ao confeito o que lhe determina a qualidade, mas isso é inerente à natureza do conteúdo que preenche o molde. Um sistema, doutrina ou partido político é um molde a ser preenchido por determinado tipo de homens afins em suas ideias, gostos e intenções! São os ingredientes particulares que nem sempre satisfazem o todo coletivo, que é do mais variado conteúdo!

Daí a incoerência de indivíduos criarem um sistema ou partido político para dirigir um todo humano, e que deveria ser uma síntese do conjunto a ser governado! É algo como a disciplina e o equilíbrio que existe na função dos diversos órgãos do corpo humano, que para sobreviverem mutuamente submetem-se à regência do cérebro, isto é, a síntese comandante do próprio conjunto orgânico! Ele não particulariza, mas comanda cada órgão de acordo com a sua função e necessidade, atendendo especificamente o equilíbrio e a harmonia do conjunto. Tornar-se-ia ilógico que o fígado, por exemplo, resolvesse criar um sistema baseado na sua própria função hepática, pretendendo com esse "hepatismo" governar as necessidades de todo o corpo humano! Um povo ou uma nação, indiscutivelmente, é um todo orgânico que materializa a síntese de uma só vontade psíquica e que deve submeter-se a uma direção espiritual superior. A eleição do mandatário de um povo devia mesmo seguir as normas de rigoroso "concurso" tão comum nas funções públicas subalternas, em vez de produto de vontades aliadas sob a flâmula de um partido ou sistema, ou mesmo da nomeação do grupo dominante. É preciso que esse homem selecionado para o elevado cargo público apresente, tanto quanto possível, o mais alto índice de sabedoria, razão e sentimento investigados no seio do conjunto a ser governado. Em caso contrário, o todo passa a obedecer a um comando confeccionado em separado e que não lhe pode proporcionar o equilíbrio e a harmonia somente possível através de um conhecimento global!

*PERGUNTA: — Poderíeis explicar-nos melhor esse assunto?*
RAMATÍS: — O governo de uma nação ou de um povo terrícola comumente ignora a sua imensa responsabilidade assumida perante a "Administração Sideral", a qual realmente governa o planeta! Então se julga autorizado e independente, detentor de

um "poder máximo" sobre certa coletividade, sem necessidade de prestar quaisquer obrigações para o Governo Oculto atuante do mundo!

No entanto, o imperador, o rei, o governador ou mesmo o ditador não passam de mordomos agraciados com a confiança divina, e por esse motivo ser-lhes-ão exigidas depois da morte corporal as mais severas contas dos encargos da matéria. Jamais serão tolerados, quando distorcem o sentido de sua governança em favor dos seus interesses particulares e do enriquecimento do "clã" familiar, pois a Lei Espiritual não lhes perdoa a mínima subversão no comando do patrimônio público!

A governança, na Terra, deriva de severos compromissos esquematizados e assumidos no Espaço pelos seus responsáveis, uma vez que na movimentação de um povo ou nação também se inclui a recuperação cármica dos indivíduos que constituem o conjunto governado. Cada espírito encarnado está vinculado a um organograma sideral, onde se avaliam todas as possibilidades de êxito e fracasso eventuais na rota cármica. Após a desencarnação, cada homem presta conta dos seus feitos realizados no mundo material e responsável pelas defecções espirituais! Infeliz do governante terreno que, devido à sua ambição política ou inescrupulosidade, altera, perturba ou modifica a vivência dos seus governados, impedindo-os de cumprir certas tarefas cármicas ou afastando-os de objetivos de responsabilidade espiritual! Daí o conceito sideral, que é tão popular no Além-Túmulo e assim expressa: "Mil vezes ser um apóstolo do Cristo, do que um ministro de Estado!"...

*PERGUNTA: — Mas cremos que os políticos do mundo não encaram seriamente as vossas advertências quanto à responsabilidade que lhes é inerente perante a "Administração Sideral" da Terra!*

RAMATÍS: — Sem dúvida, é de índole humana subestimar e descrer do que não pode ser comprovado concretamente sob as leis do mundo físico! Malgrado os políticos desconfiarem de nossas advertências, a vivência aí no mundo material não é produto do "acaso", nem mesmo tudo se sucede à matroca, sem qualquer esquema sensato! A Terra, na sua função de escola de alfabetização espiritual, obedece a um planejamento vinculado às demais humanidades do sistema solar, e por esse motivo é de perfeita autenticidade o conceito popular que assim diz: "Não cai um fio de cabelo da cabeça do homem, sem que Deus saiba!" Por isso, o homem que ambiciona as gloríolas transitórias dos cargos políticos e públicos do mundo, que o faça de modo sensato, digno e benfeitor, pois a Lei do Carma o julgará na medida de suas realizações boas ou más! Mil vezes o ladrão que furta, na Terra, do que o administrador que trai a confiança do Alto e responderá por todas as infelicidades, desmandos, injustiças e perturbações decorrentes do seu comando desviado do objetivo espiritual. Segundo a justiça Divina, "a sementeira é livre, mas a colheita é obrigatória"!...

*PERGUNTA:* — *Em verdade, há políticos que alçam-se ao poder, mas já são de índole delinquente e assim o seriam mesmo na vida comum!*

RAMATÍS: — Não opomos dúvida; muitos políticos falazes e corruptos não passariam de reles vigaristas ou ladrões vulgares, caso não lhes houvesse ocorrido o acidente de se guindarem à administração ou poder público! Aliás, é mais perdoável perante Deus o ladrão que arrisca a sua vida para roubar um rádio, relógio ou galináceo, do que o governante ou político que furta detrás da escrivaninha munido de caneta-tinteiro em vez de gazua, e ainda protegido pelas imunidades do cargo! É preferível o vigarista que engana o otário ambicioso, do que o homem público a zombar de milhares de eleitores aliciados para o elegerem vereador, deputado, prefeito ou governador! Infelizmente, na esfera política do mundo alimentada por partidos, doutrinas e sistemas específicos a grupos afins, indivíduos que seriam problemas de polícia, na pobreza, encontram o clima favorável na administração pública para exercitar com sucesso a sua habilidade delinquente

*PERGUNTA:* — *E que dizeis dos governantes que após situarem-se no comando administrativo de uma nação, tornam-se tiranos e, às vezes, levam o seu povo à ruína e ao desespero?*

RAMATÍS: — O déspota, o tirano, em geral, é um produto do ressentimento ou da frustração contra o mundo! Quando ele vive na mediocridade é servil, queixoso ou inseguro nos seus atos, remoendo a ira interior e evitando complicações prejudiciais! Então acumula energia por força de sua contenção compulsória, enquanto os mais extrovertidos dispersam forças e revelam seus atos à luz do dia! Em geral, são invejosos, ciumentos, ambiciosos e facilmente hipócritas, ante a capacidade de esconderem as suas verdadeiras intenções sob preceitos morais e sociais da vida em comum! Odeiam facilmente, e, depois de ressentidos, jamais esquecem a menor ofensa! Cada gota de água da hostilidade alheia, eles contabilizam exigindo a indenização de um tonel na hora oportuna!

Calígula, alcunhado o Botinha, bajulava os fortes, beijava os pés dos poderosos e escondia-se debaixo da cama ante o mais inofensivo trovão; guindado a imperador, praticou as mais espantosas crueldades e vingou-se impiedosamente de todos os que um dia ele cortejara. Cortez era condutor de porcos em sua terra, até se tornar o famigerado assassino dos astecas, ato em que ele vingou-se de todas as humilhações da infância; Hitler era cozinheiro do exército alemão, em 1918, homem ressentido contra os seus hierárquicos, incompreendido na sua pintura paisagista, recusado como canastrão na arte dramática e a fugir dos judeus, que lhe viviam no encalço para a cobrança de prestações atrasadas! Alcançando o máximo poder na Alemanha, Hitler apenas centuplicou e deu vazão a todas as frustrações, desforras, inimizades e despeitos que havia acumulado na humilhação de sua mocidade medíocre! Vingou-se dos antigos hierárquicos aposentando compulsoriamente ou demitindo militares de boas credenciais; mandou queimar em praça pública obras culturais preciosas, impediu exposições artísticas de pintores modernos tentando mensagem mais sutil e fechou os teatros que lhe haviam negado a consagração dramática! Sem dúvida, quando ordenou a matança de milhões de judeus nos campos de concentração, provavelmente o fez atendendo à desforra freudiana contra o antigo credor, que insistia nos pagamentos das prestações atrasadas! Humilhado desde a infância pela descendência medíocre, olvidado nas suas tentativas de liderança na juventude e ressentindo-se de sua vivência apagada, sublimou a sua natureza psíquica incapaz e enfermiça, no culto do "super--homem" de Nietzsche!...

Mas como "o povo tem o governo que merece", o próprio povo alemão foi o caldo de cultura de Hitler na sua megalomania e rapinagem, nutrindo-lhe as paixões belicosas e orgulho racista. E fortalecendo os objetivos anômalos e enfermiços do *Fuhrer*, os alemães ainda apoiaram outros tipos de semelhança psicopata e delírio sadista, como Goering, Himmler, Goebbels, Bormann, Jodl, Kaltenbrunner, Ribbentrop, Heydrich e outros, cuja ação sinistra derramou rios de sangue dos infelizes vencidos! Mas sob a inflexível Lei do Carma, a mesma mocidade que aplaudiu delirantemente os massacres, as pilhagens sobre os povos mais fracos praticados por Hitler, atualmente, envelhecida e desiludida, sofre, atrás do "muro da vergonha" dos russos, a colheita infeliz da sementeira imprudente!

*PERGUNTA: — Mas teria sido um simples acidente imprevisível pela Administração Sideral, a interferência de um Hitler, Aníbal, Gêngis Khan ou Napoleão, cujos resultados foram tão maléficos para a humanidade?*

RAMATÍS: — Sem dúvida, tais acontecimentos enquadram-se perfeitamente nos planos de aperfeiçoamento dos espíritos encarnados e componentes das nações belicosas. Embora indesejáveis, lembram certas enfermidades que requerem uma terapêutica violenta e cáustica.

É lastimável, entretanto, que a humanidade terrena ainda necessite de tais recursos belicosos para o seu reajuste cármico, massacrando-se nas guerras fratricidas, a destruir cidades, jardins, pomares, campinas e matas preciosas, onde depois grassam a fome, miséria, neurose e mutilação dos homens! Não opomos dúvida de que o Bem também pode vir pelo Mal, mas o sensato é que o Bem se faça pelo próprio Bem![54]

*PERGUNTA: — Porventura, as campanhas libertadoras de Napoleão não trouxeram algum benefício ao mundo?*

RAMATÍS: — Quando a "Administração Sideral" da Terra escolheu o espírito Napoleão para demolir os feudos e reinados escravocratas do mundo, libertando muitas criaturas injustiçadas por senhores poderosos, vinganças políticas pessoais, jamais endossou-lhe a vaidade de sobrepor as suas ambições e desmandos acima da natureza de sua tarefa, além de presentear a parentela humana com tronos principescos.

Indubitavelmente, em face do tipo primário espiritual que é a humanidade terrícola, o fenômeno Napoleão Bonaparte ajusta-se perfeitamente à moldura dos acontecimentos belicosos, como uma necessidade para romper os grilhões que ela mesma forja na sua caminhada tola e ambiciosa! A sua atividade guerreira teve por fim abrir fronteiras e masmorras, ajustar direitos e proporcionar ensejos para o reajuste de costumes, retificações de leis e amplitude de cultura e educação. Napoleão Bonaparte, como quase todos os guerreiros terrícolas, endeusou-se pelo

---

[54] Vide a obra *Do País da Luz*, cap. IV, 1° vol., psicografia de Fernando de Lacerda, na qual o espírito Napoleão diz o seguinte: "O eleito é sempre escolhido; mas o escolhido não é eleito. O eleito foi escolhido por Deus para fazer o Bem pelo Bem; o escolhido pode ser para fazer o Bem pelo Mal. O eleito foi Jesus. Eu fui escolhido".

poder transitório de destronar reis, ignorando que, através da reencarnação, tais reis e príncipes poderiam ter nascido filhos dos mordomos e guardas do palácio real! Houve reis, imperadores e príncipes tarados, imbecis, enfermiços e genocidas, como Nero, Calígula, Ivan o Terrível, Cômodo, Heliogábalo e outros, que, em vez de serem recolhidos a um manicômio, dispunham da vida do seu povo como o magarefe do seu gado!

Entusiasmado pelo fascínio do poder humano, Napoleão julgou-se um raro espécime na face do mundo, e assim tentou ultrapassar o próprio esquema cármico que o Alto traçara como seu destino! Em consequência, após a fugaz glóriola do poder imperial transitório oficializado por Pio VII, ele terminou seus dias tristes e melancólicos na ilha de S. Helena, ali refletindo quanto à fragilidade da vida humana e à impossibilidade do homem em superar as diretrizes do Governo Oculto! Conseguiu destronar reis, vencer batalhas memoráveis, eleger-se imperador e dominar a Europa; mas, lastimavelmente, não pôde extinguir o cabotinismo, orgulho, a vaidade, presunção, atrabiliariedade, crueldade e a própria morte! Ignorava, portanto, que o verdadeiro gênio é criador e governa-se a si mesmo, pois o supremo guerreiro é aquele que vence as suas próprias paixões!

*PERGUNTA: — E que dizeis das revoluções feitas pelos povos, quando pretendem eleger um novo governo, honesto e criterioso, para coibir a corrupção?*

RAMATÍS: — É óbvio que o vocábulo revolução já induz uma iniciativa violenta de mudança do regime dominante, a fim de atender as insatisfações políticas de um povo, nação, ou mesmo grupo de homens. Comprova-se, assim, o primarismo do homem terrícola na sua graduação espiritual, pois ele ainda não sabe resolver os seus problemas sociais, políticos, pátrios e morais, sem a violência que gera o clima de ódio, ciúme, competições e falsas glórias! As questões políticas, religiosas e sociais dividem o mesmo povo em diversas facções adversas, nutrindo uma guerra permanente, ante a preocupação de cada conjunto pretender impor a sua preferência e simpatia.

Embora as revoluções glorifiquem os seus autores e os consagrem no altar dos heróis, patriotas e "salvadores" do povo, em verdade, há sempre um jogo de interesses, em que os grupos dominados reagem contra os grupos dominantes. A revolução já é um estado de espírito em cada homem sempre insatisfeito, pensando em "mudar" de qualquer forma, onde quase sempre procura exclusivamente o seu próprio bem. Quando esse estado de espírito oculto se exterioriza na configuração de movimentos belicosos ou lutas sangrentas, apenas materializa a insatisfação de muitos homens afinados à mesma frequência de desejos. Só em casos raríssimos um ideal isento de interesses pessoais move uma revolução em favor do povo, pois, em geral, a cobiça e a ambição são próprias dos revolucionários de todos os tempos. A prova é que, incessantemente, novas revoluções substituem as velhas revoluções, porque os salvadores do povo passam a cuidar de sua própria salvação!

Por isso, apesar do benefício que às vezes certas revoluções proporcionam sob uma intenção superior, jamais elas podem promover a felicidade de um povo, porque não atendem especificamente os interesses totais da coletividade, mas são geradas por grupos de homens associados pela mesma simpatia grupal. Deste modo, mormente na proclamação de "salvadores", trata-se de um grupo afim e que passa a prestigiar exclusivamente os seus membros, desvinculando da "salvação" os depostos e os que não vibraram com o movimento revolucionário. Evidentemente, se a fidelidade, tolerância, renúncia, honestidade e o verdadeiro patriotismo de raça existissem unificados por um esquema evangélico do bem alheio, jamais haveria necessidade de revoluções, as quais apenas significam o corolário de uma insatisfação coletiva!

Ademais, os homens terrenos ainda ignoram quais são os tipos de suas reações mentais e emotivas diante de acontecimentos incomuns, aos quais são lançados intempestivamente. Assim, eles podem variar e exceder-se profundamente ao contrário dos hábitos comuns, mudando o seu procedimento conhecido e revelando-se, às vezes, em completo antagonismo com as suas características conhecidas na vida cotidiana. Quem for uma incógnita para si mesmo, quando elevado ao cargo supremo de um povo, tanto pode ser benéfico como maléfico, dependendo das paixões, interesses ou ambições que o dominam. Sabe-se que muitos imperadores romanos iniciaram o seu reinado imbuídos das melhores intenções, tal o caso de Nero; no entanto, a volúpia do poder, a bajulação dos cabotinos e a perspectiva do luxo e do prazer nutrem a vaidade, o orgulho, a desforra e outras paixões indesejáveis. Hitler parecia um homem inofensivo, servil e atencioso, quando era simples cabo do exército alemão, na guerra de 1914. No entanto, fascinado pelo comando e poder governamental, foi um verdadeiro flagelo para o mesmo povo que o aqueceu nas suas intenções e pretensos ideais de felicidade humana! Sem dúvida, isso ocorre também com os líderes revolucionários, pois são raros os que conseguem lançar-se do anonimato às credenciais do poder, mas sem tornar-se escravo das paixões e vaidades que dormitavam sub-repticiamente no âmago de sua alma imatura!

PERGUNTA: — *Mas, evidentemente, há sempre uma boa intenção quanto à iniciativa de homens que se congregam para mudar um regime ou governo indesejável e até corrupto, não é assim?*

RAMATÍS: — Na qualidade de espíritos desencarnados, e interessados no comando superior do Cristo, não pretendemos analisar a "psicologia das revoluções", nem motivações políticas ou sociais que as promovem. Enquanto o homem não mudar visceral e interiormente, ele viverá em guerra com as suas próprias paixões e seus vícios escravizantes. Então não haverá paz e ventura na Terra, seja qual for o tipo de doutrina ou sistema adotado para se governar o povo. A revolução é tão permanente na alma do homem terrícola que ele à tarde arrepende-se do que fez pela manhã, numa perfeita guerra consigo mesmo! Assim permanece a luta silenciosa ou ruidosa no seio da família, da vizinhança, nas ruas e nos estabelecimentos de trabalho, na diversão e até devoção! Os jornais comentam, em manchetes berrantes, roubos, crimes, estupros, violências, assaltos, loucuras alcoólicas, viciações de entorpecentes, adultérios, prostituição, latrocínios e corrupção pública! Porventura, alguma revolução liderada por grupos de políticos ou patriotas aquecidos por paixões algo semelhantes poderá harmonizar e solucionar esse estado crítico e revolucionário inato no homem terreno?

O advento do Cristo também foi uma revolução, pois de sua atuação sublime no mundo "mudaram-se" todas as formas de ação humana, onde o amor deve substituir o ódio, a humildade, o orgulho, a renúncia à pilhagem, o bem ao mal, a paz à guerra!... O mestre Jesus não se endeusou sob a vaidade infantil dos distintivos e penduricalhos no peito perecível, nem liderou homens na glória do poder transitório; mas revolucionou o mundo lavando os pés dos apóstolos e sacrificando a sua vida pela felicidade da humanidade! Foi um revolucionário jamais igualado, porque ensinou o governo do espírito sobre as paixões e os vícios, em verdade, os piores inimigos do homem! Nas guerras ou revoluções do mundo, os militares ou civis marcham eufóricos pelas ruas em passeatas crivadas de símbolos, bandeiras, fanfarras, e fuzis, quais "salvadores" liderados pelos seus cabeças, êmulos de *Duces* e *Fuhrers*, que depois transformam as suas pátrias em ruínas![55] Jesus, no entanto, era apenas o "Grande Amigo", cujo séquito revolucionário era composto de viúvas, pescadores e homens pacíficos, que manuseavam as armas do Amor para estabelecer a Paz e a Compaixão na alma!

Através do silencioso comando da alma, Jesus instituiu a revolução do Amor, do Bem e da Paz para toda a humanidade, independente de raças, credos, sistemas políticos ou entendimentos intelectivos. Enquanto isso, no mundo profano, o "chefe revolucionário" exige que sejam cumpridas as suas próprias preferências, simpatias e modo de julgar o mundo, isto é, o seu comportamento particular deve ser modelo de todos os seus comandados! Quando ele é visceralmente católico, como Franco e Salazar, o Clero amordaça e domina quaisquer movimentos espiritualistas liberais; sendo ateu, há relativa liberdade de agirem os ateus, mas amordaça as doutrinas religiosas desprotegidas no regime inconstitucional, predispondo os quadros melodramáticos dos martírios! Se for um governo espírita, é possível que mande fechar as igrejas e os terreiros de umbanda; se for um governo fanatizado pela umbanda, talvez feche todos os centros espíritas kardecistas! Catarina de Médicis matava os católicos na França, mas Calvino, protestando, mata Servet na Basileia, enquanto os huguenotes "modernistas", que fugiam para a Nova Inglaterra, eram assassinados pelos fanáticos "conservadores" da mesma crença! Os cruzados matavam os fiéis sarracenos, e os muçulmanos e budistas hoje ainda se matam impelidos pela mesma ferocidade do tempo das cavernas! No entanto, qual é o fundamento específico da revolução trazida pelo inesquecível Jesus, senão o mandamento "salvacionista" do "Ama o próximo como a ti mesmo"? E para os revolucionários nutridos pelo ódio, pela vingança e pelos assomos exagerados de salvação pátria, em geral, o Divino Mestre recomenda: "Aquele que perder a vida em meu

---

[55] Louvamos o vosso povo, cujas revoluções tendem cada vez mais para soluções tranquilas e sem derramamento de sangue. Só as nações "superdesenvolvidas" em espírito sabem resolver os seus problemas vitais e complexos políticos a distância da violência, trucidamento e desforras fratricidas! Daí do Alto confiar que o Brasil será o povo mais fraterno e espiritualista do mundo, a distância das guerras e revoltas homicidas, terra esperançosa, onde os próprios militares trocam o "manual de guerra" pelo Evangelho do Cristo, na sua participação às cruzadas militares espíritas e movimentos pacíficos de umbanda. (Nota de Ramatís.)

nome, ganha-la-á por toda a eternidade!"

Deste modo, embora se justifique o instituto das revoluções no mundo material terreno, na tentativa de corrigir a degeneração costumeira da administração pública ainda regida por homens imperfeitos, elas apenas fazem vibrar o coração dos novos patriotas, como a panaceia salvacionista do povo, ante a esperança única pela "mudança" das coisas vigentes! O povo sente-se feliz no advento revolucionário, crente de que o novo regime há de ser melhor que o governo exonerado. No entanto, em face da proverbial imperfeição humana, não somente os "salvadores" esfriam os seus ímpetos de euforia pátria, no decorrer da administração, como ainda penetram no movimento libertador homens oportunistas, medíocres, ambiciosos e hipócritas, cujo mimetismo de patriotismo retardado chega a impressionar os autênticos! Daí o aforismo tão comum, de que "a vassoura varre bem no primeiro dia"!

E, inexoravelmente, como é tão comum na face do orbe terráqueo, vão se deteriorando os fundamentos sadios traçados pelos revolucionários sinceros e impolutos, que logo se surpreendem enfrentando as mesmas enfermidades legislativas, sociais, morais e administrativas dos seus antecessores julgados incompetentes e inescrupulosos! Sem dúvida, isso tudo acontece, porque o melhor governo revolucionário do mundo poderá modificar o conteúdo político de um povo, jamais o seu conteúdo espiritual, que requer outra espécie de revolução endógena, no seio da alma enferma!

*PERGUNTA: — Mas um governo inteligente, operoso e honesto não proporciona um ambiente favorável para melhor índice educativo, social e assistencial do seu povo?*

RAMATÍS: — Não basta apenas proporcionar o ambiente favorável pelo advento tecnológico ou científico, para que o povo adquira a compreensão de si mesmo, pois até sábios, cientistas, técnicos e grandes cerebrações políticas e filosóficas do mundo têm se tornado assassinos ou corruptos! Evidentemente, eles tiveram todos os recursos para atingir o grau incomum que puderam manifestar sobre a maioria da humanidade; mas a sua mediocridade espiritual os levou a cometer crimes e atos tão condenáveis quanto as ações culposas de um carroceiro ou campônio iletrado! Deste modo, concluímos que o mais requintado ambiente técnico-científico-intelectual do mundo jamais proporcionará a educação espiritual que só é possível através de um

A Vida Humana e o Espírito Imortal 183

Código como o Evangelho do Cristo!

Na era pré-histórica os homens matavam-se com tacapes de pau; depois destruíam-se a distância com torpedos de pedras lançadas por catapultas; mais tarde duelavam-se a espada e facões; em seguida, passaram a torrar hereges nas fogueiras da Inquisição, ou matar com arcabuzes nas sangrentas empreitadas das Cruzadas, na Ásia, ou na "Noite de S. Bartolomeu", na França. Finalmente, o mundo então foi agraciado por um notável surto de descobertas científicas e invenções técnicas, que desenvolveram o conhecimento humano na caudalosa produção de livros, revistas e panfletos acessíveis a todas as criaturas. O primata hirsuto das cavernas transformou-se no cidadão barbeado e vestido de casimira, num gênio criador de computadores, submarinos atômicos, foguetes teleguiados, satélites artificiais e espaçonaves a pousar na Lua, além de dispor de fabulosa força extraída da intimidade atômica! É o poderoso mago moderno, cujas façanhas pelo controle remoto e a capacidade de fender o seu próprio planeta põem num chinelo o lendário gênio da lâmpada de Aladim!

Sem dúvida, isso seria bastante para melhorar o índice educativo, moral, social, assistencial e o amparo do povo; no entanto, o terrícola apenas refinou a sua arte de matar, provando, mais uma vez, que toda realização sem a égide do Evangelho do Cristo é infrutífera, criticável! É de senso comum que são os governos inteligentes e dinâmicos que favorecem o clima para a ciência e a técnica proporcionarem o máximo de conforto e requinte à humanidade terrena. Enquanto o rádio coloca o homem em contato com todas as latitudes geográficas do orbe, a televisão fornece-lhe imagem instantânea dos povos mais distantes! A mulher moderna libera-se das injunções humilhantes do trabalho forçado no lar, pois hoje dispõe do liquidificador que substitui a anacrônica batedeira muscular, o fogão elétrico ou a gás extinguiu a função de foguista doméstica, a enceradeira opera servilmente aliviando o pesado trabalho da limpeza do assoalho. A lâmpada mercurial substitui o lampião fumarento, a cinematografia panorâmica aposentou a velha lanterna-mágica expondo as imagens animadas e coloridas sob o som estereofônico.

Em face dessas realizações técnicas, científicas e culturais modernas, os ricos de ontem seriam atualmente bem pobres, malgrado sua fortuna estagnada na frialdade de uma vida despida da vivacidade atual. A divulgação fácil de livros, os recursos modernos de alfabetização, a cultura através de cursos básicos, intensivos e técnica eletrônica, ainda a leveza do traje de tecido adequado à profissão ou situação, as soluções vitamínicas, o controle específico sobre o recém-nascido, o exame "pré-nupcial", a hibernação, o transplante de coração, rim, pâncreas ou olhos e as pílulas anticoncepcionais proporcionam ao homem do século XX uma vivência venturosa. A era do plástico, a modernização dos estabelecimentos de ensino, a alimentação sintética e enlatada, a assistência social dos institutos e a previdência do seguro, a intelectualização dos militares, a piscina da associação desportiva, a prodigalidade de creches, asilos de velhos, nosocômios, institutos de recuperação mental, aparelhamentos modernos para cegos, surdos-mudos e mutilados, porventura foram capazes de solucionar os ingentes problemas milenários do espírito?

PERGUNTA: — *Poderíeis estender-vos mais um pouco sobre esse assunto de um modo ainda mais objetivo?*

RAMATÍS: — Que faz o homem moderno, cientificista, psicanalista, checado física, intelectual e psiquicamente? Que se submete a todas as descobertas científicas, conhece todas as nuances da psicologia moderna, queima fosfatos na emperrada pesquisa parapsicológica, comanda pequenos feudos de computadores, controla robôs subservientes, capaz de pulverizar milhares de criaturas ao simples toque de um botão eletrônico, como o fez em Hiroshima? Enfim, qual é a notável diferença que existe, hoje, no homem, e o seu passado de troglodita? Antigamente, quando vivia nas cavernas, matava o próximo a pauladas; hoje assassina o semelhante a pistola eletrônica com silenciador; arrastava a mulher do vizinho troglodita para satisfazer os seus instintos campos afora; hoje, faz o mesmo com a mulher do amigo, carregando-a de "galaxie" ou "impala". Morava em grutas de pedras; atualmente copia a vida dos insetos morando em canudos de cimento; torrava os hereges de modo anti-higiênico; presentemente pulveriza-os sob a explosão da bomba atômica! Há milênios movimentava carroças ferradas sobre tapetes de corpos vivos de crianças, velhos e mulheres nas tropelias bíblicas; <u>hoje os esm</u>aga sob as lagartas dos tanques homicidas!...[56]

[56] Vide em Samuel, (Livro II 12:31) da Bíblia, os bárbaros massacres de Davi e seus exércitos sobre os amonitas e moabitas, quando mandava passar carroças com pontas de ferro sobre os infelizes prisioneiros estendidos ao longo das estradas. Quando os judeus eram conduzidos para o campo de concentração de Treblinka, na última guerra nazista, houve casos em que os tanques alemães os esmagavam, espremidos entre as margens da estrada, e suas lagartas, ao

A técnica e a ciência vinculadas para os mesmos objetivos atualmente oferecem os mais brilhantes e eficientes ensejos para o terrícola exercer a sua incúria espiritual. Aqui, desentoca infelizes homens subnutridos e acovardados e os liquefaz pelo fogo líquido do "napalm"; ali, trucida pela bomba atômica os inimigos de raça diferente; acolá, estraçalha corpos de jovens sob a metralha eletrônica em defesa de tolos sistemas políticos. Em tempos idos, o ser humano viajava algumas semanas, a cavalo, para enterrar o punhal na barriga do adversário; hoje, graças ao avião a jato supersônico, ele pode fazer o seu desjejum em Nova Iorque, almoçar em Lisboa e matar o desafeto em Paris, à hora da ceia! Inegavelmente, houve significativa evolução da humanidade, com seus métodos modernos e aperfeiçoados para matar, quando se pode liquidar em poucos minutos milhares de criaturas, que antes exigiriam fatigantes meses e anos de batalhas ininterruptas. É por isso que certo escritor jovial, brasileiro, num feliz momento de humorismo, descreveu o homem moderno como "um macaco que frequenta o barbeiro"![57]

Apesar de tantas realizações louváveis e surpreendentes, a humanidade terrícola ainda é incapaz de ser feliz, pois enfrenta os mesmos problemas de ordem espiritual de antanho. Os partidos políticos, os sistemas doutrinários, as castas sociais e as segregações raciais constituem tremendas limitações verrugosas no corpo sadio da vida feita por Deus! Malgrado as reuniões amistosas de classes profissionais, confraternizações artísticas, os congressos eucarísticos, simpósios de espíritas e outros empreendimentos de espiritualistas modernos, apenas se verifica uma verbosidade avassalante sem resultados práticos, porque os homens, no âmago da alma, ainda são dependentes das superficialidades e dos interesses do mundo transitório da carne!

Raras criaturas importam-se, realmente, em investigar a autenticidade do espírito imortal em sua manifestação educativa na face do orbe, a fim de nortear a sua vivência sob o imperativo da vida superior. Por isso, também não sabem governar e governar-se, até o dia em que coloquem acima das circunstâncias provisórias da existência física a norma da vida verdadeira do espírito!

**PERGUNTA:** — *Que dizeis das doutrinas socialista, fascis-*

---
girarem ensanguentadas, mostravam pedaços de fígado, rim, corações, braços e pernas dos massacrados. Vide a obra sobre Treblinka.
57 Berilo Neves.

*ta, democrática ou nazista?*

RAMATÍS: — É evidente que na condição de espíritos desencarnados não nos preocupam rótulos, fórmulas, preconceitos políticos, racistas ou "ismos" que identificam movimentos socialistas, nazistas, democráticos, capitalistas ou fascistas de pouca importância para o revestimento exterior, quando o conteúdo continua deteriorado! São empreendimentos que se constituem na cúpula de proteção a certos grupos de homens congregados pela mesma simpatia pessoal e devotados à mesma concepção política, e que eles consideram a panaceia preferida para solucionar os problemas humanos. Daí o fanatismo e o devotamento servil desses grupos ao "seu" sistema político, que consideram o melhor do mundo, o mais adequado e certo, embora isso não agrade aos adeptos de outras doutrinas algo semelhantes. Indubitavelmente, tais sistemas por mais sensatos ou lógicos que os julguem, serão superados com o tempo e em face da modificação e evolução dos costumes e temperamento dos homens. A história é pródiga em comprovar inúmeros sistemas e doutrinas econômicas, políticas, filosóficas e até educacionais, que de maneira alguma poderiam ajustar-se hoje ao pensamento e à emotividade do homem-atômico! Tais sistemas podem atender as necessidades de um povo, em determinada época e nos limites idiossincrásicos desse povo; jamais servirá para a cobertura de toda a humanidade, sequer de outra nação! Ademais, tratando-se de conjuntos de homens de espírito primário, como são os terrícolas, os seus sistemas e doutrinas estão eivados dos mesmos defeitos que tais homens ainda não puderam extinguir em si próprios! Não importa ser nazista, democrata, capitalista, fascista ou socialista, e a ardente preocupação de "salvar" a humanidade pelo seu sistema político mais simpático, caso o homem não consiga "salvar-se" a si mesmo, libertando-se do vício de fumar, beber, comer as vísceras sangrentas dos irmãos inferiores, inclusive do domínio das paixões funestas! Isso tanto avilta o indivíduo que o comete, como o povo, sistema ou doutrina, que tenta a salvação política de outra nação, mas sobrecarregado das mesmas infâmias, avarezas, inescrupulosidades, ódios, vícios e vinganças partidárias!

*PERGUNTA: — Porventura, entre tais sistemas, um deles não poderia solucionar de modo mais sensato e eficiente os problemas do mundo?*

RAMATÍS: — Doutrina por doutrina, sistema por sistema

ou "ismo" por "ismo", ideados e compilados por homens defeituosos, é preferível o "Evangelismo", ou doutrina de Jesus, que além de ser o homem mais santo e mais sábio, é também o melhor amigo do homem! Trata-se de doutrina sadia, universalista e incriticável, que praticada por todos os homens elimina definitivamente todas as dificuldades, carências e desventuras da humanidade! Não é de estrutura capitalista, fascista, democrática, nazista ou socialista, mas simplesmente regida por uma regra áurea e irredutível, que é o sublime sentimento do Amor! Os homens não se salvam substituindo sistemas políticos, mas exclusivamente pelo exercício incondicional do Amor!... No deserto da vida humana, só a doutrina de Jesus é o "oásis" capaz de dessedentar a sede do viandante mais desesperado e infeliz. É a fórmula inalterável em qualquer latitude geográfica do mundo, clima social, político ou religioso, como a mais avançada solução moral e espiritual das relações entre os homens! "Ama o próximo como a ti mesmo" e "Faze aos outros o que queres que te façam", não se refere especificamente a grupos de homens socialistas, fascistas, democratas, nazistas, capitalistas, comunistas ou socialistas, porém, ao gênero humano!

Os homens podem alegar que é difícil viver o Evangelho, tal qual o Mestre Jesus o viveu; mas nenhum homem do mundo poderá negar que, se tal Código Moral for praticado pela humanidade, extinguem-se todos os problemas econômicos, financeiros, políticos, morais, racistas, religiosos, e até recupera-se a saúde humana pela libertação dos vícios e das paixões mórbidas! Em consequência, não somos por nenhum partido, doutrina ou sistema político, filosófico ou religioso do mundo, mas apenas pelo "amor" pregado e vivido pelo Cristo-Jesus, o qual é independente de quaisquer diferenciações de raça, cultura, fortuna, política ou religião!

*PERGUNTA: — Tratando-se de assunto de suma importância para a nossa observação e aprendizado, gostaríamos de receber outras considerações, de vossa parte, e relativas ao "Evangelho de Jesus", num confronto com as doutrinas do mundo!*

RAMATÍS: — É de senso comum que a saúde de um conjunto depende da saúde das partes; em consequência, o equilíbrio, a harmonia e a eficiência de um sistema político, social, cultural, religioso ou filosófico, terão de depender, fundamentalmente, das condições sadias das partes! A beleza panorâmica de um jardim depende da harmonia e coerência estética entre as espécies de flores que o compõem.

Assim, os governados não podem criticar os seus governos, pois eles constituem-se na cobertura ou superestrutura dos valores positivos e negativos do próprio povo a que estão vinculados. Muitas vezes, os indivíduos de certo sistema político exigem um governo perfeito dentro de um ambiente em que praticam e consentem as mais censuráveis relações ilícitas de ordem comercial, política ou moral. Agiotas, proxenetas, ladravazes, mistificadores, hipócritas, avarentos, falsários, sonegadores, imorais, fanáticos, subversivos, homicidas, alcoólatras e outros viciados não se pejam de censurar e arrasar o governo a que deram o seu voto, exigindo um homem iluminado no seio da própria abominação!

Há quem critica a administração pública junto à mesa regada a álcool dos ambientes prostituídos; aqui, o negociante acusa severamente a inescrupulosidade do governo, enquanto rouba furtivamente no peso da mercadoria comprada pelo freguês; ali, o cidadão se enfurece exigindo mais assistência pública, enquanto sonega o fisco e o imposto de renda; acolá, comenta-se a negociata dos representantes do governo, ouvindo-se o rádio adquirido de contrabando! Então exige-se dos responsáveis administrativos o máximo de perfeição, enquanto, sub-repticiamente, praticam-se atividades ilícitas e censuráveis pela moral comum!

Evidentemente, pouco importa a natureza dos sistemas políticos e doutrinários do mundo que eles governam, sejam fascistas, democratas, capitalistas, nazistas, comunistas ou socialistas, se os homens que os compõem ainda são ineptos, imorais, desonestos, agiotas, fanáticos, racistas, viciados e maldosos! Assim como o vinho azedo não se modifica para melhor qualidade pela simples troca de rótulo, o mundo jamais logrará o seu equilíbrio mudando de sistemas políticos, ou etiquetas "salvacionistas" que não melhoram o conteúdo humano! Daí a ascendência do sistema "Evangelho", fruto de uma vivência de maior fidelidade ao gênero humano, o qual é o denominador comum de um estado de espírito superior, como é o Amor, acima de qualquer interesse político ou doutrinário!

*PERGUNTA:* — *Mas um governo de homens honestos e criteriosos também proporciona um clima estimulante para a dignidade humana, não é assim?*

RAMATÍS: — A humanidade é um todo que se move lentamente em ciclos, caminhando em direção a um objetivo superior — a felicidade espiritual! Esses ciclos se renovam e retornam à proximidade da fase inferior já ultrapassada anteriormente, decorrendo os períodos de "exaltação" e períodos de "humilhação" espiritual. Lembra a onda do mar: quanto mais alta se ergue, mais fundo depois ela cava! É uma espécie de "maré" espiritual, cujo ritmo exige as fases positivas das atividades no trato da matéria e as fases negativas da reflexão sobre o que foi sucedido!

Examinando-se a história da humanidade terrícola, verifica-se que ela tem vivido períodos "sombrios", quando naufraga na crista das ondas do vício, do deboche, da paixão desregrada, do amordaçamento das consciências, e os períodos felizes do renascimento tranquilo e criador do oceano calmo, onde se exalta o amor, a arte, a poesia e a beleza entre os homens! A Idade Média foi um período sombrio, enquanto a Renascença deixou um rastro de luz!

Todos os povos e nações são agraciados, periodicamente, por ensejos de renovação moral e de reajuste econômico, num aproveitamento letivo que lhes apressa a marcha espiritual. Daí comprovarmos que os piores males do mundo também são entremeados de bens salutares. Mesmo em Roma, na série de imperadores orgíacos, debochados, cruéis e cretinos, como Nero, Calígula, Tibério, Caracala, Heliogábalo ou Cômodo, houve entreatos louváveis sob o comando de homens sóbrios, frugais, probos e inteligentes, como Vespasiano, Marco Aurélio e outros.

Mas a dignidade pública não é fruto da substituição de homens, porém da renovação de cidadãos acima das paixões violentas, das ambições desmedidas, criaturas que se elegem pela sua vivência de longo tempo numa conduta espiritual superior. No mesmo caldo de cultura onde se alimentam os homens que constituem o todo de uma nação, também se geram os seus governantes com atributos favoráveis ou desfavoráveis inerentes ao ambiente.

*PERGUNTA: — Porventura já estaria prevista pelos mentores da Terra a ação nefasta de um Hitler, que, após galgar o poder absoluto, levou a Alemanha e o mundo a uma hecatombe guerreira?*

RAMATÍS: — Em verdade, nada sucede na face do planeta sem que o Governo Oculto do mundo saiba ou já não tenha previsto, dentro do velho provérbio de que "não cai um fio de cabelo da cabeça do homem sem que Deus não saiba"!... Ademais, os povos elegem para seu governo ou patrono o homem capaz de materializar-lhes os caprichos, ideais, as ambições e a própria moral! Adolfo Hitler, por exemplo, não foi um flagelo acidental e injusto, mas ele corporificou, na época, o "desejo coletivo" ou o "estado de espírito" manifesto e latente nos próprios alemães. Ele apenas materializou numa ação coletiva belicosa as próprias tendências do povo que o havia eleito para o cargo supremo; interesses recíprocos e empreitadas particulares aqueceram-lhe o crescimento ditatorial, numa espécie de acomodação silenciosa e tácita e por voluntária omissão. Caso o povo alemão não tivesse manifestado essa índole, vibrado psiquicamente com as ideias perigosas e megalomaníacas de Hitler, evidentemente o teria afastado do poder no início de sua campanha, como um indivíduo insensato e perigoso! Então ele foi o catalisador psicológico e temperamental dos súditos alemães, progredindo no terreno fértil dos desejos beligerantes e ambiciosos da própria nação!

Em qualquer outro planeta, um grau espiritual acima da Terra, Adolfo Hitler e seus asseclas seriam recolhidos imediatamente a um hospital para tratamento mental. Jamais encontrariam qualquer estímulo ou eletividade para a sua empreitada de assaltos, pilhagens e massacres de criaturas de outros países mais débeis! Para conseguir isso, ele recebeu o apoio do seu povo, abriu-lhes as comportas das paixões belicosas e insensatas, encontrou colaboradores e até servos entusiastas que lhe concretizaram as ideias perigosas, vinganças insensatas e iniciativas tão negras como a morte de milhões de judeus nos campos de concentração!... A sua entrada na Áustria foi festejada sob o dossel de flores e vivas; a sua primeira vitória sobre a Polônia enfraquecida arrancou os mais retumbantes aplausos da juventude alemã, comprovando-se perfeita simbiose de governo e governados! É certo que os aliados também trouxeram o seu feixe de lenha à fogueira que Adolfo Hitler, mais ousado, imprudente ou louco, ateou fogo, e por isso foi responsabilizado como o principal culpado!

Entretanto, quando a humanidade vive períodos tranquilos e que faz jus a melhor roteiro espiritual, o Senhor envia um Krishna, Buda, Rama, Gandhi e o magnífico Jesus, que deixam um sopro de ternura, compaixão e paz no mundo! Mas quando o mundo ferve, em alta tensão, e os povos se excitam nas suas paixões ambiciosas, perturbando a marcha normal do conhecimento do espírito, então encarna-se um Alexandre, Aníbal, Gêngis Khan, Átila, Júlio César, Napoleão ou Hitler, que, na figura de verdadeiros cirurgiões da humanidade, semeiam a dor e o sofrimento coletivo, trazendo o bem pelo mal. Os homens terminam por expurgar o veneno que se acumulava no âmago da alma por excitação de sua origem animal; concretizam em atos maldosos, à luz do dia, o que lhes vibrava no silêncio de sua própria covardia!

*PERGUNTA:* — *Qual seria um sistema de governo mais compatível com a nossa atual graduação psicológica ou espiritual?*

RAMATÍS: — Repetimos, novamente, que há de falhar qualquer governo enquanto os vossos legisladores e sociólogos tentarem harmonizar social e politicamente o mundo através de sistemas ou doutrinas elaboradas por grupos de homens, quais verrugas no organismo coletivo da nação! Quer se trate de uma doutrina fascista, democrata, capitalista, comunista ou nazista, sempre há de atender às ambições, à capacidade, aos costumes, à vaidade e ao interesse de um grupo simpatizante, porém improfícuo e até nocivo para os outros conjuntos de homens ou doutrinas políticas. Embora milhares ou milhões de indivíduos se afinem a uma doutrina ou sistema político que julgam o "melhor" do mundo, eles estão vivamente preocupados com a sua própria segurança pessoal, jamais com a humanidade! Só em casos raríssimos surge o herói capaz do holocausto para o bem do povo e da raça humana! E a explicação é muito simples, pois todo indivíduo que deseja, realmente, servir ao próximo, jamais se filia ou se coloca sob qualquer sistema político, doutrina religiosa ou agrupamento social para exercer o seu sentimento sublime! Ele sabe que os homens vinculados pelos sistemas políticos do mundo ainda não oferecem condições para viver a plenitude de um sacrifício pelo bem alheio!

Em consequência, rebuscando o passado histórico até os últimos dias da vida moderna, a fim de ser encontrado um gigante, sábio, cientista ou psicólogo autor de algum sistema ou Código Moral miraculoso para "salvar" a humanidade, eis que esse homem é o Cristo Jesus! Sob o seu comando cessam conflitos, fanatismos, ambições, desonestidades, vícios, vaidades, orgulho, avareza, racismos e crueldades, porquanto o seu estatuto exige, incondicionalmente, que o candidato tem de "Amar o próximo como a si mesmo"!

*PERGUNTA: — Que deveríamos compreender por esse "amor incondicional" a todos os demais indivíduos?*

RAMATÍS: — O amor, pacifismo, perdão e bondade, filantropia, humildade, tolerância, honestidade e ternura são estados superiores de espírito idênticos em qualquer latitude geográfica do orbe, quando expressos por qualquer raça e por indivíduos pertencentes a qualquer partido ou doutrina política. Se o comunista, democrata, capitalista ou socialista é bom, nobre, gentil, amoroso, fraterno e piedoso, pouco importa o rótulo que ele sustenta ou o sistema político a que se filia! Na verdade, ele se integra ao Código Moral do Cristo, que é o Amor Universal, malgrado a cor do seu uniforme, a insígnia que ostenta no braço, o líder político que admira ou a doutrina que defende! O judeu, africano, esquimó, alemão, americano, turco, hindu ou árabe, quando humilde, honesto, fraterno, pacífico e amoroso, não se diferencia pela sua raça, mas identifica-se pelo mesmo estado de espírito elogiável. Assim, não existe uma humildade "propriamente alemã", um amor "propriamente russo", ou uma renúncia "propriamente hindu"! Tais virtudes existem latentes em todos os homens, porque descendem do mesmo Deus, e isso sempre lhes tem sido ensinado por todos os legisladores interessados na saúde espiritual da humanidade!

*PERGUNTA: — Temos observado que os governantes, na Terra, dificilmente creem ou admitem a existência de um outro governo oculto, que do mundo espiritual vigia-lhes as atividades públicas! Que dizeis?*

RAMATÍS: — Sem dúvida, esses homens ignoram que são apenas mordomos da Administração Sideral, e seus atos públicos desonestos ou imprudentes depois serão julgados com maior severidade do que a legislação falha e subornável do mundo material! Jamais abusarão impunemente do patrimônio coletivo que recebem em confiança do seu povo, pois, se não há tribunais divinos exarando pessoalmente sentenças punitivas, a Lei do Carma é inflexível e severa, obrigando qualquer delinquente a pagar ou indenizar os prejudicados até o último ceitil!

Os políticos e administradores públicos corruptos traem a confiança do Senhor, como os filhos degenerados abusam do patrimônio pertencente a todos os membros da família. Embora tais homens consigam tangenciar as leis do mundo físico, eles terão de indenizar completamente os prejuízos ocasionados pelas suas ambições e atitudes inescrupulosas. Os políticos do mundo podem iludir e mistificar as criaturas que confiam em suas promessas e sofismas, mas não se livrarão das severas sanções espirituais por muitas existências posteriores. Quem aceita ou busca a responsabilidade de gerir e administrar bens e valores da coletividade humana, que o faça de modo digno e criterioso, senão há de consumir alguns séculos na infeliz condição de calceta espiritual, cuja pena só termina com a devolução integral de todos os bens surripiados.

PERGUNTA: — Qual seria a forma ideal de governo para a nossa humanidade?

RAMATÍS: — Considerando-se que o cérebro humano é um conjunto diretor, composto de centros coordenadores de diversas atividades, funções e necessidades do corpo carnal, sob uma só vontade uníssona no controle de todas as funções orgânicas, o governo mais proveitoso e sadio para o "organismo" da humanidade seria algo assim semelhante. Poderia ser eleito um conselho governamental, escolhido exclusivamente entre os homens selecionados pela sua moral superior, vontade firme, renúncia absoluta, disciplina, talento, honestidade, formação científica e incondicionalmente universalistas!

Seriam criaturas eleitas pelo seu amadurecimento biológico e espiritual, e não por efeito de contagem de votos do partido político majoritário sob estrondosas campanhas eleitorais. Um conjunto governativo, eleito de "cima para baixo", composto de almas de maturidade espiritual, leais, desprendidas, estoicas, reconhecidas pelo povo como as mais capacitadas para governarem sem locupletar-se dos bens da comunidade. Antes de simples produtos de advento político, da simpatia de grupos populares ou de propaganda político-partidária, seriam apenas "cérebros" e "corações" comprovados sadiamente nas atividades comuns da vida cotidiana.

Assim como há conventos de labores veneráveis e dignos, destinados a redimir ou disciplinar homens perturbados no mundo profano, que mais tarde podem voltar para sua antiga atividade a fim de orientar os companheiros em dificuldade espiritual, também deveriam existir na Terra instituições especializadas para treinar homens destinados à função correta de governar. A renúncia de si mesmos a qualquer espécie de glória política ou interesses pessoais deve ser-lhes a premissa fundamental para governar o patrimônio de um povo e jamais traí-lo, como ainda é tão comum no mundo! Isso nos comprova o próprio cérebro humano, que não demonstra nenhuma simpatia ou interesse por determinado órgão do corpo humano, mas atende a todos conforme a sua necessidade "organo-funcional"! Todo homem que movimenta campanhas políticas visando ao seu interesse pessoal, de início frauda os ideais e os sonhos do seu povo, em favor exclusivo de si mesmo. O governante há de ser homem humilde, sábio, gentil, ativo, desprendido, justo, severo, porém amoroso! Um coração de criança aliado ao cérebro de um gênio; há de ser, enfim, um anjo sabido. E só poderá governar sem censuras quem se decida a servir exclusivamente a seu povo, colocando a sua própria felicidade em sentido secundário!

*PERGUNTA: — Evidentemente, é quase impossível conseguir-se, na Terra, um tipo de homem com tais credenciais superiores. Ademais, observamos que os verdadeiros espiritualistas parecem fugir de qualquer governança no mundo. Que dizeis?*

RAMATÍS: — Realmente, os homens conscientes de suas verdadeiras necessidades espirituais, em geral, são humildes e avessos às gloríolas do mundo material, às atividades ostensivas que evidenciam a personalidade humana transitória. Eles preferem comandar as suas próprias paixões e governar o seu instinto inferior, ajudando e passando sem preocupações de louvores ou gratidões. Não se fascinam pelos brinquedos dos encarnados, nem buscam os bens ilusórios da matéria, mas se interessam pelos valores definitivos do espírito eterno! Importa-lhes, antes de tudo, a condição de um apóstolo do Cristo do que as vantagens de um ministro de Estado!

*PERGUNTA: — Em consequência, como constituir um Conselho Governamental, nobre e sadio, composto de homens forjados nas realizações espirituais superiores, quando eles não se consagram pela política do mundo, a única doutrina responsável por tal evento?*

RAMATÍS: — Inegavelmente, isso é dificílimo porque o caldo de cultura onde se forjam os políticos ainda é de péssima qualidade, tal qual acontece com os povos e nações do mundo. Os povos ainda se separam por retalhos de fazendas coloridas, simbolizando as pátrias isoladas no seio da humanidade, e que alimentam a matança sistemática nos matadouros fratricidas das guerras!... O racismo, as diferenças de sistemas políticos e os interesses ambiciosos da especulação egotista insuflam o ódio nos dirigentes e eles se turbam movidos e estimulados por desforras, que cegam a verdadeira finalidade do espírito encarnado! Em planetas mais avançados há um só governo administrando toda a humanidade, uma louvável "consciência coletiva" composta de homens de todos os matizes psicológicos e representativos de todas as atividades humanas, vinculados incondicionalmente ao lema de servir e produzir benefícios sob o mais alto nível de honestidade, renúncia e amor! São poetas, filósofos, médicos, engenheiros, professores, sacerdotes, militares, escritores, industriais, compositores, comerciantes, pintores e até operários, cujo grau de maturidade espiritual garante a harmonia e o perfeito entendimento governativo! De princípio, é uma consciência coletiva adversa à violência, capaz de ajustar todas as peças componentes do conjunto num só ritmo de ação progressista, assim como o cérebro é a cúpula protetora de todas as necessidades biológicas do organismo humano. Os departamentos de arte, ciência, educação, filosofia, magistratura, medicina, trabalho, religião e finanças então se constituem e funcionam sob uma vontade uníssona e equilibrada, tal qual o fígado, o estômago, o pâncreas ou os rins são administrados por um cérebro sadio!

O poder que vem dos homens eleitos por suas virtudes superiores distingue-se frontalmente do comando dos homens astuciosos, egoístas e hipócritas, que saem da turba e são consagrados pelas campanhas políticas mercenárias, visando exclusivamente às ambições do partido vencedor. O governo ideal então seria formado por um conjunto de homens espiritualmente amadurecidos, em vez de religiosos ou políticos ainda ávidos dos tesouros do mundo transitório da carne!

*PERGUNTA: — Que teríamos de fazer a fim de merecermos um governo superior no comando das instituições políticas e administrativas do nosso mundo?*

RAMATÍS: — É evidente que os *gangsters* são governados por outros *gangsters* mais poderosos; o povo romano orgíaco, inescrupuloso e rapinante, também era liderado por imperadores imorais do mesmo estofo, como Nero, Calígula, Cômodo, Tibério, Domiciano, Cláudio, Heliogábalo. Em consequência, só um povo evangelizado também há de merecer um governo superior e angélico, uma vez que os administradores públicos constituem-

-se no vértice da pirâmide dos próprios governados!

Porventura, Francisco de Assis, justo, humilde e puro, deveria governar uma nação belicosa, cruel e afeita à pilhagem como era Roma, na época dos imperadores degenerados? Jamais um coração terno e um cérebro angélico poderia liderar a carnificina dos circos romanos, o vigarismo, a avareza, o mercado corrupto e o negócio da prostituição, que era financiado pelos próprios administradores de Roma! Homem piedoso, magnânimo, honesto, cândido, terno e puro, Francisco de Assis seria apenas joguete nas mãos de indivíduos astuciosos, mercenários, hipócritas e cruéis!

Por isso, segundo o adágio comum, o "povo tem o governo que merece" e seria incoerência reclamar um governo perfeito, sadio e honesto, de um povo que ainda se compõe de homens corruptos, ambiciosos, viciados, inescrupulosos, avarentos, exploradores, aventureiros, traficantes, gozadores, como ainda hoje acontece em certos países modernos e cientificistas! Mas, como já dissemos, há negociantes e industriais, por exemplo, que reclamam contra o poder governamental e o consideram corrupto ou explorador, enquanto misturam água no leite, batata no queijo, vaselina na manteiga, chuchu na goiabada; vendem carne e peixe podres, arriscando a vida do próximo! Alguns falsificam medicamentos, introduzem corantes nas melancias, pintam as laranjas, simulando amadurecimento, ou apuram o desenvolvimento das uvas com drogas químicas nocivas. Outros, enriquecem financiando a prostituição das moças ingênuas e desamparadas, habituam os escolares ao vício de entorpecentes, usam recursos artificiais no massacre dos cavalos velhos e enfermos para enlatar o presunto da moda! Há profissionais que mantêm a indústria da cirurgia ou do câncer, especulando desenfreadamente com a dor alheia!

Em consequência, os terrícolas têm exatamente os governos que merecem, os quais refletem-lhes as próprias idiossincrasias e falsidades! No entanto, mercê da condescendência divina, quantas vezes homens de talento, progressistas, magnânimos, sensatos e probos, também têm governado no vosso mundo, numa verdadeira doação de graças prematuras?

*PERGUNTA: — Quais as comprovações mais positivas de que os povos e as raças na Terra vivem e progridem sob as diretrizes inconfundíveis do mundo espiritual?*

RAMATÍS: — Seria uma imprudência desastrosa para a

humanidade terrícola, caso vivesse exclusivamente sob as diretrizes dos governos constituídos pelos homens encarnados! Aliás, nenhuma humanidade física vem sem a diretriz sábia e certa de uma Administração Sideral responsável pelo seu destino espiritual, que lhe provê todas as necessidades humanas e lhe disciplina todos os movimentos evolutivos do espírito imortal.

Mas, quando os homens se mostram sensíveis a ensejos espirituais redentores, o Governo Oculto do Orbe então envia os seus representantes, instrutores e legisladores, que se manifestam na Terra e se adaptam ao temperamento, à compreensão e aos costumes de cada povo ou raça! Há diversos milênios, Antúlio ensinou na Atlântida os primeiros rudimentos de espiritualidade superior, fundando o "Templo da Paz" e organizando sistemas que posteriormente os essênios retiveram na Judeia; mais tarde, os profetas brancos recolhiam os anciães desejosos de conhecerem a Verdade Imortal e refazerem o espírito fatigado da caminhada física. Hermes transmitiu aos egípcios os remanescentes dos conhecimentos atlantes e liderou movimentos iniciáticos, desenvolvendo a magia teúrgica e os ritos secretos de Osíris; na Índia, Rama assenta as bases das instituições bramânicas e Krishna elabora os fundamentos esotéricos da investigação espiritual sem a prioridade religiosa; Buda, na Ásia, divulga o pensamento reto e o controle mental, ensinando o homem a dominar as paixões do corpo animal; Confúcio, gentil e cortês, prega e incentiva a honestidade pura nas relações humanas; Orfeu, na Grécia, expõe a realidade espiritual através do encanto da música e da poesia, abrindo caminho para os avançados conhecimentos de Sócrates e Platão; Moisés, malgrado a intransigência e a agressividade, disciplina o povo judeu, especulativo e belicoso, impondo as leis severas da justiça de Jeová, o deus único! Finalmente, outros instrutores de menor porte, mas também inspirados nos programas de sublime espiritualidade, surgem, posteriormente deixando o seu rastro de luz em favor do terrícola, como Blavatsky, Annie Besant e Leadbeater, liderando a Teosofia; Max Handel ativando o Rosacrucianismo, Papus e Eliphas Levi tateando através dos meandros da magia prática e buscando os mistérios ocultos do "Véu de Ísis"! Finalmente, Allan Kardec codifica o espiritismo, espécie de ocultismo popularizado e protegido sob genial filosofia de inspiração espiritual; convoca os homens a rebuscarem nos fundamentos da filosofia oriental as origens secretas da Lei do Carma e da Reencarnação, e, modernamente, Khrisnamurti revive o "pensar reto" de Buda, mas sem o crivo do condicionamento místico e religioso!

*PERGUNTA: — Se vos fosse dado eleger esse Conselho Governativo da Terra, quais os elementos que, simbolicamente, escolheríeis para isso?*

RAMATÍS: — Sob a nossa visão espiritual, embora reconheçamos existirem milhares de homens dignos para tal encargo, escolheríamos doze membros, espécie de "tipos-padrão", que poderiam compor esse governo colegiado, uma consciência sadia e satisfatória para governar a humanidade terrena. Seria um conselho constituído pelas seguintes criaturas: Francisco de Assis, Mahatma Gandhi, Henry Ford, Buda, Edison, Cristóvão Colombo, Pitágoras, Miguel de Cervantes, Sócrates, Nostradamus, Leonardo Da Vinci e Juscelino Kubitschek. Entre outros elementos que ainda poderiam figurar nesse conselho, lembraríamos Platão, Helen Keller, João XXIII, Beethoven, Blavatsky, Paulo de Tarso, Allan Kardec, Júlio Verne, Pasteur, Lincoln, Maharishi etc., espíritos cuja diversidade de ação e capacidade mental poderiam fazer a cobertura das necessidades de um povo bem governado.

*PERGUNTA: — Poderíeis explicar-nos o porquê dessa heterogeneidade de tipos, onde figuram criaturas apolíticas, santificadas, industriais utilitaristas, filósofos, artistas, escritores, profetas e líderes religiosos?*

RAMATÍS: — Estamos apontando criaturas que possuem determinada qualidade, talento ou experiência incomum na vida, e que possa constituir um centro de atividade ou sensibilidade nesse Conselho Governamental, lembrando os recursos e as qualidades de um cérebro sadio no comando do organismo físico. Assim teríamos uma consciência dotada de todos os recursos e qualidades específicas, para governar com mais eficiência um povo ou nação, onde certos elementos figuram com a função ativa e criadora, outros significam a experiência, o bom-senso ou a disposição analisadora.

Assim, esse governo colegiado terreno, que configuramos em face de sua existência tão comum noutros planetas superiores, apresentaria mais capacidade para governar, visualizando todas as necessidades da coletividade em qualquer setor de sua manifestação. A pureza do sistema seria alicerçada na renúncia de Francisco de Assis; a tendência belicosa neutralizada pela "não-violência" de Gandhi; o utilitarismo criador e o bom-senso industrial através de Henry Ford; o "pensar reto" e o poder sadio mental expresso por Buda; o talento inventivo estimulando as realizações progressistas em favor da coletividade sob o comando de Edison; a coragem e o pioneirismo por Cristóvão Colombo; a disciplina e ascese espiritual do povo sob a inspiração de Pitágoras; Cervantes, o senso crítico apurando os excessos da materialidade de um Sancho e consagrando a candidez e o idealismo de um Dom Quixote; Sócrates, o autoconhecimento e a visão superior da vida humana na sua filosofia incomum; Nostradamus traçando rumos proféticos para o futuro, Leonardo Da Vinci o enciclopedismo humano a serviço dessa consciência, e, finalmente, o arrojo criador de um Juscelino, prevendo a vivência sadia das metrópoles do terceiro milênio, onde a cor, o oxigênio e o bom-senso das edificações e amplitude das avenidas evitam a poluição do ar e aglutinação de bactérias mortíferas! E na reserva dessa consciência tão salutar e governante da humanidade terráquea, através dos tipos-padrão mencionados, ainda podem figurar Platão, "o corpo são e a mente sã", Helen Keller, o tipo consagrado da vitória do espírito sobre a matéria perecível, João XXIII capaz de superar um ambiente conservador, como a Igreja Católica, abdicar do seu pedestal homérico de papado, para dialogar com o homem simples e incentivar a comunicabilidade de todas as religiões do mundo; Beethoven, o monumento musical criando sons para o espírito de todos os homens, Helena Blavatsky, a mais ousada pesquisa no campo do mundo oculto, exumando à luz do dia os segredos da humanidade esotérica; Paulo de Tarso, estoicismo, perseverança, coragem e inteligência a serviço do cristianismo; Allan Kardec, o bom-senso encarnado, espírito disciplinado e ordeiro, que escoimou o orientalismo das superstições, tabus e complicações iniciáticas, expondo ao Ocidente a mensagem espírita às inteligências incomuns e à compreensão popular; Júlio Verne, outro profeta que previu e esquematizou várias descobertas e invenções humanas; Pasteur, a persistência e o devotamente a serviço da ciência médica; Lincoln, a integridade política e Maharishi, um vínculo permanente entre o mundo espiritual e o material, canal psíquico de união entre a criatura e o Criador!

*PERGUNTA:* — *Que dizeis quanto à probabilidade de as mulheres governarem o mundo? Seríamos mais pacíficos e venturosos?*

RAMATÍS: — O espírito não tem sexo, pois isso é apenas a sinalética do corpo carnal fixando responsabilidades entre o "tipo-homem" e o que é a fase ativa, e o "tipo-mulher", a fase passiva, propriamente, o intelecto, a razão e o sentimento. Apenas a mulher vive em condição mais passiva pelo fato de gerar e criar filhos, inclusive a submissão ao lar, portanto, menos atividade na formação política e administrativa do mundo profano. Mas em face da emancipação da mulher, como ocorre atualmente, participando em todas as esferas de atividade técnica, filosófica, literária, científica e religiosa do mundo, também enfraqueceu a linha divisória entre o masculino e o feminino, em face de responsabilidades e direitos semelhantes.

Evidentemente, não seria o fato de as mulheres governarem o mundo, o que bastaria para torná-lo um paraíso, pois na configuração feminina, às vezes também vivem espíritos daninhos e brutos, que desmentem a feminilidade e ternura, quais viragos e megeras mais grosseiras e cruéis do que os próprios homens! Algumas aviltam até a função divina de "mãe", quando enxotam ou trucidam os filhos, além das mais perversas, que maltratam os seus descendentes sob os piores maus-tratos! Há, também, mulheres atrabiliárias, tipos de sargentos de saias, que depreciam ou obscurecem o tradicional sentido de beleza, doçura e resignação próprias da feminilidade. A história terrícola também comprova quanto aos tipos de mulheres másculas, que foram rainhas belicosas, guerreiras, astutas e maquiavélicas, como Catarina de Médicis, Isabel, a Católica, ou Catarina, a Grande, imperatriz da Rússia.

Em consequência, não seria tão-somente o "tipo-mulher" quem iria solucionar o problema governamental do mundo, e, também, estabelecer a paz definitiva na Terra! As mulheres vaidosas, cabotinas ou irascíveis apenas darão mais amplitude às suas virtudes negativas, caso também lhes concedam a oportunidade de comandar multidões e usufruir do poder público! Aliás, sob a nossa visão espiritual, ainda é a mensagem do Cristo o Código Governamental mais certo do mundo, em que as criaturas através do Amor solucionam todos os problemas e facilitam qualquer administração pública!

PERGUNTA: — *A humanidade só aproveitou reduzida parte dos ensinamentos ministrados pelos instrutores da Terra, não é assim?*

RAMATÍS: — Embora os homens tenham comprovado, sem

qualquer sofisma, que são mais proveitosos os ensinamentos de alto teor espiritual, em vez dos sistemas e doutrinas políticas, sociais ou repressivas do mundo, como no caso da "não violência" de Gandhi, que libertou um povo, realmente, é bem reduzido o benefício resultante dos sacrifícios empreendidos pelos líderes da espiritualidade! Isso lembra o que acontece com o radio, precioso minério que exige a trituração de uma tonelada de pechblenda para conseguir-se um grama proveitoso. Quantas toneladas de sacrifícios e ensinamentos espirituais já foram despendidos pelos mensageiros do Senhor, para que a humanidade possa aproveitar um grama da Verdade Imortal?

Cada instrutor espiritual representa uma conta atada ao fio interminável do ensinamento divino, compondo o indestrutível colar da autêntica vivência do espírito em liberdade. Mas os povos, ainda escravos das paixões, pouco absorvem desse "maná" divino revigorante da saúde espiritual, o qual desce do Céu na figura dos excelsos intérpretes do esquema venturoso do Universo! Dominados pelos instintos inferiores, insaciáveis na execução de todos os prazeres grosseiros e no culto da personalidade humana transitória, os homens terrenos ainda requerem a prescrição constante da medicação de urgência através do sofrimento e da desilusão!

Daí as catástrofes, tragédias e eventos de infelicidade, como a submersão da Atlântida, de Sodoma, Gomorra, Pompeia, Herculano e outras de menores proporções, que marcam os períodos derradeiros do deboche, da revolta e irresponsabilidade humana! Deus jamais teria perdido o controle das leis que regulam as atividades e relações sadias entre o Espírito e a Matéria. Por isso, os instrutores siderais deixam as suas moradias resplandecentes e baixam periodicamente ao mundo físico, a fim de socorrerem o cidadão terrícola e esclarecê-lo de que a dor e o sofrimento são apenas produtos da resistência humana, recursos utilizados para a ventura espiritual do homem. Muitas iniciativas catastróficas de última hora, empreendidas pelo Governo Espiritual Oculto, têm por finalidade benfeitora salvar a tempo certas coletividades, que submergem-se superexcitadas no vórtice das paixões animais e completamente desatinadas, na perigosa atrofia do comando espiritual sobre o instinto inferior. O erotismo, a luxúria, vaidade, perversidade, violência, o ódio e o barbarismo sob medida civilizada destroem todos os ensejos de uma desencarnação controlada. Os terrícolas desencarnam como se fossem lançados de um veículo a centenas de quilômetros horários; aportam no Além de olhos esgazeados, enlouquecidos e completamente enceguecidos, jamais sensíveis a qualquer providência das equipes socorristas do Espaço. Então a hecatombe, a tragédia ou desgraça de última hora, ainda consegue contemporizar, suster os impactos agressivos, luxuriosos ou odientos, ante a miséria, a tragédia e o despertamento espiritual para a realidade da vida do espírito! Daí o efeito benéfico e salutar de tantas catástrofes no mundo, que os mais sentenciosos chamam de "castigo de Deus", e nós, despertos para a realidade espiritual, apenas identificamos como providências salvadoras de última hora!

PERGUNTA: — Porventura, a Administração Sideral provoca propositadamente as tragédias coletivas de reparações cármicas, como terremotos, inundações, secas, vulcões, desabamentos ou tempestades destruidoras?

RAMATÍS: — A Terra é um planeta geologicamente primário, instável e em processo de aperfeiçoamento. Em consequência, terremotos, inundações, secas, catástrofes, tempestades ou vulcões são fenômenos inerentes à natureza planetária terrícola ainda em consolidação. Ademais, os homens ainda se encarregam de aumentar essa natureza catastrófica e indesejável da Terra, pois arrasam cidades, matas, campos, jardins, silos, pomares e reservas alimentícias, durante as guerras sangrentas e destruidoras. A Administração Sideral, cujo programa demográfico terrícola é elaborado com milênios e milênios de antecedência, então distribui previamente nas zonas catastróficas os espíritos ainda carentes de corretivos ou providências retificadoras de última hora. É uma espécie de segurança antecipada do Alto, colocando espíritos instáveis, agressivos e irresponsáveis, em zonas e regiões onde também é proverbial e constante a mesma instabilidade e hostilidade do meio, espécie de válvula pronta para suster os excessos perniciosos para a entidade espiritual. Assim, tais espíritos encarnam-se sobre regiões vulcânicas, faixas de terra sujeitas a terremotos, furacões e secas periódicas, onde se formam aldeias, agrupamentos e cidades, que depois são refreadas na sua população cada vez mais desregradas ou agressivas. Não é preciso a montagem de uma carpintaria nos bastidores siderais, para que se produzam acontecimentos nefastos e corretivos atendendo a providências de urgência. A Técnica Sideral, no seu esquema "cármico", onde os espíritos se conjugam às nações e planetas de aperfeiçoamento espiri-

A Vida Humana e o Espírito Imortal 203

tual, apenas distribui, na lei de que "os semelhantes atraem os semelhantes", os povos na conformidade de suas necessidades retificadoras, jamais por castigo deliberado![58]

*PERGUNTA: — Qual é a espécie de governo, sob a vossa opinião, mais adequado para governar a Terra, no momento?*

RAMATÍS: — Na atualidade, ainda não existe ambiente favorável para a eleição de um "governo mundial" perfeito, uma vez que as partes a serem governadas vivem em desarmonia sob o combustível perigoso das paixões, vícios, interesses econômicos, agressividades racistas, separatismos religiosos, doutrinas políticas e orgulho pátrio! A humanidade terrena ainda está dividida por uma verdadeira colcha de retalhos em incessante conflito espiritual, sem integração num mesmo postulado pacífico, ordeiro e benfeitor! Nenhum governo, por mais inteligente e sadio, conseguiria governar tantos grupos de homens completamente isolados pelas suas diferenças políticas, sociais, raciais, religiosas, morais e orgulhosas. Ainda resta muito tempo para que os terrícolas aproximem-se impelidos pelas vibrações do espírito consciente de sua função na carne, a fim de comporem um conjunto governamental que tenha por exclusivo ideal o bem de toda a humanidade!... O noticiário dos jornais informa, diariamente, das revoluções e expurgos sangrentos que ocorrem no seio do mesmo povo![59]

Seria inadmissível eleger-se um governo perfeitamente equilibrado e harmonioso, para atender um conjunto tão esfarrapado e dividido pelas lutas fratricidas, interesses políticos e pilhagem, como ainda é a humanidade terrena! Os terrícolas, na sua tolice tão milenária, buscam e rebuscam líderes políticos, expertos financistas, conselheiros econômicos, socialistas tarimbados e sisudos democratas, a fim de conduzirem o mundo à felicidade humana, enquanto esquecem a maior cerebração e genial instrutor que foi o Cristo, e olvidam o mais avançado Código de vivência humana, que é o Evangelho!

---

[58] Assim como em Hiroshima foram desintegrados pela bomba atômica as mesmas criaturas que, no passado, a partir das histórias bíblicas, destruíam, matavam e incendiavam sob o comando dos guerrilheiros homicidas, atualmente, no "Vietnã", morrem sob a metralha ou pelo fogo incinerador outros tantos soldados, guerrilheiros e saqueadores desde as conquistas romanas até os últimos dias! (N. de Ramatís.)

[59] Para confirmar os dizeres de Ramatís, é bastante lembrarmos a perversidade e o ódio que dividiu os espanhóis na revolução franquista; as desforras e vinganças entre os povos "primos", que são os judeus e árabes provindos do mesmo tronco bíblico; e, finalmente, a miséria, a chacina e o horror de Biafra, onde tribos do mesmo sangue se massacram estupidamente. (Nota do Médium)

## 8. Problemas do vício de fumar

*PERGUNTA: — Quem fuma ofende a Deus?*

RAMATÍS: — Caso Deus se ofendesse pela estultícia de o homem fumar, então seria tão passional e contraditório quanto a própria criatura humana. E como Deus não se ofende de modo algum, pois está acima das paixões e dos sentimentos dos homens, também não precisa perdoar. Evidentemente, só perdoa quem primeiro se ofende. O homem viciado no fumo, no álcool, em entorpecentes ou substâncias nocivas, jamais ofende a Divindade, mas perturba a sua saúde física e intoxica a delicada contextura sideral do seu perispírito, sendo candidato voluntário a sofrimentos e aflições indesejáveis, no Além-túmulo, e algumas vezes, até na próxima existência.

*PERGUNTA: — Mas se o homem viciado não ofende a Deus, por que, então, é castigado após a morte corporal?*

RAMATÍS: — Como durante a encarnação não há separação absoluta entre o espírito e o corpo carnal do homem, é óbvio que ele há de sofrer após a morte os efeitos danosos dos seus desatinos e vícios cometidos na existência física. É bastante lógico que não se pode colher morangos plantando cicuta, nem usufruir saúde ingerindo venenos!

*PERGUNTA: — Todos os espíritos desencarnados sofrem no Além-Túmulo os efeitos de quaisquer imprudências viciosas?*

RAMATÍS: — No Além-Túmulo sofrem todos os espíritos que usufruem, em excesso, as coisas do mundo carnal, perdendo o controle mental e espiritual sobre o seu organismo físico.

Em vez de senhores, eles se tornam escravos das paixões animais. Não é o aperitivo, a bebida moderada ou o cigarro sem exagero, o que estigmatiza os desencarnados após a morte, mas, sim, os que não fumam, mas são "fumados", os que não bebem, mas são "bebidos"!

*PERGUNTA: — Qual é o prejuízo mais grave que o homem viciado no fumo causa a si mesmo?*

RAMATÍS: — O fumante inveterado é um infeliz escravo, que abdica de sua própria vontade, cedendo o seu comando instintivo a um cérbero implacável e exigente, como é o tabaco! O tabagismo é uma doença evitável, da qual, entretanto, padece grande parte da humanidade. É o culto fanático ao "senhor Fumo", que intromete-se incessantemente na vida dos tabagistas, explorando-lhes os pensamentos, sentimentos, as aptidões psíquicas e até inspirações na esfera da música, pintura e literatura. Alguns homens fumam para "matar o tempo", ou se iludem buscando no tabaco o sedativo hipnótico para acalmar os nervos; outros acreditam que o fumar sugere-lhes bons negócios nas volutas da fumaça do cigarro ou do cachimbo.

Evidentemente, o tabagista inveterado não é apenas um tolo, mas, também, um escravo da fumaça e nicotina do cigarro incinerado, pois sofre atrozmente quando lhe falta o fumo. Vive inconsciente de sua própria escravidão, pois mete a mão no bolso, retira a cigarreira, o maço de "caipira" fétido ou o charuto perfumado; e põe isso nos lábios, vencido pelo ato vicioso. É um autômato vivo, que pratica todo esse ritual obedecendo a uma vontade oculta.

Conforme explicamos anteriormente, o fumante inveterado já não fuma, mas é estupidamente "fumado"; já não comanda a sua vontade, ele é servilmente dominado pelo tabaco, vítima de uma entidade estranha que interfere discricionariamente em todos os movimentos da sua existência. O corpo físico da criatura transforma-se numa espécie de "piteira viva", prolongamento material a incinerar tabaco!

*PERGUNTA: — Mas fumar é uma condição natural e comum em nosso mundo; é mesmo uma tradição cultivada em todas as classes e profissões, pois é adotada por homens cultos, cientistas, filósofos, médicos, alunos, professores, moços e velhos, homens e mulheres. Que dizeis?*

RAMATÍS: — Não é a preferência da quantidade de pessoas

que fumam que justifica ou suaviza a sua característica viciosa e prejudicial, assim como ninguém passa a cultivar devotadamente as ervas daninhas só porque elas são mais numerosas que as flores do jardim! O tabagismo é fonte de renda tão comum, que há cérebros especializados queimando fosfatos para descobrir novas técnicas e estímulos na arte de fumar ou na queima da erva tirânica, que deve ser ajustada conforme a classe, fortuna, hierarquia e distinção social do fumante.

Os sertanejos e os aldeões fumam o malcheiroso cigarro de palha ou então chupam os sarrentos pitos de barro ou madeira; os cidadãos comuns viciam-se aos cigarros de papel, enquanto os mais afortunados distinguem-se pelo uso de piteiras de arco de ouro e filtros. Os homens de responsabilidade, chefes de indústrias, autoridades públicas e políticas, sugam polpudos charutos de fumo escolhido e de marca requintada. Há, também, os epicuristas dos luxuosos e artísticos cachimbos de "espuma do mar", que lhes pendem dos lábios salivados, a disfarçar o cheiro acre e tóxico do tabaco, pela mistura de baunilha e cacau. Os menos educados e mais preocupados com a sua íntima satisfação não se pejam de queimar o desagradável charuto ou impregnar de sarro de cachimbo os ambientes saudáveis.[60]

*PERGUNTA: — Em face de vossas explicações, concluímos que não se fuma em planetas cuja humanidade é de graduação espiritual superior ao homem terreno. Não é assim?*

RAMATÍS: — Não é preciso o homem ser médico, anatomista ou fisiologista, para compreender quão delicada é a função e a composição dos pulmões humanos, os órgãos respiratórios responsáveis pela oxigenação que sustenta a vida física. A extensa e complicada rede de brônquios, lóbulos e toda espécie de canais e ramificações capilares, dispersas por toda a área pulmonar respiratória, não foram criados para atender ao metabolismo vicioso do fumo, mas destinados ao fenômeno da hematose ou oxigenação do sangue. É uma insensatez o homem transformar o equipo pulmonar, tão valioso, em filtrador de fumaça corrosiva e depósito de fuligem a comprometer a sua saúde.

---

60 Considerando-se que se pode avaliar o temperamento, os costumes e até as qualidades das pessoas através dos gestos das mãos, do modo de colocarem o chapéu, segurarem um copo ou uma xícara, a maneira esfomeada ou fidalga de se alimentarem, há de ser bastante egoísta, prepotente e "grosso" na gíria moderna o indivíduo que penetra numa confeitaria, restaurante familiar, trens e ônibus, a sugar ostensivo charuto ou fétido cachimbo, pouco se importando com aqueles que repugnam o fumo. (Nota do Médium)

É inacreditável que o homem, ser racional e pensante, submeta-se voluntariamente às consequências de sujeitar o seu sistema respiratório aos perigos da asma, bronquites, resfriados, gripes, edemas pulmonares, intoxicações, atrofias, pleurites, irritações laringofaríngeas, tuberculose e até câncer! Essas enfermidades podem estabelecer-se e progredir na área pulmonar, quando no primeiro surto já encontram terreno eletivo para grassar, evoluir e dominar.

A supercarga de anidrido carbônico, que resulta da má oxigenação, forma um residual opressivo disseminado pela rede venosa e sobrecarrega o sistema arterial, produzindo uma percentagem indesejável de anorexia cerebral. Então, é comum as hemicranias, enxaquecas, mau hálito, cefalalgias agravadas pela intoxicação anidridocarbônica, inclusive pela vertência dos demais derivados do fumo, além da saliva nicotizada e resíduos de picumã, que depois atingem o estômago, alteram a composição dos sucos gástricos, excitam o esôfago e perturbam o peristaltismo do intestino.

Em suma, as humanidades espiritualmente mais evoluídas do que a terrena são sadias e conscientes de sua realidade imortal, bastante zelosas do seu organismo físico na vivência humana, semelhantes ao artista sensato que cuida seriamente do seu instrumento. Jamais elas se abalariam à tolice e ao ridículo de sugar ervas tóxicas e malcheirosas.

*PERGUNTA: — Embora concordando convosco, lembramos que certos fumantes inveterados têm gozado de excelente saúde e até desencarnado centenários!*

RAMATÍS: — A diminuta percentagem de tabagistas que têm sobrevivido sem sofrer os efeitos tóxicos do fumo não basta para recomendar o vício que prejudica ou até liquida os homens de uma descendência biológica mais débil. Aliás, é bem maior a percentagem das criaturas vulneráveis à nicotina, como cardíacos congênitos, asmáticos, hipocondríacos, ulcerosos, dispépticos, portadores de má circulação, fragilidade capilar, insuficiência gástrica e outros sintomas mórbidos e que o uso do fumo ainda apressa na marcha para o túmulo. Autópsias recentes e estatísticas médicas provam que o tabagismo, para muitos homens, é um verdadeiro "suicídio a prestação"!

*PERGUNTA: — Há informes científicos de que o organismo humano mobiliza defesas suficientes para neutralizar os efeitos* nocivos do fumo! *Que dizeis?*

RAMATÍS: — Não há dúvida; o corpo físico jamais cede em sua defesa enquanto possui energias e capacidade para neutralizar quaisquer imprudências ofensivas à sua natureza. Mas é insensato que o homem abuse e agrave esse inato poder de resistência do organismo físico, na imprudência e insensatez de inalar venenos tão destruidores como o fumo e o álcool.

Os viciados no tabaco deveriam meditar profundamente quanto aos desesperados esforços e dispendiosas energias que o organismo físico mobiliza para sobreviver contra o envenenamento do primeiro cigarro! O fumante neófito, quando tenta sorver o primeiro cigarro, é acometido de suores gelados e vômitos incoercíveis; baixa-lhe a temperatura e o sistema endocrínico destrambelha-se na produção de hormônios defensivos; o esôfago excita-se, enquanto o fígado atropela-se, o tecido gástrico intoxica-se, afrouxa-se o piloro e surge até o fluxo desintérico. Há casos mais graves, em que o candidato ao tabagismo precisa ser socorrido pelo médico, pois desmaia, atinge o coma nicotínico ou sofre de cegueira acidental. Porém, não se atemoriza, nem se resguarda, malgrado o primeiro choque fisiológico aflitivo e atroz. Imitando verdadeiro idiota, ele tenta novamente a mesma aventura mórbida e, de sofrimento em sofrimento, termina por adaptar-se ao condicionamento do fumo intoxicante, até converter-se na excêntrica e ridícula figura de uma "chaminé ambulante"!

Enquanto 50 miligramas de nicotina podem matar um fumante calouro, o tabagista viciado suporta até 120 miligramas sem consequência mortal, graças à sua teimosia e obstinação em ajustar-se à incineração da erva tóxica. Mas o sucesso vicioso não se deve a uma defensiva natural, porém ao organismo que estabelece novos processos químicos e mobiliza energias específicas, furtadas de outros setores orgânicos, para a sua sobrevivência.

Após a viciação tabagista, o corpo carnal também fica mais vulnerável aos ataques tóxicos das doenças mais comuns, inclusive quanto à contaminação da área respiratória. Sem dúvida, ante essa defensiva incomum, então é possível que o fumante, de vigorosa estirpe ancestral biológica, possa viver até 100 anos algo sadio; no entanto, os menos favorecidos apressam a sua viagem para o túmulo!

PERGUNTA: — *Mas o corpo humano não dispõe de ener-*

gias suplementares, podendo adaptar-se à nicotina do fumo sem onerar outros setores orgânicos e causar prejuízos ulteriores?

RAMATÍS: — O tabaco não é nocivo tão-somente pela nicotina que o estrutura quimicamente, pois contém outros venenos perigosos, facilmente identificados em análise de laboratório, tais como ácidos pectósico, málico, oxálico, a amônia, extratos azotados e outras substâncias ofensivas. Na fumaça se percebe a presença do próprio ácido cianídrico, na base de 0,10 gramas para 20 gramas de tabaco analisado. O fumante inveterado, além disso, inala certa quantidade de gás venenoso, na forma de óxido de carbono, ao acender o cigarro, produto da combustão do fósforo.

PERGUNTA: — Porventura os filtros modernos, nos cigarros ou nas piteiras, não bastam para eliminar a substância tóxica da nicotina?

RAMATÍS: — Evidentemente, se o homem usa filtros para vedar a passagem da nicotina, ele admite, em sã consciência, a nocividade do cigarro! Mas, em face da tradicional negligência ou tendência viciosa, o homem passa a fumar o dobro de cigarros que fumava anteriormente sem filtros, porque os acha fracos ante a ausência mais pronunciada da nicotina nos pulmões. Indubitavelmente, se o homem reconhece que o fumo é um mal, ele devia abandoná-lo e temê-lo, em vez de ainda procurar paliativos como filtros.

As toxinas do fumo agridem a delicada mucosa gástrica, perturbam as funções digestivas e alteram os fermentos pancreáticos; e ainda integram-se à circulação sanguínea na forma de resíduos nocivos, passando a deprimir o sistema nervoso, porque se trata de entorpecente, que é mal drenado pelos rins! O tabagista jamais é um homem saudável, pois vive permanentemente expelindo toxinas por todas as vias emunctórias e fatigando-se pela drenação intensiva. Enrolando-se o corpo despido do fumante num lençol úmido, ocorre um aceleramento na transpiração pelos poros, a ponto de ficar gravada no mesmo a forma corporal modelada pela nicotina expulsa através do suor!

PERGUNTA: — Quem fuma 20 cigarros por dia, quanto absorve de nicotina nesse consumo de tabaco?

RAMATÍS: — Considerando-se que um cigarro deve conter perto de um grama de fumo, o tabagista aspira 20 gramas de fumo na inalação de 20 cigarros. Dizem os cientistas que um grama de tabaco contém 2,5% de nicotina, do que se conclui que 20 cigarros, ou seja, 20 gramas de fumo, hão de conter 50 miligramas de nicotina, Quem consome uma carteira com 20 cigarros, por dia, absorve de 350 a 400 miligramas de nicotina numa semana . E o fato é de preocupar, pois apenas 5 ou 7 miligramas de nicotina, por via subcutânea ou endovenosa, matam coelhos e cobaias facilmente, assim como certas aves morrem rapidamente ao aspirarem apenas o vapor da nicotina. Daí o motivo por que o principiante a tabagista sofre distúrbios respiratórios, salivação anormal, transtornos hepáticos, tontura, falta de visão e audição, inclusive dor de cabeça, vômitos, fraqueza, cólicas e disenteria, quando fuma o primeiro cigarro. Com o tempo, ele se acostuma ao veneno nicotínico, mas, em geral, ficam os estigmas da "asma tabagista", o pigarro incômodo e demais distúrbios nas vias respiratórias que já mencionamos.

Ademais, a língua do tabagista pode ficar atrofiada pelos venenos do fumo, que atingem as suas "papilas gustativas", constituídas de minúsculos feixes de nervos, com a função de transmitirem para o cérebro a sensação do gosto das substâncias e líquidos em ingestão. Mal o fumante termina as refeições e ingere o costumeiro cafezinho, surge a vontade imperiosa de fumar, pois as antitoxinas que se libertam e se apuram, estimuladas pela cafeína, logo exigem o tóxico tradicional para então combatê-lo. Enfim, são forças permanentemente mobilizadas num gasto desnecessário e sob o automatismo vicioso, que se excitam até sob os pensamentos incontrolados do fumante inveterado.

*PERGUNTA: — Não será o fumo um recurso subjetivo do próprio espírito do homem, a fim de atenuar a vivência humana tão angustiosa e desconcertante?*

RAMATÍS: — Se fosse sensata tal ideia, teríamos de explicar por que a humanidade conseguiu viver normalmente, sem precisar de tabaco, até o dia em que Colombo o trouxe da América para a Europa; e então, se divulgou tal vício. Os indígenas, como criaturas ingênuas, sugavam fumaça pelos canudos de folhas de tabaco num divertimento tolo e infantil; e os civilizados passaram a imitá-los de modo bastante ridículo.

O sistema anti-higiênico de incinerar essa erva malcheirosa teve início depois que Monsenhor Nicot, embaixador francês em Portugal, passou a cultivar o tabaco em sua horta, como se fosse uma planta de excelente benefício para a humanidade. Caso os

A Vida Humana e o Espírito Imortal 211

selvagens tivessem um pouquinho de senso de humor, teriam rido dos civilizados, que passaram a levar a sério o que era simples gozação! E os civilizados, hoje, exploram o vício de fumar, despendendo vultosas somas numa propaganda comercial e sensacionalista.

De princípio, só os homens e as mulheres de má reputação é que fumavam às claras; porém, hoje, fumam as criaturas de todas as classes, pois o médico descansa o seu cigarro, enquanto aconselha o cliente a deixar de fumar para recuperar a saúde, ou o sacerdote excomunga todos os vícios do alto do púlpito, embora ele também seja um fumante.

*PERGUNTA:* — *Cremos que a maioria dos fumantes busca uma distração.*

RAMATÍS: — Não há dúvida que o tabagista alega que é para se distrair; e com a sua tolice viciosa gasta uma parte de sua economia na aquisição de cigarros. Ante a perspectiva de uma viagem de negócios, turismo ou piquenique, a sua mente, primeiro, se preocupa com o fumo! No caso de esquecimento voltará do meio do caminho ou se desviará para a cidade mais próxima, a fim de adquirir o tabaco! Dominado pelo desejo vicioso é capaz de atrasar-se para o almoço ou jantar, e até perder o último ônibus, na aflição de comprar o seu atormentador. O tabagista suja de cinzas as vestes, os tapetes, as toalhas e as roupas de cama, deixando a marca da nicotina pelos lugares onde perambula; corre até o risco de incendiar a própria casa ou escritório, ante o descuido de um fósforo mal apagado, um toco de cigarro aceso sobre o tapete ou na cesta do lixo. Mal abandona as cobertas do leito para lavar os dentes, suas mãos tateiam o maço de cigarros!

*PERGUNTA:* — *Mas que dizer de homens célebres como Lord Byron, o esotérico Bulwer Lytton, o genial Rudyard Kipling, autor do poema "Se", Churchill, o responsável pela vitória dos aliados, que além de fumantes inveterados, consideravam o tabaco um prazer indiscutível?*

RAMATÍS: — Celebridade não é sinônimo de santidade ou libertação do instinto inferior. No entanto, todos os homens espiritualmente libertos do jugo da matéria não fumavam, como Francisco de Assis, Ramakrishna, Gandhi, Maharishi, Lahiry Mahasaya, Vivekananda e outros líderes do espiritualismo sadio.

Em virtude de o orbe terráqueo ainda ser uma escola de

alfabetização espiritual, os espíritos que o habitam também são de natureza primária; ainda são alunos quase irresponsáveis, inescrupulosos, rebeldes, mal-educados, cínicos, agressivos e até cruéis, como se pode verificar pela simples leitura dos jornais do mundo. Eles matam-se em guerras fratricidas, liquefazem os companheiros com bombas incendiárias ou atômicas, arrasam cidades, lavouras, pomares, campos, matas, destroem cidades e reservas nutritivas, para depois lastimarem e temerem o fantasma da fome. Zombam dos seus líderes espirituais, pulverizam templos e instituições religiosas, selecionam jovens sadios e depois os enviam para a guerra e os estropiam em batalhas sangrentas.

Em consequência, os próprios gênios incomuns, cientistas abalizados e filósofos eruditos, que formam a cúpula mais sadia da humanidade terrena, ainda são criaturas inconscientes de sua realidade espiritual. O cientificismo, a cultura ou habilidade incomuns não os livram de mergulhar nas paixões e nos vícios do mundo, porque sua alma ainda é de graduação espiritual primária. Deslumbram-se, porque esmiuçam o atomismo estrutural dos elementos que compõem a sua moradia física, mas ainda não alcançam o conhecimento de si mesmos! Dominam os fenômenos próprios do cenário terreno onde atuam, mas não conseguem libertar-se, sequer, do tolo vício de fumar.

Kipling compôs o admirável poema "Se", um admirável tratado de libertação humana, mas ainda fumava bons charutos como qualquer moleque divertido; demonstrando que ele mesmo não conseguira se tornar o homem sonhado na sua criação genial! Bulwer Lytton escreveu avançadas obras de simbolismo iniciático, focalizando diversas atitudes do homem no campo da espiritualidade consciente, mas era escravo do tabaco, em flagrante contradição consigo mesmo! Churchill concorreu extraordinariamente para libertar o seu país das garras nazistas; mas, lastimavelmente, na sua ingênua preocupação de manter a tradição de uma figura excêntrica, em vez de fumar, era "fumado" pelos ostensivos charutos! Por isso, já dizia Pedro: "Porque todo aquele que é vencido é também escravo daquele que o venceu" (II Pedro, 2: 19).

*PERGUNTA: — Entre os próprios médicos há divergência de opiniões, pois enquanto alguns condenam o fumo, outros o acham inofensivo e até prazenteiro! Que dizeis?*

RAMATÍS: — A confusão ainda é uma condição comum do

vosso mundo primário e ela também ocorre entre os próprios cientistas. O homem tateia, vacila e duvida antes de firmar seus princípios científicos, morais e sociais; e paga a sua cota de sacrifício no equívoco que precede a exatidão. Ptolomeu, em sua época, demonstrou cientificamente que a Terra era o centro do sistema solar; Copérnico, mais tarde, também provou, sob fundamento científico, que o Sol era o centro do sistema e a Terra era quem girava. Mas Tycho Brahe, cientista de renome, combateu novamente a teoria de Copérnico, defendendo a tese ptolomaica. Lavoisier não acreditava que os meteoros caíam do céu; Pasteur foi combatido e ridicularizado antes de glorificado pela ciência médica.

Assim se verifica no tocante aos próprios vícios da humanidade; há quem os defenda por achá-los inofensivos, até comprovar-lhes os malefícios na própria carne! O médico que fuma pode achar inofensivo o tabagismo, enquanto o que ainda não se viciou o censura como uma prática perigosa. No entanto, é suficiente o mais singelo exame de laboratório para se comprovar a natureza agressiva do alcaloide nicotina, que existe profusamente no tabaco. Após certo tempo de tabagismo, podem provir dores de cabeça do monóxido de carbono; irritações dos brônquios, da garganta e dos pulmões, produzidos pela amônia ou piridina; nas fossas nasais, devido ao calor da brasa do cigarro, crestam as mucosas sensíveis das narinas. Há, ainda, os efeitos danosos dos derivados alcatroados do fumo, que formam residual nocivo atacando os pulmões, enegrecendo os dentes e compondo o terreno eletivo para o câncer pulmonar.

*PERGUNTA: — Muitos fumantes consideram que o cigarro acalma os nervos!*

RAMATÍS: — Os sedativos também acalmam os nervos, principalmente os barbitúricos; mas terminam por causar depressão e mais tarde perturbam o metabolismo do sistema nervoso! O desejo incontrolável do fumante origina-se no corpo perispiritual, cujas emoções no homem centralizam-se na região do "plexo solar" ou "plexo abdominal". Em consequência, os fluidos volatilizados do fumo convergem para essa zona perispiritual, após verterem pelo "duplo-etérico"[61] consolidando-se, ali, o condicionamento que vitaliza o desejo vicioso incessante. Disso origina-se a angústia perispiritual devido ao eflúvio cons-

---

61 Vide a obra *Elucidações do Além*, de Ramatís, **EDITORA DO CONHECIMENTO**, onde o tema do "Duplo-Etérico" é explicado satisfatoriamente.

tante do tabaco eterizado, a qual só se acalma com a própria droga, tal qual acontece com o "delirium tremens" produzido pelo álcool e depois tranquilizado pela ingestão do mesmo. O fumante supõe tranquilizar os nervos, porque a nicotina ao penetrar no sangue produz um efeito hipnótico momentâneo sobre o nervo simpático. Lastimavelmente, os efeitos degradantes do vício requerem a providência da própria substância que o gera, assim como o veneno da cobra cura a sua mordida. Em consequência, o fumante inveterado, depois que desencarna, ainda continua a sentir no "plexo abdominal" do perispírito as angústias tabagistas do vício cultivado na carne, exigindo o cigarro para se acalmar, cousa impossível de ser satisfeita no Além-Túmulo, pela ausência de qualquer tabacaria!

*PERGUNTA: — Que dizeis das mulheres que fumam? Muitas delas acham que o fumo faz emagrecer e que as livra das drogas químicas perigosas!*

RAMATÍS: — É um equívoco das mulheres pretenderem emagrecer à custa do fumo, quando isso deve ser obtido através de dietas convenientes ao seu tipo, sob a orientação de hábil nutrólogo.

O tóxico do tabaco deprime fortemente certas pessoas debilitadas e exige a incessante mobilização de energias contra o seu impacto agressivo, resultando uma redução de peso do organismo físico por debilidade energética, e não devido ao tabagismo, que nada tem de terapêutico! Em geral, os fumantes inveterados engordam assim que deixam de fumar porque isso resulta do acúmulo de antitoxinas, que anteriormente foram mobilizadas no organismo para a defensiva contra a nicotina. Mas, paulatinamente, essas toxinas vão desaparecendo desmobilizadas pela ausência do tabaco tóxico; e o "ex-fumante" não tarda a retornar à antiga forma física.

*PERGUNTA: — As mulheres que fumam são mais prejudicadas do que os homens?*

RAMATÍS: — A nicotina contrai os vasos sanguíneos e retarda o afluxo de sangue aos centros e camadas cerebrais superiores situados externamente no córtex cerebral. Por isso, alguns tabagistas sofrem de certa "amnésia" parcial e insensibilidade nas extremidades dos dedos, provocados pela exiguidade da circulação capilar. As doenças do coração, mais raras entre as mulheres, são mais frequentes entre os homens tabagistas, multiplicando-se os "enfartes" à medida que a humanidade fuma. A nicotina reduz o calibre das veias coronárias e produz a "falsa angina", cada vez mais comum entre os fumantes inveterados.

O fumante inveterado apressa a constrição das veias coronárias, devido à incessante presença da nicotina atuando nos vasos sanguíneos de modo anômalo. Conforme o velho preceito de que "a função faz o órgão", a delicada rede das coronárias, que irriga e alimenta o coração, também acaba vítima da estenose crônica provocada pela nicotina, transformando o homem sadio, e ainda moço, num ótimo cliente dos médicos cardiologistas!

Consequentemente, a mulher que fuma é mais lesada pelo tabagismo, em virtude de ser constituída por mais extensa rede de vasos sanguíneos do que o homem, a fim de atender à sublime missão de procriar a vida. Através dos períodos catameniais, verifica-se que a mulher precisa descarregar o residual químico-tóxico sanguíneo, que se acumula naturalmente por não ser usado na procriação. A nicotina, a amônia, os ácidos oxálico, tânico, nítrico e o óxido de carbono, que se produzem na queima do tabaco, são mais nocivos ao metabolismo feminino, porque agravam a necessária exoneração da carga menstrual tóxica e irritam o sistema nervoso.

Ademais, a mulher que fuma envelhece prematuramente, porque a constrição sanguínea provocada pela nicotina rouba o rosado da pele e reduz a irrigação circulatória das faces. As rugas surgem mais cedo e formam-se petrificações subcutâneas devido à retenção de resíduos nocivos e gordurosos, como cravos, manchas e sardas, o que obriga a mulher a mobilizar cremes, tinturas, substâncias químicas ou massagens através dos modernos salões de beleza, na tentativa de dissimular a velhice prematura.

*PERGUNTA:* — *O fato de a mulher fumar também pode influir na procriação dos filhos?*

RAMATÍS: — É de senso comum que "não há regra sem exceção", e por esse motivo se existem homens tabagistas que vivem saudavelmente até 100 anos, há mulheres que resistem satisfatoriamente ao vício nocivo do fumo sem alteração na saúde. Mas essas exceções dependem fundamentalmente de organismos físicos oriundos de bons ascendentes biológicos.

É o caso mais comum das camponesas que fumam desde jovens, e, no entanto, são saudáveis e procriam sem dificuldades. Mas em tais casos a natureza possui recursos de reserva para mobilização de defesas, pois se trata de vida simples, instintiva e sadia nos campos pródigos de oxigênio puro, sem as combustões nocivas da atmosfera das cidades poluídas por toda a sorte de emanações químicas e epidêmicas das aglomerações. Mas a moça situada no turbilhão dos resíduos impuros das populações citadinas, cuja alimentação mais artificializada e impura exige ainda os recursos de uma farmacologia violenta e tóxica, não pode assemelhar-se ao tipo de resistência que a camponesa, bem nutrida e vitalizada pelo ar puro, oferece contra o fumo.

As mulheres tabagistas tendem a gestar menor quantidade de filhos e algumas são estéreis, enquanto o uso do fumo durante a gravidez acentua as náuseas, vômitos, salivação excessiva, ataques nervosos, perturbações digestivas e hepáticas, além das cefaleias periódicas. Certos abortos resultam da inanição circulatória da rede vascular de irrigação do feto, quando ocorre a constrição demasiada sob o efeito da nicotina.

A justificativa de existirem mulher e homem imunes ao tabaco, não significa que é inofensivo fumar, tal qual a ideia insensata de que não é perigosa a tuberculose, só porque também há criaturas imunes a essa doença!

*PERGUNTA: — Considerando-se que o vício de fumar antigamente era um hábito censurável e próprio das mulheres de má vida, isso agora pode desconsiderar moral ou espiritualmente as demais mulheres que fumam?*

RAMATÍS: — Sob a tradição poética e histórica do mundo, cabe à mulher ser a figura representativa da poesia, graça e inspiração do homem, além de sua função sublime materna. Sem dúvida, existem mulheres brutas, grosseiras, obscenas e impiedosas, que desfiguram o conceito louvável da sublimidade feminina. Mas, sob qualquer circunstância, a mulher sempre deverá representar o oposto masculino, preferindo as atitudes superiores, que contrastam com a rudeza, má-criação, despotismo, violência e egoísmo tão próprios do homem! Deus criou dois tipos de criaturas definidas na área da razão a fim de constituir o motivo e o equilíbrio da vida; o homem, que é viril, autoritário, enérgico, másculo e mais rústico; e a mulher, atraente, terna, passiva e conciliadora, lembrando a flor que tenta pelo perfume fragrante. Ela significa o repouso espiritual, o "oásis" venturoso no deserto da vida humana! É o aconchego do homem quando retorna ao lar, depois de atormentado no mundo profano na luta pela manutenção da família, após as dissensões ou frustrações de chefes e empregados, subalternos e hierárquicos, preocupações econômicas, preterições injustas!

Em consequência, tudo aquilo que é próprio do homem agressivo, autoritário, dinâmico e vicioso, deve ser ridículo, antiestético e censurável quando praticado pela mulher, símbolo de gentileza e inspiração no jardim da vida humana! A mulher pode se tornar grotesca e desagradável, plagiando ou imitando os vícios masculinos, como o fumo e o álcool. Na atitude de lastimável masculinização, criticável por ser viciosa, a mulher destrói o encanto milenário que lhe cabe na face do orbe! Embora exija o mesmo tratamento na vivência humana, em igualdade aos direitos do homem e podendo participar das instituições políticas, científicas e laboriosas do mundo, deve manter a ternura, cortesia e a feminilidade inspiradora, tradicional. A mulher que fuma ou bebe inveteradamente, embora não chegue a alterar os seus sentimentos inatos da meiguice, resignação, tolerância e afeto, macaqueia algo dos vícios e da rudeza do homem!

PERGUNTA: — *O câncer será uma consequência do vício de fumar?*

RAMATÍS: — Tudo depende da vulnerabilidade ancestral biológica do homem, pois a criatura de pulmões fracos é tão eletiva à pneumonia, pleurisia, atrofia, asma, enfisema, como à tuberculose ou câncer pulmonar! Em tal caso, qualquer manifestação mórbida tende a convergir para essa região já debilitada por força da hereditariedade. O fumante inveterado e portador de pulmões deficientes contribui imprudentemente para agravar mais cedo a sua saúde. É, consequentemente, um candidato em potencial para o câncer, nessa região pulmonar mais vulnerável. O fumo não é a causa exclusiva do aparecimento do câncer pulmonar, mas produz o terreno favorável à manifestação cancerígena, porque as substâncias alcatroadas e próprias do fumo atacam principalmente os pulmões por onde penetram agressivamente. Então é mais frequente essa doença entre os tabagistas, os quais também oferecem mais probabilidades de ruína no tecido pulmonar pela infiltração nociva do tabaco. Atualmente, já se verifica que a maioria das mulheres cancerosas de pulmão fumam desbragadamente.

Sem dúvida, há diversos fatores que provocam o câncer, desde os surtos viróticos, alterações enzimáticas, distúrbios químico-orgânicos, deficiências nutritivas, desequilíbrios dos metais e metaloides organogênicos, inclusive traumatismos.

Mas o abuso do fumo ou do álcool, aliado ao uso de substâncias químicas corrosivas e tóxicas na alimentação humana, contribuem gravemente para esgotar as defesas vitais do organismo e tornar eletivo o clima para o câncer. É o caso dos animais selvagens, que não são sujeitos ao câncer, em face de sua vivência sadia e equilíbrio no seu metabolismo fisiológico, enquanto os animais domesticados podem se tornar cancerosos ao serem violentados pelos hábitos viciosos da alimentação do homem!

O açúcar e o sal químicos são os maiores responsáveis pelas enfermidades nutritivas, gástricas, hepáticas, pancreáticas e renais, que debilitam e alteram as defesas do animal domesticado à sombra do homem incoerente e ignorante das leis saudáveis da alimentação.[62] Assim, o câncer não é propriamente originário de uma só fonte mórbida, mas de condições onde sempre impera a "desordem" mental, psíquica ou orgânica, a violência, enfim, contra a ordem e a harmonia da natureza! Aliás, há até um hibridismo cancerígeno proveniente da alteração no metabolismo enzimático e catalisador das ações e reações químicas necessárias à vida vegetal e animal. E assim proporciona o clima eletivo para certo vírus nutrir a sua progênie no núcleo vital das células, que se mostram desamparadas pela alteração enzimática. Os instrutores espirituais sabem que o psiquismo influi poderosamente no metabolismo das enzimas catalisadoras do quimismo corporal, pois uma célula viva é maravilhosa fábrica que chega a produzir mais de 2.000 reações químicas provocadas por cem mil enzimas, das quais a medicina atualmente só conhece mil e poucos tipos!

Como a nicotina e as demais substâncias nocivas do fumo interferem diretamente na circulação pulmonar, é óbvio que as células sanguíneas também terminam provocando distúrbios e alterações nos quadros peculiares das enzimas catalisadoras do corpo sadio, estabelecendo-se o desequilíbrio na raiz celular e consequente degeneração das células.

A ação insistente de determinado instrumento, substância ou tóxico num ponto dado do organismo pode alterar o trabalho químico das enzimas e resultarem alterações celulares. Entre os hindus mascadores de noz-de-araca, o câncer ataca mais particularmente na boca, enquanto o câncer labial tem ocorrido mais frequentemente no ponto em que mais o homem usa a piteira,

---

[62] Sabe-se que morreram de nefrite, tuberculose e hepatite centenas de índios carijós, xavantes e de outras tribos, assim que passaram a se alimentar à base de açúcar e sal químicos.

o cigarro ou o cachimbo. Muitas úlceras gástricas, erradamente atribuídas à vida tensa do cidadão do século XX, têm a sua origem principal nos efeitos corrosivos das substâncias tóxicas e alcatroadas. A excessiva e tóxica salivação defensiva do fumante inveterado para enfraquecer o fumo ataca a delicada mucosa do estômago e modifica os sucos gástricos e entéricos, perturbando o equilíbrio do metabolismo harmônico da digestão.

*PERGUNTA:* — *Mas já temos comprovado que persiste certa euforia e tranquilidade do sistema nervoso após o uso do cigarro! Que dizeis?*

RAMATÍS: — O homem desgasta os seus nervos em demasia no turbilhão da vida cotidiana porque é excitado pela cobiça e ambição, perseguindo muitas vezes coisas tolas e inúteis para a sua felicidade. Por isso, Jesus fez excelentes recomendações terapêuticas e salutares para o homem, o qual pode manter os nervos calmos e a saúde do corpo, sem necessidade de fumar, mas apenas inspirando-se na realidade espiritual. "Buscai os tesouros que as traças não roem e a ferrugem não consome", advertiu o Mestre Jesus, certo de que há de ser infeliz e enfermo todo aquele que põe a sua vida na ilusão da posse dos objetos que se esfacelam tanto quanto o próprio mundo onde existem!

O fumo é um tóxico com características hipnóticas, que reduz o contato normal "psicofísico" do homem para com o ambiente onde vive, e esse isolamento parcial então o fumante julga ser uma atenuante da excitação nervosa. Sob tal condição, o psiquismo parece mais liberto para exercer qualquer atividade mental, assim como ocorre entre os bebedores de álcool, que confundem o afastamento momentâneo do problema com a euforia e o desafogo próprio dos entorpecentes. Mas isso não indica a solução do problema aflitivo ou incômodo, pois trata-se apenas de um hiato parcial da mente, com o breve retorno da tensão anterior.

A paz e a tranquilidade do homem são fruto do seu esclarecimento espiritual, de sua capacidade e estoicismo em aceitar as vicissitudes da vida como lições de ascese angélica e ensejos de redenção do espírito endividado no pretérito.

*PERGUNTA:* — *Mas por que aumenta o número de fumantes no mundo, quando através da própria ciência já se conhecem os prejuízos indesejáveis produzidos pelo tabaco?*

RAMATÍS: — O homem terrícola ainda é muitíssimo negligente para consigo mesmo, e confia quase que exclusivamente na ciência acadêmica, a qual só opera adstrita à superfície terráquea. Aumentam os vícios, as paixões e os tumultos que desventuram o ser, na mesma proporção que aumenta a humanidade, pois apesar dos triunfos científicos, a quantidade humana domina a qualidade espiritual. O homem conseguiu pousar na Lua através da nave espacial Apolo-11, mas ainda não conseguiu penetrar um centímetro na investigação do seu espírito; dispondo da bomba atômica e apenas apertando um botão ele pode destruir um milhão de criaturas, mas, lastimavelmente, não consegue destruir, sequer, o vício do cigarro! É capaz de dialogar genialmente com os povos antípodas do planeta, mas, infelizmente, não possui assunto superior para manter um minuto de palestra com a sua própria alma! Transplanta o coração de um desastrado para outra criatura cardiopata, consegue movimentá-la no trânsito do mundo sob a genial intervenção cirúrgica, e, no entanto, não sabe de onde vem, o que é e para onde vai! Ilumina a face do orbe sob o controle remoto, mas ainda não conseguiu acender uma vela para iluminar o próprio espírito! Senhor de riquezas materiais no mundo profano, ainda não pôde povoar de alegria e paz o seu coração!

Por isso, na sua ignorância espiritual pouco faz para restringir a prática das coisas nocivas ao gênero humano, como é o tabagismo, o uso de entorpecentes ou alcoolismo! As indústrias tabagistas do mundo, através de processos de propaganda em cartazes vistosos, propagam o vício de fumar utilizando-se dos recursos mais excêntricos; aqui, atrativas figuras de mulheres despidas convidam ao inigualável prazer divino de aspirar fumaça malcheirosa do cigarro! Ali, esportistas famosos ou artistas consagrados apregoam a inspiração que o tabaco exerce na arte e no esporte; acolá, os próprios cientistas ponderam em frases raras que o cigarro é um prolongamento epicurista do próprio homem! Há fidalguia e requinte na elegância de cultuar o idolatrado cigarro, ou impõe respeito o famoso político entrevistado com vistoso charuto entre os dedos amarelentos!

E a humanidade negligente prefere despender fortunas para convencer que o fumo e o álcool são prazeres justificáveis até pela ciência, apreciados pelos esportistas que necessitam manter-se saudáveis, e cultivados por verdadeiras expressões artísticas do comportamento humano!

*PERGUNTA: — O vício de fumar pode influir no caráter*

*do homem?*

RAMATÍS: — Sem dúvida, o vício de fumar causa perturbações de ordem fisiológica e intoxicação indesejável, mas não é tão aviltante como o uso indiscriminado do álcool e dos entorpecentes, os quais, realmente, degradam até a configuração psicofísica do homem. Mas se é elogiável o homem sensato, capaz e de vontade incomum, porque isso lhe define um bom caráter, há sempre desdouro se ele mostra-se enfraquecido mentalmente no comando de si mesmo, como no caso de escravizar-se a qualquer vício nocivo. Assim, o tabagista é criatura que já perdeu o controle absoluto sobre o fumo, o qual se transforma numa entidade perniciosa a agir sub-repticiamente e impondo-lhe um desgoverno indesejável! Embora o hábito de fumar não indique subversão moral, quando indomável já demonstra certa debilidade psíquica e incapacidade de o fumante livrar-se do cérbero tirânico do fumo! Falta-lhe força de vontade para dominar a situação, afastar o "senhor" que passa a residir na sua moradia mental e ali governa, pelo menos, uma parte do comando psicofísico do tabagista!

PERGUNTA: — *Quais são os prejuízos espirituais mais graves que podem afetar o fumante inveterado?*

RAMATÍS: — O indivíduo que perde o seu domínio mental e escraviza-se ao vício de fumar revela-se um candidato em potencial para outras investidas perigosas no seu psiquismo vulnerável. Assim que decaia na sua segurança moral, que negligencie com a estabilidade espiritual no mundo, constitui uma brecha a permitir a interferência possessiva de algum espírito desencarnado e sedento de satisfazer igual vício. Obviamente, quem não pode livrar-se de uma prática nociva, como é o tabagismo, é sempre mais difícil desprender-se de uma "vontade oculta"; e o espírito do Além-Túmulo goza plena liberdade de agir invisivelmente

Considerando-se que os espíritos desencarnados são apenas as entidades que se moviam pela Terra através de corpos carnais, é óbvio que do "lado de cá" vivem as mesmas espécies da fauna humana terrícola! Em consequência, também é grande o número de espíritos de "ex-fumantes" inveterados, que embora despidos do corpo carnal, ainda estão presos ao vício tolo de engolir fumaça irritante cultivado na matéria. E como o desejo não é próprio do corpo físico, mas inerente ao espírito imortal, os viciados do Além-Túmulo necessitam de uma ponte viva e dinâmica para ligarem-se ao objeto do seu vício inexistente no mundo espiritual. Assim, os mais inescrupulosos ou sedentos vivem à cata de outros viciados encarnados, que lhes possam satisfazer a angústia tabagista! Eles procuram verdadeiras "piteiras vivas" para fumarem, assim como os alcoólatras sem corpo buscam "canecos vivos" para beberem, numa simbiose mediúnica eletiva!

PERGUNTA: — E como se processa essa degradante função, em que os "vivos" transformam-se em "piteiras vivas" dos espíritos viciosos desencarnados?

RAMATÍS: — O duplo-etérico do homem encarnado é o veículo de segurança contra os espíritos desencarnados, desde que ele não perca o controle e o domínio no comando.[63] É o intermediário entre o corpo físico e o perispírito imortal, o veículo onde se centralizam todas as ações e reações no intercâmbio do mundo espiritual com o mundo físico. Em consequência, a satisfação de fumar, no homem viciado, processa-se através da ação desse duplo-etérico que, atuando na forma de sensibilíssimo laboratório confeccionado de éter-físico da Terra, transforma o tabaco incinerado na condição de fluidos etéricos assimiláveis pela natureza sutil e imponderável do espírito imortal. Como o duplo-etérico é um corpo provisório, que existe apenas durante a encarnação do espírito, pois desintegra-se alguns dias depois da morte carnal, quem desencarna desliga-se do seu laboratório que sublima as substâncias físicas em fluidos etéricos. Assim, perde o contato direto com os fenômenos do mundo físico, sem poder satisfazer vícios ou paixões cultivadas em excesso, na carne!

Isso acontece também com o "ex-tabagista" inveterado, que

---

63 Cremos que não é demais repetirmos elucidações sobre a natureza do duplo--etérico, veículo imponderável constituído pelo éter-físico terreno, o qual situa-se entre o perispírito sobrevivente e o corpo físico do homem. Funciona qual "ponte" ligando a margem do mundo oculto ao mundo material; isto é, a vontade do espírito imortal para produzir a ação corporal, e, devolvendo as reações do organismo carnal novamente para o espírito. Toda ação espiritual exerce-se primeiramente na mente do perispírito, ou seja, no invólucro do espírito; em seguida, incide no duplo--etérico, o qual a transmite instantaneamente ao corpo físico. O homem então pode enfraquecer ou perder o comando do seu duplo-etérico, quer seja pela escravidão a vícios como álcool, fumo, entorpecentes e jogatina; ou, ainda, pelo descontrole das paixões degradantes, temperamento exclusivamente irascível, até pela preguiça e descaso, passando a ser dirigido em vez de dirigir! O espírito lembra o cocheiro, o duplo-etérico figura o cavalo; e o corpo carnal, o carro. O cocheiro tanto pode fazer o cavalo disparar por violência e destroçar o carro, como imprudentemente soltar as rédeas nas mãos de outro condutor malévolo! Assim, o espírito do homem perde o controle do seu duplo-etérico por escravizá-lo aos vícios perigosos, cedendo as rédeas a outro desencarnado obsessor. O duplo-etérico gera-se com o corpo físico e dissolve-se 3 a 4 dias após a morte do corpo carnal. (Nota do Médium)

ainda mais se alucina ao ver-se desligado do corpo carnal e surpreende-se, aflito, pelo desejo do fumo estigmatizado no perispírito! Falta-lhe o duplo-etérico, o "transformador" adequado para sublimar a erva incinerada em condições fluídicas assimiláveis. Deste modo, se o espírito desencarnado vítima do tabagismo é de baixa frequência vibratória, de pouco escrúpulo ou alucinado, ele não trepida em perseguir os encarnados viciados pelo fumo, a fim de absorver tanto quanto possível as emanações do cigarro! É a *via crucis* do infeliz viciado que transladando-se para o mundo espiritual, não conseguiu desvencilhar-se completamente dos cordoames das paixões ou vícios, que são próprios e exequíveis apenas no orbe físico! Os mais estoicos curvam-se ao sofrimento mórbido e pouco a pouco retemperam-se dissipando de si o desejo vicioso; mas os tabagistas desencarnados, moralmente aviltados e desprovidos de qualquer escrúpulo, só têm um objetivo e intenção obsessiva: mobilizar um outro viciado no mundo carnal, para torná-lo na função ridícula e indesejável de "piteira viva"!

*PERGUNTA: — O que poderíamos entender mais corretamente por essa função de "piteira viva"?*

RAMATÍS: — Informamos que, através do duplo-etérico do tabagista encarnado, o espírito viciado e sem corpo absorve os fluidos "etereofísicos" exalados na queima do fumo material, assim como se utilizasse excêntrica "piteira viva" humana! Daí, a surpresa de certos médiuns videntes, quando deparam a estranha simbiose de um espírito desencarnado, aflito e sedento, completamente enlaçado a um fumante inveterado ou alcoólatra. É o ignóbil vampirismo de uma alma destroçada pelo vício, que nenhum objetivo possui na vida além da satisfação do desejo pervertido!

Mas como há um grande desperdício fluídico nesse vampirismo tabagista pela ausência do corpo carnal, então o espírito desencarnado e escravo do vício do fumo assedia o fumante para renovar a sua dose de cigarros, a fim de haurir maior percentagem da nicotina fluídica. Assim, o fumante invigilante pode atingir o máximo da degradação viciosa, a ponto de acender um cigarro atrás de outro, na absurda submissão mental de atender ao desejo insofreável de alguém agindo do mundo oculto![64]

---
[64] Realmente, Ramatís tem razão, pois já me foi proporcionada, por várias vezes, a visão desse vampirismo torpe e fluídico. Certa vez, encontrava-me à porta de um café, em Curitiba, quando vejo dois indivíduos discutindo acaloradamente por questões pessoais. Súbito, na minha vidência, percebi enlaçado a um dos

*PERGUNTA:* — *Todos os fumantes inveterados são "piteiras vivas" dos espíritos viciados, no Além?*

RAMATÍS: — A simbiose de um encarnado com um obsessor no vampirismo do fumo resulta propriamente da "afinidade" espiritual, moral ou psíquica entre ambos! É indubitável que, se Francisco de Assis fumasse, mesmo desbragadamente, nenhum espírito viciado conseguiria torná-lo uma "piteira viva", em face de sua sublime frequência angélica; e entidade de tal quilate espiritual, mesmo algemada ao vício do fumo, jamais desceria à ignomínia de obsediar um encarnado e prosseguir no mesmo vício trazido da carne! Os espíritos benfeitores, embora tenham se deixado escravizar por algum vício, na Terra, são bastante briosos depois de desencarnados, para curtirem a sua fraqueza sem prejudicar o próximo!

Em consequência, nem todos os homens tabagistas são "piteiras vivas", quando se trata de criaturas benfeitoras, dignas, pacíficas, amorosas, tolerantes e religiosas. Na verdade, o encarnado que funciona na condição degradante de "piteira viva" já é um candidato em potencial a futuro vampiro tabagista no Além-Túmulo, porque a simbiose viciosa e indesejável depende da afinidade por força da mesma moral censurável e sentimentos malévolos entre ambos!

*PERGUNTA:* — *Todos os fumantes inveterados, depois de desencarnados, sofrem no Além os efeitos perniciosos do vício de fumar?*

RAMATÍS: — O sofrimento ou prazer de cada espírito, após a desencarnação, depende da extensão de sua escravatura ou submissão aos vícios e às paixões que cultivou imprudentemente no mundo carnal. Como o desejo continua a espicaçar o espírito, mesmo depois de desencarnado, pois isso não pertence ao corpo carnal transitório, ele há de sofrer tanto quanto seja a intensidade desse desejo, e, lastimavelmente, quanto à perspectiva ou probabilidade de poder satisfazê-lo! No caso do tabagismo, o espírito evoca o cigarro, charuto ou cachimbo, com a mesma aflição com que fazia na Terra, quando achava-se contendores um espírito repulsivo, de fisionomia vampírica, que acompanhava todos os movimentos de ambos os contendores, pois movia-se, sedento, sorvendo os fluidos do charuto que um deles tinha à boca. Mas o que fumava, por efeito da discussão, atirou fora o meio charuto ao solo; então, o espírito vampiro do fumo mostrou-se tão furioso, que dava murros nas faces e esganava o seu obsediado, como a vingar-se da desatenção de jogar fora o resto do charuto ainda utilizável. A criatura que ali funcionava como "piteira viva", embora não acusasse ofensas físicas, eis que levava a mão à garganta numa sensação incômoda. (Nota do Médium)

A Vida Humana e o Espírito Imortal        225

desprevenido de imediata satisfação viciosa. E como percebe que ainda é mais difícil acalmar o desejo insofreável, no Espaço, então se torna mais desesperado centuplicando o sofrimento.

Sabem os espiritualistas estudiosos e os médiuns, quando incorporam entidades sofredoras, que a fome, a sede, o desejo alcoólico ou de fumar, não se extinguem pela simples libertação do corpo carnal no "falecimento" físico, pois mudar de plano de vida é como mudar de apartamento, em que o morador continua a manter as mesmas idiossincrasias, gostos e prazeres. A morte não é um banho miraculoso, pois não transforma diabos em santos, analfabetos em sábios, viciados em espíritos puros! Em consequência, todos os fumantes hão de sofrer, no Além, os efeitos brandos ou intensos de sua estultícia em perder o comando do organismo físico, estigmatizando, também, o perispírito, com vícios que depois o imantam ao mundo físico!

*PERGUNTA:* — *E que aconteceria, no Além-Túmulo, a um excelso espírito desencarnado, supondo-se que ele tenha sido um fumante desbragado, na Terra?*

RAMATÍS: — A alma sublime, mas estigmatizada pelo vício de fumar no mundo físico, assemelha-se a uma espécie de balão cativo, que depois de livrar-se de 99 amarras, lutasse afanosamente para desprender-se do último cordel que ainda a imanta à carne! Embora situada no Paraíso,[65] entre os eleitos do Senhor, ela sentir-se-ia inquieta e aflita pelo chamamento do mundo carnal no desejo vicioso!

Por isso Jesus foi bastante explícito, quando advertiu sobre a escravidão do homem aos vícios da carne: "Em verdade vos digo, que tudo o que ligardes sobre a Terra será ligado também no céu, e tudo o que desligardes sobre a Terra, será desligado também no céu" (Mateus, 18:18). Aquele que fuma descontroladamente, viciou-se no álcool ou é um carnívoro insaciável, sem dúvida, ficará ligado pelos laços etéricos a esses prazeres ínfimos terrenos, até que o seu espírito reassuma o comando mental próprio, ou prepare-se para novas experiências encarnatórias, onde o sofrimento o ajudará a extirpar os vícios escravizantes.

*PERGUNTA:* — *Se fumar é um vício pernicioso, por que Deus então teria criado a planta "Nicotina tabacum", cujas*

---

[65] Trecho extraído da obra *Cartas e Crônicas*, cap. "Treino para a Morte", do Espírito de Irmão X, por Chico Xavier: "Tenho visto muitas almas de origem aparentemente primorosa, dispostas a trocar o próprio Céu pelo uísque aristocrático ou pela nossa cachaça brasileira. Tanto quanto lhe seja possível evite os abusos do fumo. Infunde pena a angústia dos desencarnados amantes da nicotina".

*folhas servem para o fumo?*

RAMATÍS: — Nada existe de pernicioso criado por Deus, mas é o abuso ou o emprego irregular das coisas que produzem prejuízos ao homem! A medicina tem salvo inúmeras vidas humanas utilizando-se dos mesmos ácidos, venenos de cobra, escorpiões e aranhas, que são mortíferos. O tabaco não foi criado para o homem mascá-lo ou sugá-lo incinerado a irritar as narinas e os pulmões. Aliás, os selvagens queimavam as folhas do tabaco sem qualquer elegância ou requinte, enquanto os civilizados não os superam louvavelmente, só porque guardam o fumo em artísticas bolsas de couro, estojos de prata ou carteiras de papelão cromolitografado, ou porque o sugam através de canudinhos de papel acetinado, palha de milho, piteiras luxuosas ou cachimbos caríssimos!

*PERGUNTA: — Há algum meio infalível de o homem deixar de fumar?*

RAMATÍS: — É óbvio que o problema não se soluciona no simples "largar do cigarro", mas deve ser compreendida a realidade estulta, nociva e onerosa, que é incinerar folhas de tabaco sem qualquer finalidade saudável ou nutritiva! Em primeiro lugar é preciso analisar e solucionar o fato na mente e libertá-la da escravidão excêntrica. Alguns homens recuperam a sua força de vontade instantaneamente e expulsam de si a indesejável entidade tabagista viciosa; outros preferem eliminar o intruso através de etapas sucessivas e reconquistam, palmo a palmo, o terreno perdido! O psiquismo, às vezes, precisa retomar o ponto de partida do vício; analisá-lo desde os primeiros efeitos fisiológicos desagradáveis e perniciosos, inclusive quanto à infantilidade de chupar "canudinhos de papel com erva malcheirosa", que produz fuligem nos pulmões, irrita a garganta e amarela os dedos! Há que refletir no incômodo causado às pessoas amigas ou estranhas, nos restaurantes, salões, ônibus, trens e elevadores, quanto às cinzas e aos buracos nas roupas, sobre a angústia de não poder assistir tranquilamente a uma cerimônia ou filme cinematográfico sem fumar! Além do perigo de incêndio, existe a situação humilhante de um homem que se julga senhor de si, mas ainda é escravo de um poder oculto, primário e nocivo, como é o ridículo vício de fumar!

A libertação do tabagismo há de ser mental, sem trocas por "bombons" ou cigarros repulsivos, que embora inofensivos, ainda demonstram a fraqueza de vontade e a necessidade de um substituto vicioso! Convença-se o fumante de que o fumo não causa prazer ou distração, nem acalma os nervos e não produz inspirações sublimes. É um vício ridículo, que humilha qualquer homem inteligente e sensato! O fumante inveterado devia lastimar-se por ser escravo do estulto "canudinho de erva queimada" ou de uma folha de fumo enrolada entre os lábios babosos! E acima de tudo, o tabagista não deve esquecer o terrível e angustioso sofrimento que advém após a morte corporal, pois no Além não existem tabacarias. É degradante para um espírito razoável também tentar o escabroso recurso de fumar através de outra "piteira viva", viciada, na Terra!

O fumante, quando se liberta do vício de fumar, então se surpreende verificando que há um desafogo no sistema circulatório e respiratório, enquanto desaparecem as proverbiais cefaleias, sensibilizam-se os sentidos físicos como o paladar e o olfato, antes "nicotinizados". Passa a sentir os sabores e os odores naturais dos alimentos, enquanto o sistema nervoso acalma-se, pouco a pouco, sem a excitação mórbida do cigarro. Finalmente, sentirá orgulho de sua grande vitória ao libertar-se do fumo que já lhe dirigia até os pensamentos, fortalecido para iniciar a ofensiva contra quaisquer paixões ou demais vícios que prendem a alma nos ciclos tristes das reencarnações físicas!

## 9. O problema do vício de beber

*PERGUNTA:* — *Sem dúvida, os instrutores espirituais devem considerar o álcool um dos maiores malefícios do nosso mundo. Não é assim?*

RAMATÍS: — O álcool não é um dos maiores malefícios do mundo, mas de incontestável benefício para o ser humano. Ele serve para compor xaropes, tintas e medicamentos; move motores, alimenta fogões, ilumina habitações, higieniza as mãos, desinfeta contusões e seringas hipodérmicas; limpa móveis, extrai manchas de roupas e asseia objetos, destrói germens perniciosos e enriquece os recursos da química do mundo. Usado com parcimônia, estimula o aparelho cardíaco, acelera a digestão difícil e ajuda a queimar o excesso de gorduras nas pessoas idosas. O álcool é maléfico, avilta, deprime e mata, quando os homens abusam de sua ingestão e chegam a degradar-se pela embriaguez.

*PERGUNTA:* — *Sob a vossa conceituação espiritual, o alcoolismo deve ser considerado um vício ou uma doença da humanidade terrena?*

RAMATÍS: — O alcoolismo deveria ser enquadrado mais propriamente no terreno patológico, pois o alcoólatra é um doente, que se enferma por sua livre e espontânea vontade. Assim como certas doenças deformam e lesam o organismo durante a sua manifestação, a embriaguez também produz lastimáveis e perniciosos efeitos no corpo físico, ofendendo os delicados centros cerebrais e rebaixando o homem no conceito da moral humana. Surpreende-nos que os administradores, cientistas e autoridades de todas as nações terrenas movimentem campanhas contra o vício da maconha, da cocaína, da morfina e do ópio, e até procurem disciplinar o uso de entorpecentes farmacêuticos, mas negligenciem completamente quanto ao abuso do álcool e tolerem os seus resultados nefastos. Enquanto a medicina inverte somas apreciáveis para pesquisar e sanear moléstias de menor importância, descuram-se de erradicar o alcoolismo, que lesa a vitalidade humana. Embriaga-se o rico com o uísque caríssimo e o pobre se degrada com a cachaça; no entanto, ambos se envenenam pelo mesmo tóxico pernicioso.

*PERGUNTA:* — *Qual é o principal motivo de negligência das autoridades do mundo quanto ao problema nocivo do álcool?*

RAMATÍS: — Há um velho provérbio no vosso mundo, que diz: "Lobo não come lobo", justificando, com bastante clareza, o motivo do desleixo humano quanto ao problema cruciante do alcoolismo. Explica-se tal negligência, pois na Terra tanto abusam do álcool homens sadios, enfermos, moços, mulheres, velhos, religiosos, cientistas, analfabetos, mendigos e milionários e até líderes espiritualistas! Em consequência, não há interesse predominante e deliberado de extinguir esse flagelo, quando os próprios homens responsáveis pela sanidade da vida humana teriam de primeiramente extingui-lo em si mesmos. Assim, combate-se com energia a prostituição, o abuso dos entorpecentes, as bacanais clandestinas e as diversas formas de crimes e furtos, mas, paradoxalmente, descura-se do vício do álcool, em geral, o maior responsável por todos os acontecimentos trágicos e torpes do mundo!

*PERGUNTA:* — *E como se poderia solucionar problema tão cruciante?*

RAMATÍS: — Alhures, explicamos que a graduação espiritual primária dos habitantes da Terra justifica os indivíduos desordeiros, inescrupulosos, injustos, fesceninos, cruéis, mistificadores, ciumentos e desregrados, motivo por que o orbe terráqueo ainda não merece ser governado por espíritos do quilate de um Francisco de Assis, Gandhi, Buda ou Jesus; essas entidades santificadas jamais conseguiriam disciplinar ou administrar criaturas ainda tão desatinadas pela cobiça, ambição, pilhagem e guerras fratricidas; e em sua maioria, preocupadas exclusivamente com os seus interesses pessoais.

Malgrado o problema cruciante do alcoolismo, que degrada o moço negligente, a mulher ingênua, o homem desesperado ou o velho desiludido, os terrícolas despendem gastos nababescos, para pousarem na Lua e lá prolongarem o mesmo sistema nefasto de vida cruel e viciosa, já cultuada na Terra! Consequentemente, a displicência do homem, quanto ao alcoolismo, em breve há de ser corrigido pela "Administração Sideral" da Terra, pois neste "Fim de Tempos", ou profético "Juízo Final" já em execução no seio da humanidade terrena, devem ser exilados para outro orbe inferior os responsáveis pelos desequilíbrios e empreitadas funestas, que perturbam a vivência sadia do homem!

*PERGUNTA: — Quais são as consequências mais graves para os homens alcoólatras?*

RAMATÍS: — O alcoólatra é o indivíduo que já perdeu o senso direcional do seu espírito, pois vive em função do comando discricionário de uma entidade oculta, que comanda todas as suas ações na vida física e até depois de desencarnado! Convinha que todos os homens seduzidos pela bebida alcoólica pudessem certificar-se dos cometimentos atrozes e terríveis, próprios das vítimas do alcoolismo em tratamento nos sanatórios antialcoólicos. Elas assemelham-se a verdadeiras feras enjauladas que, entre uivos e clamores, torturadas pela ardência insofreável do vício degradante, ameaçam despedaçar-se de encontro às grades protetoras. São trapos vivos, que se amontoam pelo solo e transpiram as emanações etílicas por todos os poros compondo a fauna dos candidatos à morte inglória nas valetas do mundo ou expostos nos necrotérios públicos.

É estarrecedor, após o exaustivo período sacrificial de gestação da mulher, na sua função sublime de procriar um filho, vê-lo tombado no lodo das ruas e marcado pelos estigmas viciosos do alcoolismo!

*PERGUNTA: — No entanto, muitos estudiosos do problema do alcoolismo temem pela extinção da indústria de bebidas alcoólicas, considerando um desastre econômico e colapso fatal na fabulosa renda fiscal do país. O fechamento de fábricas de garrafas, barris, caixas, tampinhas, cortiças e copos, a redução de impressos, transportes e consequente extinção da lavoura de lúpulo, cevada, ou cana-de-açúcar hão de causar os mais vultosos desempregos do mundo! Que dizeis?*

RAMATÍS: — É absurdo, insensato e maléfico esse sistema de sustentação econômica terrícola através do álcool, pois ainda são mais catastróficos os prejuízos e as tragédias decorrentes de tal vício, em vez do desastre econômico, desemprego e "déficit" da renda fiscal, que podem ser remediados por outros recursos mais sensatos! O alcoolismo é o responsável direto pela maior parte de latrocínios, prostituições, doenças, misérias, luxúria, orgias, desordens, desventuras domésticas e maus-tratos da família. A indústria e o comércio que o sustentam lembram um monstruoso vampiro a sugar as forças sadias de toda a humanidade! Qual é a vantagem do mundo em manter indústria tão macabra e funesta, se o álcool devora o organismo do próprio homem, além de ser combustível indireto da tuberculose, câncer, cirrose, sífilis, degenerações renais e pancreáticas, embrutecimento cerebral, imbecilidade, histeria, epilepsia, neuroses, lesões orgânicas, prostração física, enfraquecimento nervoso, taras hereditárias e esterilidade?

Mas o homem, em sua imbecilidade, chega até a glorificar o abuso do álcool e valoriza o produto nefasto, como se tal acontecimento vicioso e degenerativo fosse realmente algo de notável à cultura, glória, filosofia ou cientificismo de um povo! A Alemanha orgulha-se de sua cerveja; a Rússia, da vodca, a França, Espanha, Portugal e Itália, dos seus vinhos famosos; a Escócia e a Inglaterra são países mais conhecidos pelo seu uísque do que por suas realizações históricas! A América Latina proclama a preciosidade do rum de Cuba, da tequila do México, ou da cidra da Argentina, enquanto o próprio Brasil muito se envaidece pela sua famigerada cachaça! Sem dúvida, tudo isso poderia consagrar um país, caso fosse usado com parcimônia, que não conduz ao vício e à degradação, pois há povos cujos louvores provêm dos seus saborosos pêssegos, morangos, figos ou deliciosas uvas!

Malgrado a bebida alcoólica ser excelente fonte de renda fiscal, paradoxalmente, o seu abuso provoca o dobro dos gastos da administração pública de cada país, ante a série de enfermidades, degenerações orgânicas, crimes, desastres, acidentes, infelicidades, embrutecimento e desencaminhamento da juventude! Há verbas vultosas para atender à manutenção de asilos, hospitais, cárceres, presídios, institutos de recuperação psíquica e excepcionais filhos de alcoólatras.

PERGUNTA: — *Alegam alguns homens célebres que, se Deus*

*permitiu a descoberta do álcool no mundo, evidentemente, é para se bebê-lo!... E a própria Bíblia narra a feliz descoberta de Noé na fermentação da uva, assim como o uso costumeiro da bebida alcoólica entre as primeiras tribos judaicas! Que dizeis?*

RAMATÍS: — Deus não induziu a descoberta do álcool para o homem se embriagar, assim como da descoberta do ácido sulfúrico ninguém deve se matar! Ele quis prover a humanidade de um elemento útil para aliviar os problemas mais simples da vida! Caso o Senhor considerasse o álcool bebida para ser ingerida sem qualquer controle, é indubitável que também teria criado as fontes, os riachos e rios prenhes de vinho, cerveja, uísque, licores e cachaça; jamais tê-los-ia enchido de água! Mas é a concupiscência, a ganância, a cobiça, a avidez e a falta de escrúpulo de lucros ilícitos e fáceis que induzem os homens a se explorarem mutuamente no intercâmbio do alcoolismo oneroso e funesto.

Por isso, a propaganda alcoólica é feita por hábeis artistas através de quadros atraentes e multicores, que sugerem hipnoticamente as mais excêntricas bebidas corrosivas à conta de verdadeiras ambrosias dos deuses! A imprensa, o rádio, a televisão e os cartazes de ruas seduzem os incautos e avivam-lhes o desejo para preferir certo alcoólico da moda. Aliás, maquiavelicamente, a indústria já introduz álcool em doces, chocolates e bombons finos, a fim de habituarem, desde muito cedo, as crianças ao condicionamento tóxico e assim garantirem novos clientes no futuro! Que importa aos homens ambiciosos, egoístas e inescrupulosos a ventura do próximo, desde que possam aumentar a sua receita financeira?

Embora certas descrições da Bíblia, que aparentemente endossam o uso do álcool, Jesus e seus apóstolos nada disseram de favorável a esse vício nefasto. Aliás, Paulo de Tarso é bem claro quando assim adverte: "Nem os idólatras, nem os adúlteros, nem os efeminados, nem os sodomitas, nem os ladrões, nem os avarentos, nem os que se dão à embriaguez, nem os maldizentes possuirão o reino de Deus" (I Coríntios, 6:9-10) e antes dele já dizia o célebre profeta Habacuc: "Ai daquele que dá de beber ao seu companheiro!"

*PERGUNTA: — Por que até homens de talento louvável e capacidade criadora têm-se deixado aviltar completamente pelo álcool?*

RAMATÍS: — Não há dúvida, foram vitimados pelo álcool homens de avançada sensibilidade, como Edgard Allan Poe,

Charles Baudelaire e outros, que deixaram um rasto luminoso na superfície do orbe. No entanto, os homens consagrados nas esferas científicas ou da arte do mundo material também podem ser pobres analfabetos espirituais! Nem sempre o talento no mundo é sinal de que se fez o conhecimento da verdadeira vida do espírito imortal! Em geral, tais homens se estiolam na pesquisa demasiada dos valores da vida física, numa especialização isolada do panorama espiritual, ignorando a Lei do Carma e o processo justo da Reencarnação, que lhes poderia solucionar inúmeros problemas da vida em comum! Alguns atribuem-se excessivo valor quanto à sua personalidade incomum na face da Terra, e chegam a se mostrar humilhados, porque o destino ligou-os à família vulgar humana! Infelizes no lar, ante o clima prosaico e primário da parentela consanguínea, mal sabem que a Lei os imantou a criaturas deseducadas que exploraram no passado. Revoltam-se alguns contra um pseudo Criador que os fez nascer empobrecidos, ignorando que a trama cármica os desvia incessantemente da fortuna material e motivo de desmandos funestos no pretérito! Os mais inteligentes transformam a sua desventura pessoal num melodrama cósmico e vivem sob intenso protesto contra quaisquer motivações divinas! Outros, exaltam a boemia regada a álcool, justificando o seu próprio vício como válvula de escape para a poesia, a pintura, a literatice ou dramas novelescos!

No entanto, muitos desses bêbedos intelectualizados são homens vulgares, que atormentam os filhos ou infelicitam o ambiente doméstico, malgrado os seus arroubos geniais e epigramas incomuns! Embora sejam escritores, poetas, dramaturgos ou artistas, quando se embriagam regridem ao nível dos homens primários, cujos sentimentos se afogam nas ondas do instinto animal! Em geral, a esposa heroica se curva sobre o tanque de lavar roupas, atravessa a madrugada com o ferro de engomar, ou se humilha na limpeza dos casarões alheios, desdobrando-se para sustentar, vestir e educar a prole faminta, enquanto o esposo de talento percorre as bodegas lançando ditos inteligentíssimos ou compondo poesias de alta emotividade. A boemia sustentada à base de cachaça ou de uísque, mesmo quando se trate de bêbedo capaz de tecer as mais delicadas filigranas sonoras e poéticas, não oferece nenhum motivo para louvores extemporâneos!

*PERGUNTA: — Mas a história e a literatura do mundo*

*exaltam bastante os poetas, artistas e músicos, os quais, embora fossem noctívagos e beberrões, deixaram sinais brilhantes na sua passagem pelo mundo terreno!*

RAMATÍS: — Sob o critério de julgamento feito pelo mundo espiritual, os valores terrenos mudam completamente de interpretação, pois só prevalecem no Além-Túmulo as virtudes do espírito imortal! É flagrante a incoerência do homem que traça roteiros luminosos e geniais no campo da poesia, da arte, da crítica, do teatro ou da literatura, mas não consegue movimentar-se de modo digno e sensato junto à família! Os sentimentos de bondade, ternura, humildade, renúncia, fidelidade e amor não são exclusivos do homem talentoso e científico, mas qualidades insignes do homem! Muitos gênios forjados nos elementos transitórios do mundo material, e distinguidos lisonjeiramente pela História, são espíritos débeis e escravos dos vícios, exaltando a boemia improdutiva! Muitos desses boêmios talentosos, mas ignorantes da realidade espiritual, que alegram as ruas e os botequins das cidades, costumam abandonar a família como um lastro inútil, oneroso e humilhante. Outros trocam a companheira devotada, laboriosa e resignada, que os serviu nos dias mais aflitivos, pela mulher volúvel, ociosa e ladina, e a elegem como inspiradora de suas obras excêntricas!

Causa estranheza que tais gênios só despertem a sua veia poética ou a inspiração artística sob o aquecimento do álcool corrosivo, mas quando sóbrios são incapazes de conseguir um litro de leite para os filhos! Nenhum ensinamento duradouro podem legar à humanidade os poetas, filósofos e artistas, que, para produzirem algumas obras geniais, principiam justamente escrevendo o drama covarde e inescrupuloso de abandonarem a família! Que valem para o mundo, cada vez mais sedento de esclarecimento espiritual, a alacridade, as rimas, os conceitos e as filigranas, os pensamentos e as graças literárias dos poetas ou gênios alcoolizados, que sabendo cantar a epopeia da vida humana, não conseguem manter a alegria no próprio lar?

*PERGUNTA: — Os homens geniais, mas boêmios e beberrões, quando desencarnam também sofrem as mesmas consequências aflitivas próprias das vítimas de embriaguez, sem qualquer talento ou cultura?*

RAMATÍS: — A Lei Espiritual preceitua "a cada um será dado segundo as suas obras", e não quanto à sua cultura, crença, inteligência ou alacridade boêmia! O alcoólatra, de qualquer natureza, ou mesmo capaz de criar no mundo das letras ou da arte, quando desencarna sofre no perispírito as consequências mortificantes da ação corrosiva do tóxico alcoólico, assim como o arsênico tanto queima a pele do homem ou da mulher, do bandido ou do santo, do gênio ou do analfabeto! Isso é uma questão de química transcendental e nada tem a ver com a condição social, cultural ou religiosa do homem no mundo físico!

Aliás, a inteligência ou genialidade humana, que distingue o homem na face terráquea, pode ser completamente inútil para a criatura ainda distante da "sabedoria espiritual" do mundo angélico! O artista genial pode criar deslumbrante obra no mármore provisório do mundo físico, e, no entanto, ser um péssimo escultor da sua própria felicidade; o escritor talentoso pode compor admirável texto literário de esclarecimento psicológico aos encarnados, continuando um analfabeto nas suas resoluções espirituais! A verdadeira sabedoria é alicerçada nas coisas definitivas do espírito imortal, uma vez que o mundo físico é apenas o "meio" e não o "fim" da existência humana!

Átila, Gêngis Khan, Alexandre, Júlio César, Anibal, Carlos Magno, Napoleão ou Hitler, foram "gênios", mas no conceito de guerra, seu talento e habilidade eles os empregaram destruindo e pilhando outros povos! Passaram pelo mundo execrados por essa genialidade enfermiça e que deixou gemidos e mortes no seu rasto de sangue. No entanto, gênios também foram Vicente de Paulo, Francisco de Assis, Paulo de Tarso, Buda, Krishna, Confúcio, Gandhi ou Jesus, porém, sábios espirituais que consagraram-se na estratégia sublime de melhorar e enriquecer a vida da humanidade. O sábio autêntico é aquele que sabe administrar a sua própria vida espiritual, proporcionando a si mesmo a ventura eterna. Jamais é genial quem conquista povos ou tesouros materiais, mas desencarna possuindo um árido deserto no coração!

O problema da ventura espiritual é assunto particular; por isso, muitos gênios, artistas e cientistas, que fartaram de álcool o seu corpo pelas espeluncas do mundo, enquanto deixavam a família à míngua de um pedaço de pão, infelizmente, acordaram no Além-Túmulo estarrecidos e desgraçados ante a tragédia que passaram a viver em si mesmos! Sofreram a mais atroz desilusão, desaparecendo-lhes a garridice, o sarcasmo e os epigramas com que se aureolavam no mundo físico e deslumbravam os "fãs" através de jogos incomuns de palavras e recitativos alacres! Muitos desses famosos beberrões ironizavam os tolos da crença na vida imortal. Mas, para a sua infelicidade, confundiam a sua própria incapacidade de apercebimento da Realidade Divina, na convicção de avançada sabedoria pessoal! Malgrado terem sido cultos oradores, abalizados filósofos e argutos psicólogos, ágeis de raciocínio, famosos e ricos de epigramas aguçados, eis que após o "falecimento" precisam apoiar-se, servilmente, na ternura que lhes oferece a esposa inculta, inexpressiva e resignada, que no seu orgulho intelectivo eles abandonaram na Terra!

*PERGUNTA: — Fomos informados de que o álcool chega a produzir modificações na contextura do perispírito! Poderíeis dizer-nos algo a respeito desse acontecimento?*

RAMATÍS: — Não há dúvida; a anarquia física do bêbedo é apenas o reflexo da sua mórbida desordem psíquica! Assim, quando desencarna, o seu perispírito desfigurado pela ação corrosiva etereoastralina do álcool plasma um aspecto larval, vampírico e horrendo, que impressiona e assusta as almas mais tímidas! Aí na Terra, o corpo desfigurado, bamboleante e repulsivo, reflete a desagradável plastia da sua organização perispiritual, cujo tecido delicadíssimo é profundamente sensível às ações mentais.

O bêbedo descuida-se do seu vestuário, torna-se excêntrico e extravagante; interpreta a vida a seu modo e confunde anomalias censuráveis com a naturalidade da existência. Irrita-se facilmente, discute numa fatigante verborragia as coisas mais simples e tolas, contradiz-se, revolta-se, rebaixa-se moralmente e perde o senso psicológico do ambiente. Vive existência à parte; os seus delírios são constantes e mesclados de alucinações visuais e auditivas. Degeneram-se os seus órgãos físicos, inflamam-se os intestinos e o estômago sob a ação corrosiva do álcool, atrofia-se o fígado, dificulta-se a drenação renal e fatiga-se o coração. Então, o seu aspecto modifica-se numa feição estranha, o rosto de cor terrosa, olhos empapuçados e injetados de sangue. O ébrio contumaz se impressiona e se horroriza da sua feição quando, depois de desencarnado, defronta a sua imagem refletida na condensação fluídica do meio astralino, pois alguns fogem, espavoridos de si mesmos, lembrando as histórias fantásticas de "O Médico e o Monstro".

*PERGUNTA: — Mas o álcool, certas vezes, não parece exci-*

tar a inteligência do homem e o faz revelar conhecimentos que ocultava quando sóbrio?

RAMATÍS: — O álcool, de princípio, produz certa euforia ou sensação de bem-estar no homem, que pode ser interpretada à conta de agradável contemporização para as mágoas da vida! Mas o fato de certos indivíduos tímidos e introvertidos, que depois de ingerirem álcool passam a fazer pilhérias, tornando-se irônicos, desembaraçados e audaciosos, não comprova que o álcool os tornou mais inteligentes! Se assim não fora, bastaria ministrar o álcool a um imbecil e ele se punha a compreender as ideias sensatas, pontificando com segurança entre eruditos!

*PERGUNTA:* — *Há afirmações médicas de que o câncer também provém do alcoolismo, tal qual acontece com a cirrose hepática! Que dizeis?*

RAMATÍS: — O câncer é originário de diversas causas, tanto viróticas, químicas, traumáticas, enzimáticas e até psíquicas, pois é uma consequência de qualquer anomalia e desordem no ritmo da vida. Mas a sua maior proporção destruidora provém do carma de espíritos que no passado empregaram mal as forças criadoras da magia a fim de satisfazerem o seu interesse e egotismo, causando prejuízos a outrem. E como o câncer é a "materialização" de atitudes humanas censuráveis ou perturbações no ritmo da vida, também pode originar-se da alimentação nociva, no vício do álcool, do fumo, do entorpecente, aviltamento sexual, abortos e demais violências praticadas contra o princípio harmônico da vivência do homem! Assim, o câncer também se produz nos próprios animais, cuja domesticação, por parte do homem, os violenta na vivência normal selvática, onde atendem a um ritmo sadio da vida! Perturbam-se, de início, pelos equívocos da alimentação do sal e açúcar químicos, do alimento quente e condimentado. Aliás, até os vegetais podem tornar-se cancerosos, como já tem sido observado quando perturbados no seu crescimento natural, comprovando que o "câncer", em suma, é consequência de qualquer alteração no ritmo normal da vida!

Obviamente, pelo seu efeito corrosivo e degenerativo, o álcool facilita nos indivíduos mais vulneráveis o clima eletivo para mais rapidamente se manifestar o câncer! A penetração sistemática do tóxico alcoólico nos tecidos delicados do organismo físico inverte os polos criadores da vida e propicia a subversão cancerígena. As células desvitalizam-se modificando-se no esquema biológico até se tornarem "lixo" microrgânico, pesando na economia do organismo, depois de minadas na sua base fundamental criadora! Da mesma forma, a radioatividade em excesso ataca a intimidade delicada da medula óssea e altera a função criadora do processo da hematopoese, que é responsável pela produção de glóbulos vermelhos, do que resulta a leucemia ou o câncer sanguíneo!

*PERGUNTA: — Mas o que poderíamos entender por câncer cármico?*

RAMATÍS: — O câncer cármico resulta da vertência da carga "psicotóxica" do perispírito para o corpo carnal, espécie de residual nocivo de energias destruidoras, que o espírito mobilizou em vidas anteriores na prática da feitiçaria mental, verbal e física.[66] Não é propriamente um castigo divino, mas consequente perturbação no mecanismo normal do intercâmbio das forças primárias, provindas da Terra, em choque com as energias espirituais descidas do Além. Os radiologistas que morrem de "radiodermite" não são castigados por exercerem profissão incomum e perigosa, mas eles sofrem apenas o efeito da causa nociva radioativa, que é inerente ao mecanismo e à técnica radiológica! Assim, os espíritos que, na sua ambição e ignorância das leis da Criação, mobilizaram certa energia primária, de fácil inversão destruidora, terão de suportar a dolorosa condição de cancerosos futuros, quando para a sua própria ventura espiritual precisarem drenar do perispírito o indesejável morbo deteriorado! Sabe-se que a eletricidade é uma força criadora ou destrutiva, conforme seja aplicada a sua polaridade, pois ela tanto produz a luz, o calor, como regula e mata, na inversão dos polos!

Eis, então, por que o câncer incide mais nos órgãos vulneráveis ou ofendidos do homem alcoólatra, como o esôfago, o estômago ou então os pulmões, nos fumantes inveterados!

*PERGUNTA: — A cirrose do fígado é uma consequência específica do alcoolismo, como afirmam os médicos?*

RAMATÍS: — Realmente, entre os beberrões inveterados a cirrose é especialmente provocado pelo abuso do álcool, tal qual verificou Renê Laennec, o descobridor da auscultação médica e fundador da medicina anatomoclínica, quando verificou que 90% dos casos de cirrose eram motivados pelo alcoolismo! O álcool penetra quase que totalmente na delicada estrutura do fígado,

---

66 Vide a obra *Magia de Redenção*, de Ramatís, **EDITORA DO CONHECIMENTO**, onde o assunto é pesquisado e examinado com o máximo rigor e oferecendo conclusões sadias.

que então degenera pela proliferação gordurosa e a constrição das veias oriundas do intestino. Sob tal opressão, o sangue é obrigado a filtrar a sua parte líquida na região do ventre, surgindo então a "ascite", moléstia mais vulgarmente conhecida como "barriga-d'água". Mas convém observar que também há uma pequena percentagem de pessoas que sucumbem de cirrose hepática, como crianças, mulheres e homens abstêmios, acontecimento que deve ser estudado sob o crivo do carma, em que talvez abusaram do álcool em vidas anteriores. O álcool acelera o curso mórbido do fígado nas criaturas deficientes; sendo uma imprudência a embriaguez frequente, quando ainda não se sabe qual seja o verdadeiro potencial de resistência desse órgão ao tóxico alcoólico. E depois que surge a cirrose, nada mais há a fazer, pois se trata do órgão de maior importância na vida do homem e de mais difícil recuperação após a degenerescência celular!

*PERGUNTA: — Se o álcool é tão nefasto, por que os médicos, em certos casos, prescrevem o uso do uísque para atender a deficiência do coração e desobstruir os vasos sanguíneos?*

RAMATÍS: — Em dose moderada o álcool estimula a função das coronárias e auxilia a drenagem de resíduos, pois é um dissolvente de gorduras. Mas se torna um elemento indesejável com a continuidade, pois excita e acelera as contrações do coração; elevando o metabolismo da vida, o esgota mais cedo e o altera no seu trabalho de diástole e sístole após esse "doping" muito frequente. Um cavalo exausto, sob forte carga, quando é vigorosamente açoitado mobiliza os mais hercúleos esforços para cumprir a sua tarefa exaustiva, e, talvez, consiga mesmo realizá-la. Mas isso não demonstra que o animal tenha se recuperado da exaustão anterior, pois em face de ser excitado nas suas derradeiras energias, pode ficar impedido de prestar serviços bem menores, no futuro!

A aceleração do metabolismo cardíaco por meio do uísque num sistema circulatório já intoxicado também provoca a depressão mais cedo. Cientificamente o mais aconselhável é o repouso orgânico, a alimentação vegetariana desimpedindo a circulação das gorduras e toxinas que obstruem as coronárias, inclusive a exoneração intestinal através do velho método das comadres! Os alcoólatras, em geral, quando atingem a velhice sofrem de má circulação sanguínea, devido à opressão da rede vascular e à estagnação do sangue mais à superfície do corpo do que em sua intimidade. Isso deixa o bêbedo de faces congestas, olhos injetados, nariz rubicundo e frequentemente sujeito às afecções bronquiais, resfriados, gripes, pigarros, laringites e asma, que resultam da perturbação circulatória dos órgãos da respiração.

Não há dúvida de que o enfermo sentir-se-á melhor sob a excitação momentânea do álcool e pela súbita elevação do seu metabolismo orgânico, mas é provável que esse tóxico também reduza a sua cota de vida física e ainda apresse mais cedo o destrambelho cardíaco. Enquanto o indivíduo abstêmio é mais fácil de cura, frequentemente, os alcoólatras são débeis em sua defensiva orgânica contra o surto de enfermidades mais comuns!

*PERGUNTA: — Informes médicos explicam que, devido aos desregramentos alcoólicos de pais ou avôs, os seus descendentes nascem imbecis e retardados mentalmente. Isso não é desmentido à Lei do Carma, pela qual os filhos não devem pagar os pecados dos pais?*

RAMATÍS: — Nenhum espírito que foi abstêmio de álcool em vidas físicas anteriores há de renascer com a tara cármica de alcoolismo, pois é verídico que "os filhos não pagam pelos pecados dos pais". Quem nasce descendente de família alcoólatra e, por isso, acicatado pelo desejo de beber, não há dúvida de que, em existências passadas, entregou-se a tal vício; e talvez seja o próprio responsável pela tara alcoólica da família onde renasce. Muitas vezes o avô ou bisavô alcoólatra retorna à mesma família, como neto ou bisneto, mas sob a responsabilidade de expurgar em si mesmo a tara que imprudentemente impôs à sua linhagem familiar!

A ascendência humana pode se degradar, como explicam os médicos, quando é oriunda de pais alcoólicos. Os descendentes podem desfigurar-se física e mentalmente, uns propensos à epilepsia, alguns à esquizofrenia e outros à histeria incontrolável. Mas, graças à Sabedoria Divina, que sempre age com o mais evidente espírito de justiça e coerência, os indivíduos de tara etílica são infecundos, a fim de evitar uma proliferação degenerada e capaz de abalar os alicerces genéticos da raça humana.

*PERGUNTA: — O álcool é nocivo à gestação?*

RAMATÍS: — O álcool é prejudicial à gestação; e quando as mães o ingerem em demasia durante a gravidez perturbam a formação do feto e podem dá-lo à luz com a tara da histeria ou esquizofrenia. Há casos, também, em que degenera o filho gerado sob a ação do álcool, mesmo por parte do pai ou dos pais, como é comum na bebedeira na noite de núpcias, em que o gérmen responsável pela fecundação já inicia o seu ciclo de vida sob uma ação tóxica perturbadora.

A surdez, os defeitos de visão, as paralisias, a mudez e outros efeitos patológicos também podem ser de origem alcoólica.

*PERGUNTA: — Não seria uma injustiça o espírito reencarnante sofrer prejuízos na sua organização carnal, só porque seus pais estavam ébrios no momento da fecundação?*

RAMATÍS: — Embora não haja duas encarnações perfeitamente semelhantes, na Terra, em geral, o espírito inicia a composição do corpo no ventre materno logo após o espermatozoide fecundar o óvulo feminino. Então o perispírito, já reduzido à configuração fetal, pode "encaixar-se" no ventre perispiritual da mulher terrena, dando início à convergência das energias etérico-físicas para preencherem o molde original. Assim, o duplo-etérico, o veículo intermediário entre o espírito e o corpo físico também vai se modelando gradativamente conforme a materialização do feto físico.

Os técnicos siderais, responsáveis pelo evento reencarnatório, só vinculam o espírito ao campo "biofísico" da progenitora, depois de ajustá-lo através dos cromossomos à linhagem ancestral hereditária e atendendo ao programa cármico do encarnante. Em consequência, o espírito de melhor padrão sideral fez jus a um organismo sadio e de boa contextura nervosa, e por esse motivo não deve nascer de pais alcoólatras. No entanto, o "ex-alcoólatra" do passado será encaminhado para descender de pais alcoólatras, e tal processo se efetua por afinidade espiritual e jamais sob qualquer determinação divina, injusta!

Quando o espírito de bom quilate espiritual verifica que se contaminou o embrião que lhe deve proporcionar o corpo físico, isso por força da embriaguez dos pais durante a fecundação ou da imprudência materna na fase gestativa, ele pode desligar-se do processo reencarnatório, se assim preferir, sendo imediatamente substituído por outra entidade afim ao caso.

*PERGUNTA: — Supondo-se que a mãe se ponha a beber durante a gravidez, mas só na proximidade do parto é que se verifica a lesão no feto, o que sucede após o longo tempo já decorrido da vinculação do espírito encarnante?*

RAMATÍS: — Em tal situação, os técnicos do Além interferem e libertam o espírito que não merece um destino tão inglório de um corpo físico lesado pelo álcool, pois não há injustiça por parte da Administração Sideral. Isso, então, pode ocorrer através do aborto inesperado, ou se não é conveniente pôr em perigo a vida da mãe, mesmo imprudente, o nascituro não se cria, ante a impossibilidade de outro espírito ainda vincular-se em tempo no comando "psicofísico!"

Sem dúvida, é desventurada a mãe que perde o seu descendente, após nove meses de gestação e sacrifícios, quando, por causa de sua imprudência ou vício censurável, frustra o trabalho exaustivo do próprio espírito reencarnante, e o obriga a desvencilhar-se de um corpo perturbado e carmicamente imerecido. Desde que a Lei Cármica dispõe "a cada um segundo as suas obras", os pais que se embriagam na noite de núpcias e podem lesar o gérmen da fecundação, ante a gestação de um corpo defeituoso para o espírito encarnante, candidatam-se à amargura de procriarem filhos retardados, esquizofrênicos, mentecaptos, nevropatas ou alcoólatras, que passam a substituir a entidade espiritual que é liberada por não merecer a tara do alcoolismo. Nenhum espírito encarnante é injustiçado por qualquer eventualidade desastrosa ou indesejável, pois o seu guia e amigos desencarnados vigiam e protegem-lhe o processo reencarnatório perfeitamente vinculado ao programa cármico elaborado.

*PERGUNTA: — Mas conhecemos casos de pais alcoólatras, que lograram descendência de filhos inteligentes e equilibrados na sua formação moral! Que dizeis?*

RAMATÍS: — Até este momento temo-nos referido a espíritos deficientes, que se vinculam por afinidade a corpos gerados de pais alcoólatras; é o caso de entidades que são liberadas em tempo, porque não lhes cabe viver em corpos lesados sob o determinismo cármico. No entanto, quando o filho de alcoólatras supera a tara etílica e ainda se destaca por uma conduta ilibada, é porque ali se encontra entidade messiânica, de alta estirpe espiritual, cuja luz potente extermina os "genes malignos" e elimina os cromossomos enfermiços. Isso comprova que, apesar dos conceitos de atavismos, taras e heranças mórbidas congênitas, tão propaladas pela ciência do mundo, o fundamento de tais acontecimentos é caracteristicamente espiritual, pois decorre do tipo de destino cármico e das necessidades do espírito encarnado, em justaposição com os pais físicos. Os efeitos gestativos enfermiços podem ser superados pela presença de um espírito nobre, o qual impõe a sua força espiritual superior, comprovando a eficiência da luz sobre a treva, do bem sobre o mal![67]

Acresce, também, que os técnicos espirituais interferem e protegem as encarnações superiores, assim como na Terra as autoridades de um país mobilizam o máximo de proteção aos visitantes ilustres e dignos. Assim como de um rio lodoso pode-se filtrar a água limpa, o campo angélico extrai dos elementos genéticos humanos apenas o que é sadio e aproveitável para uma composição orgânica elogiável. O corpo físico é o instrumento de ação do espírito na matéria; por isso, enquanto na formação do corpo físico o espírito glutão desenvolve o estômago, o intelectual preocupa-se com a construção de um cérebro da melhor capacidade possível. Os germens da fecundação ficam imunizados de qualquer lesão provocada pelo residual de família alcoólatra, quando os técnicos vigiam, atentamente, todo o processo gestativo até o final do nascimento. A luz pródiga do espírito sublime dissocia e carboniza todas as substâncias astralinas perniciosas ao campo genético materno onde ele se encarna. A presença de entidade superior em missão sacrificial e vinculada ao ventre de mães degeneradas pode enternecê-las a ponto de sensibilizar-lhes o sentimento materno ainda rudimentar. Enquanto Messalina sentia ânsias de nutrição inferior e desbragamento alcoólico pela presença do espírito de Nero vinculado ao seu ventre, Maria vivia em êxtase e desprendida das necessidades físicas ante o sublime Jesus unindo-se ao seu corpo![68]

*PERGUNTA: — O álcool seria um elemento revelador da realidade psíquica do homem? Há homens pacíficos e bem intencionados, que se tornam hostis, irritáveis e violentos sob a ação do álcool, pois revelam algo psíquico além de uma simples excitação nervosa emotiva!*

[67] Extraído da revista *O Cruzeiro*, de 17 de abril de 1969: "O alcoolismo é responsável por 30% das internações em casos de doenças mentais apenas no Brasil, e mais meio milhão de óbitos no mundo ocidental! Na França a cirrose hepática tira a vida de 20 mil bebedores anualmente! Aumenta o índice de homicidas, roubos, adultérios, suicidas, desquites, divórcios, desempregos, mendicância etc. No Brasil, em cada 12.000 pessoas, 68 são internadas devido ao abuso do álcool".

[68] "Aliás, comparada à maioria das gestantes terrenas, em geral assediadas por certas reações psíquicas um tanto agitadas, Maria foi uma parturiente feliz, vivendo esse período imersa num mar de sonhos e de emoções celestiais provindas tanto do espírito de Jesus, como da presença dos anjos que a assistiam." Trecho do capítulo "Maria e o período gestativo de Jesus", da obra *O Sublime Peregrino*, de Ramatís, **EDITORA DO CONHECIMENTO**.

RAMATÍS: — Quantas criaturas tímidas, pacíficas, que jamais beberam, irritam-se e se desmandam em ofensivas insultuosas, quando alguém lhes fere o amor-próprio e lhes causa prejuízos inesperados? Isso demonstra que as qualidades como os defeitos do espírito não se evidenciam à flor da pele, mas se revelam de acordo com as circunstâncias e situações favoráveis ou desfavoráveis no intercâmbio das relações humanas. O homem ainda não se conhece a si mesmo; e por isso é primaríssimo no comando de suas emoções, vivendo mais as surpresas, as paixões e violências recalcadas quando provocado na sua personalidade humana.

Só espíritos do quilate de um Francisco de Assis, Buda, Vicente de Paulo, Ramana Maharishi, Gandhi ou Jesus, mostram a realidade de sua alma à flor da pele, sem mistérios ou negaças! O homem é um grande dissimulador de sua realidade psíquica e age conforme as circunstâncias; no entanto, há momentos em que não consegue frenar a carga emotiva do espírito; e malgrado todo o seu cuidado para evitar o ridículo ou o julgamento alheio desfavorável, revela a verdadeira individualidade oculta!

É o caso do bêbado, que afrouxando o controle psíquico por efeito da ação tóxica e entorpecente do álcool, então a sua mente decai para a frequência vibratória da faixa animal, onde dominam as paixões e os impulsos desordenados da cólera, violência, agressividade ou lubricidade. Há homens pacíficos, tímidos e gentis, que depois de embriagados tornam-se insuportáveis no lar, nas suas relações sociais, e desfazem longas amizades ao abrirem as comportas do "eu" inferior. A bagagem inferior, animal, fragilmente represada pela consciência em vigília, emerge sob o tóxico alcoólico e vem à tona o residual detestável. A criatura mal reprimida em suas paixões pelas convenções sociais e advertências religiosas, sob a ação do álcool liberta-se, revelando a autenticidade da sua formação espiritual.

Embora seja mais raro, sob o transe alcoólico pode emergir a memória psíquica do passado e perigarem as relações entre os componentes da família, ao reconhecerem-se, espiritualmente, nas diversas condições de vítimas ou algozes do pretérito. Sob a ação etílica identificam-se ou se pressentem velhas inimizades; avivam-se ódios, vinganças e despeitos ainda latentes no seio da alma! Assim dominam insultos e ódios, pois enquanto o espírito do homem flutua no corpo embriagado, a sua percepção e memória psíquica aumentam, abrangendo fatos que viveu noutras vidas. Então reconhece, intuitivamente, os seus desafetos disfarçados sob o organismo consanguíneo.[69]

Daí, o perigo das libações alcoólicas entre os membros da mesma família, cujos espíritos ainda primários, acicatados pelas reminiscências pretéritas, podem provocar tragédias e exercer vinganças inesperadas, quando massacram-se, entre si, marido e mulher, filhos e pais! Nessa emersão psíquica de observação algo freudiana, ainda podem interferir os espíritos desencarnados, malfeitores e adversos do conjunto familiar, que, à última hora, acicatam crimes e tragédias! São acontecimentos nefastos, inexplicáveis pelas razões comuns, em que os infelizes encarnados são movimentados à guisa de verdadeiras marionetes sob os cordéis do mundo invisível. Ademais, além da ação tóxica e própria do álcool, isso ainda é agravado pela ganância dos industriais inescrupulosos, que desnaturam e falsificam os seus produtos para auferirem maior soma de lucros. O álcool mata, dizima e desonra a humanidade pelos crimes ocorridos nos lares e nas ruas, através de acidentes e das imprudências de todas as espécies; e ainda destrói, lenta e insidiosamente, pela mistura de substâncias químicas nocivas.[70]

*PERGUNTA: — Ante essa incessante ameaça à integridade da raça humana pelo consumo cada vez mais elevado do álcool, que poderíamos fazer para reduzir vício tão perigoso?*

RAMATÍS: — É de senso-comum que quaisquer vícios do homem só podem ser extintos pelo próprio homem, e não por simples admoestações ou advertências! O homem viciado, cuja vontade é escrava do vício do álcool, só poderá integrar-se novamente na comunidade dos espíritos libertos desse estigma vicioso, depois de recuperar novamente o seu domínio mental, psíquico e físico. A libertação espiritual é processo que se forja de dentro da alma para fora, do espírito para a matéria, da mente

---

[69] O uso da cachaça, ou marafo, na umbanda, ajuda o espírito do médium a emergir do corpo e assim ligar-se às entidades evocadas para os trabalhos de "despacho". Conhecemos um acontecimento trágico em família de nossa convivência, em que o pai e o filho, ambos profundamente embriagados em noite de Ano-Novo, mataram-se a golpes de faca. O filho acusava o pai de ter sido o seu impiedoso algoz, como capataz numa fazenda de escravos na Baixada Fluminense, em vida anterior.

[70] Em diversos laboratórios de bromatologia do mundo, têm-se encontrado em uísques falsificados, cachaças rapidamente envelhecidas, cervejas mal pasteurizadas, desde iodo, óxido de ferro, arsênico para curtir as tinturas, chumbo, corantes químicos para artificializar a cor, sódio, potássio para produzir o efeito cristalino dos gins, aspirinas nas cervejas de pasteurização deficiente, como acontece nas épocas de Natal, Ano-Novo e carnaval, em que as cervejarias e destilarias não vencem a fabricação.

para o corpo! O homem escravo do álcool só consegue retomar o comando do seu organismo, se agir tão impiedosamente contra si mesmo, tanto quanto é tiranizado pelo vício!

A existência humana é um estágio rápido para o espírito treinar e dispor de sua vontade, a fim de poder criar nas regiões espirituais, onde a vida se manifesta na sua autenticidade divina! Sob qualquer hipótese, o homem não deve lesar o organismo físico que lhe é confiado pelo Alto, a fim de modelar a sua própria ventura espiritual. É tão prejudicial o alcoolismo, e disso já tinha conhecimento o povo judeu, que a Bíblia faz as seguintes recomendações: "Não olhes para o vinho quando te começa a parecer louro. Ele entra suavemente, mas no fim morderá como uma serpente e difundirá o seu veneno como um basilisco." E mais adiante: "Não te queiras achar nos banquetes dos grandes bebedores" (Provérbios 23:31,32 e 23:20).

*PERGUNTA: — Mas é da própria Bíblia que os homens bebem desenfreadamente há muitos séculos ou milênios. Não é assim?*

RAMATÍS: — Antigamente, os bons chefes de família não frequentavam bares, botequins e bodegas de fornecimento alcoólico, nem mesmo facilitavam no lar qualquer meio de os familiares ingerirem álcool, como hoje é tão comum. Surpreende-nos que, no século atômico, malgrado as conquistas técnicas, científicas e terapêuticas, a imprensa, televisão, cinematografia e o rádio divulguem abertamente o uso e abuso do álcool, contribuindo para grassá-lo funestamente em todos os ambientes da vivência humana. Por isso, justifica-se o velho provérbio, que assim diz; "Beber é como coçar; basta apenas começar." Infelizmente, a família moderna oficializou o culto do álcool no próprio lar, pois através do barzinho da moda e sempre farto de variedades alcoólicas, todos se habituam a beber! Enquanto o papai prepara as batidas, a mamãe ingere o aperitivo para "abrir" o apetite, o vovô exige a mistura corrosiva do tempo de sua mocidade, os jovens esmeram-se no coquetel da moda e o caçula mistura uísque no refresco!

*PERGUNTA: — Alhures, dissestes que os encarnados beberrões podem servir de instrumentos de satisfação para espíritos de "ex-alcoólatras" desencarnados?*

RAMATÍS: — São poucos os encarnados conhecedores do terrível perigo que se oculta através do desregramento pelo álcool! A embriaguez é sempre uma condição vulnerável, que pode transformar o homem num ensejo para satisfazer o desejo insofreável dos espíritos de "ex-alcoólatras" já desencarnados. Os espíritos viciados pelo álcool continuam a sofrer no Além-Túmulo os horrores do desejo insatisfeito, que aumenta ainda mais devido à vibração rapidíssima do perispírito liberto da carne! Então, só lhes resta um recurso, e os mais inescrupulosos e cínicos não vacilam na sua prática: escravizar os encarnados para exercerem a detestável função de "ponte viva", ou, mais propriamente, de "canecos vivos" para as suas libações mórbidas!

O desejo é furioso, esmagador e masoquista; a vítima desencarnada alucina-se vendo visões pavorosas e aniquilantes. E quando isso acontece os espíritos inescrupulosos são capazes das maiores infâmias e torpezas contra os encarnados, desde que possam minorar a sede ardente da bebida! São almas que deixaram o seu corpo cozido pelo álcool nas valetas, nos catres de hospitais, ou mesmo em leitos ricos, mas despertam enlouquecidas pelo desejo desesperado de satisfazer o vício! Só reduzido número de almas viciadas na Terra entrega-se, submissa, à terapia do sofrimento purificador e luta, no Espaço, contra o desejo mórbido, a fim de eliminar do perispírito o eterismo ou residual etérico do tóxico que as acicata incessantemente. Algumas, corajosas e decididas, depois de se libertarem do desejo cruciante do álcool alimentado na vida carnal, entregam-se ao serviço de socorro aos alcoólatras encarnados, tentando influenciá-los para que deixem o vício, ou atraindo-os para junto das organizações religiosas e instituições espiritualistas do mundo, que devem lhes orientar uma conduta sadia. Mas é coisa dificílima encaminhar alcoólatras para os ambientes religiosos salvacionistas, tal é o assédio que lhes fazem os obsessores viciados!

*PERGUNTA: — Realmente, temos observado que é trabalhoso conduzir um beberrão a um templo religioso ou instituição espírita onde seja protegido e esclarecido sobre o terrível vício do álcool.*

RAMATÍS: — Os espíritos das Trevas voltam-se furiosamente contra os homens e instituições que tentam intervir nos seus propósitos torpes de vampirismo no mundo. Então encetam campanhas de desmoralização ou de perseguição contra religiosos, médiuns ou doutrinadores que se propõem a libertar de suas garras os embriagados enfraquecidos nas suas defesas espirituais.

Muitas vezes, quando o candidato a "caneco vivo" é digno de boa proteção espiritual, para livrá-lo da degradante condição, os seus guias provocam algum acidente ou enfermidade, que o lança no leito por longo tempo, e essa imobilidade benfeitora frustra o intento dos obsessores. E ali intensificam a presença de criaturas regradas, amigas e líderes religiosos, que ainda o fortalecem, cada vez mais, no sentido de encouraçá-lo contra as investidas traiçoeiras dos vampiros do Além!

*PERGUNTA: — E quando o alcoólatra chega ao final de sua vida degradante, os seus "donos" não fazem alguma coisa para evitar-lhe a morte e o consequente prejuízo pela perda do seu vasilhame carnal?*

RAMATÍS: — Conforme explicamos, os obsessores atuam incessantemente no seu vasilhame encarnado, a fim de torná-lo sem o controle do raciocínio, que possa conduzi-lo às fontes de salvação. Furiosos e vingativos, afastam-no, até rudemente, dos ambientes regrados e de amigos bem-intencionados; distanciam-no das missões religiosas salvacionistas, dos centros espíritas ou de contato com panfletos e livros de esclarecimento espiritual capazes de os livrarem da sua astuta influência. Quando lhes é possível, mediunizam o infeliz alcoólatra provocando balbúrdia, sarcasmos, posturas censuráveis, ditos obscenos, ofensas públicas, gargalhadas cínicas e agressividade, que desencorajam os seus protetores.

Mas esses vampiros também sabem que os seus "canecos vivos" sucumbem prematuramente aniquilados pelo excesso do álcool destruidor; e quando isso acontece, eles os deixam impiedosamente entregues à sua terrível sorte, agindo à semelhança do cangaceiro, que abandona na estrada o animal estropiado que o servia na sua fuga desesperada. Como não existem quaisquer sentimentos de nobreza nesses viciados inescrupulosos e exclusivamente preocupados na satisfação de seus vícios aviltantes, pouco lhes importa a agonia, o sofrimento e a degradação dos que os serviram como repasto da satisfação viciosa. Ademais, o alcoólatra *in extremis* só ingere poucas doses de álcool, o que não convém mais ao seu obsessor, por não poder saciar o desejo ardente e insaciável no deficiente alambique humano!

*PERGUNTA: — Comumente, as pessoas ficam confusas, quando explicamos que, apesar da morte do corpo físico, o desejo de ingerir álcool continua latente no perispírito sobrevivente!*

*Aliás, afirma-se que o espírito depois de desencarnado não tem mais problemas de natureza física!*

RAMATÍS: — O desligamento do corpo carnal não destrói os desejos, pois estes são psíquicos e não físicos. O perispírito (explicado racionalmente por Allan Kardec) compreende o **conjunto** formado pelo veículo mental responsável pelo pensamento e o veículo astralino, que é a sede dos desejos e das emoções do espírito. Após a morte corporal, recrudesce o desejo ardente do desencarnado pelo álcool no mais atroz desespero, porque ele vê-se impossibilitado de satisfazer-se pela ausência do corpo carnal, que lhe servia de alambique vivo da drenação alcoólica na Terra!

A reação viciosa de cada espírito alcoólatra desencarnado depende da sua graduação espiritual, ou força mental, pois enquanto alguns resignam-se no sofrimento lastimável do seu vício degradante, outros preferem agrupar-se ou escravizar-se aos bandos de malfeitores do Além, desde que isso lhes permita mitigar o vício incontrolável. Lembram o que acontece com os toxicômanos, aí na Terra, que se degradam nas condições e humilhações mais infames para obterem o tóxico do vício!

*PERGUNTA: — Que se compreende, realmente, por "caneco vivo" dos malfeitores desencarnados?*

RAMATÍS: — "Caneco vivo" é a criatura que, dominada completamente pelo vício do álcool, perde o seu comando psicológico e espiritual, tornando-se um verdadeiro "alambique", ou "robô" da vontade dos desencarnados alcoólatras. Os espíritos degenerados e viciados procuram as criaturas vítimas da bebida alcoólica, porém, enfraquecidas de vontade ou escravas de paixões inferiores, a fim de transformá-las num prolongamento vivo e pelas quais possam absorver as emanações do álcool. Através do estômago dos seus "canecos vivos" e em infame simbiose fluídica, conseguem sugar os fluidos etílicos que se exsudam na decomposição digestiva.

Mas a confecção de um "caneco vivo" exige tempo, porque é fruto de um trabalho obstinado do obsessor, ajustando-se ao "duplo-etérico" do viciado encarnado, isto é, o campo energético, espécie de cavalo que se liga vitalmente ao carro físico! De princípio, precisa afastar as boas amizades, proteções e circunstâncias que envolvam o candidato a recipiente alcoólico; é necessário isolá-lo, tanto quanto possível, da própria família, através de conflitos, desentendimentos e repulsas! Alguns obsessores perseveram anos, vigiando e subvertendo sua vítima até à degradação máxima, pois quanto mais ela se embriaga e se degrada, mais lhes atende à sensação pervertida. E depois que o vampiro consegue o seu domínio completo sobre o bêbedo encarnado, cerca-o de todos os cuidados e o protege contra acidentes, agressões e até enfermidades, a fim de usá-lo na lastimável função de "caneco vivo"!

Mas como o espírito sem corpo físico não pode usufruir integralmente o álcool ingerido pelo alcoólatra encarnado pois só aproveita os fluidos etéricos volatilizados na operação digestiva, então acicata incessantemente o seu "caneco vivo" para embriagar-se até cair. Daí o motivo por que muitos alcoólatras afirmam que uma força oculta os obriga a beber insaciavelmente, mesmo depois de intoxicados e debilitados! Infeliz fornecedor de vapores alcoólicos aos vampiros do Além-Túmulo, o "caneco vivo" degrada-se, dia a dia, até findar-se qual farrapo humano encharcado pelo lodo do mundo!

*PERGUNTA: — Sem dúvida, esses obsessores ou vampiros do Além só exercem a sua ação infame à cata de "canecos vivos" nos ambientes viciados do mundo. Não é assim?*

RAMATÍS: — Comumente, eles pululam nos botequins, prostíbulos, nas casas de jogatina, nos antros clandestinos e nas boates onde se abusa do álcool. Mas alguns conseguem penetrar nos lares indefesos, onde além do ódio, do ciúme e da irascibilidade dos familiares, ainda domina o vício do álcool. Acotovelam-se em torno das prováveis vítimas e as incentivam a toda sorte de desacertos, discussões e aflições, procurando induzi-las a buscar lenitivo no vício da bebida. São espíritos sedentos, lúbricos e desfigurados na sua constituição perispiritual humana, profundamente ciumentos, coléricos, impiedosos e vingativos. Castigam e perturbam os seus "canecos vivos", quando lhes fornecem deficiente dose alcoólica, pois o desejo insatisfeito os enfurece às raias da loucura!

*PERGUNTA: — Os bêbedos que se transformam em "canecos vivos" provêm exclusivamente das classes pobres?*

RAMATÍS: — Os "canecos vivos" não são apenas produto das classes miseráveis ou párias sem lar, aviltados apenas pela cachaça barata, mas também são encontrados e mobilizados entre os próprios homens ricos, intelectuais, boêmios e poetas de alta classe, que se degeneram diante das mesas fartas no exagero do "gim" e do "uísque" caríssimos! Aos vampiros do Além não importam as posses, a cultura, hierarquia ou os privilégios de classe dos encarnados, só lhes interessa a possibilidade de os transformarem em "canecos vivos", seja de cachaça, vinho ou uísque!... Qualquer beberrão desnaturado, rico ou pobre, sábio ou analfabeto, pode ser plasmado num "caneco vivo", pois se já perdeu o bom-senso e o comando de si mesmo, é facílimo de ser controlado por outro espírito malévolo e inescrupuloso.

PERGUNTA: — *Aludistes à possibilidade de o espírito-vampiro atuar no próprio lar desgovernado à cata do "caneco vivo"! Poderíeis explicar isso de modo mais claro?*

RAMATÍS: — Os vampiros alcoólatras procuram intensificar as irritações, desforras e frustrações ou ciumeiras entre as criaturas emotivamente descontroladas, mas afins à bebida. Elas, então, se mostram prováveis candidatos à ignóbil função de "caneco vivo", depois de devidamente domesticadas pela ação mediúnica dos obsessores. São preferidas as que se irritam facilmente por qualquer contrariedade ou frustração, e depois procuram afogar suas mágoas e ressentimentos na bebida. Trata-se de criaturas demasiadamente suscetíveis no amor-próprio e débeis de vontade, que se desmandam facilmente nas emoções intempestivas. Elas caminham ao encontro dos alcoólatras desencarnados por sendas ignoradas, desatentas à sua viciação gradativa e dirigidos por vontade oculta!

Os vampiros alcoólatras aliciam críticas, censuras, desentendimentos e humilhações entre os seus prováveis candidatos, quer nos locais de empregos, veículos de transportes, nas competições esportivas, casas de diversões e nos próprios lares invigilantes, cuja família rompe a cortina de fluidos protetores. Associam as coincidências mais perturbadoras nos momentos de descuido e aceleram a desarmonia íntima, tudo fazendo para intuir o desafogo na bebida. E não lhes é difícil atuar nos lares perturbados, pois é evidente que ali se chocam velhos adversários do passado, ainda rancorosos, irritados, impacientes e odiosos, cujo insulto é visível ao motivo mais frívolo! Daí, o perigo das mesas fartas de álcool nos lares desorganizados, cuja família vive espiritualmente distante entre si. Aqui, é o moço exigente, que transforma o custoso automóvel do progenitor num traço-de--união entre o prostíbulo e o lar; ali, a moça casadoira, caprichosa e agressiva, insulta os progenitores, frustrada e amargurada no noivado; ali, os irmãos atracam-se em luta, o caçula exigente semeia irritação e a esposa volúvel só pensa na toalete luxuosa e nos penduricalhos modernos. Todos, pouco a pouco, alimentam o clima enfermiço fluídico, que serve para facilitar a ação obsessiva dos vampiros à cata de "canecos vivos" para o vício do álcool. Invigilante e sob a ação mefistofélica do Além-Túmulo, o chefe de casa abandona a praça de guerra do lar subversivo, encaminha-se para o bar modesto ou boate luxuosa e ali desforra-se treinando para a função prosaica e detestável de futuro alambique a outros viciados sem corpo. Incansáveis na sua empreitada diabólica, os vampiros promovem encontros acidentais entre as criaturas desiludidas da vida e da família, as quais trocam lamúrias e queixumes, num estímulo recíproco, para a desforra na embriaguez! Magoadas e irritadas, elas mal sabem que são alunos do curso mórbido de "canecos vivos"!

*PERGUNTA: — Como se explica que os obsessores, sendo tão cuidadosos para com os seus "canecos vivos", depois tudo fazem para levá-los à degradação mais infame?*

RAMATÍS: — Revivendo e confirmando a lenda de que "o Diabo sempre ajuda os seus afilhados", os vampiros do Além--Túmulo exercem incessante vigilância e protegem os seus "canecos vivos" contra quaisquer perigos e prejuízos, evitando perder os vasilhames que lhes custaram alguns anos de trabalho obstinado e difícil.

Qualquer encarnado que apresenta condições mediúnicas eletivas para se transformar num "caneco vivo" de fluidos etílicos para os beberrões do Além, é tão estimulado para beber, assim como protegido para viver! O seu "dono" devota-lhe carinhos e ternuras de um pai; ajuda-o a atravessar pontilhões, lugares ermos e perigosos, sabe guiá-lo seguramente pelas ruas atravancadas de veículos ou de buracos! Eis por que os bêbedos mais exagerados acertam o caminho de casa, atravessam pontes frágeis e ruas movimentadas, gingando perigosamente entre os veículos e sem nada lhes acontecer! Raramente os jornais noticiam a morte de bêbedos sob veículos, em quedas, assaltados por malfeitores, ou mesmo afogados, traindo uma proteção oculta eficiente e incessante.

*PERGUNTA: — Evidentemente, a degradação alcoólica e a proliferação de "canecos vivos" é problema insolúvel e cada vez mais crescente. Não é assim?*

RAMATÍS: — Não há problema insolúvel no seio da Divin-

A Vida Humana e o Espírito Imortal 253

dade, mas apenas etapas de experimentação e adaptação a novas condições, em que os espíritos submetem-se a fim de desenvolver o conhecimento de si mesmos. Podem falhar todos os recursos técnicos, científicos e educativos do mundo quanto à melhoria do ser humano; jamais falham as diretrizes do Cristo Jesus, que agem do interior da alma para a periferia do corpo. Quando tudo falha no ajuste e progresso da humanidade, Jesus, o Médico Divino, é o recurso decisivo e infalível, pois apesar da sua "perfeita justiça", jamais ele a exerce sem a "perfeita misericórdia!"

Algozes e vítimas, obsessores e obsediados, encontram no curso retificador da reencarnação os meios de liquidarem as suas próprias dívidas, quanto se desvestem das sombras tristes da escravidão animal, para envergarem a túnica nupcial e gozarem o direito de participar eternamente do banquete venturoso do Senhor!

## 10. Problemas de religião

*PERGUNTA: — Por que os homens precisam de religião?*

RAMATÍS: — Os homens são espíritos encarnados e neles já existe inato o sentimento religioso como um vínculo divino entre a criatura e o Criador. O sentimento religioso, portanto, é comum a todos os seres e raças humanas. Embora varie na sua expressão rudimentar, tem sido assinalado até entre os povos mais selvagens. Nunca desapareceu por completo; permanece como manifestação espontânea, inerente à criatura humana e independente de qualquer fórmula ou organização exterior. Existiu sempre a inata tendência de o homem se voltar para o sobrenatural, num processo de relações vitais entre si e Deus. A necessidade de intercâmbio com uma divindade superior foi sempre objeto de cogitações dos seres humanos. É manifestação universal do sentimento divino, que vivifica e liga a criatura ao Onipotente.

O próprio ateu, malgrado o seu esforço inútil e vaidoso de negar a sua origem divina, jamais poderá desligar-se da Fonte Imortal que o criou.[71]

*PERGUNTA: — Quereis dizer que o sentimento religioso, em*

---

[71] No admirável livrinho *Trovadores do Além*, da psicografia dos médiuns Chico Xavier e Waldo Vieira, há uma excelente trova do espírito Alberto Ferreira, à página 49, que se ajusta muito bem aos dizeres de Ramatís e assim se expressa:
"Ateu — enfermo que sonha
Na ilusão em que persiste:
Um filho que tem vergonha
De dizer que o pai existe".
(Nota do Médium)

*essência, nada tem a ver com a crença ou o culto do indivíduo à Divindade. Não é assim?*

RAMATÍS: — A religião não é propriamente de cultos e cerimônias em templos e igrejas, nem mesmo faz qualquer diferenciação entre o "mundo sagrado" e o "mundo profano", pois trata-se de um sentimento ou estado de espírito extraterreno. Na sua manifestação natural é essência divina vibrando incessantemente na intimidade do homem; existe e permanece latente, seja qual for a atividade, o pensamento ou a atitude humana. O culto, no entanto, é um modo peculiar de a criatura expressar esse sentimento religioso, inato, mediante fórmulas, símbolos e ritos diversos, como expressão de sua crença à luz da consciência física.

Daí, a diferença existente entre a "conduta religiosa" à luz dos templos, das igrejas e instituições espiritualistas, e a "conduta profana" dos ateus. Por isso, o homem crente adotou fórmulas, símbolos e ritualismos conjugados a cânticos, música e poesia, procurando demonstrar o seu sentimento religioso no sentido de ser agradável a Deus. A vida profana abrange as atividades prosaicas e comuns na luta pela sobrevivência física; e a "vida religiosa" significa o culto pela devoção ou conduta superior nos templos!

*PERGUNTA: — O homem primitivo ou selvagem já teria noção desse sentimento divino ou religioso?*

RAMATÍS: — Mesmo sob o jugo vigoroso do instinto animal, o homem primitivo sente a força divina ou o sentimento religioso atuando-lhe de modo centrífugo na intimidade do ser. Na verdade, é o próprio "Ego Superior" operando contra a obstinação limitada do "ego inferior" da personalidade humana. O homem é uma centelha da "Chama Cósmica Divina"; é uma consciência individualizada no seio da "Consciência de Deus". Graças ao impulso interior do sentimento religioso, cresce essa consciência humana, incessantemente, abrangendo maior área divina. Assim, enquanto "cresce" esfericamente a individualidade angélica, dilui-se, gradualmente, a personalidade separatista do "ego inferior" do mundo carnal. Prevalece o conceito de Paulo de Tarso, em que a criatura só encontra a Verdade depois que o "homem novo" e autenticamente espiritual elimina o "homem velho" da linhagem animal!

O selvagem demonstra esse sentimento oculto no respeito ou temor às forças da natureza, adorando o Sol, a Lua, o mar, as estrelas, o trovão e o vento. Sente tais coisas e fenômenos vibrarem de um modo misterioso em si, como reflexos positivos do que ainda não pode identificar na sua consciência primária. De princípio, ele fazia oferendas sangrentas aos deuses, avaliando a natureza da Divindade pela sua própria natureza selvagem; os seus apetites, costumes e paixões instintivas deveriam ser também de preferência do misterioso Senhor Criador do Mundo! Sem dúvida, o homem, primeiramente, deve crer em algo, no silêncio augusto de sua alma, para depois manifestá-lo no mundo exterior através de expressões adequadas à sua própria compreensão humana. Assim, tanto o selvagem como o homem civilizado procuram testemunhar de modo sensível e compreensível, embora diferentemente, o mesmo sentimento divino da religiosidade, que lhes palpita na alma! E tanto quanto o homem evolui na sua capacidade de encontrar fórmulas cada vez mais lógicas e inteligentes para revelar-se no cenário do mundo físico, o sentimento religioso também aflora mais intensamente à luz da consciência, podendo ser interpretado por motivos e recursos cada vez mais próximos da sua natureza espiritual. Lembra a luz que mais se expande e ilumina, tanto quanto aumenta a limpidez e a capacidade da lâmpada.

Por isso, é bem grande a diferença que existe entre os cultos e símbolos grotescos utilizados pelos selvagens e as fórmulas, liturgias e cerimônias inspiradas pelos cânticos, odores agradáveis, música, poesia e preces, que os civilizados movimentam em seu culto religioso.

*PERGUNTA: — Mas a organização religiosa não é um modo peculiar de expressar coletivamente o sentimento religioso dos seus adeptos?*

RAMATÍS: — Os símbolos, os cultos e as fórmulas criadas por alguns homens ou inspiradas a certos líderes religiosos não expressam, propriamente, a natureza íntima e exata do sentimento coletivo de todos os crentes e adeptos. Os homens variam em temperamento, costumes e cultura; e quando se filiam a uma organização religiosa, ou instituição espiritualista para interpretar-lhes o sentimento religioso, eles desfiguram a sua feição divina, em face das proibições, dogmas e "tabus" separatistas.

É evidente que se o adepto não compreende intrinsecamente os símbolos, as fórmulas e as imagens que a sua organização religiosa mobiliza para identificar-lhe o sentimento religioso num culto exterior, também não sabe o que sente. É muito difícil

A Vida Humana e o Espírito Imortal

explicar, para uma criatura sem olfato, que o perfume da rosa é mais duradouro do que a própria flor que o produz; ou esclarecer ao religioso que o fausto e a consagração do culto exterior é bem inferior à natureza incomum do seu sentimento religioso.

Quando as pessoas adoram a Divindade, submetendo-se passivamente numa instituição religiosa ou esotérica, a certas obrigações, regras ou votos consagrados, é óbvio que elas abdicam de sua vontade e razão pessoal, a fim de atender à exigência generalizada do conjunto. Em consequência, as organizações religiosas ou instituições espiritualistas são apenas centros de convergência ou amálgama dos sentimentos de todos os adeptos, filtrando-os sob fórmulas, cerimônias e ritos familiares a um só modo de devoção. Cria-se um padrão convencional ou sistema religioso que alguns líderes ou grupos de homens compõem a fim de revelarem, tanto quanto possível, a realidade do sentimento religioso, inato!

As organizações religiosas jamais propiciam a manifestação integral e autêntica do sentimento religioso do homem imortal, que é um vínculo entre si e o Criador, quando tentam fazê-lo através de fórmulas ou cultos convencionais. O homem vinculado incondicionalmente a um credo religioso ou doutrina espiritualista é um robô submisso ao comando de sacerdotes católicos, pastores protestantes, doutrinadores espíritas ou esotéricos, mestres rosacruzes ou líderes teosofistas, escravo de bíblias, compêndios sectaristas, estatutos e disciplinas que o limitam na sua verdadeira identidade religiosa! O devoto ou adepto cumpre docilmente os "atos religiosos" ou "práticas iniciáticas", que outros homens acham de boa aplicação e o orientam quanto ao modo de "sentir" e "pensar". Embora sejam consagrados à responsabilidade de líderes ou mestres religiosos, os que ensinam também ainda não conseguem expor a plenitude do seu sentimento divino. E assim limitam as atividades dos seus discípulos simpatizantes ou adeptos, num certo rumo que julgam o mais certo para identificar a natureza divina do espírito encarnado! Já dizia Paulo que "a letra mata e só o espírito vivifica". E assim, é tolice o homem abdicar da sua índole universalista vinculada ao Criador, para admitir a letra estática de fórmulas e cultos limitados no tempo e no espaço!

*PERGUNTA: — Quereis dizer que nenhum conjunto religioso, no mundo, expressa a autenticidade integral do sentimento divino inato no homem?*

RAMATÍS: — As organizações religiosas do mundo só exprimem, através de símbolos e cultos, a idiossincrasia dos seus próprios sequazes ou organizadores. Tratando-se de organizações de homens de um orbe primário, como é a Terra, são falíveis e contraditórias como eles. Malgrado tentem revelar o sentimento religioso universalista, tão expansivo quanto a natureza do próprio Deus, essas organizações retratam as contradições, suposições e vulgaridades humanas!

As instituições religiosas e espiritualistas do mundo ainda não podem rejeitar superstições, dogmas, "tabus" e preceitos sagrados, que devem reprimir os "pecados" e ativar as "virtudes", ou expressões da natureza superior do espírito imortal. São organizações que atendem satisfatoriamente aos seus adeptos até o momento em que eles despertam para as concepções mais avançadas. Descuidam-se os seus líderes, sacerdotes e pastores do progresso técnico e científico do mundo, obstinando-se nas mesmas concepções e tradições já decadentes, na atitude ingênua de que há de ocorrer o milagre comprovando-lhes a sensatez! Demoram-se a reajustar-se aos novos ditames da vida; e quando o fazem, já é tarde e apenas causa ridículo!

Em consequência, a organização religiosa, se pretende ser mais expansiva e menos repressiva, necessita apresentar um índice intelectual, científico e filosófico sempre mais além do que já é conhecido de seus adeptos. Em caso contrário, a organização estagna no "tempo" e no "espaço" e se torna um movimento anacrônico em face do progresso humano.[72]

*PERGUNTA: — E qual seria o tipo de organização religiosa cujo índice de conhecimento ultrapasse a frequência do entendimento comum da humanidade encarnada?*

RAMATÍS: — Sem dúvida, sempre existiram organizações religiosas e escolas espiritualistas no mundo, que funcionam sob a orientação de entidades sublimes e ensinam conheci-

[72] Isso parece acontecer atualmente com a Igreja Católica Romana, que esqueceu de reajustar a própria concepção de céu e inferno já infantilizada e exigindo uma atualização, segundo as últimas descobertas científicas e o avanço técnico moderno. O paraíso ainda é ensinado como cenário de prazeres infantis e emoções medíocres, povoado por anjos ociosos a tocarem harpa, ou bem-aventurados em incessantes procissões devocionais cantando hosanas ao Senhor! O inferno permanece com os velhos e enferrujados caldeirões de cera fervente. Qualquer ginasiano hoje ri de semelhante concepção, tão arcaica, pois o homem já conhece a eletricidade, televisão, radiofonia, cinematografia panorâmica, o radar, foguete teleguiado e já pousou na Lua! Vide a obra *A Missão do Espiritismo* de Ramatís, capítulo "O Espiritismo e o Catolicismo", e *A Sobrevivência do Espírito*, de Atanagildo e Ramatís, capítulo "O Diabo e a Sede do Seu Reinado", edições da **EDITORA DO CONHECIMENTO**.

mentos além da época. Na Atlântida, Lemúria, Caldéia, Assíria, Babilônia, no Egito e na misteriosa Índia, os verdadeiros mestres deixaram os fundamentos exatos da vivência superior, que ainda constituem as bases de muita organização espiritualista iniciática.

Nos antigos templos iniciáticos, os seus adeptos manuseavam conhecimentos muito além dos mais altos índices de experiências científicas, concepções filosóficas e cultos religiosos da época. Eram magos, profetas, videntes e instrutores, que erguiam o "Véu de Ísis" além da vivência rotineira do homem comum e expunham algo dos esquemas siderais. Hermes, Moisés, Samuel, Elias, Isaías, Ezequiel, Daniel, Jeremias, Zacarias, João Evangelista, pelo "Apocalipse"; e mais tarde, Nostradamus, através de suas centúrias proféticas, foram os vanguardeiros da clarividência da época e somente superados por Jesus!

A reencarnação e a Lei do Carma, temas fundamentais dos espiritualistas modernos, já eram conhecimentos comuns entre os mais antigos sacerdotes védicos e dos egípcios, na era faraônica. No entanto, as organizações religiosas dogmáticas, como o catolicismo e o protestantismo, ainda resistem a qualquer postulado espiritualista que mencione tais fundamentos milenários! A própria comunicação generalizada dos espíritos desencarnados, com os "vivos", acontecimento comprovado comumente nas mais diversas famílias, ainda é de fanático desmentido por parte dos sacerdotes obstinados nas suas concepções arcaicas.

A vivência religiosa do próximo milênio inclui, familiarmente, o conhecimento da Lei do Carma, o processo reencarnatório e a comunicação comum entre encarnados e desencarnados. Em face da hipersensibilização do "duplo-etérico", na vivência do Terceiro Milênio, os homens terão reminiscências espontâneas de suas vidas anteriores, ou quando submetidos a processos de elevada hipnose. Daí, a predominância atual de doutrinas como o espiritismo, esoterismo, teosofia, rosacrucianismo, umbanda e ioga, de fundamento reencarnacionista e desenvolvendo melhor compreensão do sentimento divino e religioso da criatura. As bases milenárias da Lei do Carma e da Reencarnação permitem que tais movimentos espiritualistas sobrevivam por longo tempo na face do orbe, uma vez que já cultuam ensinamentos siderais definitivos.

*PERGUNTA: — Quais os motivos que inspiraram a organização dos primeiros conjuntos religiosos?*

RAMATÍS: — Os movimentos ou organizações religiosas, que através dos seus dogmas ferrenhos preservam ritos e cultos familiares aos grupos de adeptos afins, sem dúvida, foram inspirados pelo mesmo sentimento divino peculiar a todos os homens! Devido à carência de escrita, os preceitos, votos, compromissos e as regras divinas antigamente eram transmitidas de geração em geração através do veículo exclusivo da palavra. Assim, a ideia religiosa nasceu com a própria humanidade, porque todo homem é um espírito, qual lâmpada viva a fluir de si a luz de Deus para o mundo exterior.

Houve sempre uma essência divina que manifesta, intuitivamente, uma predisposição de o homem vaticinar sobre o seu destino! Daí, as criaturas credenciadas nesse sentido e muitíssimo respeitadas como oráculos, pitonisas e videntes do passado, e que hoje seriam classificadas no mediunismo moderno. Impelidas pelo mesmo sentimento de afinidade e autoproteção, logo formaram-se castas de profetas e sacerdotes, que sempre existiram em todas as latitudes geográficas do globo, e agrupadas eletivamente pelos mesmos costumes e objetivos incomuns. Disso evoluiu um sentido religioso ou devocional, porque tais seres sempre se basearam na ideia de Deus, como um Ente Misterioso e Sobrenatural, que tanto atemorizava o selvagem, quanto o civilizado!

Todas essas organizações e instituições religiosas se identificam, no âmago, portadoras de uma só unidade e adoração íntima da divindade, em face de o Criador ser modelado como portador das mais sublimes virtudes do homem, elevadas à potência angélica. Os homens têm tentado caracterizar Deus sob todas as formas, ritos e cerimoniais, além de fórmulas e imagens antropomórficas. Então, não importa a diferença de credos, seitas, organizações, conjuntos ou instituições religiosas do mundo, porque nenhuma delas pôde identificar a autenticidade ou a Realidade Divina!

Daí, a necessidade de nascimentos periódicos de missionários e instrutores espirituais, que procuram aperfeiçoar ou elevar nos diversos povos e raças do mundo uma ideia mais autêntica de Deus. Antúlio, Moisés, Hermes, Fo-Hi, Confúcio, Orfeu, Maomé, Rama, Zoroastro, Krishna, Pitágoras, Apolônio, Sócrates, Buda, Max Hendel, Blavatsky, Gandhi, Maharishi, Kardec, Krishnamurti e principalmente o Cristo Jesus, manifestaram-se no tempo psicológico apropriado para exporem preceitos mais evoluídos sobre a Realidade Espiritual do Criador.

**PERGUNTA:** — *E qual é a maneira mais fiel de revelarmos a autenticidade do nosso sentimento religioso?*

**RAMATÍS:** — Qual é o supremo alvo do espírito determinado por Deus na sua ascese espiritual? Sem dúvida, é a Felicidade; gozo inefável, plenitude de sonhos, ideais e emoções concretizados em realizações venturosas! Mas o caminho deve ser percorrido pelo candidato, sem causar prejuízo ao próximo nessa caminhada em busca do seu Bem! É a única fórmula capaz de conduzir o homem à ventura sideral sem perturbar alguém; o Amor é o combustível vital de Deus e o alimento seivoso da alma!

Em consequência, o homem é espírito mais autêntico na sua manifestação religiosa, quando revela a sua natureza divina e amorosa! O próprio vocábulo "religião", originário do verbo latino *re-ligare*, entendido no sentido comum de religação da criatura ao Criador, também é eletivo ao vocábulo Amor, pois o homem só pode religar-se a Deus pelos atos sublimes e favores amorosos ao próximo! O culto religioso, quer seja realizado através de ritos primitivos, ou manifesto pelos cerimoniais luxuosos, em reverência às imagens dos santos e profetas dos templos modernos, sob o incenso odorante e a decoração das flores, também é sempre uma forma do homem amar a Deus, porque o Amor é a própria essência da Divindade!

Só o homem bom, justo e amoroso, compreende o estranho mistério de que é preciso primeiramente esquecer-se de si mesmo e doar-se incondicionalmente ao bem alheio, se quiser ser feliz. No entanto, o homem comum e ainda escravo da animalidade, só entende a felicidade pela posse e o gozo exclusivo de bens até a saturação pessoal. Assim, o homem revela o seu sentimento religioso de modo autêntico quando, independente de frequentar templos, igrejas e organizações espiritualistas, ele ama o próximo tanto quanto a si mesmo! Se Deus é Amor, e o seu amor irradia-se pela intimidade de todos os filhos, a criatura só pode "religar-se" a Deus através da incessante atividade de amar o próximo!

Quando o homem transborda de amor pelo próximo, ele amplia a sua consciência e abrange maior área de Deus, porque o amor do indivíduo em direção a outrem é como a luz que aumenta de potencial pela maior capacidade da lâmpada!

*PERGUNTA:* — *Mas estranhamos que até os cultos dos pagãos maculados pelo sangue dos sacrifícios humanos ainda possam ser considerados como expressões religiosas geradas no amor do homem a Deus!*

RAMATÍS: — Todo ser humano, embora o seu atraso espiritual, busca Deus como o supremo alvo de sua vida. Quem procura o "melhor", indubitavelmente, procura Deus, pois nada existe melhor além Dele, nem capaz de proporcionar a felicidade humana! Assim como a água estagnada na cisterna purifica-se pela própria renovação, os ritos sangrentos dos povos primitivos, grotescos e cruéis, também se renovam e sublimam-se na ansiedade humana de amar a Deus! Os homens primitivos, infantilizados e ignorantes, adulteravam o sentimento religioso inspirado no fundo da alma, devido à promiscuidade das paixões e dos impulsos animais. Mas eles o faziam inocentemente, convictos da satisfação de Deus ante a oferenda que faziam da coisa mais preciosa da vida, como era o sangue do homem!

Eram belicosos, egocêntricos e animalizados, mas em sua ignorância sacrificavam até os filhos e os amigos, na certeza ingênua de que o Senhor sempre deveria receber o melhor! Mas o homem também evoluiu nos sistemas de adoração, passando a manifestar o sentimento religioso de modo cada vez mais agradável e menos bárbaro, substituindo, pouco a pouco, os ritos grotescos e sangrentos por cerimônias agradáveis e oferendas menos cruéis. O boi, o carneiro, as aves e as pombas foram preferidos em vez dos sacrifícios humanos; e presentemente, isso ainda evoluiu para expressões mais estéticas, pois as oferendas atuais são de flores, velas, perfumes, objetos, mimos e orações.[73] Os gritos, as torções humanas e a histeria coletiva de antanho, agora sublimam-se nos cânticos religiosos, nas procissões, ladainhas, oferendas a Iemanjá na beira do mar, ou pela música agradabilíssima dos compositores sacros.

*PERGUNTA:* — *E que dizermos dos homens ateus e avessos*

---

[73] Eram criaturas ignorantes e desprovidas do senso de crítica moral ou espiritual; seres primitivos e animalizados, supersticiosos e predominantemente instintivos. Mas, que dizer dos homens civilizados, cultos, acadêmicos e gênios da ciência moderna, que ainda oferecem sacrifícios ao "deus da guerra", enviando-lhes os filhos sadios para o massacre sangrento? Os selvagens ou pagãos ofertavam o primogênito, que aniquilavam rápida e eficientemente sob o cutelo da degola ou no braseiro dos ídolos incandescentes! Mas, atualmente, os jovens são sacrificados sob a metralha das bombas, depois de escolhidos entre os mais sadios! E quando escapam, ficam cegos, aleijados ou loucos para o resto da vida, faces deformadas, olhos de vidro, braços e pernas de pau ou de ferro! (Nota de Ramatís)

*a tudo o que é crença, cerimônia ou culto religioso?*

RAMATÍS: — Todos nós somos divinos, acima e além da personalidade humana vivida no mundo profano da matéria. "O reino de Deus está no homem", assim esclareceu Jesus, pois o pano de fundo de nossa consciência é a própria consciência da natureza criadora de Deus! Ninguém, jamais, poderá destruir a chama imortal que palpita em nossa intimidade, embora a negue em si mesmo! O homem ateu não invalida nem destrói a sua realidade divina, assim como o corte do machado não pode destruir o perfume cativante do sândalo.

*PERGUNTA: — Mas o homem religioso e crente deve superar o ateu. Não é assim?*

RAMATÍS: — O homem vale pela sua obra e não pela sua crença! Não é a convicção religiosa o que lhe afiança a graduação espiritual; mas, sim, o amor que transborda de si em favor do próximo!

Os homens religiosos, sejam católicos, protestantes, espíritas, umbandistas, rosacruzes, teosofistas, budistas, iogues ou iniciados, mesmo quando cumprem rigorosamente as regras esotéricas ou postulados litúrgicos, ainda podem ser apenas autômatos a cumprir obrigações e disciplinas, em "horas especiais" ou "momentos religiosos", no ambiente venerável dos templos, das igrejas ou das instituições espiritualistas. O ateu, embora descrente de Deus, se vive dignamente no mundo profano a sua função de esposo, pai, irmão, filho ou cidadão, é sempre superior ao religioso ou espiritualista, que se comporta bem no "mundo sagrado" dos templos, mas falseia no "mundo profano" da vida cotidiana!

Mas se até as plantas buscam Deus e O amam, usufruindo da dádiva abençoada e criadora da luz, do calor e da linfa vital do solo úmido, por que o ateu também não buscaria Deus? Não é ele um espírito transitando pelo mundo em busca do melhor? E que é o melhor, em todo o Cosmo, senão Deus, a Felicidade Suprema, latente e esquematizada no microcosmo da criatura humana? Embora o homem procure Deus pelos caminhos da negatividade, ou das práticas bárbaras e pagãs do passado, ele sempre desenvolve o amor como um processo de vitalização do Espírito imortal!

*PERGUNTA: — Não seria o egoísmo o responsável por toda a calamidade de sofrimentos e desventuras humanas?*

RAMATÍS: — O egoísmo é tão-somente uma fase de consolidação da consciência do espírito lançado na corrente das vidas planetárias. Ele existe só quando arrecada e acumula avaramente, na ansiedade de ser alguma coisa e formar a sua própria personalidade no interesse pessoal de possuir! Os próprios rios só crescem através da fase de atrair e incorporar a si todos os afluentes menores que surgem no seu curso. Mas, depois de fartos de água, se transformam na fonte altruística e pródiga de vida em seu seio, e alimento precioso em suas margens!

PERGUNTA: — *Que dizeis dos sentimentos de ódio, ciúme ou inveja, que são contrafações do amor?*

RAMATÍS: — Através da doutrina católica, espírita, protestante, teosófica, rosacruzes ou iogue, o homem aprende que só existe um Deus, como a Causa original do Universo e do Amor Infinito Onipresente em todos os homens e em todas as coisas. Obviamente, embora os nossos dizeres possam chocar-vos, ainda palpita no seio do próprio ódio o potencial do amor, subvertido numa inversão negativa. O ódio, ciúme ou a inveja, são estados de espírito do homem produzidos pela frustração do amor próprio, por não obter o "melhor" que deseja só para si e nada para os outros! A vingança, que surge do ódio, é a infeliz e desesperadora solução adotada pelos incapazes de explorarem o próprio amor latente em suas almas, e que, desenvolvido, compensaria regiamente a falta dos tesouros transitórios do mundo material!

Portanto, a forma negativa e censurável do ódio ou ciúme só desaparece quando for desenvolvido o amor na sua forma positiva. Mas como libertar a cicuta do seu veneno, antes de a sublimarmos nos enxertos das espécies benfeitoras? A doçura, a lealdade e a devoção do cão para o homem, porventura, não é o mesmo ódio feroz do lobo selvagem depois de sublimado em amor pela domesticação? O ódio só existe enquanto não chega o amor! Por isso, ninguém se perde no seio de Deus, porque o amor indestrutível e criador precisa apenas ser desenvolvido para embeber o homem na Felicidade! É de Lei que Nero poderá sublimar-se e amar tanto quanto já amou Francisco de Assis; mas Jesus, o Amor em sua plenitude, jamais voltaria a odiar como Nero!

O ódio é apenas o amor enfermiço, intoxicado, o desespero da animalidade sonhando com a angelitude! Mas, desobstruída a ganga superficial e transitória que sufoca a essência pura do amor, então ele eclode e espanca as sombras da inveja, cobiça,

A Vida Humana e o Espírito Imortal 265

do ciúme, ódio e orgulho, assim como a luz benfeitora aumenta depois da limpeza da lâmpada! Por isso, os sacerdotes, líderes, mestres e preceptores espiritualistas esforçam-se para desenvolver o amor nos homens e ajudá-los a eliminar o ódio, o ciúme, a inveja e todos os resíduos animais, que ainda pesam na linhagem humana! Durante a edificação de majestoso edifício e até ao seu término, ninguém deve condenar os resíduos inferiores do serviço transitório, pois a sua beleza final só se verifica depois que os ornamentos, vidraças, assoalhos, pisos e paredes são submetidos à limpeza geral.

O ódio, forma negativa da manifestação do amor não desenvolvido, após o asseio espiritual, transforma em almas santificadas os próprios seres que o cultuavam por ignorância e imaturidade.

PERGUNTA: — Mas, em face das lições ministradas pelos líderes espirituais, nós devemos só amar e jamais odiar. Não é assim?

RAMATÍS: — O egoísmo é a base da construção da consciência individual humana, a qual se forja no intercâmbio com a sabedoria instintiva do animal. Para o homem tornar-se individualmente consciente, em primeiro lugar, desenvolve-se nele o egoísmo, ou seja, a base principal da formação do "ego inferior", que é o centro para onde converge a síntese de todos os atos vividos e sentidos na matéria. Ninguém poderá oferecer água límpida para um homem sedento, sem que, primeiro, encha o copo vazio!

O desenvolvimento do egoísmo é decorrência lógica e indispensável na moldagem da individualização do ser; e o altruísmo é o sentimento oposto, que surge e se desenvolve depois de a consciência humana saturar-se de tanto acumular. Antes de o indivíduo amar a si mesmo, jamais ele poderá amar a outrem. O próprio Jesus foi claríssimo, ao aconselhar que o amor ao próximo deve ser tão intenso, quanto o indivíduo ame a si mesmo! Ninguém poderá amar o próximo sem primeiro amar a si mesmo, porque o amor, como doação, é uma resultante do egoísmo e da avareza, que já se "enfastiaram" de tanto colher e armazenar. Só através desse egoísmo despertador da consciência individual, poderá resultar o anseio, a virtude do altruísmo do indivíduo.

Embora a semente aceite o sacrifício louvável de apodrecer no seio da terra, ainda é o egoísmo latente de sua formação individual que a torna ambiciosa de crescer. Graças ao seu "ego inferior" ela, então, encorpa-se, pouco a pouco, sobrepõe-se ao meio hostil, produz as raízes e o caule, rompe o solo, cresce desassombradamente até consumar-se no altruísmo da árvore generosa, doadora incondicional dos frutos benfeitores. O egoísmo pode ser comparado à fase juvenil, quando a criança exige tudo para si; o altruísmo seria a vivência do homem maduro, quando, após as desilusões na incessante colheita do mundo material, ele percebe que a sua felicidade, paradoxalmente, depende só do que pode realizar e oferecer a favor do próximo! Seria absurdo que o espírito pudesse agir impelido por um sentimento incondicional de amor, desde a composição inicial de sua consciência individual! Ninguém pode dar antes de possuir. Em consequência, seria desnecessário o espírito emanado de Deus habitar a carne para o homem aperceber-se de sua felicidade individual, caso ele já conhecesse o supremo amor!

É óbvio, portanto, que os instrutores espirituais devem ensinar-vos o altruísmo e não o ódio, o amor e não o egoísmo, pois quanto mais cedo o homem compreender o curso do egoísmo, mais brevemente ele será feliz! Embora justifique-se a etapa egocêntrica das paixões humanas do espírito ainda ignorante em sua formação consciencial, os mestres espirituais precisam assinalar, incessantemente, os marcos sublimes que indicam a estrada mais certa e rápida para a ventura humana!

*PERGUNTA: — O progresso científico e técnico, em que o homem objetiva conseguir sempre o "melhor", porventura também não é um desmentido de religiosidade, uma vez que assim ele também busca a perfeição?*

RAMATÍS: — A ciência, a técnica e a própria filosofia humanas são experimentos do raciocínio humano, enquanto só a religião é a emanação espontânea de um sentimento que flui intimamente e ilumina a criatura. Enquanto o exercício intelectivo no trato com as coisas do mundo material desenvolve o talento criador do homem, é o sentimento religioso que funciona como a bússola de segurança espiritual iluminando a criação! Por isso, o anjo é o mais elevado símbolo desse binômio da vitória do espírito sobre si mesmo! A asa direita significa-lhe a sabedoria e a asa esquerda o amor, ambas no mais perfeito equilíbrio entre a Razão e o Sentimento, a fim de permitirem o trânsito angélico livremente no Universo!

*PERGUNTA: — Também poderíamos aquilatar o grau de*

*espiritualidade do homem, segundo a sua preferência religiosa?*

RAMATÍS: — A preferência e adesão a certa religião ou organização religiosa, credo ou doutrina espiritualista, revela apenas o índice de compreensão ou capacidade intelectiva do homem, mas não a intensidade do seu sentimento religioso inato! Há religiosos fanáticos, submissos às regras mais rigorosas e excêntricas do seu credo, que são almas inescrupulosas e cruéis. Não são os ritos, as cerimônias e a submissão a postulados doutrinários que definem o grau do amor que possa existir no ser, pois isso depende fundamentalmente da sua compostura na vivência com as demais criaturas. O verdadeiro "Amor Divino" é inato na consciência de todo homem; e jamais endossa a crueldade, a desforra, a pilhagem, o fanatismo ou orgulho, sob qualquer hipótese ou alegação mistificadora de salvação religiosa![74]

Nada tem a ver o exato sentido de Religião, como expressão do "Amor Divino", com os momentos transitórios e as horas especiais sagradas, vividas em dias e horas programados na intimidade dos templos e instituições religiosas da missa católica, do culto protestante, da evocação da sessão espírita, do trabalho de terreiro, da reunião teosófica, esotérica ou rosacruciana. Isso pode ser apenas convenção tácita de homens que se reúnem vinculados pela simpatia ao mesmo credo e preferência espiritualista.

O amor prova-se espontânea e incessantemente em todos os atos da criatura, seja em ambientes sagrados ou templos ou no mundo profano. Os agrupamentos das criaturas, que rendem culto e labores espiritualistas em ambientes religiosos e reuniões afins às suas peculiaridades pessoais, podem significar, apenas, a reprodução de movimentos semelhantes e próprios de associações beneficentes ou recreativas tentando favorecer a comunidade. A diferença é que, no ambiente profano, os seus responsáveis tratam de interesses materiais; e no ambiente sagrado, cuidam, precipuamente, de sua própria salvação espi-

---

[74] Examinando-se os barbarismos do mundo, é fácil verificarmos que o homem ainda é monstruosamente cruel, mesmo quando age sob a inspiração religiosa. Davi mandava deitar no solo as crianças, mulheres e os velhos amonitas e moabitas; e, em nome de Jeová, passava as carroças ferradas sobre eles; os sacerdotes católicos torravam os judeus e protestantes nas fogueiras da Inquisição a pretexto de "salvá-los" para o Cristo; os cruzados passavam a fio de espada os infiéis de outras crenças, cantando hosanas e louvores a Deus! Hoje, muçulmanos e budistas ainda entredevoram-se entre si, defendendo os seus líderes, profetas e santos prediletos, na convicção tola de que proclamam a verdade religiosa mais certa! (Nota de Ramatís.)

ritual! O sentimento religioso inato no homem não procede de programação estatuída por sacerdotes, líderes ou instrutores tão defeituosos e inconscientes dessa realidade, como os próprios discípulos que os seguem. Mas é o prolongamento do próprio Amor incondicional e latente no ser, que se revela, incessantemente, na face do orbe, em todos os segundos, minutos, horas e dias, independente de congressos religiosos ou simpósios espiritualistas.

O mundo profano é escola de desenvolvimento autêntico do amor, ensejo de exercícios incessantes para a floração do sentimento religioso, que revela na face da Terra a natureza íntima e divina do Criador. Portanto, a contingência de luta e o esforço de sobrevivência no casulo de carne apuram a frequência vibratória do ser e o aproximam cada vez mais da Realidade Divina! E isso acontece independente de ele frequentar templos ou instituições espiritualistas! As flores não evolam o seu perfume só porque são cultivadas em jardins adrede preparados; mas isso acontece desde que as plantemos em qualquer lugar, porque o perfume é uma condição intrínseca da sua própria constituição vegetal. Por isso, o ódio, ciúme, a inveja, crueldade, vingança ou avareza e outras paixões negativas desmentem o sentimento religioso do homem, porque o afastam da verdadeira essência de Deus!

O homem, quando ainda subjugado pela linhagem instintiva do animal, é frio e indiferente à sorte alheia, vivendo a sua vida egotista, como o bovino, satisfeito, rumina o seu capim; é cruel e vingativo, pois lança-se, violento e insaciável, a pilhar o bem do próximo; ou é pérfido como o réptil no seu bote traiçoeiro! Portanto, o progresso científico e técnico do mundo não propicia um índice mais elevado de religiosidade, a qual já é inata no homem. Apenas pode requintar-lhe o culto exterior nos templos e nas instituições espiritualistas, por oferecer-lhe maior conforto e melhor estética para o ato devocional.

*PERGUNTA: — Poderíamos, então, considerar que o ódio é o sentimento mais anti-religioso que existe?*

RAMATÍS: — Indubitavelmente, todas as paixões negativas afastam o homem da vibração mais sublime de Deus! No fenômeno do *samadhi* dos hindus, ou êxtase dos santos, embora de relance, o homem pode sentir a natureza intrínseca de Deus! Sem dúvida, nada existe no Universo que não esteja impregnado pelo próprio Criador, porém, queremos esclarecer que o maior ou menor índice de religiosidade reflete a maior ou menor capacidade de a criatura abranger a frequência sideral mais íntima de Deus! Generalizando o conceito do Cosmo, sabemos que tudo é divino, porque vem da Divindade; mas, como ainda vivemos limitados pela forma e pelo espaço, então, precisamos ir graduando, pouco a pouco, a porção divina que sintonizamos e abrangemos cada vez mais intimamente.

*PERGUNTA: — Que dizeis das diversas crenças e seitas religiosas da Terra?*

RAMATÍS: — É importante que, nos diversos sistemas de devotamento a Deus, o homem sempre busque a sua libertação espiritual do mundo físico, mas sem o fanatismo dos conflitos separatistas em nome do Criador!

Os católicos criticam os protestantes e os espíritas; mas os espíritas kardecistas perturbam-se pela sua iconoclastia contra a umbanda! Os teosofistas e rosacruzes condenam o exercício da mediunidade praticada pelos médiuns espiritistas e umbandistas, apregoando que só o desenvolvimento do "homem interno" logra o contato com os Mestres da Evolução. Embora a Igreja Católica e o protestantismo sejam entidades dignas de nosso apreço, elas dificultam o trabalho dos mentores espirituais, no Além-Túmulo, porque em vez de esclarecerem os seus adeptos quanto à autenticidade dá Lei do Carma e do processo da Reencarnação, persistem em divulgar e ensinar a ideoplastia mórbida e infantil do Inferno e do Céu teológicos, decalcados num cenário de mais de 2.000 anos! Em consequência, tais religiosos são responsáveis pelas crianças espirituais que aportam diariamente do "lado de cá", completamente aterrorizadas pelos hediondos pesadelos e isoladas mentalmente das mais singelas iniciativas das equipes socorristas. Lembram as moscas, que se prendem às teias de aranhas devido à própria imprudência e ignorância!

*PERGUNTA: — Mas não basta a vivência evangélica para o espírito depois de desencarnado elevar-se às regiões mais felizes, mesmo quando ainda cultiva concepções religiosas infantis e melodramáticas?*

RAMATÍS: — Sem dúvida, quem se renovou sob o "Código Moral Evangélico" do Cristo dispensa o socorro *post mortem*, alcançando facilmente as esferas eletivas à sua graduação espiritual. Mas os dogmas e os conceitos religiosos infantis, que dramatizam os horrores do inferno inextinguível e configuram as monstruosidades diabólicas, continuam a atuar vigorosamente nas almas desencarnadas ingênuas e sem cultura espiritualista sensata.

Paradoxalmente, tais diatribes ensinadas pelos sacerdotes católicos e líderes protestantes chegam até a perturbar as criaturas santificadas, pois Santa Teresinha de Jesus, após certo desdobramento mediúnico, guardou o leito com febre altíssima, por ter confundido o panorama do mundo astral inferior com a plastia apavorante do inferno teológico. O terrícola ainda é um problema cruciante e dificultoso para desligar-se da carne, pois o seu perispírito não só vive fortemente algemado aos vícios e às paixões coercitivas do mundo físico, como ainda apavora-se e perturba-se na hora da morte! Apesar de sua religiosidade contrita, o homem lança-se à conquista do céu ainda preso à matéria pelas amarras sólidas do carnivorismo, álcool, fumo e entorpecentes, que ingere ante a mais inofensiva sensação dolorosa!

*PERGUNTA: — Antes de o espírito reencarnar, ele pode escolher o ambiente religioso ou espiritualista terreno em que deseja viver, segundo a sua preferência devocional do passado?*

RAMATÍS: — O espírito do homem renasce na carne com a ideia inata de Deus, que vibra na sua mente espiritual por força da sua vivência no Espaço! Sem dúvida, ao viver na matéria, ele inclina-se para o credo, religião ou doutrina espiritualista mais eletiva ao grau do seu sentimento religioso já desenvolvido. Em geral, desde a infância o homem sofre a influência religiosa diretamente dos pais, professores e sacerdotes, que pretendem impor-lhe o credo ou a doutrina de sua devoção. Mas o espírito reencarnado também acaba seguindo a sua própria índole religiosa, pois até os padres e pastores consagrados pela influência ou imposição da família, às vezes desligam-se da Igreja Católica ou do protestantismo, para aderir a outras doutrinas que melhor sintonizam-se à sua graduação espiritual, como o espiritismo, rosacrucianismo, a umbanda ou doutrina teosófica.

O homem muda de credo conforme a expansividade do seu sentimento divino inato, e busca incessantemente a organização religiosa que melhor atende à sua nova ansiedade espiritual. Mas, infelizmente, quase todos os crentes apenas mudam de rótulos religiosos, enquanto prosseguem na mesma disposição fanática e sectarista, lembrando o velho provérbio de que "a raposa muda de pele, mas não muda de manha!"

Os cultos religiosos exteriorizam na tela do mundo o princípio divino que anima o espírito, variando a preferência pelo rito complexo ou simples, segundo a constituição espiritual do indivíduo. Há católicos que não confiam nos sacerdotes; outros, católicos tradicionais, nem frequentam as igrejas! Há espíritas que não suportam as sessões mediúnicas, enfadados com o animismo improdutivo dos médiuns incultos e ociosos; alguns, dizem-se "espíritas científicos" e repudiam como excessivamente místico o aspecto religioso da doutrina; outros, isolam-se, devotados apenas à filosofia transcendental e num entretenimento introspectivo, mas desinteressam-se da fenomenologia mediúnica. Enfim, também há espiritistas que consagram os fenômenos mediúnicos como absoluta necessidade de garantirem a revelação do espírito imortal, em vez da cogitação filosófica duvidosa!

*PERGUNTA:* — *Pressupomos que nenhum espírito renasce na Terra, sob o determinismo fatal de ser padre, pastor, médium ou espírita. Não é assim?*

RAMATÍS: — O homem, quando criança, deve aceitar e seguir aquilo que os seus preceptores consideram o melhor; e, quando adulto, então, pode escolher o que melhor lhe convier. Isso também acontece com o espírito, que pode escolher ou viver na Terra de maneira mais afim ao seu discernimento espiritual. Quer seja padre, pastor ou médium, ou nasça sob a égide de determinada influência religiosa, de pesquisa científica, especulação filosófica, artística ou literária, obedece sempre ao esquema cármico do melhor aproveitamento. Como não é a crença, mas a obra humana que gradua o ser, pouco importa ao espírito encarnado ser um sacerdote católico, pastor protestante, "bonzo" budista, "rabi" judeu, "médium" kardecista, "mentor" esoterista, "mestre" rosa-cruz, "líder" teosofista ou "cavalo" de umbanda! Interessa-lhe, somente, o que poderá experimentar e sintetizar para desenvolver os dons do espírito na escola de educação espiritual da Terra.

As organizações religiosas e instituições espiritualistas terrenas são apenas etapas do curso angélico, assim como os estabelecimentos escolares devem alfabetizar e instruir os seus alunos. Há oportunidade para todos ressarcirem-se do passado delituoso; o homem tirano pode amenizar o seu despotismo pregresso envergando o hábito de um frade em existência posterior, atenuando a sua índole selvática ou agressiva sob a condição de humilde religioso! Os ambientes religiosos tanto podem servir de catalisadores de sentimentos nobres adormecidos nos homens, como ensejos para corrigir e disciplinar os excessos do passado. Graças à oportunidade abençoada de poderem expandir o seu sentimento religioso, à sombra amiga da Igreja, forjaram-se gigantes da espiritualidade como Antônio de Pádua, Francisco de Assis, D. Bosco, Vicente de Paulo, Teresinha de Jesus, João XXIII e outros. Depois de um polimento espiritual tão louvável, o espírito pode renascer sob o paraninfo de qualquer credo religioso, filosofia ou instituição espiritualista e exaltará sempre o ambiente onde viver. Seja judeu, islamita, católico, protestante, budista, espírita, umbandista, rosacruz ou teosofista, há de ser sempre um homem santificado!

Os cultos, as organizações religiosas ou espiritualistas do mundo são apenas o caldo de cultura que revela o sentimento divino e latente no espírito submerso na carne. Mas eles devem sobreviver apesar das contrafações dos seus adeptos e discípulos, pois é de lei que "as instituições ficam e os homens passam!"

*PERGUNTA: — Qual é a tarefa mais importante das religiões? Disciplinar o sentimento divino e religioso do espírito encarnado ou aperfeiçoar a ideia de Deus no mundo da carne?*

RAMATÍS: — O sentimento divino religioso não precisa ser disciplinado, mas apenas liberado, assim como a luz se projeta mais intensa e brilhante, conforme seja a limpidez da lâmpada! Por isso, a principal função das organizações religiosas do mundo é catalisar o sentimento do ser humano e orientá-lo para extravasar religiosamente através da lâmpada viva do corpo. O sentimento religioso, inato no indivíduo, reativa-se em sua essência na ação exterior do culto e nas oferendas delicadas e sublimes da atividade humana religiosa.

*PERGUNTA: — Não seria suficiente recordarmos os acontecimentos das existências passadas, para então vivermos religiosamente as nossas obrigações espirituais no presente? Cremos que assim poderíamos dispensar a complicação das organizações religiosas.*

RAMATÍS: — É a piedade divina que faz o espírito encarnado não se lembrar das vidas anteriores, cujos acontecimentos trágicos e tenebrosos poderiam perturbá-lo nas futuras existências redentoras. O sacerdote, o médico, o militar, o professor ou advogado precisam viver a sua nova experiência reencarnatória, como se a fizessem pela primeira vez e estimulados pela esperança de um futuro feliz. Jamais poderiam atravessar a existência humana pacífica e conformada, ao reconhecerem no seio da mesma família as vítimas ou algozes do passado, aos quais se imantaram segundo as determinações da Lei do Carma.

A vida física então seria um inferno, caso os espíritos encarnados pudessem conhecer a trama das causas infelizes e culposas do passado, que os vinculam às vicissitudes, enfermidades e tragédias na retificação espiritual e compulsória do presente. Os homens desistiriam de qualquer atividade no campo da Ciência, Arte e até da Religião, caso conhecessem antecipadamente o seu destino doloroso e imodificável da vivência humana! O esquecimento do passado evita a previsão do futuro; e o homem então mobiliza as suas energias ocultas e empreende iniciativas, liquidando as dívidas pretéritas e progredindo para melhores dias futuros. Embora existam pessoas que podem recordar os quadros atrozes e culposos do passado, elas são incapazes de suportar a memorização trágica e, ao mesmo tempo, equilibrar-se no presente.[75]

Por isso, as seitas religiosas e instituições espiritualistas procuram ativar no recesso da alma humana a chama do sentimento religioso, estimulando a prática das virtudes libertadoras e proibindo os pecados que algemam o espírito à vida animal!

*PERGUNTA:* — *Que dizeis quanto à dificuldade em nos libertarmos completamente dos dogmas, tabus, das crendices e superstições religiosas, embora já convictos de sua inutilidade?*

RAMATÍS: — O espírito humano vive há milênios condicionado a dogmas, tabus, crendices e superstições cultivadas pelas organizações religiosas, através das diversas encarnações passadas, as quais procuram atemorizar os fiéis, mas nada esclarecem quanto à verdadeira vida do espírito após a morte física.

O homem então precisa libertar-se dos atravancamentos causados pelos "mistérios" religiosos e os preconceitos da sociedade humana, que o impedem de uma compreensão exata da "Verdade" que liberta e do Espírito Imortal! Mas os homens, infelizmente, apenas substituem dogmas, preconceitos e convenções envelhecidas e cristalizadas no tempo por outras fórmulas novas, que também escravizam tanto quanto os velhos tabus

[75] Espiritualmente, a recordação do passado depende muito da sensibilização psíquica aliada à compreensão de nossos equívocos de ontem, mas sem provocar desequilíbrios e complexos "pré-reencarnatórios". Mas, tecnicamente, o principal fundamento da recordação pregressa ainda é a natureza mais translúcida do "duplo-etérico", a ponte vital entre o perispírito e o corpo físico; portanto, o transmissor das ocorrências fixadas no arquivo do espírito. (Nota do Médium)

abandonados!

O católico, ao tornar-se protestante, apenas substitui as velhas crenças bíblicas de sua Igreja, pela devoção particularizada a outras crendices da Bíblia, baseando-se nas vidas e afirmações dos profetas. O protestante, por sua vez, quando translada-se para o espiritismo, passa a devotar outros preconceitos substitutos de sua fé e crença anterior. Em geral, o católico é fanaticamente submisso à infalibilidade papal e à afirmativa de que "fora da Igreja não há salvação"; quando se torna protestante só confia na "Voz da Profecia"; espírita, torna-se agressivo à sua antiga religião e protesta contra tudo o que "Kardec não disse"! No entanto, assim como um aposento só pode receber mobília nova, depois de convenientemente desimpedido da mobília velha, a mente do homem também precisa arejar-se dos seus condicionamentos religiosos anacrônicos, para então assimilar os novos conceitos autênticos da espiritualidade!

*PERGUNTA: — Sem dúvida, essa incessante substituição de conceitos velhos de religiosidade por outros mais modernos causa-nos alterações íntimas emotivas, deixando-nos a impressão de que nunca alcançamos a realidade espiritual!*

RAMATÍS: — É sumamente doloroso para o homem libertar-se dos seus condicionamentos religiosos pretéritos. Sangra-lhe o coração quando precisa divorciar-se do que lhe tem sido tão familiar, para admitir os conceitos novos e desconhecidos, ou abandonar o comando de sacerdotes, líderes religiosos e templos simpáticos. A mensagem estranha é aparentemente insegura, porque pertence a outro movimento espiritualista destruidor das velhas tradições anteriores. É uma decisão cruciante para o católico repudiar o mundo divino de uma aparência tão terna e misteriosa, para aceitar a doutrina espírita, que lhe coloca nos ombros toda a responsabilidade do seu bom ou mau destino! É preciso dispor de certo espírito heroico, destemeroso e, às vezes, até irreverente, para o homem deixar o que é conhecido pelo novo, mas duvidoso![76]

O poeta sofre atrozmente no seu excessivo sentimentalismo,

---

[76] Diz certo trecho da extraordinária obra *Luz no Caminho*, de Mabel Collins, editada pela Livraria do Pensamento, sobre a sangria espiritual, quando abandonamos a nossa crença e ideia familiar para aceitarmos outra crença ou doutrina: "Antes que os olhos possam ver, devem ser incapazes de chorar. Antes que a voz possa falar em presença dos Mestres, deve ter perdido a possibilidade de ferir. Antes que o ouvido possa ouvir, deve ter perdido a sensibilidade. Antes que a alma possa erguer-se em presença dos Mestres, é necessário que os pés tenham sido lavados no sangue do coração".

quando o cientista lhe esclarece que o poente marchetado de cores fascinantes é apenas uma "ilusão de ótica" produzida pela refração dos raios luminosos do Sol no crepúsculo da Terra! Apavora-se de reconhecer que a rosa é tão-somente uma contextura de elétrons e átomos, movendo-se em suas órbitas e produzindo cores e perfumes, que tanto fascinam e inebriam, mas não passam de um processo exclusivamente técnico ou científico! Por isso, no tocante a abandonarmos as convicções religiosas do passado, também somos algo parecidos à mulher de Lot, que, em sua imprudência, voltou-se para ver o incêndio da cidade, onde se queimavam todas as suas ilusões e tradições.

Os mistérios, milagres e as graças que sempre nutrem a nossa fé primária e louvaram os nossos sentimentos humanos agarram-se à nossa alma, assim como os mariscos ao casco dos navios.

*PERGUNTA:* — *Podereis exemplificar-nos de modo mais concreto esse assunto?*

RAMATÍS: — O judeu sofreu atrozmente, quando através dos ensinos de Jesus precisou despedir-se de Jeová, o deus poderoso e implacável com os inimigos da raça, para se devotar a um novo deus cristão, pacífico e magnânimo para com os próprios adversários! Era um golpe profundo para a raça hebraica desprezar Jeová, deus varonil e guerreiro, símbolo da virilidade belicosa do povo, para admitir outro que humilhava-se até ao perdão incondicional! Malgrado a nova expressão divina de bondade e amor, isso enfraquecia todas as tradições do passado. E até hoje, o povo judeu ainda não aderiu aos ensinamentos de Jesus que expressa um Deus inofensivo e terno; preferindo Moisés, o advogado de Jeová feroz e intransigente!

Assim também sofrem os católicos tradicionalistas, quando sob o imperativo do progresso espiritual, precisam abandonar a concepção divina de um Deus antropomorfo, o tradicional velhinho de barbas alvejadas, que distribui graças aos seus eleitos, mas reserva o inferno para os hereges! Fere a alma a nova concepção de um deus impessoal, espécie de inteligência infinita, como propagam os espíritas, cuja expressão indefinida o mantém distante dos problemas humanos! Evidentemente, com o decorrer do tempo, os espíritas também sofrerão a dor atroz de uma nova concepção de Deus além de uma "Inteligência Infinita", por outra ainda mais adequada ao progresso incessante da criatura humana! Já se delineiam, na Terra, nas entrelinhas de alguns instrutores encarnados, ensinamentos que, para os próprios espíritas e outros espiritualistas, podem parecer heréticos![77] Os mais avançados pensadores do espiritualismo e da religiosidade humana afirmam que "Deus está no homem", que o "homem foi feito à imagem de Deus", ou que o "Pai e o Filho são um", mas, na verdade, eles dizem essas coisas, assim como alguém enuncia um novo tipo de refresco ou sabonete! Provavelmente, eles ficariam perplexos e atordoados, caso conhecessem as concepções que as cerebrações religiosas e filosóficas de outros orbes superiores fazem da Divindade!

*PERGUNTA: — Qual é a diferença que existe entre o conceito de "amor crístico" e "amor cristão"? Ambos não definem a mesma coisa?*

RAMATÍS: — "Crístico" é um termo sideral, sinônimo de Amor Universal, sem quaisquer peias religiosas, doutrinárias, sociais, convencionais ou racistas! O Amor Divino e ilimitado de Deus, que transborda incessantemente através dos homens independente de quaisquer interesses e convicções pessoais! "Cristão", no entanto, é vocábulo consagrado na superfície do orbe e que define particularmente o homem seguidor de Jesus de Nazaré, isto é, adepto exclusivo do cristianismo! Os cristãos são homens que seguem os preceitos e os ensinamentos de Jesus de Nazaré; mas os "crísticos" são as almas universalistas e já integradas no metabolismo do Amor Divino, que é absolutamente isento de preconceitos e convenções religiosas. Para os crísticos não existem barreiras religiosas, limites racistas ou separações doutrinárias, porém, flui-lhes um Amor constante e incondicional sob qualquer condição humana e diante de qualquer criatura sadia ou delinquente. Em sua alma vibra tão-so-

---

77 Cremos que a concepção friamente monista de Krishnamurti, carreando toda responsabilidade divina sobre os ombros do próprio homem, numa exposição rasante e demolidora da velha ideia deísta, malgrado a sua aparência herética, é algo de novo da pesquisa humana de Deus! Mas é evidente que a mensagem krishnamurtiana do "pensar reto" e "autoconhecimento" do homem já tem sangrado o coração de muito religioso sentimentalista, e por esse motivo há católicos, protestantes e espíritas, que julgam Krishnamurti um indiscutível ateu! No entanto, quase todos os religiosos ignoram que Jesus foi crucificado porque os judeus e romanos puderam enquadrá-lo sob a punição das leis da época, como "subversivo" e "anarquista", apesar da ternura e beleza do seu Evangelho! No seu tempo, Jesus demoliu todas as regras e composturas sociais, criticando o senso de justiça e a distribuição irregular das riquezas. Diz Krishnamurti que é preciso o homem "matar" o velho Deus, limpar a mente das quinquilharias do passado, a fim de evitar a exploração religiosa de outros homens tolos e encontrar a Divindade no microcosmo da nossa própria alma!

A Vida Humana e o Espírito Imortal

mente o desejo ardente de "servir" sem qualquer julgamento ou gratidão alheia! O crístico é um homem cujo dom excepcional de empatia o faz sentir em si mesmo a ventura e o ideal do próximo! O homem cristão, no entanto, pode ser católico, protestante, espírita, rosa--cruz, teosofista, umbandista ou esoterista; mas só o crístico é capaz de diluir-se na efusão ilimitada do Amor, sem preferência religiosa ou particularização doutrinária! Para ele, as igrejas, os templos, as sinagogas, as mesquitas, as lojas, os "tatwas", os centros espíritas, os terreiros de umbanda ou círculos iniciáticos são apenas símbolos de um esforço louvável gerados por simpatias, gostos e entendimentos pessoais na direção do mesmo objetivo — Deus!

O prefixo ou vibração "Cris" subentende incondicionalmente, na tradicional terminologia sideral, a existência do "amor ilimitado", que Jesus de Nazaré, o médium sublime do Cristo Planetário da Terra, revelou nas fórmulas iniciáticas do Evangelho da humanidade terrícola! Cada orbe ou planeta possui o seu Cristo Planetário, que é a fonte do Amor Ilimitado, a vitalidade, o sustento das almas encarnadas ou desencarnadas num determinado ciclo de evolução e angelitude![78]

Enquanto Jesus era um crístico, os homens que o seguem se dizem "cristãos"! Então, eles se distinguem dos "não religiosos", assim como fazem restrições às demais organizações religiosas, eliminando o sentido universalista do próprio ensino do Mestre Nazareno! Daí, as tendências separatistas entre os próprios cristãos, que se distinguem como católicos, protestantes, espíritas, umbandistas, etc. No entanto, para os "crísticos", Maomé, Buda, Krishna, Confúcio, Zoroastro, Fo-Hi, Hermes, Orfeu, Kardec e o próprio Jesus, são apenas fontes estimulantes do Amor incondicional latente em todos os prolongamentos vivos do "Cristo Espírito"!

Assim, como o cristão só admite o cristianismo ou o Evangelho de Jesus, o crístico vibra sob o Amor latente em todos os códigos espirituais divulgados pelos demais instrutores de Cristo, seja o *Bhagavad-Gita* dos hindus, o "Ching Chang Ching"

---

[78] Vide o capítulo "Jesus de Nazaré e o Cristo Planetário", da obra *O Sublime Peregrino*, de Ramatís, **EDITORA DO CONHECIMENTO**. Aliás, Jesus foi muito claro, quando assim se referiu ao Cristo: "Mas vós não queirais ser chamados mestres, porque um só é o vosso Mestre, e vós sois todos irmãos. Nem vos intituleis mestres; porque um só é o vosso mestre — o Cristo"! (Mateus, 23:8,10). Convém distinguir que Jesus falou na primeira pessoa e referiu-se ao Cristo na segunda, pois em sua reconhecida humildade jamais se intitularia um Mestre!

ou "Clássico da Pureza" dos chineses, o *Torah* dos judeus, *O Livro dos Mortos* dos egípcios, a teologia de Orfeu dos gregos, o Yasna de Zoroastro ou o "Al-Koran" dos adeptos de Maomé. O homem crístico não se vincula com exclusividade a qualquer religião ou doutrina espiritualista; ele vibra com todos os homens nos seus movimentos de ascese espiritual, pois é o adepto incondicional de uma só doutrina ou religião — o Amor Universal! Ele vive descondicionado em qualquer latitude geográfica, sem algemar-se aos preceitos religiosos particularistas, na mais pura efusão amorosa a todos os seres! É avesso aos rótulos religiosos do mundo, alérgico às determinações separatistas e para ele só existe uma religião latente na alma — o Amor!

*PERGUNTA:* — *Qual é a significação do espiritismo no conceito de Religião, tratando-se de uma doutrina que não cultua ritos, não admite compromissos nem regras religiosas?*

RAMATÍS: — O espiritismo, como doutrina codificada para a divulgação popular da realidade espiritual, é a fonte de Amor vinculada à aura amorosa do Cristo Planetário da Terra! Cumprindo-lhe efetuar determinadas correções no dogmatismo excessivo e crença supersticiosa dos terrícolas, então rejeita símbolos, fórmulas misteriosas, liturgias cansativas e o manuseio de objetos adorativos, a fim de que os seus adeptos entrem em contacto mais rápido com a fonte crística da vivência humana! Enquanto os religiosos dogmáticos demoram mais tempo entretidos nas cerimônias litúrgicas ou obrigações doutrinárias do mundo, os espíritas podem conseguir melhor aproveitamento de tempo na busca da Realidade Espiritual, mais pela "ação" do que pela "adoração"! As religiões são como os caminhos do mundo; quanto menos atravancamento de calhaus e toiceiras de mato, o viandante chega mais breve ao seu destino!

Pouco importa o conceito de o espiritismo ser ou não ser Religião; mas é fundamental que os seus adeptos consigam viver o universalismo do amor crístico ilimitado, sem transformá-lo numa doutrina religiosa tão primária e sectarista quanto as demais organizações religiosas já existentes. Antes de ser mais um competidor na arena das discussões e dos desentendimentos religiosos do mundo, o espiritismo deve ser um denominador comum dos homens interessados em usufruir a autenticidade de sua natureza espiritual. Estão completamente errados os líderes e adeptos espíritas que pregam a doutrina num contraste agressivo com os demais credos e doutrinas vigentes! Disso resultam inimizades, desgostos e humilhações alheias, completamente opostos ao sentido amoroso e universalista do espiritismo!

*PERGUNTA: — Podereis explicar-nos melhor esse assunto?*

RAMATÍS: — É tão censurável o fanatismo extremista de ritos, dogmas, crendices, adorações e superstições imposto por algumas seitas religiosas, assim como o extremismo fanático do "não-dogma", "não-rito", "não-crendice" ou "não-adoração", que muitos espíritas defendem a paus e pedras, humilhando e antipatizando os demais crentes da mesma fantasia religiosa que também cultuaram alhures! Deus não especificou "dogmas" e "não-dogmas", para atender a determinados grupos de indivíduos, mas criou a escola do Universo para os filhos alfabetizarem-se na conversação amorosa com o Pai! Todas as coisas são boas e úteis no seu devido tempo, e por esse motivo o próximo deve ser respeitado em sua crença, porque ele faz o melhor que pode, dentro do melhor que sabe! No campo do espiritualismo e da religiosidade do mundo, o espiritismo deve contribuir com a sua generosa mensagem espiritual moderna para o esclarecimento humano, jamais na figura de um novo competidor belicoso na arena dos conflitos religiosos!

*PERGUNTA: — Mas o espiritismo, sendo um movimento de libertação espiritual das massas, não deve esclarecer os homens contra os "tabus" religiosos do passado?*

RAMATÍS: — O espiritismo é doutrina codificada por Allan Kardec no sentido de descondicionar a massa popular, libertá-la de preceitos, obrigações e superstições, milagres, tabus, dogmas e preconceitos religiosos, evitando que os homens tolos continuem a ser explorados religiosamente pelos mais espertos. Mas, acima de tudo, é um preparador do terreno apropriado para medrar a mensagem de maior importância, qual seja, exercitar o homem para viver a linhagem fundamental do espírito crístico!

As seitas religiosas, em geral, só orientam os seus fiéis para cultuarem fórmulas devocionais já devidamente selecionadas e liberadas pela chancela dos seus mentores e líderes; no entanto, proíbem os próprios adeptos de discutirem ou se oporem ao que lhes é ensinado peremptoriamente. O Papa é infalível para os católicos, os profetas são intocáveis para os protestantes, Kardec é indiscutível para os espíritas, enquanto os teosofistas e rosa--cruzes, respectivamente, nada aceitam que contrarie Helena Blavatsky e Max Hendel!

O espiritismo não foi codificado para competir ou discutir com os demais credos e impor-lhes os conceitos exclusivos de Allan Kardec. É um movimento espiritualista cujos preceitos fundamentais devem reajustar-se com a própria evolução da Ciência e o progresso técnico do mundo, sem estratificar-se no tempo e espaço, como acontece com o catolicismo e o protestantismo. Infelizmente, as doutrinas e religiões fracassam ante a obstinação dos próprios adeptos e discípulos fanáticos, que se defendem com unhas e dentes, contra tudo o que adquire novos foros no progresso natural da civilização e que contrarie o seu modo de vida religiosa!

O cristianismo foi mensagem sublime e universalista, que oferecia na sua época a mais salutar medicação para todos os males da humanidade; mas assim que os homens o formalizaram como seita ou organização religiosa, ele cristalizou-se sob o calendário terreno na forma do catolicismo; e, posteriormente, nas ramificações sectaristas protestantes. Tudo isso aconteceu por culpa exclusiva dos seus representantes autorizados, sacerdotes conservadores, exclusivistas, divorciados do progresso técnico e científico do mundo, cuja teimosia é responsável pela aflição e urgência com que a Igreja Católica tenta adaptar-se apressadamente ao modernismo, a ponto de fazer concessões ridículas, como no caso de missas de "iê-iê-iê"! Jamais a música redigida para fazer vibrar a musculatura do corpo físico poderá inspirar e dinamizar as energias do espírito; o ritmo sincopado e turbulento identifica a vivência do mundo profano, mas é chocante na atmosfera tranquila e sedativa do templo religioso, que proclama a vida oculta do anjo! O "iê-iê-iê" não substitui, de modo algum, as tocatas e fugas de Bach, a Coral de Beethoven, os oratórios de Handel, as missas de Haydn e Verdi e outros compositores, cuja força sonora impessoaliza o homem no seio da Criação!

*PERGUNTA: — Mas o espiritismo também não poderia estacionar, tal qual aconteceu com as demais religiões dogmáticas?*

RAMATÍS: — Sem dúvida, apesar de o espiritismo ser doutrina corporificada para libertar o homem das superstições e dos tabus infantis, ele pode estacionar no tempo e no espaço, tal qual acontece com a Igreja Católica. É acontecimento fatal, caso os seus adeptos ignorem deliberadamente o progresso e a experiência de outras seitas e doutrinas vinculadas à fonte original e inesgotável do Espiritualismo Oriental. Em verdade, o espiritismo é um prolongamento da filosofia do Oriente, pois admitiu e incorporou na sua ética doutrinária a Lei do Carma e a Reencarnação, doutrinas absolutamente orientais. Embora Allan Kardec e os espíritos compiladores do espiritismo apenas interpretem e simplifiquem os ensinos orientais e os complicados termos sânscritos, para a melhor compreensão do Ocidente, jamais puderam desvincular-se da fonte original orientalista! A própria ideia do perispírito não é original de Kardec ou dos espíritos de sua época, mas a sua concepção de envoltório do espírito imortal já se fazia entendível nos diálogos de Krishna e Ajurna, no Bhagavad Gita, a bíblia milenária dos hindus, e no "Livro dos Mortos", dos egípcios.

Sem dúvida, despertou na alma ocidentalista a ousadia de pensar e discutir em público os assuntos misteriosos e proibidos pelos dogmas religiosos, assim como demonstra que ao acendermos uma chama de gratidão no coração humano, oficiamos a Deus sem a necessidade de queimarmos mil círios em holocausto às imagens silenciosas dos templos de pedras! É de responsabilidade dos espíritas evitarem que o espiritismo também caia na mesma aposentadoria compulsória tão peculiar às religiões e doutrinas obstinadas e sectaristas![79]

*PERGUNTA: — Mas as religiões, doutrinas e movimentos espiritualistas, embora sejam organizações humanas, sempre estimulam e esclarecem os seus adeptos para uma vida superior. Não é assim?*

RAMATÍS: — As organizações religiosas são apenas os meios de o espírito humano expressar a sua natureza divina no mundo exterior da matéria. Mas elas só podem incentivar no homem o sentimento religioso, que ele já tenha desenvolvido em si mesmo nas atividades profanas e relações humanas. Elas não tornam o homem mais sensível e compreensivo, além do que ele já conseguiu apurar pessoalmente na sua vivência psíquica, quer encarnado ou desencarnado.

Por isso, no seio das organizações religiosas varia sensivelmente a compostura do sentimento religioso dos próprios

---

[79] Referimo-nos, particularmente, à obstinada e premeditada atitude de muitos líderes espíritas, que, na sua preocupação febril de "salvar" o espiritismo, tal qual os católicos vivem aflitos para "salvar" a Igreja Católica, não admitem, e não tomam conhecimento dos salutares e extraordinários movimentos espiritualistas que se desenvolvem em torno, por esoteristas, teosofistas, rosa-cruzes, iogues e demais agrupamentos ecléticos e fraternistas de pesquisa do espírito imortal. Kardec, homem progressista e universalista, recomendou que os espíritas buscassem alimento incessante em todas as áreas úteis de atividade espiritual, a fim de ampliarem o acervo da doutrina com a substância sensata e progressista de outros movimentos espiritualistas sadios! (Nota de Ramatís.)

adeptos. Alguns se conformam com os dogmas bíblicos infantis, cultuados sob a fronde da Igreja; outros saltam do catolicismo para o protestantismo ou espiritismo, impelidos pela maturidade do seu sentimento religioso inato e jamais pela força dos ensinos de sua religião! Os ensinamentos religiosos apenas determinam a conduta que o adepto deve manter no mundo profano e em todas as horas de sua vida! Caso ele negligencie com tal norma de vivência fora dos templos, foram inúteis os ensinos religiosos fornecidos no chamado "mundo divino"!

Sem dúvida, a principal função das religiões e instituições espiritualistas é estimular os seus adeptos para uma vida superior; mas, embora tentem elevar a frequência religiosa do homem, jamais elas poderão dar-lhe uma compreensão além da sua capacidade de apercebimento espiritual. Cada seita ou doutrina religiosa tem um limite ou teto, em que cessa a estrutura de sua mensagem no tempo e no espaço. A religião católica, inspirada no cristianismo de Jesus, compôs mensagem espiritual avançada para a época de sua constituição, cujos postulados só atraíram adeptos eletivos ao seu conhecimento superior. Mas em face do incessante progresso espiritual, que se exerce de dentro para fora, ou no âmago do ser, bastavam alguns séculos para saturar os seus adeptos mais progressistas, cujo sentimento religioso já ultrapassara os limites da própria seita religiosa. Daí, o "protesto" ou "rompimento" dos adeptos mais avançados ou corajosos, como aconteceu na época em que Lutero chefiou a sua rebelião contra a Igreja Católica. Nasceu o protestantismo pela adesão dos católicos que já haviam ultrapassado, em conhecimento e sensibilidade psíquica, os limites da mensagem de sua própria Igreja! Assim, nasceu uma doutrina religiosa que passou a ensinar de modo mais simples e direto, tudo o que já se cultivava no catolicismo, acrescido de um "pouquinho" mais de inovações próprias dos que protestaram.

Mas esse esponsalício foi algo rápido, pois os protestantes também saturaram-se sob a força íntima do sentimento religioso, sentindo-se desamparados no novo credo, do que resultaram as ramificações adventistas e que se multiplicam, ano por ano, em novas seitas protestantes![80] Alguns adeptos, cujo sentimento

---
80 Entre os derivados da reforma protestante ou luterana, são mais conhecidos os seguintes: presbiterianos, congregacionalistas, episcopais, batistas, metodistas, adventistas, Exército da Salvação, testemunhas de Jeová, Assembleia de Deus, igrejas pentecostais, mórmons ou santos dos últimos dias, cientistas cristãos, católicos do rearmamento moral, sabatistas, biblistas e outros. (Nota do Médium)

religioso apurou-se mais rapidamente, deram um salto mais longo buscando outras fontes de maior amplitude espiritual, como o espiritismo, esoterismo, rosacrucianismo, umbanda, teosofia ou ioga! Da mesma forma, os próprios adeptos espíritas, cujo sentimento religioso evoluiu ou sensibilizou-se, já se sentem inquietos sob a estreiteza doutrinária dos seus líderes conservadores ortodoxos e extravasam o amor divino, que lhes aciona a intimidade espiritual.

Embora prossigam vinculados ao espiritismo, eles buscam ensinamentos mais amplos e de maior liberdade espiritual. São homens que sacodem o jugo das proibições sectaristas algo semelhantes ao que já sofriam no catolicismo, dominados por um ecletismo espiritual de natureza universalista. Assim, a velha obstinação peculiar dos católicos e responsáveis diretos pela decadência da Igreja Católica transmuta-se, novamente, na teimosia dos espíritas ortodoxos, que estiolam a sua doutrina a distância das demais experimentações espirituais avançadas!

*PERGUNTA: — Podereis explicar-nos de modo mais claro essa atitude espiritista?*

RAMATÍS: — Os católicos podem se tornar espíritas, mas nem por isso eles se livram dos estigmas do fanatismo religioso que os escravizavam anteriormente! Eles apenas mudam de rótulos ou de etiqueta religiosa, mas ainda permanecem na mesma frequência espiritual e sob a mesma obstinação de antigamente. Impossibilitados de assimilar, de pronto, os conceitos "universalistas" do credo espírita, eles então sublimam as suas velhas idiossincrasias: substituem os sacerdotes pelos médiuns, a infalibilidade papal pelo "Kardec não disse", as imagens dos santos pelos líderes espíritas consagrados nas pinacotecas dos centros e federações, os cognomes de santos por "irmãos iluminados", a água benta pela fluida, as ladainhas pelas preces longas, a liturgia católica pelos festivais lítero-musicais, o "padre nosso" pelo "pai nosso", as orações católicas pelas orações espíritas, as bênçãos pelos passes, o sermão sacerdotal pela oratória altiloquente de confrades e médiuns exortativos, a missa do sétimo dia pela irradiação aos desencarnados, os "milagres" da Igreja pelas "operações mediúnicas", as exéquias católicas pelos discursos e as memorizações junto ao túmulo dos confrades falecidos!

Em vez da libertação espiritual propagada por Allan Kardec,

os novos adeptos espíritas cultivam a velha condição católica, diferindo apenas pelas substituições consideradas "não dogmáticas" no seio do espiritismo. O "ex-católico", rotulado de espírita, frustrado contra o próprio ambiente religioso que lhe serviu anteriormente, chega a enfurecer-se contra o que passa a julgar infantil e primário! Nesse arrasamento do ambiente católico, onde viveu antes, os "novos espíritas" queimam os ídolos abandonados, mas passam a adorar novos ídolos na figura dos próceres espiritistas. No entanto, após a fúria inconoclasta tão pueril e fugaz, eis que também sentem a ausência das fórmulas dos preceitos, símbolos e pontos de apoio das antigas imagens de ritos, que fundamentavam a sua motivação religiosa. E como o espiritismo é deliberadamente contrário a quaisquer cultos e cerimoniais, idolatrias ou obrigações religiosas, os novos espíritas saudosistas então se transferem para a umbanda, onde encontram, novamente, os sucedâneos da sua antiga religião católica, no culto das imagens, pontos cantados, defumadores, despachos e obrigações!

PERGUNTA: — Essa transferência ou regresso de espíritas "ex-católicos" para a umbanda é uma retrogradação espiritual?

RAMATÍS: — O espírito jamais retrograda da sua graduação espiritual já realizada! Ele pode estacionar, nunca decair! Como nada existe de inútil ou equívoco na criação de Deus, o católico que desliga-se da Igreja estagia certo tempo junto à mesa kardecista, e depois, vencido pelo saudosismo, ingressa na umbanda, onde pode compensar a sua ansiedade espiritual. Ele realiza significativo avanço na sua ascensão angélica, pois embora a umbanda ainda cultue o mediunismo através de ritos, imagens, preceitos, objetos, pontos riscados e cantados, paramentos ou decorações, na sua missão espiritual benfeitora, ela ensina a Reencarnação e explica satisfatoriamente a Lei do Carma. Em seu ambiente trabalham inúmeros espíritos de grande envergadura sideral, que atendem tarefas humildes e até repulsivas, fortificando as próprias bases do espiritismo kardecista, na divulgação da mesma mensagem reencarnacionista!

Sem dúvida, nem todos os católicos transferidos para o espiritismo estão em condições de suportar por longo tempo a ausência dos motivos do seu velho condicionamento religioso! Há, também, alguns católicos que retornam do espiritismo para o catolicismo; talvez sejam apenas curiosos, que se precipitam em buscar conhecimentos espiritualistas muito além de sua capacidade de apercebimento e compreensão. O certo é que a umbanda coopera na divulgação do espiritismo, porque os pretos-velhos, caboclos, com pito ou sem pito, com marafa ou sem marafa, com ídolos ou sem ídolos, esclarecem os "filhos do terreiro", quanto à disciplina cármica e a lógica indiscutível da Reencarnação!

*PERGUNTA:* — *Mas como conciliar o Evangelho instituído por Jesus para toda a humanidade, no mesmo nível das fórmulas religiosas de outros povos, tal qual o "Thorá" dos judeus, o "Bhagavad-Gita" dos hindus, ou "Al-Koran" dos maometanos, que nos parecem códigos morais algo pessoais?*

RAMATÍS: — O Evangelho ou "Boa Nova", como um Código Moral estatuído pelo plano superior da espiritualidade e revelado por Jesus a todos os homens, não entra em conflito com nenhum credo ou fórmula religiosa de quaisquer raças ou povos. Não é tratado específico para uma só coletividade humana, porém, estatuto apropriado a todo gênero humano. É a súmula ou essência de todas as mensagens transmitidas do plano espiritual para as diversas raças terrenas e a constituição legislada pela "Administração Sideral da Terra"! Abrange os conceitos fundamentais e "códigos morais" de todos os demais povos estatuídos por líderes como Hermes, Krishna, Moisés, Rama, Buda, Maomé, Confúcio, Fo-Hi, Zoroastro e outros. É instrumento legislativo de alta frequência espiritual, em cujo padrão vibratório superior pode sintonizar o trabalho esclarecido de todos os homens!

Os precursores de Jesus endereçaram mensagens espirituais apropriadas aos costumes e apercebimento espiritual específico às demais raças da Terra. Mas o Evangelho é o denominador comum de todos esses códigos, assim como a linguagem telegráfica de Morse é entendida por todos os telegrafistas do mundo, quer sejam franceses, africanos, russos, chineses, árabes, americanos ou judeus! As palavras amor, azul, rosa ou céu têm a mesma expressão gráfica universal para todos os telegrafistas no código Morse, assim como o elevado conceito de Jesus "Ama o próximo como a ti mesmo" é fundamento indiscutível no *Al-Koran* de Maomé, no *Bhagavad-Gita* dos hindus, ou nos ensinamentos avançados de Buda! O Evangelho de Jesus é mensagem amorosa que paraninfa qualquer movimento espiritualista moderno como o esoterismo, espiritismo, rosacrucianismo, teosofia, umbanda ou Ioga! É um tratado sublime e impessoal para todos os povos, assim como a luz pode alimentar as lâmpadas das mais variadas cores, sem que, por isso, se enfraqueça em sua unidade original!

*PERGUNTA: — É de senso comum que as seitas ou organizações religiosas frenam as paixões humanas! Isso é realmente assim?*

RAMATÍS: — Só o autoconhecimento ou apercebimento íntimo espiritual é capaz de amenizar a força indomável das paixões animais, que ainda vibram latentes no atual tipo de homem terrícola! A prova de que as religiões não frenam as paixões humanas é que, junto à igreja de cada povoado onde o padre prega o seu credo religioso, as autoridades são obrigadas a construir a cadeia para segregar os malfeitores e criminosos indiferentes à pregação religiosa. Sem dúvida, em alguns casos raros, as ameaças das penas infernais chegam a conter no cidadão delinquente a eclosão violenta de suas paixões perigosas. Mas assim como a pressão interior rompe o tampo do vasilhame mal fechado na fervedura, a criatura primária também afrouxa o seu controle psíquico à medida que enfraquece o seu temor religioso.

A criança desobediente, "má" e obstinada, não melhora sob o castigo corporal, mas apenas refreia a sua violência interior. Toda vez que lhe aparecer um novo ensejo de libertação pessoal sem o perigo de punição, ela torna a manifestar violentamente a sua índole atrabiliária. Raros homens conseguem conter por certo tempo e sob o temor da religião a eclosão violenta e agressiva do seu instinto animal! Enquanto o espírito imortal não domina "conscientemente" as tendências herdadas da energia animal que lhe serviu para o sustento da edificação atômica do corpo físico, há de falhar qualquer ameaça punitiva do Além-Túmulo! Nenhuma religião conseguirá frenar as paixões do homem que ainda viva sob o descontrole espiritual! Muitos homens que tentavam a vida pacífica e ascética na intimidade de conventos fradistas um dia acabaram abjurando os seus votos e incapazes de conter por mais tempo as paixões animais! Existia, apenas, uma breve conciliação por coação do ambiente pacífico e religioso, mas isso tudo cedeu sob a força indomável e primária das paixões inferiores!

*PERGUNTA: — Alguns creem que as igrejas no interior do país conseguem diminuir a incidência de crimes, onde os sacerdotes dominam com a sua autoridade de representantes de Deus!*

RAMATÍS: — Os homens primitivos não possuem controle psíquico satisfatório sobre suas paixões violentas, pois elas estouram violentamente e transbordam, malgrado qualquer tipo de contenções ou ameaças religiosas. Os jornais cotidianos relatam, diariamente, os crimes mais tenebrosos e as atividades malfeitoras mais danosas, cujos delinquentes se confessam adeptos ou crentes das mais variadas religiões. Embora caiba às organizações religiosas a função de confraternizar os homens e amainar-lhes as paixões indisciplinadas, entre os seus próprios adeptos e líderes gera-se o conflito resultante de ciúmes, antipatias e diferenças hierárquicas e até divergência de fórmulas nas interpretações pessoais. Os católicos massacraram os protestantes na "Noite de S. Bartolomeu", na França, mas os protestantes, depois de fugirem e fixarem-se na Nova Inglaterra, terminaram trucidando os protestantes que chegavam posteriormente com ideias religiosas mais avançadas. Isso demonstra, indubitavelmente, que tais adeptos mudaram o rótulo religioso, mas não se libertaram do fanatismo, da intolerância religiosa e das paixões inferiores.

Não é a seita que determina a natureza do sentimento religioso, mas são os adeptos que escolhem a seita mais eletiva à sua própria graduação espiritual religiosa. Mesmo que não existisse o catolicismo, protestantismo, budismo, judaísmo ou islamismo, sempre haveria outro tipo de organização religiosa semelhante e necessária para atender a ansiedade de cada homem ou cada grupo de homens. Quanto mais a criatura progride espiritualmente, ela mais se afasta da artificialização do mundo profano, libertando-se das fórmulas, dos ritos e preceitos, que antes serviam para exteriorizar-lhe o sentimento religioso. Compreende, então, que as liturgias, quanto mais complexas e pomposas, mais confundem o verdadeiro sentimento religioso inato na intimidade espiritual do ser humano!

Às vezes, a maturidade religiosa se faz algo violenta, pois eclode por efeito do crescimento espiritual interior. Então, o homem sente-se inseguro no ambiente religioso primário onde vive, o qual não lhe atende mais a exigência nova sugerida pelo amadurecimento espiritual. Ele apercebe-se, pouco a pouco, da vulgaridade das fórmulas e convenções da sua organização religiosa, algo decepcionado por ter se submetido tão passivamente às mensagens e recursos transitórios do mundo material. Algo como uma desforra psíquica toma-lhe conta da alma, quando avalia sensatamente o artificialismo dos ritos e infantilismo dos dogmas aos quais prestava um culto respeitoso e obstinado.

Então, transferem-se, afoitamente, para qualquer outra doutrina "iconoclasta" ou avessa aos "tabus" religiosos, que mais se afinam à sua nova maneira de interpretar o sentimento divino que desperta no âmago da alma. No entanto, os mais inconformados fecham-se num mutismo ateísta e chegam a irritar-se à simples menção de sua antiga seita religiosa!

PERGUNTA: — Porventura, se não houvesse tantas organizações religiosas no mundo, o crime não seria ainda mais numeroso?

RAMATÍS: — As estatísticas provam que a prodigalidade de religiões no mundo, como seitas repressivas, não diminui o crime nem a violência humana! Há incontável número de ladrões cínicos, malfeitores perigosos e criminosos irresponsáveis, que usam no pescoço a medalha do santo predileto, ou a ele recorrem pedindo ajuda para os seus projetos censuráveis. A história do faroeste brasileiro revela diversos tipos de criminosos sertanejos, que se vangloriavam de agir sob o beneplácito de determinado santo. Alguns até lograram a proteção de sacerdotes de sua própria seita, como no caso do famigerado Lampião paraninfado pelo padre Cícero![81]

Mas é evidente que tais acontecimentos não podem causar qualquer constrangimento na época atual, pois os cruzados e os inquisidores também matavam os infiéis e os hereges estrugindo vivas ao Cristo! A verdade é que os bandidos pobres ou ricos, produtos da alta ou baixa sociedade, não frenam as suas paixões nem modificam o seu temperamento malfeitor, só porque frequentam templos religiosos e escutam ameaças de inferno ou "castigo" de Deus! Muitos chegam a servir-se de sua própria organização religiosa, usando-a como cúpula das mais censuráveis atrocidades e abominações, tal como é o caso de certos papas e príncipes, reis e líderes, que não hesitavam em manchar o sagrado símbolo de sua religiosidade para conseguir triunfar

---

81 Corroborando Ramatís, lembramos que Lampião, o cangaceiro cruel e sanguinário, costumava visitar e orar nas igrejas, antes de cometer algum ataque feroz e sangrento; os negros carrascos do tempo da escravatura, no Brasil, beijavam medalhas de santos antes de enforcarem os condenados. Os homens que ordenaram o terrível massacre da bomba atômica eram protestantes, e alguns oraram para que Deus os protegesse na impiedosa tarefa. Na minha infância, conheci bandidos que diziam possuir o "corpo fechado" à custa de orações recebidas de padres e vigários do interior.

nas suas empreitadas políticas.

Na época da Inquisição, havia preceitos como este no *Corpus Juris Canonici*: "Quando se massacra o ímpio, a graça de Cristo se espalha sobre a terra! Não julgamos que sejam homicidas aqueles que, ardendo de zelo pela sua Mãe, a Igreja Católica, contra os excomungados, massacrem alguns hereges!" Quando no massacre, em Béziers, foi perguntado, ao Monge Arnaud Amaury, como deviam agir os matadores, ante a dificuldade de se distinguir os "não-católicos" dos "católicos", o santo homem assim ordenou: "Matai-os todos, Deus saberá quais são os seus!"

Pouco importa se são católicos, budistas, muçulmanos, judeus, islamistas ou protestantes, pois os instintos humanos não se modificam nem são frenados pelos credos religiosos divisionistas, pois são frutos da ignorância e da impiedade humana! As hordas sanguinárias de Davi massacravam os amonitas e moabitas, justificando a sua crueldade e abominação pela própria diferença religiosa de serem o povo eleito por Deus.[82] Ainda hoje, ocorrem acontecimentos trágicos no seio das organizações religiosas e praticados pelos seus próprios líderes, inclusive cenas de assassinato, que demonstram a atrofia do sentimento religioso, embora exista o culto às fórmulas do mundo.[83]

Assim, o homem ajusta-se a determinado credo, pretendendo encontrar ali o meio adequado para expressar o seu sentimento religioso. Mas como os postulados religiosos são codificados por outros homens, talvez ainda mais ignorantes e fanáticos, os adeptos não encontram as soluções espirituais ali procuradas para viverem equilibrados no mundo profano.

*PERGUNTA: — Mas os sacerdotes católicos e pastores protestantes, por exemplo, são produtos de uma vocação espiritual interior, que depois sensibilizam ainda mais no ambiente religioso onde passam a viver. Não é assim?*

RAMATÍS: — Insistimos em dizer: as religiões não frenam as paixões humanas, nem modificam a intimidade espiritual do

---

82 Como exemplo a esmo, das barbaridades cometidas pelo rei Davi e seus exércitos, no passado, eis o que se encontra em "Samuel", (Liv. II, 12:31), da Bíblia, e transcrevemos: "E trazendo os seus moradores, os mandou serrar; e que passassem por cima deles carroças ferradas; e que os fizessem em pedaços com cutelos; e os botassem em fornos de cozer tijolos; assim o fez com todas as cidades dos amonitas; e voltou Davi com todo o seu exército para Jerusalém. (Nota do Médium)
83 Há certo tempo, no Brasil, um infeliz sacerdote matou o bispo de sua diocese por questões de vingança; outro, numa cidade do interior de S. Paulo, trucidou o farmacêutico por divergências políticas.

homem! A prova é que muitos pastores protestantes, padres católicos, bonzos budistas e até rabis israelitas abandonam e se desligam dos seus templos ou ambientes religiosos sagrados, buscando no mundo profano novas expressões de vida, onde sentem-se mais à vontade para manifestar o seu sentimento religioso artificializado nos templos.

As organizações religiosas influem bem pouco nos adeptos, e paradoxalmente, alguns líderes chegam a tornar-se ateus, porque não confiam nas próprias fórmulas infantis, que devem expor em público! Muitos sacerdotes preferem devotar-se à política, à procura de uma vulgar cadeira de vereador ou deputado, procurando encontrar no mundo de César os valores ou prazeres que não conseguem mobilizar no mundo de Deus! Lembram certos médicos e farmacêuticos que, desiludidos de sua própria profissão, preferem tentar a indústria ou o comércio fora da sua atividade especial!

PERGUNTA: — *Porventura, no ambiente esclarecido do espiritismo também poderia acontecer o mesmo fenômeno?*

RAMATÍS: — Os agrupamentos e instituições religiosas, esotéricas, espiritualistas ou iniciáticas, já o dissemos, são apenas "reveladores" da química espiritual da alma humana, tal qual a fotografia só revela o que já existe iniciaticamente na chapa negativa.

Assim, o religioso sectarista ou fanaticamente ortodoxo é uma espécie de criança, que se deslumbra facilmente pelas cores berrantes, adornos, enfeites, imagens, ritos, posturas, ajuntamentos festivos, cânticos, clamores e orações coletivas no seu primarismo extrovertido. Adora a Deus, mas O teme, pois receia investigar o mistério da própria vida e enfurecer o seu Criador! Esse crente precisa ser amparado incessantemente por pastores protestantes, sacerdotes católicos, bonzos budistas, líderes muçulmanos, rabis judeus ou chefes islamitas, a fim de que o ajudem a resolver os problemas da vida imortal. Na sua inabilidade e primarismo, teme irritar a Divindade ao dirigir-se a Ela em linguagem pessoal e direta, e só o faz pelos intermediários oficiais já consagrados por qualquer organização religiosa. Lembram os micróbios de uma célula do fígado humano, que em face de sua pequenez temeriam perguntar sobre a realidade da criatura em que vivem! A religião organizada então significa para tais crentes a proteção necessária para viverem, tal qual a criança ainda se aninha sob a saia amiga da mãe!

Mas o espírito adulto e esclarecido compreende a inutilidade de ritos, emblemas, dogmas, fórmulas, tradições, ladainhas, adorações ou "momentos religiosos" vividos expressamente no seio dos templos de pedra! Evita de escravizar-se especificamente a qualquer doutrina ou religião, pois não abdica do seu modo livre de pensar! Investiga, corajosa e decididamente, os próprios postulados e regras admitidas do movimento religioso ou espiritualista com que simpatiza, a fim de verificar até onde eles suportam a sua própria tensão espiritual interior! No entanto, não criticam nem censuram os demais empreendimentos religiosos alheios, pois sabem que todos os homens são portadores do mesmo sentimento divino, e cada um tem o direito de manifestá-lo conforme puder e convier!

*PERGUNTA:* — *Podereis dar-nos algum novo exemplo dessa substituição de credo, que ocorre segundo a sensibilização do sentimento religioso do homem?*

RAMATÍS: — O homem religioso, no Ocidente, evolui da fase "católico-carola" para a de "católico-tradicional", e, posteriormente, "católico-sem-padre". Gradativamente, ele faz restrições à infalibilidade papal, aos ritos, dogmas, ao poder temporal e à hierarquia da igreja! Mas não chega a tais conclusões por força dos postulados de sua igreja, porém, em consequência da evolução natural do seu sentimento divino religioso, que sublima-se pela própria tensão centrífuga interior. No princípio, as religiões acariciam os seus fiéis, mas depois os saturam e os induzem a libertarem-se da cômoda proteção maternal dos seus preceitos milenários, assim como as aves protegem os filhos até a envergadura de suas asas, e depois, os empurram para fora dos ninhos, a fim de que vivam a sua própria existência!

Enquanto o "católico-carola" enfurece-se contra qualquer insinuação alheia e desairosa aos seus postulados simpáticos e infantis, o "católico-tradição" já reconhece a lógica de certos argumentos alheios, embora prossiga vinculado ao ambiente religioso que lhe é simpático e onde usufrui da amizade protetora dos demais adeptos. No entanto, o "católico-sem-padre" aceita qualquer argumentação progressista, técnica ou científica, que venha abalar os alicerces dogmáticos de sua crença, sendo capaz de testar ou experimentar os valores alheios insinuados.

Assim, quando esse tipo de católico transfere-se para o espiritismo, ele apenas enquadra-se num ambiente que já lhe era eletivo, pois a sua natureza progressista e liberal o afastara da submissão aos dogmas e sacerdotes. O espiritismo não produz espíritas, mas acolhe aqueles que já manifestavam em sua vivência religiosa algo da libertação espiritual ensinada pela doutrina de Kardec. Quem já vivia liberto de imposições sacerdotais, também possui o bom-senso de considerar a vida espiritual além das fantasias humanas! Então os católicos cujo sentimento religioso vibra acima da nomenclatura e fundamento litúrgico, desapegado de "tabus" e livre de dogmas, afinam-se facilmente à mensagem espiritista, que sobrepõe acima da satisfação ilusória dos sentidos físicos os valores imperecíveis da alma! Isso prova que não foi o "totem" que despertou o sentimento religioso no selvagem, mas o selvagem é que expressou-se por meio do "totem"!

*PERGUNTA:* — *Alguns estudiosos explicam que a religião é o ópio do povo!*

RAMATÍS: — O sentimento religioso não é um fenômeno apercebível de "fora para dentro", mas é espiritualmente expansivo de "dentro para fora". A criatura tenta expressar através de símbolos e ritos exteriores o que vibra latente na sua intimidade espiritual e a instiga para o aperfeiçoamento definitivo. A religião não é o "ópio do povo", porque tão-somente revela para o exterior aquilo que já existe consumado no âmago de todo filho de Deus!

É tão variada a gama do sentimento religioso manifesto no homem, segundo a sua graduação espiritual, que existem tantas organizações religiosas e doutrinas espiritualistas tentando expressar na tela do mundo físico os vários matizes de fé e devoção humanas. As religiões refletem o grau desse sentimento pela multiplicidade de suas liturgias e obrigações devocionais; elas evocam a grandiosidade interior do homem, jamais funcionam à guisa de entorpecente em excêntrica viciação dos seus fiéis e prosélitos!

*PERGUNTA:* — *Finalmente, quais as vantagens e benefícios que as organizações religiosas proporcionaram ao mundo?*

RAMATÍS: — A Terra está semeada de religiões e instituições espiritualistas de todos os matizes devocionais e educativos; no entanto, foram frenadas as paixões humanas? Desapareceram o roubo, o crime, o latrocínio, a vingança, a prostituição, a corrupção, o alcoolismo, o vício do fumo e dos entorpecentes, os macabros açougues e matadouros sangrentos? Sumiram-se a inveja, avareza, crueldade, luxúria, o orgulho, ciúme e o ódio, combatidos sob os incessantes anátemas e exortações dos sacerdotes de todos os credos, pastores, rabis, bonzos, mestres, mentores e profetas? Os homens deixaram de matar os pássaros, admiráveis enfeites da natureza, ampararam os filhos das mães solteiras ou eliminaram os massacres fratricidas das guerras imbecis? Qualquer estatística sob a mais honesta perquirição demonstra que morreu mais gente vítima de conflitos e ódios religiosos do que o número de cristãos salvos do pecado!...

Isso comprova que as religiões pouco influem nos homens, porque elas são apenas o reflexo da idiossincrasia de todos os seus adeptos e filiados, simpatizantes e líderes! Jamais poderão dar alguma coisa além do que os homens já possuem sublimado na sua própria alma! Talvez, em certos casos, elas contemporizem vícios, paixões, revoltas e pecados humanos; mas isso tudo eclode e estoura ante o primeiro descuido ou descontrole da criatura! Quando os homens forem vitoriosos do acervo ancestral de sua animalidade e compreenderem-se a si mesmos, eles também poderão dispensar qualquer fórmula religiosa do mundo profano, passando a viver com a mesma naturalidade com que o beija-flor nutre-se das flores, sem necessitar de compêndios ou manuais para distinguir o melhor!

Deus não pede adoração, porém, ação; não nos obriga a caminhadas exclusivas no sentido da virtude, mas nos deu a bússola do sentimento religioso, que nos assegura o Norte Angélico da Ventura Eterna!

## 11. Problemas futuros do Brasil

PERGUNTA: — *Podereis estender-vos em algumas considerações sobre o futuro do Brasil, que certo espírito vaticinou através de conhecido médium como sendo "O Coração do Mundo e a Pátria do Evangelho"?*[84]

RAMATÍS: — Não opomos dúvida alguma em alongar-nos sobre o futuro do Brasil, mas só poderemos fazê-lo até o limite permitido pelos nossos maiorais. Aliás, já vos informamos, em obra de nossa autoria, que, "à medida que o povo brasileiro se espiritualizar, assimilando o racionalismo do processo reencarnacionista, ou seja, a grandeza e a amplitude moral das vidas sucessivas, que transformam o homem imperfeito, de hoje, no anjo futuro, o Brasil fará jus a receber novos acréscimos do Alto, que o habilitarão a ser, não somente o celeiro material do mundo, mas também um farol moral e espiritual da humanidade".[85]

PERGUNTA: — *No entanto, abalizados espíritas subestimam esse vaticínio de o Brasil tornar-se o "Coração do Mundo e a Pátria do Evangelho", pois alegam que o nosso povo é subdesenvolvido, irresponsável e desorganizado, além de fanático pelo carnaval e futebol, portanto, sem condições eletivas para corresponder a essa predição tão elevada. Que dizeis?*

RAMATÍS: — Sem dúvida, não se pode exigir da plantinha tenra e ainda impregnada do adubo malcheiroso do solo a fra-

---
[84] Conceito emitido pelo espírito de Humberto de Campos, através do médium Chico Xavier.
[85] Obra *Elucidações do Além*, de Ramatís, **EDITORA DO CONHECIMENTO**, capítulo "O Brasil e a Sua Missão Social e Espiritual Sob a Égide do Espiritismo".

grância do perfume que ela só poderá oferecer depois de adulta e na época da florescência. A falta de responsabilidade administrativa, a irreverência aos acontecimentos graves e sérios, o mau comportamento político e social, a subnutrição, o marginalismo, analfabetismo e as imprevisões no Brasil ainda são próprias de um país de território tão extenso, e uma formação étnica acanhada, cuja linhagem psicofísica mal se define na sua efervescência biológica! O lastro etnológico do Brasil foi preenchido por um residual humano inferior, isto é, por desterrados políticos, criminosos indesejáveis, piratas, vândalos e escórias de além-mar, que, ávidos de fortuna, logo aportaram com as expedições portuguesas e espanholas às praias brasileiras. A própria formação espiritual e religiosa do vosso povo foi grampeada às noções bíblicas antiquadas, a dogmas sentenciosos, proibições e "tabus", em mistura com as superstições dos negros escravos e lendas do folclore ameríndio!

O Brasil, no momento, mal atinge a sua puberdade como nação chamada a participar no concerto do mundo; mas a religiosidade inata, o temperamento pacífico e a intuição avançada do povo brasileiro são perspectivas elogiosas que justificam-lhe o elevado conceito futuro de "Coração do Mundo e a Pátria do Evangelho"! Os seus problemas políticos, sociais e religiosos, embora complexos e perigosos, resolvem-se de modo pacífico, num clima quase esportivo, sem os banhos de sangue tão peculiares dos povos que ainda fervem na ebulição das paixões instintivas primárias![86]

O povo brasileiro é um povo de alta qualidade espiritual, humorista e irreverente nas coisas mais sérias, porém, altamente esportivo até nas piores desgraças, capaz de superar as vicissitudes e os sofrimentos mais acerbos, sem jamais perder o senso de autocrítica. Nos momentos políticos mais graves ou de consequências funestas imprevisíveis, o brasileiro faz a sua descarga emocional e protesta através de ditos, trocadilhos, anedotas e conceitos epigramáticos, cuja finura humorística ameniza a tensão perigosa. Na própria agressividade, o brasileiro ainda revela-se em chistes que embaraçam o adversário, mexem-lhe

[86] Realmente, enquanto mal se acalmam os sanguinários massacres entre muçulmanos e budistas, e, na Escócia, os católicos e protestantes, em ignóbil demonstração de sua ignorância espiritual, agridem-se em lutas fratricidas para impor a bondade e o amor do Cristo a cacetadas, no abençoado Brasil, os próprios católicos vão à missa pela manhã e à noite aos terreiros de umbanda! Espíritas, umbandistas, rosa-cruzes, esoteristas, teosofistas, iogues, católicos e protestantes respeitam-se mutuamente, vivem em relações pacíficas num clima de elevada compreensão espiritual. (Nota do Médium)

com o amor-próprio, mas não o atacam brutalmente. Nenhuma língua viva, no mundo, é tão rica de inovações, neologismos e gíria como o idioma português falado pelo brasileiro, cuja mente versátil e pródiga de inovações e sutilezas deixa o estrangeiro e o turista atarantados pelos diversos significados de um mesmo vocábulo!

O Brasil é a mais rica sementeira cordial do futuro, o celeiro fraterno de avançados instrutores e tarefeiros espiritualistas, criaturas sábias e conscientes de suas obrigações incomuns. Em consequência, já existem os elementos fundamentais da equação algébrica espiritual e seletiva, para que o Brasil corresponda, realmente, ao conceito de "O Coração do Mundo e a Pátria do Evangelho". Trata-se de um povo cuja índole mal se configura num tipo apreciável, mas é gente humilde, paciente, intuitiva e caritativa cuja alma versátil e agudeza mental finíssima vibram com todos os matizes religiosos do mundo e sentimentos de todas as raças! Em nenhuma outra latitude geográfica do mundo, o espiritismo encontrou seiva tão fértil e vigorosa, para multiplicar-se e crescer incessantemente!

Malgrado os problemas de marginalismo, homicídios, vícios, terrorismo, assaltos e outras delinquências que eclodem em todas as partes do globo, e são comuns a todas as nações terrícolas sob o profético "Fim de Tempos" ou "Juízo Final", no Brasil, esses acontecimentos desagradáveis e deprimentes são de solução mais rápida!

*PERGUNTA: — Mas por que o Brasil há de ser o "Coração do Mundo e a Pátria do Evangelho", quando existem nações bem mais credenciadas para esse evento, quer pela sua cultura, moral, instituição política e segurança econômica?*

RAMATÍS: — Cada nação terrena significa uma lição ou experiência no curso da alfabetização espiritual das almas encarnadas, que nascem e estagiam entre o povo mais afim às suas necessidades espirituais. Alhures, dissemos que o curso primário dos terrícolas abrange 28.000 anos, com início na velha Atlântida e a findar, atualmente, com o exame apocalíptico predito há tantos séculos para o "Fim dos Tempos", e que já estais vivendo.

A organização de povos ou nações, na face da Terra, obedece exclusivamente ao principal objetivo ou tema, que lhes cabe, de ensinar na forma de lição a certo conjunto de espíritos encarnados. Assim, aprendemos ciência no Egito, comércio e navegação na Fenícia, revelação divina na Judeia, direito em Roma, espiritualidade na Índia, filosofia e beleza na Grécia, astronomia na Semúria, magia na Caldeia, arquitetura na Babilônia, paciência e estoicismo na China, amor pátrio na Pérsia! Modernamente, a Itália ensina-nos música e canto, a Alemanha, química e disciplina, a Suécia, o respeito mútuo, a Rússia, o socialismo, os Estados Unidos, a técnica e organização, e, finalmente, o Brasil detém a mensagem mais avançada e terna do orbe — a Fraternidade!

Em consequência, é do próprio destino que o Brasil se torne realmente "O Coração do Mundo e a Pátria do Evangelho", como celeiro da espiritualidade futura e a terra do Amor Fraterno! Por isso o brasileiro é um tipo temperado por todas as raças do mundo, em cujo sangue versátil circulam todos os tons do sentimento humano e as tendências estimulantes do homem-espírito!

*PERGUNTA:* — *Os críticos mais derrotistas taxam o Brasil, sumariamente, de "País do Carnaval", conceito que os impede de crer num evento espiritual tão nobre para o futuro! Que dizeis?*

RAMATÍS: — Evidentemente, não podemos louvar as consequências funestas e degradantes que resultam comumente dos festejos de Momo, por força dos descontroles emotivos, das paixões desvairadas e alucinações alcoólicas, que fluem da extroversão dos sentidos físicos na busca de satisfações exclusivamente carnais. Os foliões mais degradados, astutos, fesceninos e irresponsáveis procuram extrair toda sorte de proveitos, entre prazeres e aventuras censuráveis, graças à situação caótica carnavalesca! Mas essa escória de viciados, delinquentes e sacripantas degenerados, que oneram as festividades carnavalescas pelo vício, lubricidade e má intenção, não é propriamente fruto desse ruidoso festejo, mas o amálgama natural de indivíduos ruins e desregrados, os quais se afogam no álcool e cometem os crimes mais abomináveis, tanto no carnaval, como em noites de Natal, à porta de uma igreja como no umbral de um prostíbulo! Eles são maus cidadãos na "Semana da Pátria", assim como filhos degenerados no "Dia do Papai"!

Mas o povo brasileiro possui nas suas veias o sangue alvissareiro e comunicável do português, a ingenuidade, infantilidade e o requebro do corpo do negro, a força e a liberdade incondicional do silvícola! Portanto, é gente expansiva, buliçosa e alegre nessa festança primária da carne, que cultua ídolos e fetichismos, homenageia os fenômenos comuns da natureza, aprecia as cores berrantes e os trajes exóticos, confia em responsos, simpatias, benzimentos e bruxarias, porque lhes vibram na alma primitiva os ritmos gritantes e nativos da velha África!

A carga emocional represada durante os 365 dias do ano, por força das obrigações prosaicas e limitativas da vida, então extravasa ante a plena liberdade dos sentidos nos dias de carnaval! As vicissitudes, enfermidades, angústias, dores, sonhos desfeitos e os desencantos da existência física sublimam-se nos trajes coloridos e pitorescos, entre coleios e requebros, que fazem o povo esquecer durante quatro dias os pensamentos amargos e as emoções desagradáveis. Malgrado a crítica desairosa ao "País do Carnaval", o povo brasileiro, simples, ingênuo e comunicativo, esbalda-se nos festejos de Momo, mas expõe à luz do dia as suas deficiências e os sentimentos primários, enquanto os países "superdesenvolvidos" conseguem dissimular, sob douradas etiquetas de boa conduta e erudição incomum, a sua moral artificializada, a ambição, cobiça e o egoísmo, além da crueldade das grandes nações exterminando populações indefesas, famintas e feitas de andrajos!

Mas sob o toque divino e progressivo do Alto, em que tudo evolui e se aperfeiçoa, porque traz a chancela de Deus, o próprio carnaval, em vez de extinguir-se como festa licenciosa e ignóbil, há de sublimar-se numa expressão sadia e artística, sendo no futuro a atração turística e folclórica do Brasil! A natureza expansiva e amorosa do povo brasileiro não tarda em alcançar um índice de alegria pura e sadia em todas as manifestações do próprio instinto inferior!

*PERGUNTA: — Mas não é evidente que o Carnaval depõe contra a nossa pátria, pois trata-se de uma festividade demasiadamente primária e instintiva?*

RAMATÍS: — O povo brasileiro faz carnaval apenas quatro dias por ano, quando então veste fantasias bizarras e imita reis, baronesas, príncipes, faraós, mandarins, sultões, rajás, caciques, peles-vermelhas ou figuras históricas, avivando sonhos e ideais, anseios e projetos, que foram frustrados na mediocridade da vida humana cheia de sacrifícios e desilusões. A pressão emotiva e mental, recalcada por força das convenções sociais e leis do mundo, liberta-se, e o folião descomplexado esbalda-se nessa liberdade transitória de rir, gritar e ironizar instituições, mandatários e políticos, além de afastar da mente quaisquer obrigações e preocupações cotidianas. No entanto, em oposição a essa eclosão irreverente do brasileiro nos quatro dias de entrudo, há nações "superdesenvolvidas" que, durante 365 dias do ano, fazem o seu carnaval tradicional, através de salamaleques e tolas submissões a reizinhos, príncipes e aristocratas encarquilhados, cuja vida farta e improdutiva consome-se em ridículas exposições sobre carruagens obsoletas e puxadas por cavalos, a ironizar as modernas avenidas asfaltadas!

*PERGUNTA: — E que dizeis da crítica sistemática de certos intelectuais ou esnobes cidadãos brasileiros, que apelidam o Brasil, pejorativamente, de o "país do futebol?"*

RAMATÍS: — Alguns séculos antes de Cristo, quando vivíamos encarnados na Grécia,[87] os nossos preceptores ensinavam que o supremo ideal da vivência humana seria esposar o binômio "alma sã em corpo são", isto é, a saúde psíquica conjugada à saúde física! Consequentemente, os bons filósofos também eram bons atletas, pois na época tanto cultivavam os bens intelectivos do espírito, como os pendores do corpo físico!

O esporte, como um corolário da vida humana, proporciona ao homem o ensejo salutar de expandir as suas energias acumuladas pela vitalidade jovem, enquanto desintoxica o corpo carnal, numa terapêutica sadia e sensata pela sudorese. Os esportes praticados com método, inteligência e sensatez desenvolvem a coordenação dos plexos nervosos e ajudam a extravasar a carga emocional represada. Reduz as propaladas distonias, psicastenias, "stress" e outras dezenas de denominações patogênicas do sistema nervoso, que tanto viciam no uso de barbitúricos e psicotrópicos deprimentes.

Sem dúvida, a preferência esportiva no homem varia-lhe conforme o temperamento, a emotividade, cultura e até graduação espiritual, pois há gritante diferença entre o esporte do boxe sanguinário do instinto agressivo, que esmurra a face adversa, e o tenista a evidenciar um jogo pacífico e atraente pela agilidade e destreza! Mas o futebol é um esporte associativo e menos pessoal, competição que apresenta maior índice de confraternização sem brutalidade, pois onze competidores movem-se no mesmo diapasão de esforços e a cooperar para o êxito do mesmo objetivo. Em face de sua característica impessoal, às vezes, os próprios craques devem renunciar em favor dos companheiros menos competentes, porém, mais bem colocados para o lance de sucesso. O esforço é coletivo e vale a harmonia do conjunto,

---

[87] Ramatís foi conhecido filósofo fundador de avançada escola espiritualista, na Grécia, cujos discípulos atualmente operam em diversas latitudes geográficas da Terra, prosseguindo nos ideais já esposados no passado.

malgrado a distinção feita aos jogadores incomuns, verdadeiras "vedetes" do esquadrão futebolístico!

Quando o esporte associativo do futebol é exercido sob o respeito mútuo e comandado por árbitro enérgico e íntegro, torna-se competição fraterna e amistosa, exercida num clima pacífico e leal. As vitórias e gloríolas futebolísticas são repartidas entre todos os componentes e participantes do clube vencedor, quer sejam diretores, preparadores, associados, admiradores e sem dúvida os jogadores! E os próprios vencidos, embora sofram a desdita da derrota, ainda dispõem de novo ensejo futuro, para tentar a desforra noutra competição esportiva!

PERGUNTA: — *Quais as relações entre o futebol, o temperamento, a emotividade e até a condição intelectiva do povo brasileiro?*

RAMATÍS: — Evidentemente, outros países e povos além do Brasil também apreciam o futebol; mas, conforme as estatísticas, esse esporte é preferido e admirado por mais de 90% dos brasileiros, porque ajusta-se eletivamente ao temperamento e à emotividade de tão buliçosa gente!

Assim como as manifestações artísticas, emotivas e culturais de um povo podem identificar-lhes a compostura temperamental, os costumes, a índole pacífica ou belicosa, ateísta ou religiosa, a preferência por certo esporte dominante indica algo de sua psicologia e sentimentos. Há povos que se devotam a esportes sangrentos, como as touradas, brigas de galo, onde vazam a sua belicosidade; outros, exteriorizam a sua brutalidade mal contida sob o verniz da civilização, na prática violenta do boxe, esporte dos trogloditas.

Em consequência, o Brasil devota-se quase exclusivamente ao esporte associativo do futebol, desde as classes mais deserdadas até aos cérebros de boa estirpe intelectiva, porque é o que melhor se relaciona com o temperamento fraterno, jubiloso e prazenteiro do seu povo. Evidentemente, sob a força incessante do progresso e através de regras e leis cada vez mais evoluídas, o futebol tende a se tornar um fascinante espetáculo artístico e filigranista, capaz de satisfazer as exigências mais incomuns. Atualmente, ele já se distancia bastante da velha competição brutal e violenta, tipo de "quebra canelas" do passado, e torna-se cada vez mais técnico, aprimorado e saudável. Cada vez mais exige dos seus cultores a mente aguçada, decisões rápidas, sagacidade, esperteza, controle nervoso e até elegância. Difere do futebol antigo e crivado de arremessos violentos da pelota, onde prevalecia uma espécie de rolo compressor sob o peso corporal dos jogadores!

É esporte que requer, cada vez mais, escola, curso e adestramento específico, cujos participantes também precisam conhecer as regras disciplinadoras e submeter-se docilmente ao comando do árbitro, que é o responsável pela ordem e equanimidade das competições. Em face desse academismo, que já delineia um ministério dos esportes, no Brasil, os jogadores rebeldes, egotistas ou que falseiam em sua vida particular, tornam-se antipáticos ao público cada vez mais exigente, quanto à técnica no campo e a conduta na sociedade!

*PERGUNTA: — Alguém aventou a hipótese de que o futebol, no Brasil, também poderia influir de algum modo na natureza espiritual dos jogadores brasileiros?*

RAMATÍS: — É evidente que entre o futebol quase bárbaro praticado antigamente e as competições modernas, pacíficas, disciplinadas e garantidas no seu mútuo respeito pelo poder inapelável do árbitro, há considerável distância e louvável progresso. Deste modo, os jogadores são frenados em suas manifestações violentas, instintivas e rebeldes, em face dos corretivos decorrentes das leis avançadas de hoje. Embora trate-se de competição esportiva e sem um propósito deliberadamente educativo, o futebol atual influi de algum modo na natureza espiritual dos jogadores brasileiros, porque os obriga a atitudes respeitosas, comportamento disciplinado e obediência incondicional às decisões do árbitro em campo! Isso os obriga a um adestramento emotivo e temperamental superior, desenvolvendo bons hábitos durante os prélios futebolísticos de que participam! Em suma, cultivam virtudes e reprimem paixões, adoçam o caráter e superam a violência, o que é uma evidente contribuição espiritual para se tornarem melhores cidadãos!

Acontece que o futebol, assim como o rádio e a televisão, transformam-se em excelentes ensejos para muitos jovens empobrecidos evitarem a marginalidade e a delinquência, na figura dos craques e cantores admirados e queridos do público brasileiro! Elevam-se até a uma frequência louvável; na sociedade, constituem família regrada e educam os filhos em bons estabelecimentos de ensino, desembaraçam a timidez que os frustrava na vida deserdada, apuram o senso psicológico no conctato com outros países de boa cultura. E o futebol ainda atrai as energias moças de todas as instituições educativas e associações de jovens, ajuda a extravasar a vitalidade buliçosa e expansiva, de modo a reduzir os problemas para as próprias autoridades do país! É uma espécie de "terapêutica ocupacional", que modera a tensão mórbida e vital dos moços, impedindo muita degradação por ausência de objetivos proveitosos! O futebol é benéfico e salutar para o povo brasileiro, porque atende-lhe o temperamento, a euforia característica de raça, diverte, associa amizades, une simpatias, cria responsabilidades, constrói estádios e remunera milhares de criaturas, que mourejam à sua sombra num trabalho pacífico! A necessidade de os futebolistas manterem-se fisicamente em forma, para as competições de importância, afasta-os dos vícios perniciosos e obriga-os a uma vida regrada e benéfica para a própria família!

PERGUNTA: — Alhures tendes dito, que, devido ao futebol no Brasil, já foram contemporizados graves e perigosos acontecimentos políticos. Podereis explicar-nos melhor esse assunto?

RAMATÍS: — Realmente, graças à paixão entusiasta do brasileiro pelo futebol, mesmo nos instantes mais graves de agitações e problemas políticos no governo do Brasil, isso permitiu ao Alto desviar o conteúdo emocional e belicoso do povo para objetivos menos perigosos! É óbvio que, nos períodos de mudanças administrativas, entrechoques partidaristas, problemas políticos e transformações governamentais das nações, os interesses e as ambições pessoais atiçam os ânimos com probabilidade de reações sangrentas, revoltas, desforras, violências e morticínios gerados por ódios antagônicos. Infelizmente, os homens terrenos ainda são espíritos primários dominados pela força agressiva do instinto animal e senhores de um amor-próprio fortemente despótico!

Mas, graças aos esquemas traçados pela Administração Sideral do Brasil, sempre houve coincidências de o povo brasileiro enfrentar os seus problemas nacionais complexos e as graves mudanças políticas, em simultaneidade com certas competições futebolísticas importantes no país ou exterior, ainda acrescidas de algumas incertezas, como a contusão ou impossibilidade de certo craque participar da porfia futebolística.[88]

[88] Ramatís tem razão, pois em quase todas as dissonâncias políticas e problemas governamentais, inclusive enfarte de Jango Goulart, renúncia de Jânio, revolução de 1964 e outros acontecimentos despercebidos, o futebol esteve mobilizando a atenção do nosso povo, desligando-o das preocupações mais perigosas. Significativamente, em tais momentos, há sempre contusão de um Pelé, dúvida na presença dum Garrincha, operação dum Tostão, ou, ainda, a preocupação de jogos

Assim, as soluções políticas, no Brasil, são paradoxalmente resolvidas sob um clima apolítico e esportivo, por parte do povo dominado pelo signo do futebol, surgindo as soluções pacíficas e compreensíveis, sem o derramamento de sangue, tão peculiar e odioso dos morticínios fratricidas, que ocorrem na maioria das repúblicas latinas, em países árabes e africanos ainda escravos dos instintos belicosos! É de senso comum que o futebol propagou mais eficientemente o nome do Brasil, no exterior, do que muita embaixada e seus assessores emperrados numa burocracia estéril e cansativa!

PERGUNTA: — Que dizeis dos futuros governos do Brasil?

RAMATÍS: — O Brasil, como qualquer outra nação terrena, sempre teve governos adequados às diversas etapas de sua evolução política, social e moral! É insensatez o povo censurar os governos defeituosos, porque eles são escolhidos diretamente pela Administração Sideral de cada nação, sob o velho preceito popular de que "o povo sempre tem o governo que merece"! Quando a irresponsabilidade administrativa, o conflito político e a corrupção grassam em certas nações, o Alto então providencia a substituição governamental por outra equipe de homens probos, enérgicos e parcimoniosos, que se devotam a recuperar o país da bancarrota. Eles solucionam os problemas confusos da política, acomodam partidos ambiciosos, corrigem gastos excessivos, eliminam negociatas, afastam elementos corruptos e mercenários. Refeito o equilíbrio financeiro do país e providenciada a sua recuperação econômica, outro conjunto de governantes e administradores é encaminhado pela Direção Espiritual, a fim de melhorar as condições morais e sociais, desenvolver a arte, promover a educação e melhorar a saúde do povo.

Em consequência, os futuros governos do Brasil também serão eleitos em perfeita afinidade com as etapas evolutivas do país e o merecimento de seu povo, em conformidade com a própria lei de que "os semelhantes atraem os semelhantes"! Mas a gente brasileira, fadada a divulgar a fraternidade entre os homens, há de fazer jus a governos cada vez mais lúcidos, coerentes, sábios, justos, inteligentes e construtivos, que lhes darão melhores condições de vida humana!

PERGUNTA: — Há fundamento na predição de que o Bra-

em clima incomum como no caso da altitude do Chile! Ainda, há pouco, o 1.000º gol de Pelé teve o dom de unir magneticamente o povo brasileiro, comovê-lo em face da repercussão; tal feito entusiasmou até reis e cientistas do mundo! (Nota do Médium) *sil, em breve, será governado por um presidente, que além de íntegro e excelente administrador, ainda saberá elevar o índice de espiritualidade do povo brasileiro?*

RAMATÍS: — Realmente, há fundamento na predição e podemos informar-vos que já se encontra encarnado, no Brasil, esse espírito que, além de ser dotado de invulgar capacidade administrativa, ainda é um louvável instrutor espiritual! É criatura de avançado saber espiritual, mas visceralmente apolítico e de sentimentos religiosos universalistas, acima de seitas, doutrinas ou dogmas limitativos. Homem modesto, comunicativo e inteligente, é avesso a pompas, gloríolas, consagrações, louvores, preconceitos e quinquilharias do mundo material! Atualmente vive à sombra de diversos movimentos espiritualistas, mas sem qualquer sectarismo que estiola o sentimento religioso ou fanatismo que resseca a alma! Ele será capaz de mobilizar energias incomuns para os melhores feitos em favor do seu povo. Afeito à música, pintura, ciência, educação e aos problemas de saúde da gente sem amparo, ainda é devotado a qualquer iniciativa que aperfeiçoe o homem! Espírito hábil, arguto, pesquisador sem demagogia e mistificações, poderá esquematizar uma assistência social e moral, de modo a solucionar grande parte do marginalismo das favelas. Sem ultrapassar o sentido lógico e respeito do direito humano, sob o seu governo a crença religiosa será livre e os cultos favorecidos, sem o perigo do sectarismo que semeia conflitos e dissensões entre adeptos religiosos.

*PERGUNTA: — Mas se é homem sem ambições políticas, como poderia tornar-se presidente do Brasil, o qual é sempre fruto da especulação eleitoral majoritária?*

RAMATÍS: — Há um velho provérbio que assim diz: "Quando Deus quer, nem o Diabo pode"! Não importa se a eleição desse presidente puder contrariar os cânones políticos tradicionais e os sistemas doutrinários eleitorais tão pragmáticos no mundo! Mas o que predomina nisso tudo é a vontade dos Mentores Espirituais do Brasil, os quais é que respondem perante o Criador pelos destinos do vosso país!

Ele será eleito soberanamente pelas suas qualidades incomuns e pelo tirocínio espiritual, fruto de adestramento nos milênios findos, com uma consciência espiritual que vive acima das trivialidades humanas e dos interesses egocêntricos. Não será um governo produto das conveniências político-partidárias, nem de movimentos de emancipação nacionalista ou "salvacionista", mas resultado da escolha espontânea e da vontade unificada do povo, que já se mostra bastante decepcionado com os políticos astuciosos, mercenários e mentirosos! Nenhuma força poderá impedir-lhe a ascensão, porque isso é uma predestinação do Alto e acima de quaisquer pendências humanas!

*PERGUNTA: — Quais as circunstâncias mais evidentes que, fora da política tradicional do país, hão de interferir na hora oportuna para eleger esse espírito ao supremo cargo do país?*

RAMATÍS: — Ele será eleito, principalmente, através de um movimento liderado por certa doutrina espiritualista em franca simpatia de outras entidades de labor espiritual, que o apoiarão incondicionalmente ante o ensejo de promover também a renovação do homem interno! Trata-se de um evento insuperável e esquematizado no mundo oculto das causas, com a finalidade de acelerar o amadurecimento espiritual do brasileiro em favor da missão fraterna do Brasil!

*PERGUNTA: — Diríamos que se trata de um movimento religioso ou espiritualista, de que ele fará parte por questão de simpatia?*

RAMATÍS: — Não é o movimento religioso ou espiritualista que o atrairá para as suas fileiras, pois esse espírito do futuro presidente brasileiro é radicalmente desprendido de seitas, doutrinas ou coloridos religiosos, embora de uma "religiosidade universal"!

Absolutamente livre para agir sem quaisquer compromissos políticos, graças à sua sabedoria inata e vontade criadora, ele tudo fará para corresponder aos objetivos fraternistas do vosso povo!

*PERGUNTA: — Mas poderíamos conhecer detalhes mais pessoais desse futuro presidente, a fim de prevermos o seu advento?*

RAMATÍS: — Não podemos identificá-lo pessoalmente, pois disso surgiriam discussões estéreis, suposições excêntricas, predições infantis, julgamentos desairosos, pendências de interesse político, estímulos de simpatia ou antipatia capazes de provocar perturbações indesejáveis e decisões prematuras.

Insistimos em dizer-vos que se trata de espírito avesso a conchavos ou doutrinas particularizadas de qualquer espécie, vibrando acima dos prêmios honoríficos e bens do mundo terreno! A sua riqueza espiritual supera qualquer valor material transitório, pois quem descobriu-se a si mesmo só deseja a paz de espírito própria de uma consciência tranquila e venturosa.

*PERGUNTA: — Pressupomos que esse espírito também deveria suspeitar da probabilidade de ele ser o futuro presidente do Brasil. Não é assim?*

RAMATÍS: — Evidentemente, no âmago de sua alma os mentores avivam-lhe a memória sideral, numa espécie de adestramento para associar-lhe as ideias eletivas à sua predestinação governamental. Eles precisam auscultar-lhe as reações mentais e emotivas, saber como agiria nesta ou naquela situação nevrálgica, qual o seu comportamento em face de problemas internacionais e insatisfações públicas, numa pesquisa que é uma espécie de "ensaio geral" sobre a sua consciência física. Embora ele não possa identificar com absoluta exatidão na vigília terrena o que lhe ocorre na mente, os seus sonhos, certas coincidências, ajustes imprevistos e intuições insistentes, atuam-lhe no psiquismo avivando-lhe a probabilidade daquela predestinação. Muitas vezes ele chega a censurar a sua imaginação, ante os quadros inoportunos e contrários à sua consciência espiritual, os quais se delineiam imprevistamente a aventar-lhe a hipótese de um dia ser eleito presidente do Brasil! Ademais, graças à sua sabedoria e renúncia consciente, não pretende engendrar qualquer causa cármica ou aventura perigosa sacrificial para o futuro do seu espírito! Não lhe ocorre de aceitar a espinhosa responsabilidade de governar um país tão vasto e um povo imaturo, como é o Brasil e o brasileiro. De há muito tempo, ele já se convenceu de que "mais vale ser um apóstolo do Cristo, do que um ministro de Estado"!

*PERGUNTA: — Mas esse espírito não vive tão anônimo e desconhecido do público, na atualidade, que é preciso ocorrer um verdadeiro "milagre", para ele atrair a atenção e a preferência do povo brasileiro, a fim de ser eleito presidente do Brasil?*

RAMATÍS: — Inúmeros presidentes do Brasil eleitos com sucesso eram completamente desconhecidos do povo, quando jovens ou mesmo maduros! Alguns deles exerciam profissões singelas e eram deliberadamente apolíticos; outros, a crítica desairosa os considerava tão incompetentes e ingênuos para governar, que o mais singelo quiromante ou astrólogo não ousaria predizer-lhes a chefia de uma carteira bancária!

No entanto, "forças estranhas" ou "estrelas tutelares" moveram-se no momento psicológico, e esses candidatos impossíveis surpreenderam galgando a escada presidencial! Eles não nasceram marcados na fronte com a chancela de "presidentes", ou outra distinção incomum; mas os fados ou acontecimentos imprevistos é que os conduziram, lenta ou rapidamente, ao destino prefixado pelo Alto! Mas podemos afirmar-vos que esse espírito candidato ao governo brasileiro já percorreu metade do caminho que pode levá-lo ao cargo supremo do país! E caso o seu nome fosse revelado, no momento, cremos que metade da população brasileira o aplaudiria, de imediato, em apoio à sua predestinação!

*PERGUNTA: — E qual é a maior dificuldade para esse espírito ser eleito presidente do Brasil?*

RAMATÍS: — Sem dúvida, o problema mais dificultoso e inquietante para o Alto é justamente convencê-lo de aceitar a sua indicação para o cargo a que foi predestinado. O convite que deixaria eufórico e venturoso qualquer político menos credenciado, será recusado por ele de modo peremptório, sendo muito difícil alguém induzi-lo a abandonar a sua paz espiritual e imune às seduções do mundo físico, para avivar-lhe as ambições políticas e despertar-lhe os desejos de mando e gloríolas terrenas! É entidade suficientemente esclarecida para saber que jamais ele poderia contentar noventa milhões de brasileiros sem sofrer qualquer julgamento injusto, infâmias, calúnias e ressentimentos dos insatisfeitos! Não desconhece que o próprio Jesus, transbordante de Amor e Sabedoria, ainda não foi compreendido após dois mil anos de sacrifício na cruz!

Como o homem mais rico não é o que possui mais bens, mas quem menos precisa dos valores materiais do mundo transitório, será difícil atraí-lo à presidência do Brasil, uma vez que já liberou-se dos grilhões escravizantes da vida humana!

*PERGUNTA: — Mas se antes de encarnar ele assumiu no Espaço a responsabilidade de ser o presidente do Brasil, como iria negar-se de tal compromisso?*

RAMATÍS: — Já dissemos que devido à grande diferença vibratória existente entre o espírito livre no Espaço, e quando encarnado, o homem não dispõe corretamente de toda a sua memória periespiritual durante a estada na vida física. Ele só pressente em si certas evocações longínquas, que o advertem desta ou daquela tarefa e missão na carne, espécie de acontecimento apenas fruto da imaginação! Ademais, tratando-se de um espírito humilde, pois é consciente de sua realidade espiritual, seria ele o último a considerar-se predestinado para o cargo mais elevado do país. Quem já se decidiu definitivamente pelo "mundo do Cristo", é muito difícil deixar-se fascinar pelo "reino de César"!

No entanto, a hierarquia superior não obriga nenhum espírito, por mais lúcido e capacitado, a cumprir qualquer tarefa sacrificial assumida antes de encarnar-se. Ademais, a Terra ainda é um planeta primário, instável, sujeito às catástrofes mais imprevistas, como inundações, secas, vulcões, calor e frio extremos, furacões, terremotos e espécie de vasta redoma de vírus patogênicos responsáveis por todas as doenças provenientes de qualquer imprudência humana. A sua humanidade é constituída por espíritos rebeldes, belicosos, ciumentos, cruéis, vândalos, avaros, viciados no fumo, álcool e carnívoros, eróticos e sexualmente desbragados, subversivos e neuróticos sob o estigma do entorpecente, o que leva ao fracasso as tarefas e os labores messiânicos dos instrutores mais abnegados! É um mundo mais expiativo do que venturoso, cujas lições severas e dolorosas mal conseguem despertar os primeiros vislumbres da consciência espiritual. São raros os espíritos que na Terra vivem integralmente o período de vida física determinado pelos seus próprios ascendentes biológicos, pois eles se consomem prematuramente pela alimentação deficiente ou imprópria, abusam da medicação tóxica e dos sedativos deprimentes, embriagam-se de álcool e sufocam-se de fumo, e ainda agravam-se pelos descontroles emotivos e escravidão às paixões destruidoras! Na excêntrica condição de "suicidas a prestação", eles diminuem a vivência física através da negligência e rebeldia espiritual![89]

Mas se um espírito eleito ou escolhido recua de sua obrigação assumida no Espaço, quer por força de circunstâncias imprevistas, devido ao receio de fracasso ou pela falta de estímulo do próprio mundo, não se alteram os planos siderais, pois há sempre uma "reserva" ou "equipe" da mesma frequência espiritual e capacidade semelhante ao demissionário. O mais

---

89 Evidentemente, o espírito que se encarna com o esquema biológico de vida física para 70 anos, caso desencarne aos 67 anos, já reduziu a sua permanência na Terra de 3 anos, numa espécie de "suicídio a prestação" e retorno prematuro ao mundo espiritual. Há quem se trucida violentamente, num momento de desespero ou rebeldia espiritual, e quem o faz aos poucos, pelo descuido e irresponsabilidade. É o que também acontece comigo, que encarnei-me para ultrapassar 75 anos, e dificilmente atingirei os 70 anos! (Nota do Médium)

credenciado da equipe é então encaminhado para preencher a fuga ou o recuo imprevisto, dando prosseguimento ao mesmo esquema espiritual!

*PERGUNTA: — Sob a administração sábia desse espírito predestinado para a presidência do Brasil, poderíamos crer na solução completa de todos os problemas do nosso povo e consequente futuro feliz e pacífico?*

RAMATÍS: — Sob a Lei do Carma, ninguém pode usufruir de bens a que ainda não faça jus, o que também acontece com o povo brasileiro, em fase de burilamento e estabilidade espiritual. Então, cumpre a esse presidente tornar um "pouco melhor" a existência do vosso povo através de uma administração correta, inteligente e proveitosa, além de um ministério de bom quilate espiritual! Ademais, tratando-se de espírito cujo sentimento universalista abrange todas as raças e favorece todos os credos e doutrinas, ele também proporcionará ensejos de progresso espiritual para a população brasileira.

*PERGUNTA: — Finalmente, que dizeis de certas "cassandras", que só vaticinam desgraças, perdas, má situação financeira e frustrações para o Brasil?*

RAMATÍS: — Ainda é próprio da mediocridade humana vaticinar desgraças num dia de sol rutilante e céu tingido do mais belo azul-celeste! Há mais de cem anos as "cassandras" brasileiras afirmam que o Brasil está "à beira do abismo", enquanto o seu solo fértil e a bênção do Senhor o tornam a mais rica e venturosa comunidade terrícola! Enquanto arruina-se a Europa artrítica e envelhecida, massacram-se judeus e árabes, matam-se pela fome e pela metralha sinistra os negros africanos recém-saídos das choças de palha, o Brasil cobre-se de café, trigo e algodão, enverdece no milharal sem fim, pulsa sob a força indomável das gigantescas usinas elétricas, abre-se em estradas para todas as direções, artérias de asfalto cortando o imenso coração de barro e rochas pontilhadas de pedras preciosas! Vitalizando-lhe as entranhas seivosas ainda corre a linfa negra do petróleo, combustível suficiente para mover o mundo por um milhar de anos! Alguém poderá vaticinar a riqueza, o progresso e a vivência venturosa do Brasil, quando o seu povo também ajustar-se à ordem e ao progresso espiritual? Em consequência, melhore-se o padrão espiritual do povo brasileiro, e, sem dúvida, não tardará a positivar-se a profecia de Dom Bosco, de que o Brasil é a terra onde "correrá mel e leite em abundância".

*PERGUNTA:* — *E qual a situação do Brasil neste mundo cada vez mais conturbado?*

RAMATÍS: — Nesta hora profética e trágica de "Fim de Tempos", quando o planeta sacode-se nos seus fundamentos geológicos tentando estabilizar o clima e amainar a sucessão de catástrofes imprevisíveis, enquanto a sua humanidade desbraga-se sob a excitação da "besta do Apocalipse", regozijamo-nos de dizer-vos que o Brasil pulsa sob dadivosa cobertura espiritual protetora! Mas não se trata de privilégio extemporâneo, nem qualquer injustiça e desmerecimento a outras nações, porém, o atendimento imprescindível para o êxito da missão fraternista que lhe foi outorgada pelo Senhor!

No caos gravíssimo para os encarnados, que se alastra e atemoriza todos os povos, nenhum país no mundo oferece tanta segurança espiritual quanto o Brasil, pois além de sua mensagem fraterna, ainda lhe cabe alimentar milhões de esfomeados de outras raças! O Cristo estende os seus braços à luz do Cruzeiro do Sul, para abençoar o povo mais contraditório, buliçoso, irreverente, carnavalesco e futebolístico, mas também o mais humilde, intuitivo, fraterno, ingênuo, comunicativo, paciente, resignado e versátil; sem a cobiça das nações rapinantes, sem o racismo dos povos ignorantes, sem a violência e a desforra dos homens enfermos de alma! O povo brasileiro sempre sobreviverá a qualquer catástrofe, dores, sofrimentos ou tragédias do mundo, porque é do seu destino proporcionar as sementes sadias em lugar das maçãs podres de hoje, a fim de o Senhor nutrir a lavoura sadia do Terceiro Milênio!

No deserto árido da vida física, o Brasil significa o "oásis" abençoado, onde as almas desesperadas poderão mitigar a sua sede de afetos, paz e alegria!

## Nota de repúdio à pirataria

Respeitar o sacrifício alheio para produzir uma obra espírita é o mínimo que se espera de todos que almejam alcançar a condição de "bons espíritas", conforme nos ensina *O Evangelho Segundo o Espiritismo*, no capítulo 17, intitulado "Sede perfeitos", item **Os bons espíritas**.

O capítulo 26 desta obra básica ("Dai de graça o que de graça recebestes") nos conduz a uma importante reflexão sobre o tema "mediunidade gratuita", explicando, de forma muito objetiva, o papel do médium como intérprete dos Espíritos:

> ... receberam de Deus um dom gratuito – o dom de ser intérpretes dos Espíritos –, a fim de instruir os homens, mostrar-lhes o caminho do bem e conduzi-los à fé, e não para vender-lhes palavras que não lhes pertencem, porque não são produto de suas concepções, nem de suas pesquisas, nem de seu trabalho pessoal. ...

Contudo, muitos seguidores da Codificação têm um entendimento equivocado a respeito da produção das obras espíritas e/ou espiritualistas, atribuindo a elas o ônus da gratuidade, ao confundir a produção editorial com a mediunidade gratuita, universo do qual ela não faz parte.

É fundamental separar uma coisa da outra, para que os espíritas não sejam induzidos a erros, cujos efeitos morais e éticos conflitam com os princípios espirituais.

Para que um livro de qualquer gênero literário chegue às mãos dos leitores, é preciso mais que a participação do autor (ou do médium escrevente), uma vez que o processo editorial depende de inúmeros profissionais qualificados em áreas diversas. Sem eles, as ideias e conteúdos não se materializariam em forma de livros.

Portanto, tradutores, revisores, editores, digitadores, diagramadores, ilustradores, capistas, artefinalistas, impressores, distribuidores, vendedores e lojistas fazem parte desse rol de profissionais empenhados na veiculação das obras espíritas/espiritualistas. Sem citar os custos da produção gráfica com papel e insumos que influem no preço final do livro.

Como se pode perceber, para que um conteúdo, uma psicografia, chegue aos leitores, percorre-se um longo caminho que envolve uma equipe diversa, em que muitos dos profissionais não são médiuns nem voluntários e, portanto, não se inserem na máxima: "Dai de graça o que de graça recebestes".

Por isso, ao se praticar a pirataria, apropriando-se indevidamente de uma obra literária, seja através da reprodução de seu conteúdo por arquivo pdf ou digital, visando ao compartilhamento "fraterno" dos ensinamentos da Doutrina Espírita, se está na realidade infringindo a lei da Primeira Revelação: "Não roubarás!". Sim, porque apropriação indébita de bens que também fazem parte do plano material é um delito, qualquer que seja a suposta boa intenção.

Este é o alerta que a maioria das editoras, inclusive as espíritas, gostaria de fazer chegar aos leitores e que a Editora do Conhecimento inclui na conclusão desta belíssima obra, fruto de um trabalho editorial que não envolveu voluntários, mas sim profissionais remunerados que exigem respeito por suas atividades.

Deixamos aqui registrado nosso repúdio a sites, blogs, fóruns e outras mídias que pirateiam e armazenam obras literárias. Ao fazer uso ilícito desses depósitos de livros roubados, "espíritas e espiritualistas" se distanciam cada vez mais do seu aprimoramento moral.

Finalizando, lembramos que "o homem de bem respeita todos os direitos que as leis da natureza atribuem aos seus semelhantes, como gostaria que respeitassem os seus" (*O Evangelho Segundo o Espiritismo*, capítulo 17 "Sede perfeitos", item **O homem de bem**).

Conhecimento Editorial
Seus editores.

### DO ÁTOMO AO ARCANJO
Ramatís / Hercílio Maes
132 páginas – ISBN 978-65-5727-014-1

A mecânica evolutiva da Criação foi desvendada a Kardec – dois anos antes de Darwin! – pelos espíritos, com a genial declaração: "do átomo ao arcanjo, que começou sendo átomo". Mas... e entre o átomo e o arcanjo? Onde se encontram os degraus intermediários dessa escalada do zero ao infinito?

Com Ramatís, os degraus dessa simbólica "escada de Jacó" da imagem bíblica se povoaram, nos textos recebidos por vários médiuns e em diversas obras. Dos arcanjos (ou logos galácticos, solares e planetários) aos anjos e devas, dos espíritos da natureza aos animais – sem deixar de definir a posição de Jesus de Nazaré, anjo planetário da Terra, devidamente distinguida daquela do Cristo, nosso Logos.

Para que a humanidade possa ingressar de fato no patamar de consciência da Nova Era, esse conhecimento mais amplo da hierarquia e funcionamento do Cosmo se faz imprescindível, a fim de nos situar com maior amplitude no panorama do Universo e para o contato com nossos irmãos siderais, que se aproxima.

Este volume representa a condensação de conhecimentos iniciáticos milenares com que Ramatís abriu, para a mente ocidental, uma janela panorâmica sobre a estrutura e funcionamento do Cosmo, complementando a imorredoura revelação da Espiritualidade datada de um século e meio atrás.

---

A VIDA HUMANA E O ESPÍRITO IMORTAL
foi confeccionado em impressão digital, em junho de 2024
**Conhecimento Editorial Ltda**
(19) 3451-5440 — conhecimento@edconhecimento.com.br
Impresso em Luxcream 70g, StoraEnso